中华人民共和国海船船员适任考试培训教材

交通运输类"十四五"创新教材

符合《海船船员培训大纲（2021版）》《海船船员考试大纲（2022版）》要求

航海学

——天文、地文、仪器

（船长/大副）

中国海事服务中心 组织编审

王越 贺国峰 陈金福 ◎ 主编

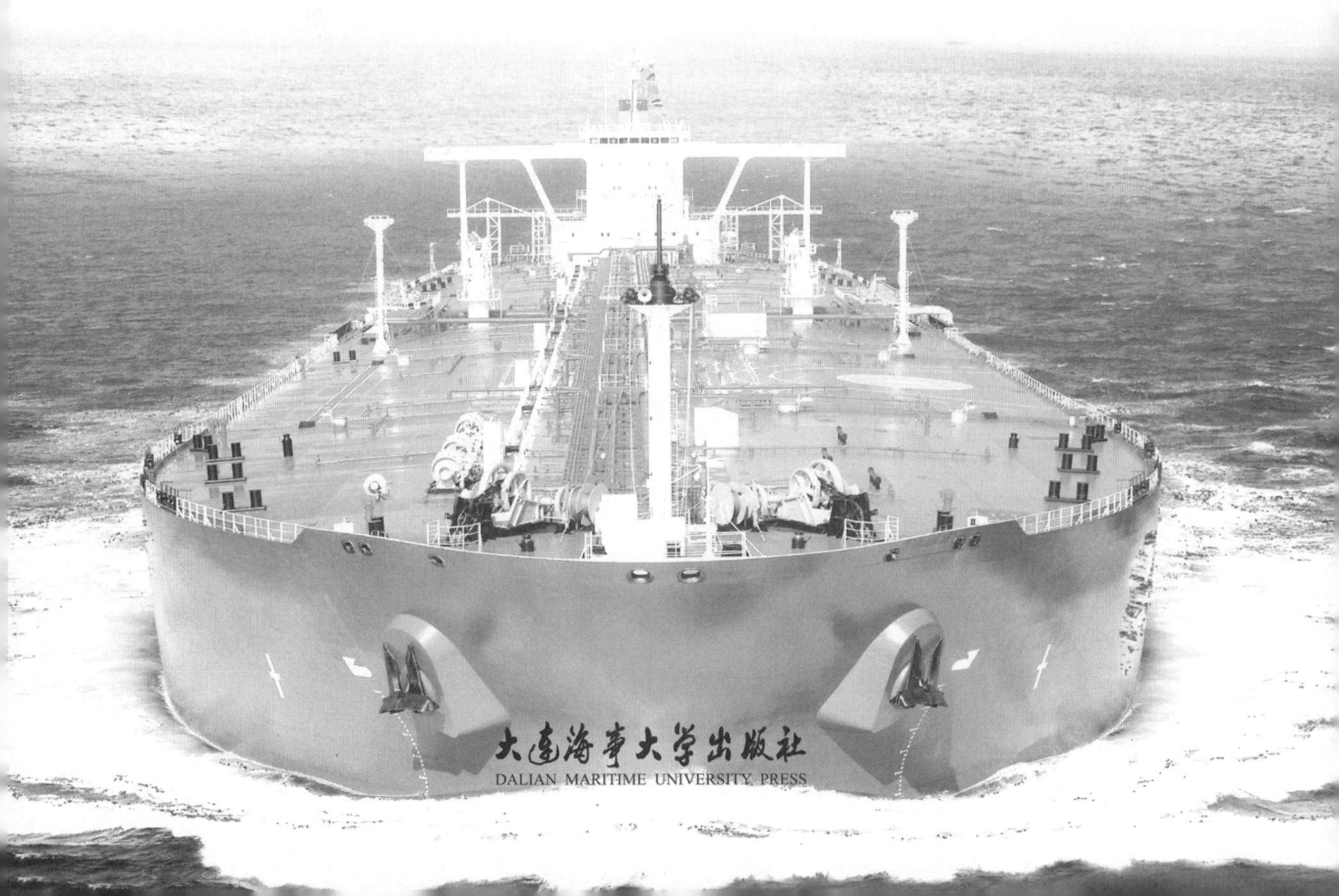

大连海事大学出版社

DALIAN MARITIME UNIVERSITY PRESS

© 王越　贺国峰　陈金福　2021

图书在版编目(CIP)数据

航海学. 天文、地文、仪器：船长/大副 / 王越，贺国峰，陈金福主编. — 大连：大连海事大学出版社，2021.12(2025.6重印)
中华人民共和国海船船员适任考试培训教材
ISBN 978-7-5632-4222-1

Ⅰ. ①航…　Ⅱ. ①王… ②贺… ③陈…　Ⅲ. ①航海学—资格考试—教材②天文航海—资格考试—教材③地文航海—资格考试—教材④航海仪器—资格考试—教材　Ⅳ. ①U675②U666.15

中国版本图书馆CIP数据核字(2021)第264213号

大连海事大学出版社出版

地址:大连市黄浦路523号　邮编:116026　电话:0411-84729665(营销部) 84729480(总编室)
http://press.dlmu.edu.cn　E-mail:dmupress@dlmu.edu.cn
大连金华光彩色印刷有限公司印装　　大连海事大学出版社发行

2021年12月第1版　　2025年6月第4次印刷
幅面尺寸:184 mm × 260 mm　印张: 17.25　字数: 404千

出版人:余锡荣
责任编辑:高　颖　　责任校对:张　慧
封面设计:解瑶瑶　张爱妮　　版式设计:解瑶瑶　张爱妮

ISBN 978-7-5632-4222-1　　定价: 53.00元

中华人民共和国海船船员适任考试
培训教材编审委员会

主　　任：孙玉清

委　　员：（按姓氏笔画排名）

王　勇　刘正江　刘红明　吴宗保　赵友涛　施祝斌
姚　杰

审定委员会

主　　任：孙玉清

委　　员：（按姓氏笔画排名）

王　捷　王平义　王明春　吕　明　刘锦辉　李忆星
李建国　杨甲奇　肖亚明　吴丽华　张庆宇　张守波
陈晓琴　苗永臣　范　鑫　林　毅　周明顺　唐强荣
黄江昆　景向伟

编写委员会

主　　任：刘正江　赵友涛

执行主任：王　勇

副 主 任：（按姓氏笔画排名）

丁振国　万　红　马洪涛　王　琪　王　磊　王进博
王松明　王明雨　方　磊　邓志华　曲　涛　朱耀辉
刘月鹏　刘芳武　刘金华　刘宗朴　刘宪珍　许　亮
李　志　李　翼　李先强　李江华　李明阳　杨延存
杨志勇　杨神化　何　毅　何江华　闵金卫　汪益兵
张　洋　张世峰　陈东水　邵国余　林叶锦　林杰民
周兆欣　郑学贵　赵丽君　赵宏革　俞万能　俞文胜

贾宝柱　徐　攀　徐立华　徐言民　徐得志　翁石光
唐　锋　黄党和　盛　君　盛进路　章文俊　隋江华
蒋更红　曾冬苟　黎冬楼　滕宪斌

委　　员：（按姓氏笔画排名）
王方金　王立军　王希行　王建军　卢艳民　田学军
田海涛　代　锐　邢博君　吕二广　吕建明　朱永强
刘　雨　刘长青　刘沁源　刘新亮　关长辉　江建华
许媛媛　杜　新　杜金印　李继凯　李道科　李富玺
杨　林　杨　栋　吴叶平　沈荣欣　张　磊　张芳亮
张春阳　张选军　陆宝成　陈永利　陈依梁　陈福洲
武　斌　林　郁　罗宏富　金建元　宗永刚　赵志强
赵贵竹　郝振钧　胡贤民　姜广丰　聂　涛　奚　瑞
高世有　高增云　席建龙　黄兴旺　阎　义　葛　帆
蒋　龙　程　欣　裴景涛　熊正华　戴　武

前言

为有效履行经修正的《1978年海员培训、发证和值班标准国际公约》(STCW公约)等国际公约,进一步规范海船船员培训行为,确保船员培训质量,根据《中华人民共和国船员条例》《中华人民共和国船员培训管理规则》,交通运输部编制了《海船船员培训大纲(2021 版)》,自 2021 年10月1 日起施行。

为了更好地指导帮助船员进行适任考试前的培训,促进高素质船员队伍建设,中国海事服务中心组织全国有丰富教学、培训经验和航海实践经验的专家共同编写了本套教材。本套教材严格按照《海船船员培训大纲(2021 版)》编写,符合培训大纲对船员适任培训的要求,具有权威、准确、系统、实用的特点,重点突出船员适任和航海实践需掌握的知识,旨在培养船员具备在实践中应用知识的能力,可作为船舶工具书使用。

本套教材包括:

《船舶管理(船长/大副)》《船舶操纵与避碰——船舶操纵(船长/大副)》《船舶操纵与避碰——船舶避碰与值班(船长/大副)》《航海英语(船长)》《航海英语(大副)》《航海学——天文、地文、仪器(船长/大副)》《航海学——航海气象与海洋学(船长/大副)》《船舶结构与货运(大副)》《船舶操纵与避碰——船舶避碰与值班(二/三副)》《船舶操纵与避碰——船舶操纵(二/三副)》《船舶管理(二/三副)》《船舶结构与货运(二/三副)》《航海学——航海气象与海洋学(二/三副)》《航海学——天文、地文、仪器(二/三副)》《航海英语(二/三副)》《值班水手业务》;

《GMDSS 英语阅读》《GMDSS 综合业务》《GMDSS 英语听力与会话》《GMDSS设备操作》;

《轮机英语(轮机长/大管轮)》《船舶动力装置(轮机长)》《船舶管理(轮机长/大管轮)》《主推进动力装置(大管轮)》《船舶辅机(大管轮)》《轮机工程基础(大管轮)》《船舶电气与自动化(船舶电气)(大管轮)》《船舶电气与自动化(船舶自动化)(大管轮)》《轮机英语(二/三管轮)》《船舶管理(二/三管轮)》《主推进

动力装置(二/三管轮)》《船舶辅机(二/三管轮)》《轮机工程基础(二/三管轮)》《船舶电气与自动化(船舶电气)(二/三管轮)》《船舶电气与自动化(船舶自动化)(二/三管轮)》《值班机工业务》;

《电子电气员英语》《船舶电气(电子电气员)》《船舶机舱自动化》《信息技术与通信导航系统》《船舶管理(电子电气员)》《电子技工业务》《电子技工英语》《电子电气员英语听力与会话》《电子技工英语听力与会话》。

本套教材的编写、出版工作,得到了各海事管理机构、航海教育培训机构、航运企业等单位的关心和大力支持,特致谢意。

中国海事服务中心
2021年11月

扫码学习《深入学习贯彻党的二十大精神　加快建设交通强国当好中国式现代化开路先锋》

编者的话

本书根据STCW公约马尼拉修正案以及交通运输部颁布的《海船船员培训大纲（2021版）》编写，适用于无限航区和沿海航区各个等级的船长/大副适任证书考试培训。本书也可作为航海院校师生的教学参考书。

本书力求覆盖《海船船员培训大纲（2021版）》对船长/大副的培训要求的全部内容，旨在培养考生制订航次计划并引导航行、定位、确定各种定位方法获取的最终船位的精度、测定和修正罗经差、使用有助于指挥决策的从导航设备和系统获得的信息以保持航行安全、通过使用协助指挥决策的ECDIS和关联导航系统以保持航行安全的能力，帮助考生顺利地通过适任考试。

全书共分五章。第一章为航次计划及航行方法，介绍航线设计、航次计划、航行方法、船舶定线制和船舶报告制；第二章为船舶定位及误差，介绍天文定位、陆标定位和卫星定位；第三章为船舶指向设备及误差，介绍测定罗经差、磁罗经自差测定及校正、陀螺罗经系统组成及误差和光纤罗经；第四章为综合航行系统及应用，介绍综合航行系统与航行信息和综合航行系统应用与局限性；第五章为ECDIS及航行安全，介绍电子海图系统基本知识、系统测试与备用配置和使用ECDIS的风险与应对措施。

本书由王越、贺国峰、陈金福担任主编，樊江、刘长青担任主审。王千、王庆武、刘彤、李建民、杨玉满、吴卫兵、但高勇、聂静、曹玉墀、曹国富、董洪仓参与了本书的编写。全书由王越统稿。

由于编者水平和时间所限，书中不妥之处在所难免，诚望读者批评指正。

编　者

2021年11月

目录

第一章 航次计划及航行方法

本章学习目标

1.掌握航次计划的概念及制订工作（船长/大副）
2.了解航线设计的具体步骤与方法（船长/大副）
3.掌握对航线的风险评估及应对措施（船长/大副）
4.掌握船舶在各种航行条件下的航行方法及监控（船长/大副）
5.掌握船舶定线制与报告制（船长/大副）

航次计划是船舶能够顺利完成航次任务的重要保障。航次计划内容覆盖面较广，船舶航次计划制订的好坏将直接关系到船舶和海上人命的安全，以及海洋环境的保护。船舶在接到航次任务后，应充分考虑本船的技术状态、货物情况、物料和燃油数量、淡水数量，以及航区的水文气象资料等因素，综合利用航海技术知识，拟订好本航次的航行计划。

驾驶员应熟练掌握船舶在各种航行条件下的航行方法及对各种航行风险的应对措施。

第一节 航次计划

一、概述

航次计划通常是指船舶在接受新的航次任务后拟订从一个港口泊位航行到另一个港口泊位的过程中有关航行安全保证的具体措施与对策。随着航运的发展，国际海事组织（IMO）对船舶的安全航行与海洋环境的保护要求越来越高，各港口国对船舶的监控和

ISM规则的实施提出了更高的要求。许多国家和地区，如美国、巴黎备忘录（Paris MOU）部分成员国、印度、新加坡等以及我国香港地区在对到港船舶实施PSC检查中，航次计划均是必不可少的重点审查项目。因此，许多船公司将航次计划列为公司内审重点项目，有的船公司甚至制定了样本和详细的操作步骤，供船长参考和使用。我国香港海事局就要求在香港注册的船东和船长必须执行IMO颁布的A.893（21）号决议。

IMO在1999年11月25日通过了A.893（21）号决议——航次计划指南（Guidelines for Voyage Planning），其主要内容有：航次计划的目标、评估、计划、执行和监控五个部分。航行或航次计划的发展，与实施计划过程中密切持续监控船位和船舶进程一样，对海上人命安全、安全高效航行和环境保护至关重要。所有船舶都需要有航行或航次计划。有些因素妨碍所有船舶的航行安全，而额外还有些因素影响大型船舶或运载危险品船舶的航行安全。在编制计划和随后对计划执行监控过程中，这些因素都需要被考虑到。

除IMO. A.893(21) 号决议之外，SOLAS Ⅴ REG.34、STCW公约A章Ⅷ/2的第2部分以及公司航次计划样本和详细操作步骤等也为驾驶员和船长提供了制订计划的依据。

二、航次计划的拟订

船舶在接到航次命令后，应立即做好各种准备工作，如装、卸货工作，船舶设备和物料的配置，人员、证书和船舶文件的配备，但最为重要的是在开航之前必须做好周密的航行计划。拟订航行计划的具体步骤如下：

1.备妥各种航海图书资料

根据航次命令，利用《海图及其他水道图书总目录》查取有关航海图书资料，包括海图和各种图书资料，并且利用《航海通告》改正到最新。

2.研究各种航海图书资料，了解航线详细情况

（1）有关航线资料

选择大洋航线可研究《世界大洋航路》、航路设计图、气候图、洋流图、大洋航行图等；选择沿岸及进出口航线可研究《航路指南》、《无线电信号表》第六卷、沿岸航行图、港湾图等。

（2）港口及进出口水道的资料

通过查阅《航路指南》、《进港指南》、港泊图、港章、港口介绍等，了解港口的地形、航道、锚地、泊位、引航制度和拖船情况、通信和信号、进港手续和要求、装卸设备和工班、物料供应能力和船舶代理等。

（3）水文气象资料

查阅气候图、洋流图、《世界大洋航路》、航路设计图、气象预报、《潮汐表》和潮流图等，了解水文气象条件、可能遇到的灾害性天气、可以利用的风流等。

（4）航标和导航设施

查阅海图、《灯标表》和《无线电信号表》第二卷等，了解航区内的助航设施，包括浮标制度、灯标灯质、雷达航标和各种定位系统等。

（5）沿岸危险航区与渔区

参阅海图和《航路指南》，了解沿岸航行危险区域、禁区、船舶交汇点和渔区渔具的情况。

（6）有关地方性规则

查阅《航路指南》和有关规定，了解航区中的某些特殊要求，如海上交通安全法规、通航分隔航路、内河避碰规则、渔船特殊信号等。

3.确定航线，估算航行时间

根据航次任务及航行条件，选定进出港航行、沿岸航行和大洋航行等的计划航线，然后在总图或者大洋图上粗略画出航线和量出大致的航程，估算航行所需的时间。

4.绘制航线

在大比例尺海图上绘制出全程航线，求出准确的航程及航行时间。

5.确定燃料与备品

根据航线与本船特点以及航行时间，船长应与大副、轮机长协商，预先确定并落实本航次所需各种燃油、物料、淡水以及备品的数量。

无论在哪个航区航行，燃料总储备量的富余量不得少于船舶2天的耗油量。

6.航法研究

航行中的航法研究是航行计划的重要环节，在航行过程中应特别注意以下水域的航行方法的研究。

（1）本航线经过的狭窄水域、岛礁区、浅水区等航行困难水域；

（2）受潮汐、风浪影响较明显的水域。

7.航行中可能遭遇的海况及恶劣天气

及时获取各种气象信息，了解航行中可能遭遇的海况及恶劣天气，制定相应的预防与应急措施。

8.抵港信息

抵达港口的信息对船舶安全顺利进港至关重要，应根据《进港指南》《无线电信号表》和海图等掌握港口概况、通信方式、引航和通航规则及航道特征等。

9.制订航行计划书

航行计划最终应以书面的形式出现，一方面用于本船的航行参考与指导，另一方面以

备PSC检查。

三、航线设计与航线审核

航线设计是航行计划的重要组成部分，是航行计划的具体实现。在设计航线时，首先应考虑的是船舶航行安全，其次才是缩短航程、航时和节约燃料等问题。驾驶员应通过研究航行资料，结合本船的特点，拟订出一条安全、经济的航线。

（一）航线设计的具体步骤

1.抽选海图与图书资料

根据航次任务，利用《海图及其他水道图书总目录》或《航海图书总目录》抽选航次所需的海图与图书资料。

2.草拟航线，估算时间

通过研究各种有关的航海图书资料、气象情况，选定航线。在总图或者大洋图上草拟航线，确定转向点及量出各分段航向航程。

3.绘制航线

将上述的草拟航线移画在大比例尺航用海图上，同时做好正确的标注工作：

（1）标出各转向点的经纬度，或（和）以某物标的方位和距离表示的位置；

（2）标出各点间的计划航程、计划航向；

（3）在海图上标出必要的警戒线；

（4）标出重要的灯标、雷达目标等；

（5）标出重要航区的潮流情况。

4.填写航线表

将本航次所需的海图及图书资料整理归类，并将其信息填入海图及图书资料一览表中。将计划航线上的转向点、航向、航程、累积航程等资料填入航线表中，并计算出总的航行时间。

航行计划的参考用表主要有以下几种：

（1）海图及图书

①航用海图

编号	图号	图名	比例尺	出版日期	新版日期	最新改正	备注

②图书

编号	书号	书名	出版时间	最新改正	备注

（2）航线表

从某一航路点到另一航路点									转向点目标方位、距离及备注	使用海图	海图改正
编号	航路点经纬度	航向	富余水深	航程	航速/航时	瞭望等级	定位手段	定位频度			
计划总航程			预计总航时						总计用图数		

（3）通过的重要物标或转向点

编号	物标名称	位置	物标特征	经过信息			备注
				方位	距离	时间	

5.拟订重要航段和可能遭遇到灾害性天气时的航行措施

（二）航线设计的重要环节

1.图书资料的准备和改正

应备齐包括有关港口、航线、水文气象、航标、港章和地方性航行规则等全部图书资料，并根据航海通告认真改正到使用之日。

2.航线确定

航线设计的原则是安全和经济。根据所掌握的海区信息和本船或他船的航行经验，结合本船的船型、吃水、性能、定位条件、船员素质等因素，考虑航线的水文气象等条件，尤其要注意气象预报的异常天气，如大风、台风、暴风等对计划航线的影响，并考虑气象定线等措施。

3.设计航线应考虑的主要因素

（1）本船条件

①续航力

续航力指本船在不靠泊补给的情况下能航行的距离。主要考虑：主、副机的续航力；

燃料、淡水（生活及辅机锅炉冷却等用）、食物、备品等的储备。

②航区限制

主要考虑本船船级的航区限制，不同船级的船舶受到不同的航行区域的限制；船员适任证书中的航区限制，不同种类的船员适任证书适用于不同的航区；保险条款中的航区限制等，通常保单上皆有禁止船舶驶入规定地区的条款。

③船舶尺度和船舶装备

若本船不符合某些区域的船舶尺度限制，或未配备过某些运河的规定装备等，航线就不能设计通过这些区域。

④技术状态

老旧船、年久失修船或发生事故后仅做临时性修理的船舶，船员的业务技术水平不够理想的船，应选择风险较小的航线。

⑤装载状况

载重的不同、载货性质的不同（如甲板货、活口货等）等使船舶的吃水、稳性、受风面积和操纵性能均有所变化；船舶的封舱和货物的系固是否良好等，都影响到航线的选择。

（2）气象水文条件

（3）障碍物

各种水上、水下障碍物，包括各种礁石、沉船、不明性质的障碍物等；对于未精测的水域、浅点、复杂水域等，应注意避开。对于暗礁、浅滩、孤立障碍物多或因鱼汛期渔船密集的海区，可考虑合理地绕航。

（4）受限水域

①应该避开各种禁航区域。许多禁区可能没有标明其用途，应以禁航区对待。

②军事演习区一般不应进入，但在非演习期间也可进入，但必须注意加强瞭望和收听航行警告，保证航经该区域是安全的。

③对于注明的倾倒区（Dumping Ground）、雷区（Mine Field），一般应避开。

④海上石油开采区设施的位置可能会有变更，应注意航海通告与收听航行警告。在航线设计中，对这些设施的最小通过距离应在1.5 n mile以上或应在已标明的安全区500 m之外画航线。

⑤航线通过架空电缆或桥梁时，需要考虑潮汐的影响、船舶在水面上的高度、净空高度的起算面以及是否具有足够的富余高度和安全水深。

⑥领海水域一般拥有无害通过权，在此前提下对航线设计一般没有影响；一般不应将航线设计在该国内水范围内。

（5）分道通航制水域

分道通航制（TSS）一般是强制的，应严格按照具体要求进行航线设计。

（6）推荐航线和习惯航线

应侧重使用海图上或图书资料中的推荐航线，但不宜照搬使用，应根据当时的实际情况予以取舍。

（7）载重线区域

航线经过国际载重线公约规定的区域时，本船的最大吃水应满足规定的要求。

4.确定进出港和通过重要航段或物标的时机

进出潮流较强的港口，应考虑潮时。还应结合港章的具体规定，尽可能选在中午之前进港。如果锚泊船进港停靠的码头在港口纵深地段，应考虑在时间上留有充分余地。挂靠中途港时，应将旅客上下，货物装卸，补充燃料、淡水和物料等时间估算进去。

航经特别困难的狭窄水道，应避免夜间通过，必须通过时，要加强值班。必要时，应对因减速或候潮所耽误的时间有思想准备。深吃水的船舶通过浅水区时，应估计必要的候潮时间。

通过障碍物多的海区，应事前计划好多种避险措施。热带气旋盛行的季节，还应做好避风航线准备。通过重要的转向点，应尽可能具有获得准确船位的条件。

5.预算时间

船长应根据本船航向、航速及当时海况较准确地估算船舶预抵重要航段、位置的时间，预算抵达中途港、目的港的时间。航行过程中应及时根据时区变化进行拨钟。

在预算到达时间上，应留有余地，以便发生意外情况时，有回旋余地。

（三）航线审核

航线设计完成后，只有经过船长审核并确认后才能付诸实施。航线审核主要从以下几个方面进行：

（1）设计原则

航线的设计必须符合其设计原则，即安全和经济。不安全的经济航线是得不偿失的，不经济的安全航线是有悖于经济效益的。

从安全角度考虑，应重点检查航线是否穿越或临近各种危险物，有无穿越各种禁航区等。

（2）预抵时间

船舶的预抵时间应与历史记录及实际情况相吻合，如果预计时间过长，需要检查是否存在不必要的绕航因素；预计时间过短，则要注意航线有否直接穿越一些必须绕航的危险区或禁航区等。

（3）大圆航线

一般来说，船舶在中、高纬度长距离跨洋航行时，都应采用大圆航线；采用大圆航线时，考虑高纬地区的恶劣天气、海况及诸多碍航物等，拟采用混合航线；设计大圆航线、混合航线时，拟选用适当的空白定位图做必要的补充。

（4）航线标注

航线的各种标注是否符合规范，是否简明扼要，是否重点突出；航线附近的碍航物，重要物标，危险、复杂水域有否做好必要的标记；邻接海图图号，航路报告点，应急锚地等是否标注清楚。

（5）分道通航

航行在分道通航制水域，计划航线必须与通航分道总流向一致；在分道通航水域两端，转向角尽可能要小；航线不应穿越分隔线或分隔带，需要穿越时，尽可能以直角穿越等。

（6）助航标志

对于有助航标志的水域，航线设计必须符合助航标志的设置要求，特别是侧面标志，航线设计必须符合航标的“左罐右锥”设置原则。总之，应将航线设计在由航标标示的航道内。

（7）定位与避让条件

航线设计应考虑有可靠的物标供船舶定位、导航、转向与避险，同时也要考虑给船舶的避让留有充分的余地。

（8）水文气象

航线设计应符合当时的水文与气象条件。一方面考虑水文与气象条件是否有利于提高航速，继而提高营运效率；另一方面从气象因素考虑，船舶航行是否安全，是否能够避开恶劣天气，是否应通过气象定线，设计一条安全的气象航线。

（9）其他

除上述各种审核内容外，还应注意审核：各种航线表是否齐全，填写是否规范，数据是否有误；是否存在过多的转向点；所采用的各种图、书、表册是否最新；压载水管理、垃圾记录、引航员信息交换等的记录是否准备齐全等。

四、航线的风险评估及应对措施

航线设计工作完毕后，为了保证船舶的航行安全，船长必须对航线经过的通航环境做全面分析研究，对船舶航行过程中出现的风险做出充分的评估，并根据风险的大小与类别拟订相应的应对措施。对航线的风险评估主要从以下几个方面进行：

1.水文气象因素的风险

水文气象因素导致的风险主要表现为热带气旋、雷暴、雾、冰山、潮汐等。

作为船长，对以上各种要素的认知及对船舶航行的影响要心中有数，诸要素的具体内容在气象学及航海学中有详细的描写，在此不做赘述，也可参考航路设计图、航海员手册、灾害性天气区域月况表等。

在了解以上各种要素的基础上，船长应采取各种手段，如天气预报、气象传真等广泛收集有关信息、资料，对灾害性天气及其他情况对船舶造成的影响做出充分的评估，然后拟订相应的措施。

（1）灾害性天气的规避

在选择航线时，尽量避开可能出现灾害性天气、海况的区域。必要时，抛锚避风，等待时机。例如，在纽芬兰海岸附近，4～6月经常有冰山出现，其中以5月份为最多，对船舶

航行安全威胁极大，在此期间，应注意避开航行。

（2）参考推荐航线

选择航线时，应认真研究《航路指南》、航路设计图、《世界大洋航路》等，参考其中的推荐航线。这些推荐航线都充分考虑了海区不同季节的气候条件，对船舶安全航行起到重要保障作用。

（3）避台航行估算

航行过程中遭遇台风，船舶应采取有效措施避离。通过船舶与台风的相对运动作图，确定避离航向，估算船舶与台风的最近遭遇时间，做到心中有数。

例如，某轮南行，航向180°，航速20 kn，1030时得知本船左前方10°，距离200 n mile有一台风，台风中心正以15 kn的速度向西北300°方向移动，船长决定拟从台风东面，最近距离100 n mile通过。通过作图计算，可以确定本船应采取的航向及经过的时间。

如图1-1-1所示，先在海图上确定1030时本船与台风位置，A为本船位置，B为台风中心位置。以A为中心，根据相对运动原理，作一个1 h的矢量三角形，即$\triangle ACD$，其中AC为相对运动线，与台风中心的100 n mile圈相切，AD为15 n mile，与台风移动方向平行，DC为20 n mile，DC的方向即为船舶应采取的航向，作图量得为155°。船舶与台风中心最近相遇点E的时间可以通过简单计算得知约为1540时。

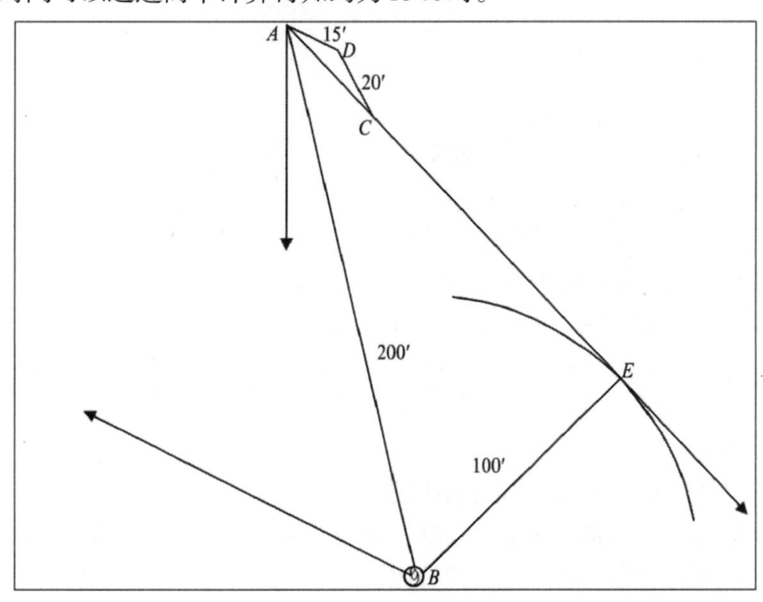

图1-1-1　避台航行计算

（4）冰区航行

冰区航行，应通过接收信息、查阅资料了解航区的冰情；根据本船的技术状态、货载情况以及船员的技术水准设计一条合理航线；应做好一些防范应急措施，如防冻、防滑，做好堵漏的准备等。

（5）潮汐水域航行

应查阅资料，充分了解当地水域潮汐变化规律，并及时关注、收集有关信息，遵守有关规定，调整船舶货载、吃水差、航向航速、航线、进/出港时间等。

2.狭水道的风险

航线经过狭水道，存在的风险主要表现为以下几个方面：

（1）航道尺度的限制

航道尺度的限制主要表现在航道的水深、宽度、弯曲半径等的限制，也可能受跨海建筑物（桥梁、架空管线等）的影响，使船舶通航高度受到限制。因此，作为船长，应准确判断船舶能否安全通过浅滩、桥梁等，并通过计算，确定通过这些受限水域的时机。

（2）水流的影响

狭水道的流态比较复杂，有潮流、洋流，更有一些横流、回流、漩水、泡水等，给船舶正常航行带来不利影响。

（3）通航密度的影响

狭水道内往往通航密度都比较高，尤其是大型船舶较多，给船舶航行避让带来较大的困难。

（4）航道变迁

有些狭水道，特别是内河水域，受泥沙冲淤的影响，航道的位置、水深等都会发生变化，应及时收看航海通告。

3.岛礁区的风险

岛礁区航行，主要风险表现在：

（1）航道窄、流急、障碍物多，对船舶航行避让都有较大影响；

（2）岛礁区水情也较复杂；

（3）岛礁之间峡口多，容易使船走错峡口而发生意外；

（4）岛礁区渔船也较多，还有渔栅、渔网等碍航物；

（5）其他风险，如海盗等。

4.渔区的风险

渔区的风险主要有：

（1）有些渔船在航道上捕鱼，影响他船航行；

（2）有些渔船夜间号灯弱，甚至无号灯，不易被及时发现；

（3）有些渔船不遵守航行规则，不易避让；

（4）渔船本身的操纵能力有限；

（5）渔船多，容易在避让过程中顾此失彼等。

船长应充分了解沿海渔区情况，掌握渔船的出没规律。一般情况下，航线应尽量避开渔区、渔栅等，如要穿越，则应特别加强瞭望，及时避让。

5.夜航的风险

夜航的风险包括：

（1）夜间航行不易及时发现岸形、物标；

（2）夜间航行不易及时发现他船及其动态；

（3）夜间航行人员容易产生疲劳感，注意力不能集中；

（4）夜间航行灯光复杂，容易使人产生错觉；

（5）夜间航行于海盗出没海域，风险也将增加。

夜航是事故多发的时段，船长应准确估算夜航水域，及时将夜航的注意事项和要求书写在夜航命令簿中，要求驾驶员认真执行。

6.航次储备的风险

航次储备是完成航次任务的重要保障，航次储备量过多则影响效益，储备量过少，则不能顺利完成航次任务。

（1）燃油储备量的确定

燃油储备量的大小应从以下几个方面确定：

①所选航线的航程、航速以及水文气象等的影响；

②本船的航海性能，如吃水、吃水差和船壳附生物的阻力等；

③过去使用燃料的记录；

④航线途中是否有燃料补给港等；

⑤其他，如主机之外的杂用燃料、轮机长的意见等。

一般船舶燃料总储备量为主、副机正常运转到中途港或目的港的耗油量的1.15倍。无论如何，各类航区船舶燃油储备量不得少于正常航行时2天的耗油量。

在航行中，由于气象原因，船舶达不到预定的航速、航行时间延长或为了避离灾害性天气，船舶需要调整航线而增加航程，致使航线过长时，应增加航次储备量。

（2）其他储备

除燃油储备外，其他储备主要包括淡水、食品、船舶物料、配件等，这些物品的储备主要从以下几个方面考虑：

①航行时间长短（包括因天气情况而延误的时间）及季节因素；

②船员人数；

③船舶大小及船龄；

④中途补给；

⑤历史消耗记录；

⑥其他，如抵达港口情况、船员结构等。

7.海盗的风险

（1）风险评估

航行于海盗出没海域的船舶，应充分评估海盗给本船带来的风险。风险评估主要从海区海盗出没情况、本船抗防海盗的能力、海区环境条件、护航情况等几方面考虑。

①海盗信息

船长应通过公司发给船上的保安信息、EGC/NAVTEX信息、联军军舰布告、询问过往船只等渠道，了解亚丁湾、索马里东岸及红海南部水域海盗活动情况，并在海图上做好标记。船长、船舶保安员要研究海盗活动的水域、规律和特点，注意收集国际海事局反海盗中心或附近国家发布的海盗袭击信息，阅读相关资料，掌握海盗袭击最新情况。

②本船因素

主要考虑本船船员防海盗能力，器材物品的准备，本船的大小、航速、干舷、结构、货载等情况。

③气象条件

风浪的大小直接影响到海盗小艇的活动能力。

④通过时间

一般来讲，选择在晚上通过海盗活动水域风险相对较高。

⑤护航情况

护航大大降低被海盗袭击的风险。

（2）有关防范海盗的措施

①制订防海盗应急计划，成立防海盗行动小组，安排防海盗值班，并做好相应演习、训练工作；

②做好抗、防海盗的器材、物品的准备工作；

③保证船舶的通信畅通；

④航线设计应按照IMO推荐、建议的航线；

⑤加入护航编队。

8.船舶进出港航行风险

（1）风险评估

①港区航道及障碍物情况

港区内航道狭窄、弯曲，还有浅水区域、风流因素的影响，影响船舶航行。

②船舶动态

港区内通航密度大，回旋余地小，航速小，船舶操控性能差。

③本船大小、设备、性能

本船靠泊能力如何，是否需要拖船协助，船舶设备的适应性，船舶的运动性能等。

④本船船员的技术水平。

⑤船舶与港口、引航员的信息交流。

⑥港口设施的保安等级与要求。

⑦港口的地方规定等。

（2）应对措施

①认真研究《航路指南》《进港指南》等图书资料；

②尽量使用最新最大比例尺港泊图；

③根据要求备妥各种文件、材料；

④及时与港方有关人员取得联系，加强船长与引航员之间信息交流；

⑤保持船舶各种设备、设施的正常运行。

五、拟订与执行航次计划时的注意事项

航次计划的拟订过程，就是船舶出航前的航海准备过程。航次计划应力求措施适当、时间准确、切实可行。拟订与执行航次计划应注意以下问题：

1.航次计划的审核、签名

航次计划须经船长审核、签署批准后方可实施。其他驾驶员也应做相应签名。

二副为具体负责航线设计的驾驶员，但在设计航线时应得到船长的指导与监督。同时，二副设计的航线计划只有经船长审核并确认后才能使用。因此，船长和二副均应在航次计划上签名并注明日期，以证明所设计的航线是在航行前就准备好的。大副和三副也是该计划的具体执行人员，他们也应在各自的航次计划报告中签名。

2.航次计划的修改

在执行航次计划过程中，船长应根据实际情况及时修改，做好必要记录，并告知大家。计划要适应航行条件的变化，遇到意外的灾害性天气、水文气象条件估计不足或预报不准、船舶本身发生故障等时，必须根据变化后的情况及时修改计划，必要时重新拟订计划。

3.报告船长

航次计划在执行过程中，驾驶员也应认真核对，及时发现不当甚至错误之处。当值班驾驶员对船位、航法等有任何怀疑时，应立即报告船长，并在必要的情况下，采取对船舶安全有利的措施。

4.分段实施

当航线较长时，可以先拟订航行计划总概要，然后分段完成，先具体完成前一段的计划，在航行过程中逐步充实、完善后一段的计划。

5.夜航命令簿

夜航是航次计划执行过程中风险较大的时段，船长的监督以夜航命令簿的形式体现。因此，船长的夜航命令簿就成了船长和驾驶员在晚上保证船舶航行安全和执行航次计划的重要手段。值班驾驶员应当正确理解船长在夜航命令簿里书写的内容，并在充分理解了船长的夜航命令后签名，认真执行船长的夜航命令。

6.信息交流

这里的信息交流是指船长与引航员的信息交流，具体体现在“船长-引航员信息交流卡”中。信息交流卡包括船舶抵（离）港时的吃水、载货、船舶概况资料、船舶操纵数据以及要求引航员提供的资料等。该信息交流卡中有关船舶方面的内容在引航员登船前就应备妥，在引航员和船长进行了充分信息交流后，应要求引航员在该卡上签名。

第二节 航行方法

一、大洋航行

大洋航行就是引导船舶跨越大洋的长距离航行。

（一）大洋航行条件的特点

（1）离岸远，航行时间长，气象、海况变化大，一旦遇到灾害性天气较难避离；

（2）受洋流、海浪及海冰影响较大；

（3）通常，驾驶员对多变的大洋海区的了解程度不够，往往只能依赖航海图书资料的介绍与气象预报；

（4）水深大，障碍物少，海域广阔，避让条件好，航线有较大的选择余地。

基于上述的特点，大洋中航行，在保证安全的同时，做到节省航行时间，对于降低运输成本和减少航行风险具有重要的实际意义。

（二）大洋航线的选择

大洋航行可采用以下几种航线：

（1）大圆航线（Great Circle Route）

大圆航线是跨洋长距离航行时所采用的地理航程最短的航线。若将地球当作圆球体，地面上两点间的距离以连接两点的小于180°的大圆弧为最短。特别是当航线所在纬度较高并又横跨经差较大时，大圆航程比恒向线航程有时会缩短达数百海里。

然而大圆航线与所有子午线相交成不等的角度（子午线和赤道除外），即沿大圆弧航行时，必须时刻改变航向。要求船舶完全沿着大圆航线航行，一般不可能实现。

实际上，大圆航线可以取大圆弧内接分段恒向线法，如图1-2-1所示，即在A、B两点间的大圆弧上作分点a_1，a_2，a_3，…，每段航线可以是相邻分点间的恒向线弦线Aa_1，a_1a_2，a_2a_3，…，也可以取大圆弧外切分段恒向线法，如图1-2-2所示，即是各分点的恒向线切线AA_1，A_1A_2，A_2A_3，…。这样，只要分点足够多，整个航线就基本上接近大圆弧航线。

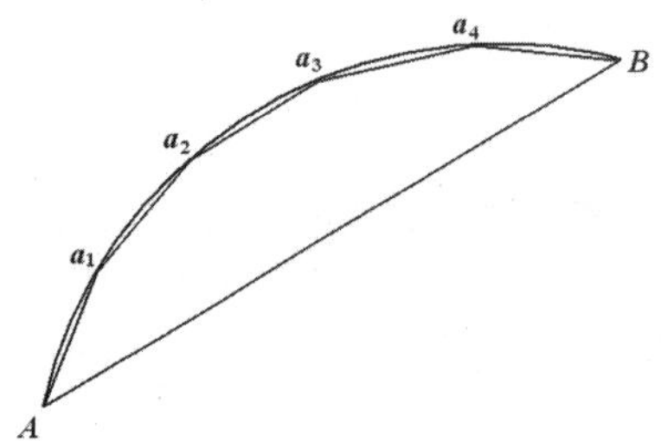

图1-2-1 大圆弧内接分段恒向线

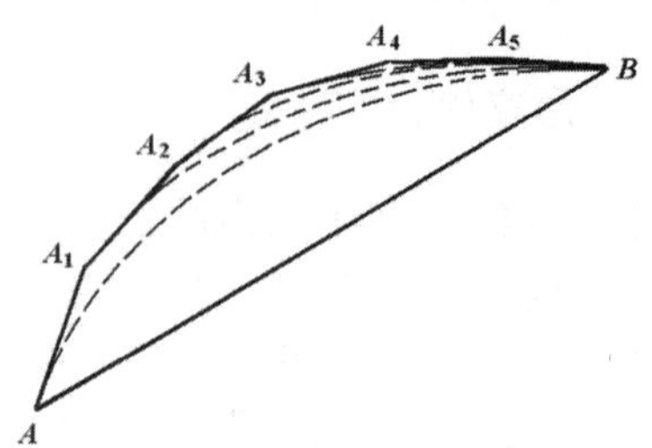

图1-2-2 大圆弧外切分段恒向线

通常，大圆航法通过大圆海图确定分点的方法进行。一般按每隔经差5°或10°，或一昼夜左右的恒向线航程为一个分段来确定分点，通常取整度经线与该线的交点为一分点，然后量出各分点的经、纬度。

将各分点按其经、纬度移画到航用海图上去，并用直线连接相邻分点，便得折线状大圆航线，每段折线即为分点间恒向线航线，最后量出各段恒向线的航向和航程，并列表备航。

（2）恒向线航线（Rhumb Line Route）

恒向线航线不是地球面上两点之间的最短航程线（子午线和赤道除外），但在低纬度或航向接近南北时，它与大圆航线的航程相差不大。

（3）等纬圈航线（Parallel Route）

若两地在同一纬度，则沿纬度圈航行，即计划航迹向为090°或270°。它是恒向线航线的特例。

（4）混合航线（Composite Route）

混合航线就是为了避开高纬度的航行危险区，在设置一限制纬度的情况下，采用大圆航线与等纬圈航线相结合的最短航程航线。

（5）气候航线（Climatic Route）

气候航线是在最短航程航线的基础上，考虑了航行季节的气候条件和可能遭遇到的其他因素而设计的航线，如航路设计图和《世界大洋航路》中推荐的航线。

（6）气象航线（Weather Route）

气象航线是气象定线公司在气候航线的基础上，再根据中、短期天气预报，考虑气象条件和船舶本身条件后，向航行船舶推荐的航线。

（三）选择大洋航线应考虑的因素

拟订大洋航线的原则是安全经济，在拟订大洋航线时，主要应考虑以下几个因素：

1.气象条件

主要应考虑本航次中遭遇大风和灾害性天气的可能性。为此，驾驶人员对大气环流的一般规律，应当有所了解：

（1）世界风带

世界风带就是由于受大气环流的影响而形成的行星风带，由此造成的一般大洋的风是比较有规律的，但随季节和海区也稍有变化。

（2）季风

冬季从陆地吹向海洋，而夏季从海洋吹向陆地的周期性的风叫季风。我国是世界上著名的季风国家。我国冬季东海岸吹西北风，南海岸吹东北风；而夏季则相反，东海岸吹东南风，南海岸吹西南风。转换期一般在4月、5月和9月、10月。冬季季风比夏季季风强，冬季季风一般可达8级，而夏季一般只有3～4级。

印度洋北部季风也特别强盛。冬季吹东北风，夏季吹西南风，在阿拉伯海西部西南季风特别强盛。

（3）热带低气压和温带低气压

热带风暴一般发生在夏秋季的低纬度大洋上，形成后会构成灾害性天气，应特别注意。西北太平洋的温带低气压和比斯开湾的低压在秋冬季节非常强盛。

（4）雾

世界上的多雾区，大都发生在寒流和暖流的交汇处。如大西洋的纽芬兰和英吉利海峡附近，太平洋的北海道东南岸、千岛群岛、阿留申群岛和北美洲西岸等，在夏季多有浓雾。

2.海况

与航海有重大关系的主要是海流和波浪。

（1）大洋环流

洋流对船舶航行有较大的影响，合理利用洋流可以提高船舶运输效率。大洋环流与风带有着密切关系。

近海海流受季风影响较大。如中国沿海，东北季风产生西南海流，西南季风则产生东北海流。印度洋北部的海流也是随着强大季风的变化而变化的。

（2）海浪

船舶受波浪影响后，产生横摇和颠簸，船速降低，船体遭受很大的冲击力，使所载货物可能发生移动，稳性受到影响。波浪还使船首经常没入波间、船尾时常被抬出水面，产生打空车的现象。同时船首常常被风浪压向下风偏离航向，不得不经常用较大的舵角来保持航向。较大风浪使船舶安全受到威胁、船员生活受到影响。因此，在选择航线时，应尽可能地避免穿越大风浪区。

（3）流冰和冰山

鄂霍次克海、北海道南岸局部地区有流冰。冰山多见于大西洋纽芬兰附近，常出没于欧美航线附近，非常危险，应予以注意。

3.障碍物

大洋上一般很少有障碍物，但在高纬度地区则不然。北太平洋高纬度岛屿比较多，北大西洋高纬度地区则经常出现冰山，使采用大圆航线往往受到限制。必须对岛礁、冰山等危险障碍物予以充分注意，设计航线应留有足够的安全距离。

4.定位与避让条件

选择航线时，应充分考虑利用各种定位方法。接近陆地时，应选择有显著物标或有明显特征等深线的水域。还要重视避让条件，特别是能见度不良时，更应尽可能避免航线通过渔区和拥挤水域。

5.本船条件

在选择大洋航线时，必须充分考虑本船条件，例如本船的新旧、船型、吨位、船舶结构强度、航行性能、船速、船舶吃水、续航能力、船员的应变能力和技术水平，以及所载

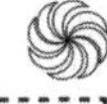

货物的性质、特点与布局等。

（1）本船结构强度

船龄对船舶的结构强度影响较大，老船船壳锈蚀，容易在大风浪中被冲击漏水，即使是新船，也会因遭遇风浪而发生意外事故，所以选择航线时要慎重考虑。

（2）吃水

空船吃水浅，船体受风面积大，车效和舵效都不能充分发挥；满载时，甲板容易上浪，易损伤船体、甲板设备，并造成货损等。

（3）船速

低速船在大风浪中顶风航行，航程进展小；横风中航行，又会产生较大偏移及横摇，舵效较差。船在大风浪中航行应合理选择航向、船速，以减小风浪对船体的影响。

（4）船舶吨位

一般来说，吨位大的船抗风能力也大。此外，船型不同，适航性能也不同，但只要措施得当，吨位大小并不是重要因素，船长与波浪长度的关系对船舶的抗浪能力及船舶安全关系却很大。

（5）客货载情况

航线选择应考虑满载还是空载，是散装货还是杂货，有无危险品，有无甲板货等；封舱、衬垫和绑扎情况如何，稳性大小怎样等。对于客船，应选择风浪小的航线。

（6）船员

船员的技术水平、操船熟练程度和对紧迫局面的应变能力密切关系到船舶航行安全。在其他条件一定的情况下，船长的经验和船员集体的应变能力，是选择航线时应当考虑的一个重要因素。

（四）大洋航行的注意事项

大洋航行时，应综合考虑各种因素，选择最佳航线。在航行过程中应及时监控并弥补航线选定方案中的不足，并且随着情况的变化不断修正航线，及时采取正确的航海措施，保证航行安全。

1.认真推算

在大洋航行中，推算船位既是进行天文定位、无线电定位等的基础，又是发现观测船位错误的重要参数，因而，不可忽视航迹推算对于航行安全的重要作用。为了尽可能提高推算的准确度，发挥航迹推算的作用，应该做到以下几点：

（1）航迹推算的起始点应是利用陆标等测定的准确观测船位。

（2）应尽可能利用计程仪测定准确航程，以提高推算的精度。在航行中，应经常注意计程仪的工作情况，掌握准确的计程仪改正率。

（3）罗经工作正常与否，直接关系到航行安全与航迹推算的准确性。因此，远航中应注意：

①在每次改向后或长时间在同一航向上航行时，应每隔1～2 h对比一下磁罗经与陀螺罗经之间、标准罗经与操舵罗经之间的读数，计算磁罗经差。如发现有问题，应立即查明

原因，采取适当措施，并把情况记入航海日志。

②应利用天体测定罗经差。每天利用日出没或太阳低高度方位，早晚各测一次罗经差，并把测定结果记入罗经差记录簿中。

③应根据航行水域的地磁变化，计算磁罗经差。

④当航行跨越赤道后，应对罗经自差进行检查，看其有无较大的变化。

（4）正确计算风流压差。虽然洋流的流速不大，但在长时间、长距离航行中，其累积影响也很可观。

2.充分利用各种机会进行船位观测

尽管目前的GPS具有很高的定位精度，但为了可靠起见，也应抓住其他测定船位的机会，如太阳移线船位、测星定位以及无线电导航仪器定位等。并应注意分析船位差产生的原因，作为继续进行航迹推算的参考。有时若只能测得单条位置线，也不要轻易放过，它可以作为分析推算误差的参考。

3.掌握转向点

在到达转向点之前，尽可能求得观测船位，然后根据观测船位与转向点之间的航行时间或计程仪读数进行改向。根据推算船位转向时，必须对推算船位的精度做到心中有数。改向后应及时寻找机会测定船位，校验改向后的船位是否在计划航线上。

4.注意接近海岸前的安全

（1）远航接近海岸前，要特别仔细参考研究海图，注意识别物标，准确定位，确保航行安全。除应选择显著物标作为接岸点外，必须仔细了解接岸区的地形特点、水深变化规律、水中危险障碍物位置、水流情况和助航设施等。

（2）在估计沿岸物标在望时，应提前加强瞭望。当初次发现陆标时，千万不能主观臆断，应使用雷达、罗经等反复观测或与已知船位进行核对，直到确认无误时为止。

（3）应采用一切有效手段测定船位，只有在确认船位后，才可接近海岸和港口，不可贸然行动。

（4）如已接近海岸，但未看到预计能够看到的物标，或对所见物标有疑问时，则应根据当时情况，采取减速、停车或抛锚措施，等弄清情况后再续航。

5.认真收听气象报告和接收气象传真图

由于气象变幻莫测，灾害性天气时有出现，大洋航行时，必须按时收听有关气象台站的气象报告和传真图，结合本船的气象观测资料进行分析、判断。如有灾害性天气，应采取必要的避离和预防措施。

6.按时接收航海警告

大洋航行持续时间长，应按时收听航行海区的无线电航海警告，并及时进行必要的改正。

7.拨钟

在大洋航行中，为了维持正常的作息时间，并使船时与所航行海区的区时一致，应及时按时区拨钟，通过日界线时应变更日期，并记入航海日志。

8.正确使用空白定位图

航行在大洋上，航用海图的比例尺一般都比较小，为了提高推算和定位的准确性，应该选用比例尺适当、与航行纬度匹配的空白定位图来进行海图作业。

目前远洋船上使用的多为英版空白定位图（Plotting Sheet），也有用中版、日版或美版的。英版空白定位图的比例尺为1：670000，纬度为0°～69°，共23张，每张图的纬度范围为3°。

使用空白海图时，必须经常对照该海区的航用海图，并应将早、中、晚的观测船位移到航用海图上去，以便及时了解船舶周围的海区情况。

9.注意航速与燃油消耗的关系

大洋航行由于可能遭遇灾害性天气等意外原因，有时会延长航行时间，造成燃料储备短缺。因此，船舶除应有额外燃油储备（一般不少于2天的耗油量）外，航行中应注意航备与燃油消耗的关系，选择适当航速，以保证船舶顺利续航至中途港或目的港。

二、沿岸航行

（一）沿岸航行的特点

沿岸航行是指船舶在沿海各港口间的近岸海上航行。沿岸航行时交通环境复杂，应充分了解航线附近水文、气象、地形和助航设施、交通管理规章等，选择一条安全、经济的航线。沿岸航行的特点如下：

（1）距危险物近，地形复杂，水深一般较浅；

（2）潮流影响大，水流较为复杂；

（3）交通密集度大，来往船只和各种渔船较为密集，航行和避让都有较大的困难；

（4）船舶回旋余地小，当遇到紧迫局面时，船舶操纵困难；

（5）沿岸航行所涉及的航海图书资料一般详尽、准确；

（6）沿岸航线距岸较近，可用于导航定位的物标较多，能较容易获取较为准确的陆标船位；

（7）沿岸交通复杂海区大多实施分道通航制，大大降低了船舶碰撞的风险。

（二）沿岸航线的选择

沿岸海区船舶通航历史较长，航区的图书资料比较详尽，许多地方均有推荐航线，在条件允许的情况下应予以采用，但要根据实际情况予以调整。在具体选定航线时，应充分做好以下几个方面的工作：

1.分析航次情况

根据航次任务，综合考虑本船性能、仪器设备性能、积载情况、航程长短，以及航区的风、流、能见度、障碍物、可能出现的灾害性天气及避风港选择等情况，做好准备。

2.研究有关资料

根据航次任务的一般要求，详细研究有关航海图书资料，并及时根据航海通告和航海警告对有关图书资料进行认真而仔细的改正。对本航次中可能遇到的困难，应做到心中有数。

3.拟订航线

在确定和预画航线前，应根据安全和经济的原则，充分考虑如下内容：

（1）尽可能采用推荐航线

在没有特殊原因的情况下，应尽可能采用海图和航路指南中的推荐航线，包括采用分道通航。

在IMO采纳的分道通航制区域或其附近航行时，必须遵守船舶定线制和国际海上避碰规则的有关规定。不使用分道通航制的船舶应尽可能远离该区域。

（2）确定适当的航线离岸距离

航线离岸距离应根据船舶吃水的深浅、航程的长短、测定船位的难易、海图测绘的精度、能见度的好坏、风和流影响的大小、白天还是夜间、航行船只的密集程度以及本船驾驶员技术水平、航行经验等情况加以确定。有些海区还要考虑该水域的治安情况与政治气氛，例如有无海盗活动、国际关系是否正常、国内形势是否稳定等。同时，还应为避让和转向留有足够的余地。

一般在能见度良好的条件下，距陡峭无危险的海岸2 n mile以上通过，以保证能清楚地辨认岸上物标；沿较平坦倾斜的海岸航行时，大船应以20 m等深线为警戒线，小船可以10 m等深线为警戒线，或至少应在本船吃水2倍的等深线之外航行。夜间航行，如定位条件不好或能见度不良，应在离岸3 ~ 4 n mile，甚至5 n mile以外水域航行，以利安全。在定位条件不好的海区沿岸航行时，采取与岸线总趋势平行的航线有利于航行安全。在夜间，特别是在可能遇到吹拢风或向岸流影响时，应将航线再适当地向外海偏开一些，以确保航行安全。为了有利于避让，航线应避开船舶的交会点，应尽可能避开渔船作业区，必要时适当绕航。

（3）确定航线离危险物的安全距离

沿岸航行，确定航线距其附近的暗礁、沉船、浅滩、渔栅、渔礁等危险物的安全距离

时，应根据下列因素决定：

①从接近危险物前所能测到的最后一个陆标船位距危险物的航程长短和所需的航行时间

一般情况下，这段航程越远、航行时间越久，通过时的最概率航迹区距该危险物的距离也就越近，则航线距离危险物的距离也应越远。

②危险物附近海图测量的精度

通过未经精测海区比通过精测海区的距离应远些。通过精测过的危险物时，可从其外缘以1 n mile为半径画出危险圆，并考虑本船的船位误差范围再确定距危险圆的距离。

③危险物附近有无显著的可供定位和避险的物标；

④通过危险物时的能见度情况，是白天还是黑夜；

⑤风、流对航行的影响；

⑥危险物的可见情况及标志情况。

一般有陆标可供不断观测定位时，至少应在1 n mile以上通过危险物。如果是在潮流影响较大的海区或者受吹拢风影响，或者能见度不好时，离危险物的距离应该加大。在通过远离陆地而又未设有标志的危险物时，应根据水流情况和最后一个实测船位到危险物航程的远近，以6～10 n mile的距离通过。当黑夜或者能见度不好时，此距离还应当增大。

此外，为了确保船舶航行安全，拟订沿岸航线时，应避开以下水域：

①周围水深较浅、水深变化不规则的水深空白区；

②连续的长礁脉及其边缘附近；

③孤立的岩礁以及水深明显比周围浅的点滩；

④未经精确测量的岩礁和岛屿之间的狭窄水域；

⑤珊瑚礁附近未经系统地扫海测量，水深浅于100 m的水域。

（4）绕航

选定沿岸航线，有时为了避开风浪、不利水流或者为了安全通过危险物等而需要绕航。须知避离危险物的绕航，即使离开危险物距离延长2倍时，由此而增加的航程也是很有限的，而船舶的航行安全却因此而得到较大的保证。

（5）定位与转向条件

沿岸航行时，应考虑在各种航行情况下都能有较好的定位条件。在重要转向点，应选择在转向侧正横附近的位置准确的显著物标作为转向物标，如灯塔、立标、岛屿、山头等。避免使用平坦的岬角或者浮标作为转向物标。

绕岛屿与岬角航行时，不必都采用正横转向。因为这样转向，船与物标的距离会越来越近。若连续三次正横转向30°，则最后距物标的距离约为原先第一次转向时的2/3。最好采用定距绕航的方法，先在海图上画出航线，标出几个转向点，然后用雷达观测距离，使船舶保持在计划航线上航行；也可采用平行方位转向法，就能保证转向后船舶航行在新航线上。此外，还应该根据本船吃水，设定适当的避险位置线，以防转向过程中过度接近海岸或危险物。

（三）沿岸航行的注意事项

1.正确选用与使用海图

沿岸航行时为了进一步提高推算和定位的精度，应尽可能采用新版大比例尺海图。因为在大比例尺海图上，资料比较详尽、准确。海图作业应按规定进行，并要保持整齐、清洁。在换图后，应立即核对船位。此外，航行中应注意收听航行警告，并及时进行资料及海图的改正工作。

2.准确、连续进行航迹推算

沿岸航行一般离岸较近，除了有定位精度较高的GPS定位外，获得准确的陆标船位也较为容易。但是，认为沿岸航行定位方便，而忽视航迹推算甚至中断推算是不可取的，一旦出现异常情况，就有可能丢失船位，其后果是十分严重的。因此，平时应注意分析推算的精度，积累资料，以作为能见度不良时或者情况异常时航行的参考。

推算起始点应是准确的观测船位。在到达推算起始点前，应启用计程仪，并使其正常工作。

3.做好定位工作

沿岸航行应充分利用各种物标进行定位。物标在视界之内时，应尽量使用目测定位；能见度不良时，应充分利用雷达定位。

通过一系列的观测船位，检查船舶是否偏离计划航线，并分析船舶偏离计划航线的原因，同时根据实测船位的间距，计算出实际航速，根据实际航速推算出到达（或发现）下一个重要物标的时间。

4.加强瞭望

许多海上事故，特别是碰撞事故，大部分是由于疏忽瞭望引起的。瞭望应由近及远地连续扫视水平线内的一切物标。不要忽视任何微小的异常现象，如：海面的漂浮物、平静海面的异常浪花、大海中海水颜色的突然改变等，它们往往是危险的预兆。在航行条件比较复杂的情况下，更应尽量保持连续不间断的瞭望，以提前发现危险。夜航时，应注意尽可能缩短在海图室内逗留的时间。必要时应及时开启雷达，使用雷达协助瞭望。

5.把握最佳转向时机

转向前应尽可能地测得准确船位，以此推算出到达转向点的时间。要事先选择好显著易认的、转向侧正横附近的转向物标。在重要的转向点，必要时可多选择一个转向物标，以便在一个转向物标因故被遮蔽时利用另一个。转向时最好用小舵角逐渐转向。

如果船至转向物标的横距比设计的距离过大或过小，可适当提前或推迟转向，以使船转向后驶上计划航线。

一些重要的转向点往往也是船舶的交会点，相遇局面还在随时变化，不易判断，应特别注意加强瞭望，谨慎驾驶。

船舶在转向后，应在海图上和航海日志中记下转向时间、计程仪读数和船位。在条件许可时，应立即利用一切机会测定船位，校验转向后船舶是否偏离计划航线。

6.应充分利用单一位置线

正确利用单一位置线有时对航行安全会起到一定的保证作用。如果测得一条与计划航线垂直的船位线，可用以判断船位超前或落后实际船位的程度；如果测得一条与计划航线平行的船位线，则可用以判断船位偏离计划航线的程度。若船位线是南北方向的，可用它确定船舶的经度；若船位线是东西方向的，可用它确定船舶所在纬度。总之，单一位置线可以缩小推算船位的或然船位区，也可以用来避险、导航、转向和测定仪器误差等，故应充分加以利用。

7.正确识别岸形和物标

正确识别岸形和物标是准确定位及保证船舶航行安全的前提。许多事故是由于对岸形和物标识别错误引起的。即使充分使用了对景图等有关航海资料，亦不能完全避免识别错误。特别是浮标，在大风之后，常有移位或漂失的情况，有时灯浮的灯光也会熄灭，应当注意识别，不可主观臆断。只有对物标确认无疑后，方可用以定位和导航。常见的对可疑物标的判断方法有：

（1）参考概率船位区判断

如图1-2-3所示，船在推算船位点P，发现岸上的一个物标，其外形与海图上的A和A'物标相似。因此，首先必须辨认A和A'哪一个是所发现的物标。为此，在推算船位点P附近画出概率船位区，并在图上分别自两物标画出所测得的方位位置线。结果从图上物标A画出的方位位置线通过概率船位区。一般可以肯定，图上的A是所发现的物标。推算精度越高，这种识别方法的效果会越好。如果概率船位区位于两条方位线中间，那就难以判断了。

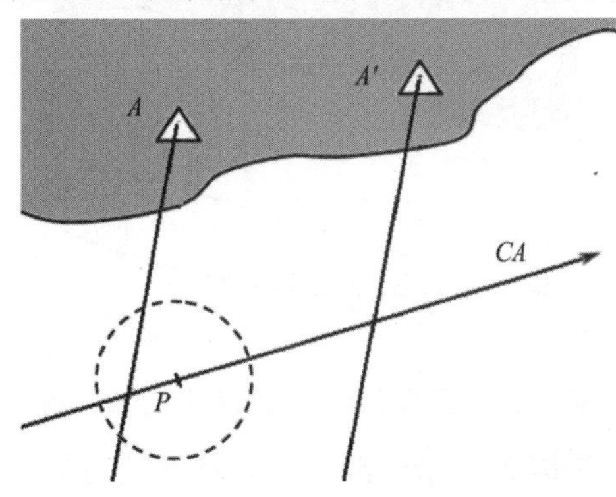

图1-2-3　参考概率船位区识别物标

如果在视界内只有一个物标可供观测，由于这时造成的物标识别错误没有其他办法可以帮助发现，并在随后的航行定位中会继续被误用，这是最危险的。在这种情况下，务必仔细辨别，认真分析，并尽可能获得其他的校验办法。在确有把握之前，不能轻易转移船位。

（2）根据船位的分布判断

①两方位定位

在船舶沿计划航线保向保速航行，连续利用两物标方位定位时，如果错误识别了物标将因此而得出错误的船位，并按一定规律分布。如果连续观测定位，所得船位点不沿直线分布，而呈现曲线分布，且各船位之间的距离也不与观测时间间隔或航程成比例，即可判定识别物标存在错误。图1-2-4就是误以B'为B进行观测，而从B画方位线时错误船位的分布曲线。当然，罗经差有误差时也会出现类似情况，应该注意分析辨别。

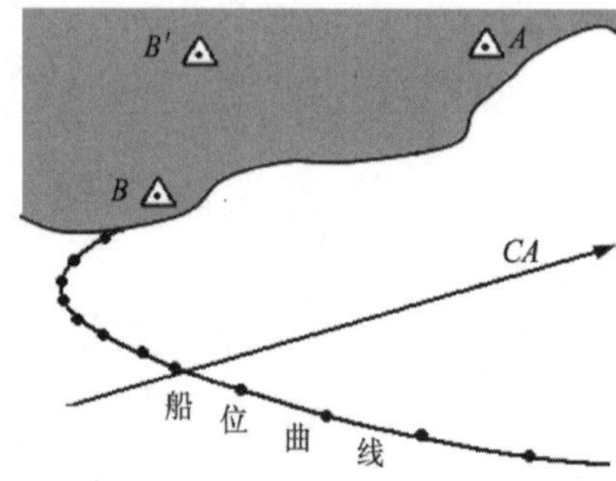

图1-2-4　两方位定位错误船位分布曲线

②两距离定位

图1-2-5为船舶沿直线航行，当A物标识别正确，而误以B'为B时，两距离定位所得船位分布曲线。如果在航行中连续多次采用两物标距离定位的船位分布呈曲线状，且各船位之间的距离与相应的航程不成比例，或者出现两圆弧位置线无法相交的情况，都表明物标识别有错误。

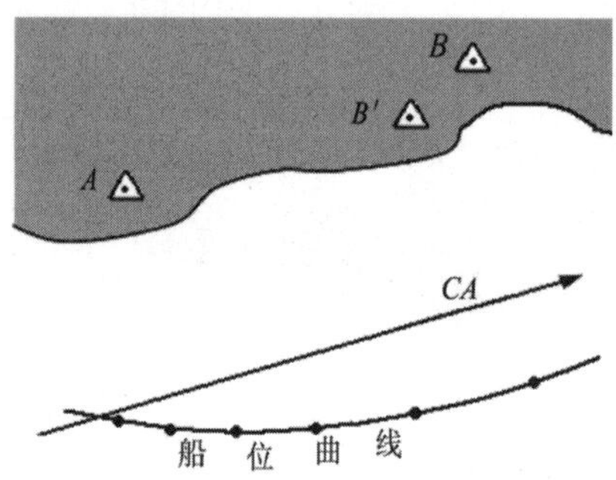

图1-2-5　两距离定位错误船位分布曲线

由于物标相对位置关系等因素，错误船位分布的曲线可能是椭圆、抛物线或双曲线中的任何一种。

8.正确使用DGPS和AIS

当前，许多国家都在沿海水域建立了DGPS台链与AIS台链，可为沿岸航行的船舶提供更高精度的船位以及周围船舶航向、航速和位置等动态与静态信息，进一步确保航行安全。

9.其他

对所有助航仪器，都应保持良好的工作状态。对罗经和计程仪，应该利用航行中一切机会测定其误差。同时，注意收听有关的气象预报，如发现航路的进程中有灾害性天气，应及时果断地改变航行计划，借以避离。

三、狭水道航行

1.狭水道航行的特点

狭水道是港口、海峡、江河、运河以及岛礁区等水道的总称。一般而言，狭水道内不仅航道狭窄弯曲，而且水深、水流变化明显；航道距危险物近；通航密集度大；一般不能用通常的定位方法保证航行安全，航行较为困难。因此，驾驶员了解狭水道的航行特点，掌握狭水道内各种导航、转向和避险等航行方法以及通过浅滩、岛礁区等的特殊方法十分必要；同时，在狭水道航行时更应谨慎驾驶，并不断积累和总结狭水道航行的经验，以提高驾驶水平。

（1）航道狭窄，弯曲，水深浅且变化大

狭水道往往狭窄而弯曲，船舶航行没有足够的回旋余地。例如，我国许多港口的主航道多为人工疏浚，有的航道宽度不足100 m，大多数港口的进出口航道水深都有限。特别是江河入海口处的航道，往往由于上游水流挟带大量泥沙沉积形成浅滩，这种浅滩位置随季节和江河水势的差异而多有变迁，因此，航道水深变化较大，船舶进出该水道一般都要候潮。这些都给船舶航行和操纵带来了较大的困难。因此，许多狭水道内，除有天然和人工陆标进行定位、避险导航外，还专门设有浮标指示航道或航海危险。大部分狭水道，近年来都实施了分道通航。

（2）离危险物近，水流情况复杂

由于狭水道受岸形的限制，可航水域一般离浅滩、暗礁等航行危险物较近，同时，由于航道狭窄弯曲，流向复杂，流速分布也不均匀，对船舶航行十分不利。

对于比较顺直的狭水道，流向基本沿航道轴线方向，水情并不复杂。但在弯曲度大的水道，主流往往与水道轴线成较大交角，流速也有较大变化，对船产生较大的横向推力，易导致船舶偏离航线而造成危险。

（3）来往船只密集，避让余地小

狭水道一般都是船舶航行的要道，来往船只密集，且船舶种类繁多、大小不一，海面状态比较复杂。有些航道还时有小船航行其中，且不遵守航行规章，给正常航行的船舶带来操纵与避让上的困难。

（4）可供定位的物标多、距离近

在狭水道航行，可以用来定位、导航的物标多，而且距离近。因此，可以充分利用目视引航的方法。例如利用浮标进行导航，利用“开门”“关门”进行转向等。

2.过浅滩最小安全水深的确定

狭水道内，特别是江河入海口航道上，往往有浅滩横卧在航道中，水深往往不能满足航行要求。而且，由于浅水效应，船舶阻力增大、船速降低、舵效变差、吃水增加，航行和操纵困难。大型船舶通过浅滩往往需要候潮，所需最小安全水深可由下式求得：

最小安全水深＝最大吃水（出发港）＋咸淡水差＋横倾增加吃水+船体下沉＋半波高＋保留水深－油水消耗减少吃水 （1-2-1）

现对式（1-2-1）中各项分别讨论如下：

（1）出发港最大吃水

通常在受载时就应根据航行时间、油水消耗量、潮汐预报情况等按式（1-2-1）预先进行预算，合理受载，以期在通过浅滩时，既可达到首尾吃水适当，又有足够的保留水深，争取尽早安全通过。

（2）油水消耗减少吃水

根据本船每天油水消耗量、每厘米吃水吨数和航行天数，可按照下式计算油水消耗减少吃水的厘米数：

$$\text{油水消耗减少吃水（cm）}=\frac{\text{每天油水消耗量}\times\text{航行天数}}{\text{每厘米吃水吨数}} \quad (1\text{-}2\text{-}2)$$

（3）咸淡水差

船舶由一种密度的水域驶入另一种密度的水域时，由于水密度的变化，其吃水将随之发生改变，相应的变化量 δd 为：

$$\delta d=\frac{\Delta\rho}{100TPC}\left(\frac{1}{\rho_2}-\frac{1}{\rho_1}\right) \quad (1\text{-}2\text{-}3)$$

式中：

δd ——不同水密度的水域中吃水改变量（m）；

D——进入新水域前的排水量（t）；

TPC——该排水量下的标准海水密度时的每厘米吃水吨数（t/cm）；

ρ ——标准海水密度（ρ=1.025 g/cm^3）；

ρ_1 ——原水域的水密度；

ρ_2 ——新水域的水密度。

（4）横倾增加吃水

在水深有限的狭水道中航行，要考虑横倾增加吃水的因素。如图1-2-6所示，吃水增加量可按下式近似计算：

$$\Delta T=\frac{B\cdot\theta^\circ}{2\times57^\circ.3} \quad (1\text{-}2\text{-}4)$$

式中：

ΔT ——横倾增加吃水（m）；

B——船宽（m）。

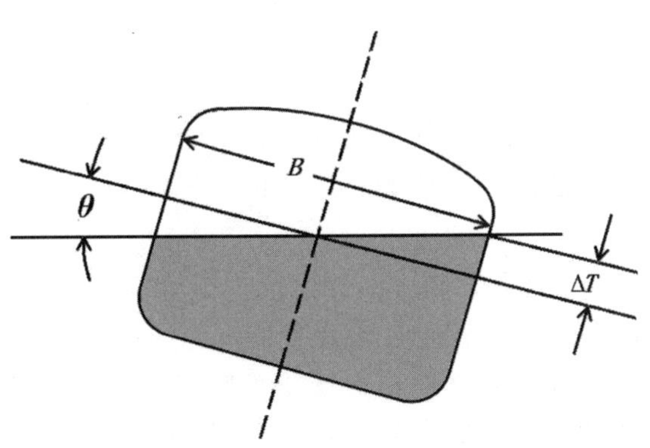

图1-2-6　横倾增加吃水

（5）船体下沉及吃水差变化

船舶在浅水中航行，船底至海底之间过水断面变小，水流速度加快，水压降低，原来的平衡被破坏，通过船体下沉达到新的平衡，从而使吃水增加。

由于船体首尾下沉量不同，故同时也引起吃水差的变化。一般来说，船舶进入浅水区首先出现首倾，然后逐渐转变为尾倾状态，而且水深越浅，达到最大首倾和开始变为尾倾所需的船速越低。在商船速度范围内，浅水中低速时就出现船体下沉，船速越快或是肥胖型的船舶，船体下沉及吃水差的变化程度就越大。

（6）半波高

波浪有波峰和波谷，当船舶处于波谷时，相当于水深变浅，通常减小半个波高。过浅滩遇有波浪时，有必要考虑半波高，以免坐底。

（7）保留水深

保留水深应视该浅滩处潮高预报误差、海图水深测量误差和底质性质确定。确定保留水深时要注意留有充分余地，通常可取0.1～0.5 m的保留水深。

3.过浅滩注意事项

（1）调整吃水

船舶到达浅滩以前，应及时调整船舶吃水，使其到达浅滩时刚好为平吃水且无横倾。如当地水深允许，可将船舶调整至适当尾倾，以改善船舶操纵性能。值得注意的是，船舶由咸水水域进入淡水或半淡水水域时，平均吃水增加，船舶浮心后移，会导致吃水差增加。因此，要保证船舶在淡水或半淡水时为平吃水，则在咸水时应有适当的尾倾。

（2）候潮

过浅滩往往需要候潮，最佳时机通常选择在当地高潮前1 h，此时水面已上涨到了一定的高度，有利于船舶安全通过浅滩。另外，船舶一旦搁浅，因尚未达到高潮，潮水还在不断地上涨，船舶还有可能自行脱浅。

（3）控制航速

浅水中的船体下沉和纵倾变化较之深水更为剧烈，对船舶操纵影响较大，甚至可能产生擦碰海底的事故。船舶通过仅有少量富余水深的浅滩时，必须控制好航速，必要时可使用拖船协助，停车淌航。

（4）掌握最新资料

河口拦江沙浅滩往往随季节和时间有所变化，应查阅最新资料。在风向的影响下，有时潮水也会提前或推迟到达浅滩。大船通过浅滩前，可向有关部门查询当时的实际潮高和水深。

（5）尽量避免在浅水区会遇和追越

船舶在浅水区舵效较差，相距较近还会出现船间效应，可提前通过VHF相互协调，使其中一船先行通过，另一船在浅滩外航道上慢车等候。万一两船在浅水区会遇，应各自靠航道右侧航行，采用减速和变速对驶通过，应尽量避免在浅水区追越。

4.导航方法

（1）叠标导航

①方位叠标导航

在许多港口和狭水道地区，为了准确地引导船舶按照推荐航线安全航行，通常设置专用的方位叠标。方位叠标由前后两个标志组成，离船近的称为前标，离船远的称为后标。两标志连线向航道一侧的延长线，即为相应的方位叠标线，如图1-2-7所示。只要船舶准确地沿方位叠标线所指示的推荐航线航行，就能保证行驶在安全的航道上。船舶一旦偏离叠标线，前后标志就会互相错开，从而及时发现船舶偏离推荐航线，以便采取必要的措施。

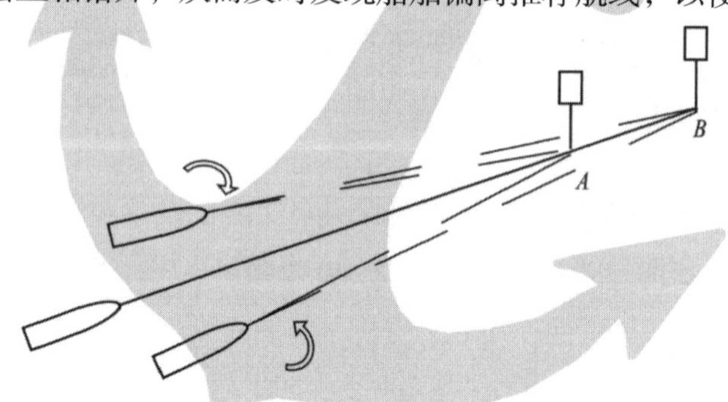

图1-2-7　方位叠标导航

方位叠标导航时，叠标线就是船舶的计划航线，航行中只要始终保持前后两叠标标志重叠，就能保证船舶航行在计划航线上。利用船首叠标导航，如发现前标偏左，表明船舶偏右，应及时用小舵角操船左转；如前标偏右，表明船舶偏左，应及时用小舵角操船右转。利用船尾叠标导航时，正好与上述情况相反，即如发现前标偏左，表明船舶偏右，此时应及时用小舵角操船右转；如前标偏右，表明船舶偏左，应及时用小舵角操船左转。

②雷达距离叠标导航

如图1-2-8所示，单向通航航道中计划航线在航道轴线上，A、B为两个测距标志，AB的垂直平分线为航道轴线。实际导航时，用雷达的活动距标连续测定两标志的距离，只要保持$D_A=D_B$，即两标志的回波同时保持在活动距标圈上，就可以准确而简便地使船舶保持在推荐航线上。保持活动距标圈始终与较近的一个标志的回波相切，此时若发现右侧的B标志

的回波呈现在距标圈之外，则表明船舶已偏左，应向右调整航向；反之，若左侧的*A*标志回波在距标圈之外，则表明船舶已经偏右，应向左调整航向。

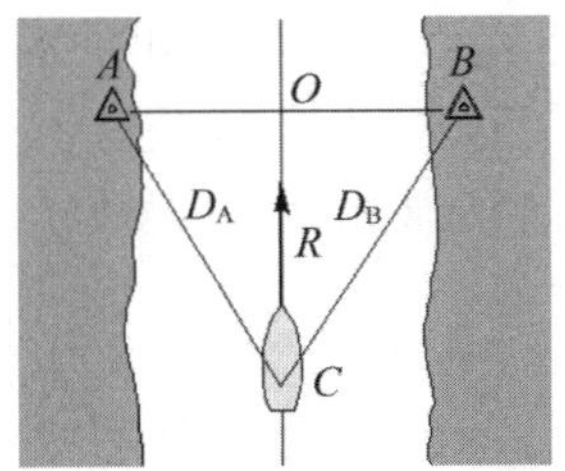

图 1-2-8　雷达距离叠标导航

在双向航道上，则可设两组距离叠标，如图1-2-9所示，船舶可利用叠标保持在各自的计划航线上航行。

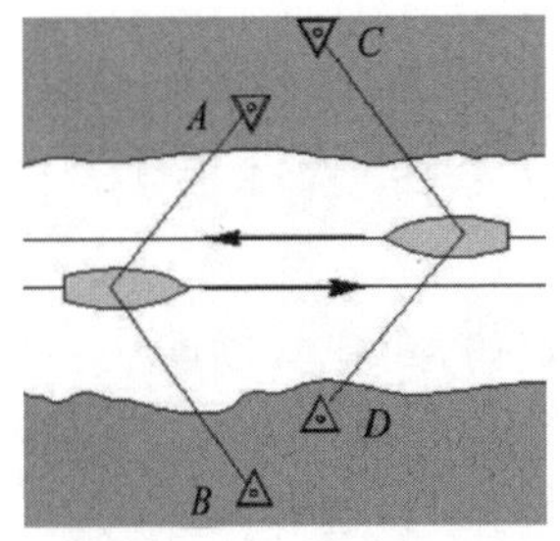

图 1-2-9　距离叠标对遇情况下导航

雷达距离叠标不受能见度限制，这是它突出的一个优点。这种叠标标志可设在岸上，必要时亦可设在水中，为了使回波易于被发现和辨认，可在所设标志上加装雷达反射器。

距离叠标导航时，两标志间的距离越大，叠标越灵敏；而船距标志连线*AB*的距离*R*越大，则灵敏度越低；当R=0时，即船在*AB*连线上，距离叠标的灵敏度最高。

在弯曲航道上，为了便于转向，可设三个标志组成两组距离叠标，使转向前后的导航互相衔接起来，如图1-2-10所示。

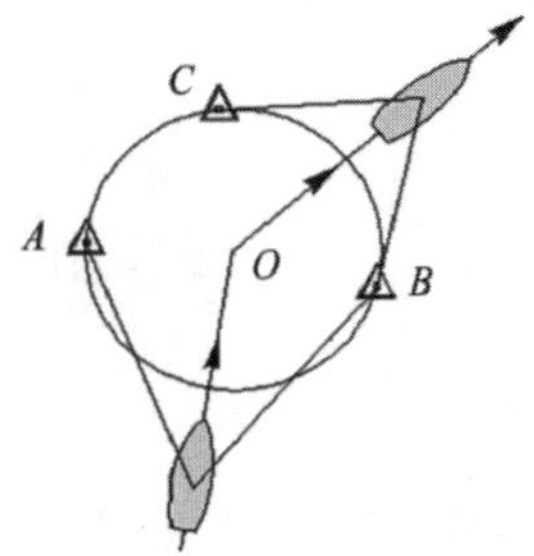

图 1-2-10　弯曲航道距离叠标导航

（2）导标方位导航

如果预定的航线上没有合适的叠标，可在航线的正前方或后方选择一个明显的物标，作为导标来导航。航行中，只要保持该导标的方位不变，即可安全航行在该导标所指示的计划航线上。

导标方位导航时，应事先根据海图确定所选导标的真方位，然后结合本船罗经差，换算成相应的陀罗方位或罗方位。航行中，应保持该导标实测方位等于事先设定的方位值。利用航线前方的物标导航（如图1-2-11所示），如果发现实测的方位增大（TB_1），说明船向左偏离了航线，应用右舵纠正；反之，如果发现方位减小（TB_2），则表明船向右偏离了航线，应用左舵纠正。利用航线后方的导标导航，刚好与上述情况相反。

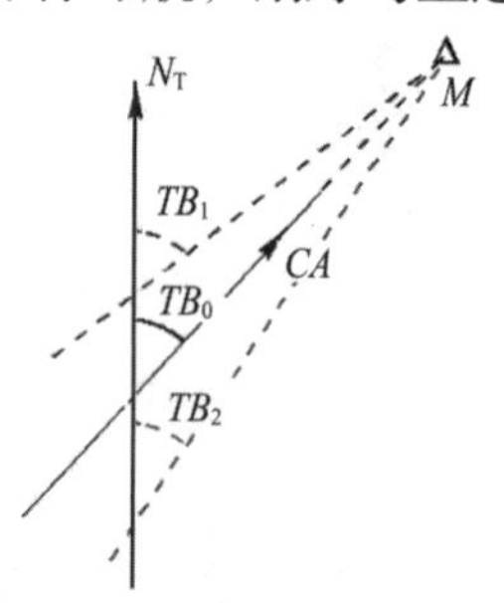

图1-2-11　导标方位导航

（3）平行线导航

当航线前后无适当的叠标或导标可供导航时，可借助雷达，利用航线两侧附近的物标进行平行线导航。

平行线导航时，应事先结合海图，选取离航线近、显著、准确的物标，并量取该物标至计划航线的最短距离。调整雷达至北向上相对运动显示方式，活动距标圈至相近的最近距离值，电子方位线与计划航线平行，调整电子方位线扫描中心，使其刚好在物标同侧与活动距标圈相切，如图1-2-12所示。航行中，根据物标回波和电子方位线的相对位置关系调整航向，使物标回波始终沿该电子方位线做相应的移动，即可确保船舶顺利走在计划航线上。

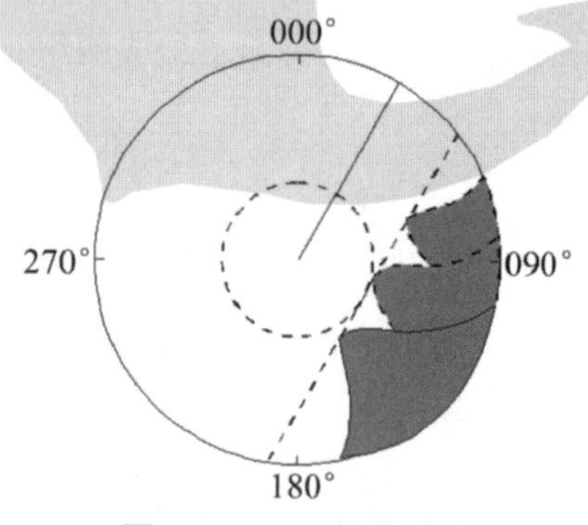

图1-2-12　平行线导航

为了提高平行线导航精度，应尽可能选择船舶正横附近离船较近的导航物标，长航线时应及时更新导航物标。

目前，世界上许多国家在本国沿海建立了定位精度为米级的DGPS，为狭水道导航提供了可能性。在准确适用坐标系修正量基础上，DGPS结合电子海图是狭水道航行中非常有效和可靠的先进导航方式。

5.转向方法

通常，狭水道内航道狭窄弯曲，水流复杂，危险物众多，船舶转向时机的把握对船舶航行安全起到很重要的作用。为了使船舶在转向后仍能航行在计划航线上，要求航海人员能借助适当的标志，简便、直观而且迅速地把握转向时机，及时使船舶准确地转至新航线上。

（1）物标正横转向

利用转向点附近物标正横确定转向时机简便、直观，在航海上被普遍采用，如图1-2-13所示。应尽可能选择转向同一侧的孤立、显著、准确的人工或自然标志作为转向物标。转向时，应根据当时船舶偏航情况和水流的顺逆，结合船舶操纵性能，适当提前或推迟转向。

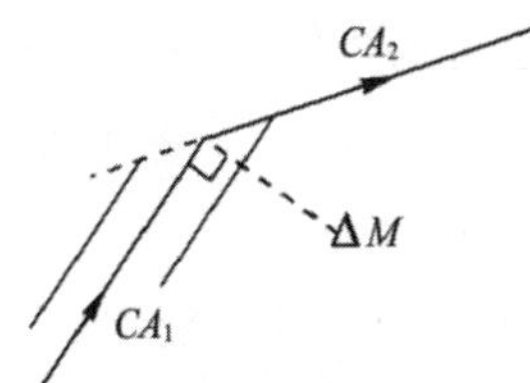

图1-2-13 物标正横转向

（2）逐渐转向

在狭窄且弯度较大的航道中转向，通常不能一次旋回就转入下一航线。为了保持船舶能在弯曲的航道中央航行，必须逐渐改变航向，称为逐渐转向法。

当弯道不太长时，可根据岸形采用小舵角，保持离岸或某物标一定距离连续转向。转向过程中，要根据船舶回转速率和航道情况不断变换舵角大小和车速的快慢，甚至停车和正舵，以操纵船舶逐渐转向，安全驶过弯道。

弯道较长时，应事先在海图上绘画计划航线，选择适当的导航和转向物标，分段逐渐转向，如图1-2-14所示。

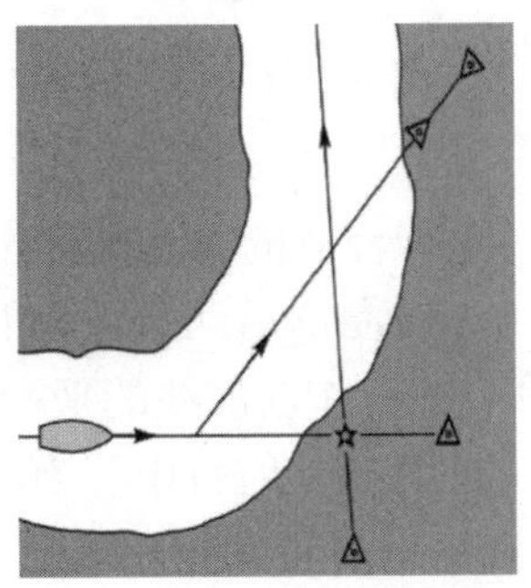

图1-2-14 弯道分段逐渐转向

（3）导标方位转向

当新航线正前方或后方有适当的导标时，可直接观测该导标方位确定转向时机。这样，不论转向前船舶是否偏离计划航线，均能确保船舶顺利地转到新航线上，如图1-2-15所示。利用新航向正前方或正后方的导标，可判断转向时机，转向后还可以用它来导航。

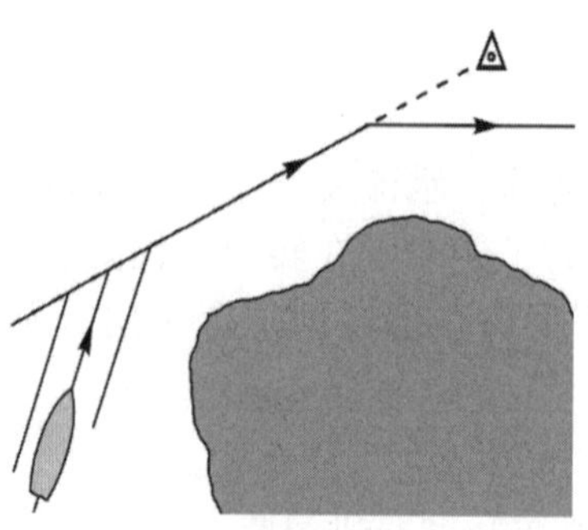

图 1-2-15　导标方位转向

（4）平行线转向

利用转向点附近某一孤立、显著的物标，可使用平行线转向法确定转向时机。如图 1-2-16 所示，在转向前，船舶按导航要求调整雷达电子方位线 EBL_1 与 CA_1 平行，保持物标 M 的回波沿电子方位线 EBL_1 移动（a_1，a_2，a_3，…），引导船舶行驶在转向前的计划航线上。接近转向点时，按导航要求迅速调整电子方位线 EBL_2 与 CA_2 平行，一旦物标的回波抵达 M，即可判定船舶已抵达转向点。转向后保持物标回波沿电子方位线 EBL_2 移动（b_1，b_2，b_3，…），可确保船舶行驶在新的计划航线上。采用平行线转向法，物标的选择余地较大，转向前后还可使用平行线导航法导航。

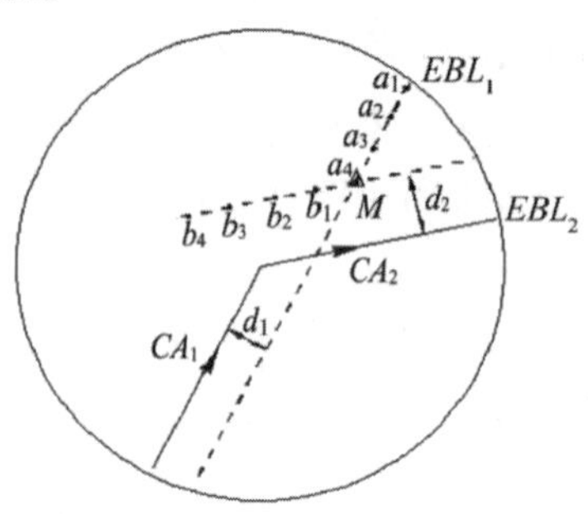

图 1-2-16　平行线转向

（5）平行方位线转向

如果新航线两侧有危险物，又没有合适的方法来确定转向时机，可采用平行方位线转向法。如图 1-2-17 所示，CA_1 和 CA_2 为转向前后两条计划航线，在转向点附近，尽量靠近新航线处选择一明显物标 M，在海图上过 M 作新航线的平行线 MA，并求取相应的罗方位。根据航速推算由 A 点航行到 B 点所需的时间 T。航行中，当测得 M 的罗方位等于预先求取的罗方位时按下秒表，经过时间 T 后转向，即可转到新航线上。考虑从驾驶员发令到船舶实际转到新航向上需要一定的时间 t，故应在经过时间 $T-t$ 后，即当船舶在 B' 点时发出转向指令。采用平行方位线转向法，无论转向前船舶是否偏离原航线，转向后都能使船舶准确地转到新航线上，从而安全避开新航线两侧的危险物。

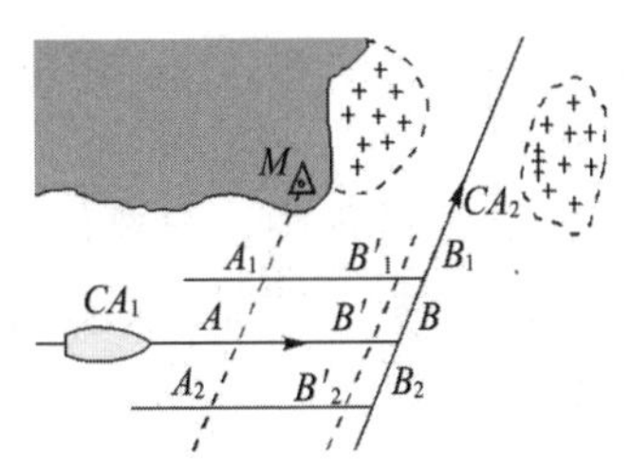

图1-2-17　平行方位线转向

（6）“开门”“关门”转向

“开门”“关门”是航海中利用视觉导航的俗语。由于岛礁区内岛与岛之间的峡口多，所以航行中通常以看峡口的开、合作为转向的依据。在此首先引进“开视”“闭视”“串视”三个概念，开视即前方航道或峡口一直处于可见状态，闭视则相反，串视则指前方物标连线与本船成一条直线的状态，通常指三点成一线。开门与关门是两个相反的动态过程，以串视分界。所以，简单地讲，开门即是前方航道由闭视到开视的过程，关门即是前方航道由开视到闭视的过程。

如图1-2-18所示，*A*岛东端和*B*岛上的灯塔串视，可用于导航。*E*角和*G*岛“开门”，可用于确定由CA_1到CA_2这一转向时机；*D*岛和*F*角的“关门”可用来确定由CA_2到CA_3的转向时机。

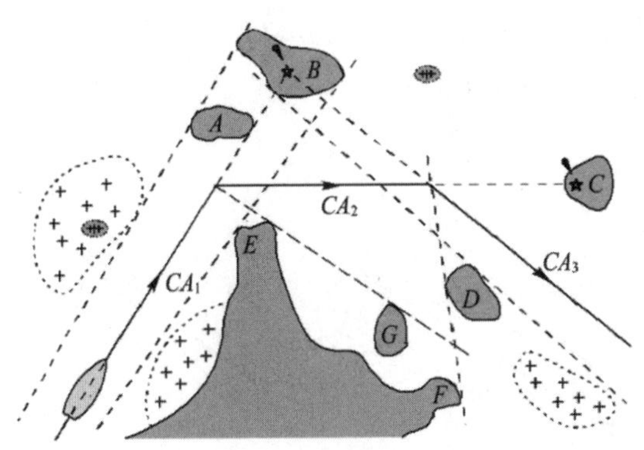

图1-2-18　岛礁区航行

（7）采用“二次转向法”

在岛礁区航行时，可采用“二次转向法”：先将转向点附近某物标置于航线正前方用来导航，待物标接近到一定距离时，适当向该物标安全一侧转向，到该物标正横时再转至下一航向，而不采用该物标一次性正横转向法。采用二次转向法，直观、方便，有利于导航和避险，能大大减轻航海者的工作紧张程度，对航程的影响也较小，可忽略不计。

6.避险方法

在岛礁区航行，航道附近浅滩、礁石等危险物众多，除了定时测定船位外，还应适当采取简便并且有效的避险方法，避开航线附近的危险物，确保船舶行驶在安全水域。选择危险物附近适当的物标作为避险物标，可根据一定的方位、距离、水平角、垂直角和横距等相对关系来避离危险物。通常的避险方法有：

（1）利用“开视”“闭视”避险

如图1-2-18所示，船舶在CA_1航行过程中，只要保持A岛和B岛西端闭视以及E角和B岛东端开视，即可避开航线两侧的危险物。船舶沿CA_3航行时，保持D岛北端和B岛南端开视，即可避开航线右侧的航海危险区。

（2）方位避险

当避险物标与危险物的连线与计划航线平行或接近平行时，为避开航线一侧的危险物，可采用方位避险线避险。

采用方位避险时，应选择与危险物位于航线同一侧的显著物标作为避险物标，并根据避险物标、危险物和船舶之间的相对位置关系确定相应的避险方案。

在海图上以危险物为圆心、最小安全距离d为半径画圆弧，再自M作靠近航线一侧的圆弧的切线，该切线即为方位避险线。量取避险线真方位TB_0，即为相应的避险方位。如图1-2-19（a）所示，如所选择的避险物标M与危险物同位于航线的右侧，且避险物标位于危险物的前方，航行中，只要保持实测M的真方位$TB \geq TB_0$，即可安全地避开该危险物；如避险物标M与危险物同位于航线右侧，但避险物标位于危险物的后方，如图1-2-19（b）所示，则应保持实测方位$TB \leq TB_0$，方可安全避开该危险物；如果避险物标和危险物同位于航线左侧，避险方案刚好与上述相应情况相反，当避险物标位于危险物前方时，如图1-2-19（c）所示，为安全避开危险物，应保持实测方位$TB \leq TB_0$；当避险物标位于危险物后方时，如图1-2-19（d）所示，应确保实测方位$TB \geq TB_0$。

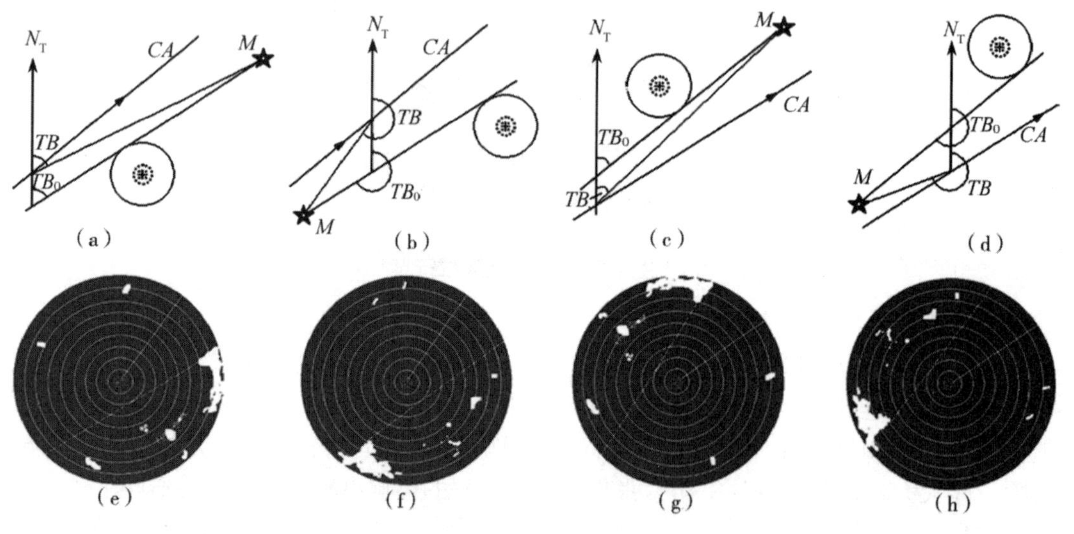

图1-2-19　方位避险

上述避险方法可以通过雷达得以顺利进行。根据上述几种情况，分别利用电子方位线设置方位避险线，并采用北向上显示方式。船舶在航行过程中，只要保持船位在避险线的安全一侧，就能确保船舶航行安全，如图1-2-19（e）（f）（g）（h）所示，图中（a）、（e），（b）、（f），（c）、（g），（d）、（h）相互对应。

（3）距离避险

当所选避险物标和危险物的连线与计划航线垂直或接近垂直时，可采用距离避险法避险。

如图1-2-20所示，采用距离避险法避险时，应选择与危险物位于航线同一侧的避险物标。首先确定距危险物的最近距离d，再进一步确定避险距离D_0。在航行中，只要保持雷达所测得的船舶至该标的距离$D \geqslant D_0$，即可避离该避险物标附近的危险物。当避险物标和危险物位于航线两侧时，应避免直接采用距离避险法避险。

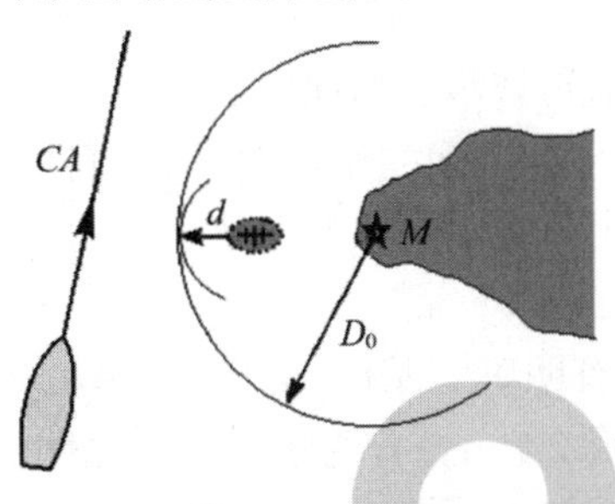

图1-2-20 距离避险

（4）平行线避险

利用航行附近物标可进行平行线导航，它们也同样可用于平行线避险，如图1-2-21所示。

平行线导航时，引导船舶始终行驶在计划航线上。事实上，由于船舶在航行中避让操纵等的影响，船舶往往不得不暂时偏离航线。如果事先根据海图确定出船舶最大偏航距离，从而进一步确定航行中船舶与所选物标之间的最大（最小）距离，则可按平行线导航中所述方法设定避险线。航行中，只要保持物标的雷达回波始终位于该避险线的安全一侧，即可确保船舶安全地避离航线附近的危险物。

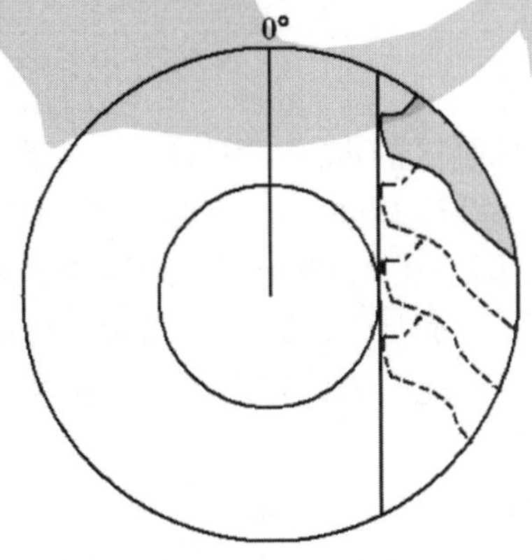

图1-2-21 平行线避险

此外还有水平角避险法、垂直角避险法等，在此不做赘述。

四、岛礁区航行

岛礁区航行是指沿岸岛屿之间的内水道和热带珊瑚岛附近水域内的航行。我国舟山群岛和东南沿海、斯堪的纳维亚沿岸的岛区属岛礁区；我国南海的南沙群岛、西沙群岛、中沙群岛和东沙群岛，以及澳大利亚东北海岸的珊瑚海，均属著名的珊瑚礁海区。

1.岛礁区航行的特点

（1）岛礁之间峡口多，航道狭窄、弯曲

岛礁区内，礁石林立，小岛之间的峡口较多，而且相似，往往给辨认带来困难；航道弯曲狭窄，例如舟山海区的定海港附近，航道狭窄弯曲，最狭窄处仅1链左右。

（2）航道附近障碍物较多

岛礁区海底地形复杂，有明礁、暗礁和延伸的岸坡等碍航危险物。如定海附近的螺头门中的寡妇岩暗礁，图注水深2.1 m。有些暗礁没有注明水深，甚至没有标注，有些水域只标注了此处有礁脉延伸，船舶切不可接近。

（3）流速较大，流态复杂

岛礁区的水流一方面受潮汐的影响，另一方面受地形的影响，即受到狭窄、曲折地形的影响，流速较大，流向多变，流态复杂。例如舟山海区多数航道的流速达2 ~ 4 kn，最大可达7 kn。由于地形和水道交叉等的影响，许多水域出现涡旋、横流，给船舶航行与操纵带来很大困难。

（4）渔船多

岛礁区一般是渔船集中的地方，渔船、渔网、渔栅众多，而且大多在航道附近或占据航道，给船舶航行、避让带来很大困难。例如从花鸟山到桃花岛，在鱼汛期有大量渔船。尤其是大风前后，来往渔船更多。

（5）珊瑚礁海区情况复杂

珊瑚礁海区海流和潮流复杂。这些海区测量很不充分，水深100 m内未经扫海的地区多有不明暗礁存在。此外，珊瑚礁区的水深变化很大，一般离礁1 500 ~ 2 000 m处，水深有800 m；离礁3 000 m处，水深可达1 000 m。有的上部露出水面的桌形珊瑚礁，距其800 m处，水深就有800 m。但是，即使在1 500 m深的珊瑚礁区航行，也有可能水深突然变浅而导致触礁。同时，珊瑚礁大部分都是干出礁，在高潮时可能被淹没，低潮时可能露出，目测和雷达观测有时不易发现。因此，珊瑚礁区可供定位和导航的物标很少。白天，能见度良好时，浅水礁盘有如下特征：

①礁盘所在的水天线附近，天空常有反光。晴天时该处的水天线及其上空比别处明亮。若其上空有白云，云底呈淡青色。这种反光在面向太阳时不易看出，在背对太阳时比较明显。如注意观察，距离10 n mile左右即可发现。

②稍有风浪，礁盘边缘即起白浪，由上风向望去特别明显。能见度良好时，距离4 ~ 5 n mile即可看到沿礁缘呈现一长条滚滚白浪。

③礁盘上水呈青绿色，礁盘边缘浅水区呈浅蓝色，与周围海水颜色有显著不同。船舶

只要不接近变色海水就无危险。这种大片变色海水，在白天距离3～4 n mile即可看到。

（6）岛礁区可供定位与导航的物标较多

岛礁区的岛屿、不同峡口等给船舶定位导航带来一定的便利，特别适合视觉导航。

2.岛礁区航行注意事项

（1）研究航海资料

航行前仔细研究海图及有关的航海资料，拟订好航行计划，选择好各种导标、叠标及转向物标，设计好合适的避险线，最好在比较困难的航道上，多设想几种航行方法，以防发生意外。

（2）正确选择航线，使用最新的大比例尺海图

海图上测深点稀疏时，应尽量把航线画在测深点上，航线离礁距离至少5～6 n mile，不宜过分接近岛屿或珊瑚礁。选定航线以后，还应根据航行时的气象条件和船位观测的难易程度，进行必要的修正。有风时，应在礁盘的上风通过礁区，因为上风侧浪花大，容易发现礁盘。必须通过两礁间的水道时，应在两礁间最窄处的岛礁连线的垂直平分线上通过，这样比较安全。

（3）正确选择航行时间

岛礁区航行应选择在白天，最好中午前后。在低潮时，太阳在背后高照，海面又有微波，是发现珊瑚礁的最好时机。应避免太阳在岛礁方向且高度甚低，海面阳光反射强烈时去接近岛礁。如需夜间经过礁盘，则必须与礁盘保持足够的安全距离。

（4）掌握准确船位

在岛礁区航行，掌握准确船位是非常重要的，特别是珊瑚礁区，资料缺乏，陆标定位条件也比较差，因而即使有GPS这样的高精度定位系统，也不应忽略测天和其他方法定位。

（5）根据水色波纹来判断浅区礁盘

在预计接近岛礁之前，应安排有经验者在桅顶或其他高处协助瞭望，因为在高处更容易发现岛礁上的特殊波纹和浪花。在高处瞭望，很远就能发现水中5～7 m的暗礁。对于太平洋的一些岛礁区海域，可参考水的颜色估计水深。水深1 m呈淡褐色，2 m以内呈绿中带棕色，5 m以内呈绿中带黄色，10 m呈绿中带青色，15 m呈青带白色，20 m呈青色，30 m以上呈紫青色等。即使是孤立的暗礁，只要注意瞭望，有些亦可根据浪花、水色发现暗礁的存在。夜航时，满月晴夜可与白天的观察几乎相同。发现岛礁后应减速，认真辨认，决不能在没有准确船位的情况下去接近岛礁。

（6）通过测深，观察水深的变化

岛礁区海底崎岖，水深往往从几百米迅速减至几十米，应注意经常测深，观察水深的变化。在水深急剧变浅时，应慢车、停车或倒车，仔细观察水色，以防触礁。

（7）加强瞭望

在岛屿间航行，必须加强瞭望，特别是在夜间或能见度不良时，要警惕小船和渔船的突然出现。对每一个有用物标，应反复核对，防止认错。

五、雾中航行

雾中航行是能见度不良情况下对航行的一种习惯叫法。根据国际雾级规定，凡能见距离在4 km以下者，称能见度不良（Poor Visibility），包括因雾、降雨、下雪、霾等使能见度受到限制的情况在内，其中雾又是造成能见度不良的最主要和最常见的因素。

雾根据其成因可分为平流雾、锋面雾、辐射雾和地形雾。其中平流雾浓度大，厚度大，水平范围广，持续时间长，是由暖湿空气流经冷水面或沿岸形成的，有很强的季节性和区域性，对航行安全威胁最大。

1.雾中航行的特点

雾中航行，能见度不良，值班船员视线受限，视觉瞭望时对周围海域的风、流、物标、航标、船舶动向等的判断效果大大降低，从而对船舶定位、导航和避让等操作造成很大的困难。

此外，雾中航行采用安全航速后，风、流对船舶的影响加大，使推算航速和航程的准确性受到较大影响，降低了推算船位的精度，同时也直接影响到船舶在浅滩等危险物附近的航行安全。这些困难在船舶开行前制订航行计划时就应该给予充分考虑并制定出有效可行的应急预案，在航行中遇到能见度不良的情况时按照预案并根据当时情况采取措施可以最大限度地保证船舶航行安全。

2.船舶雾航前的准备工作

船舶进入雾航之前，应尽快完成下述各项准备工作：

（1）通知机舱备车，及时报告船长；

（2）采用一切可行方法测定船位，尽可能确定出准确船位为后续工作打好基础；

（3）尽可能了解周围水域情况以及附近船舶动态；

（4）根据实际情况由船长确定安全航速，施放雾号；

（5）充分利用好各种航海仪器，如开启雷达、ARPA，如有备用雷达设备也要一并开启；

（6）船首和其他必要场所增派瞭望人员；

（7）操舵模式由自动舵转为随动舵；

（8）保持肃静，打开驾驶台门窗，保证一切必要的听觉和视觉瞭望。

3.雾中航行

雾航时，由于能见度不良，定位条件有限，主要根据海区条件进行无线电定位导航或测深辨位导航等。

（1）使用无线电助航仪器

①大洋航行时，可利用卫导等远程定位系统定位导航，特别是GPS，其高精度更能发挥作用。雷达用于协助瞭望和避碰。

②当海岸在雷达作用距离范围之内时，雷达也可用于定位与导航。在狭水道航行，雷达良好的定位、导航以及避让作用更加明显。

③充分利用AIS、VHF等进行导航和协助避让。

（2）测深辨位与导航

①测深辨位方法

测深辨位方法的具体做法是：在海图上推算船位附近沿航线选定数个水深点，量出各相邻两点之间的大致距离；根据本船当时的航速，计算出各相邻两点之间所需的航行时间，作为测深时间的依据；如此连续测深，记下测深时间、计程仪读数和水深数据，并将测得的水深改正到相应的海图水深：

$$海图水深=测深值+吃水-潮高 \tag{1-2-5}$$

按与海图相同比例尺将计划航线和各次测深时的推算船位画在透明纸上，并将改正潮高后的水深标注在相应的推算船位附近；将透明纸转移至海图上计划航线附近，平行移动透明纸，并保持其上计划航线与海图上的计划航线相平行，直至透明纸上的各水深点与海图上的相应水深点大体一致时为止。此时，最后一个水深点位置即为最后一次测深时的大概船位。

②测深辨位精度

该测深辨位法的精度主要取决于计划航线上水深的变化情况。如果计划航线上水深变化明显且均匀，则结果精度较高；反之，水深变化不明显或存在急剧的不规则变化，则辨位精度较差。

计划航线上的水深变化又与计划航线和等深线的交角有关。当交角较大，特别是当计划航线和等深线相互垂直或接近垂直时，水深变化较明显。

因此，测深辨位的精度主要取决于计划航线与等深线的交角，当两者相互垂直时，辨位精度最高。此外，测深辨位法的精度还取决于测深和潮高改正的准确性、海图水深点的位置、所标水深的准确性等。

③特殊水深测深辨位

当船舶接近特殊水深（点滩）区时，可去寻找该特殊水深，一旦测得这样的水深，便可得知大概船位。

④等深线的其他作用

a.避险

若所选航线与等深线平行，航行中可利用等深线来避离航线靠岸一侧的危险物。

b.判断离岸距离

当航线与等深线垂直时，各条等深线与岸的距离可在海图上量出，因此，可根据所测得的水深来判断离岸距离。

c.缩小概率船位区

雾航时，一般推算船位的误差较大，即概率船位区较大，船舶在通过等深线前后利用测深仪测深，可缩小概率船位区。

4.雾航注意事项

（1）及时适当地调整航线的离岸距离，如果按良好能见度设计的计划航线离岸距离为2～3 n mile，在雾航中航线与海岸之间应有3～4 n mile，甚至5 n mile以上的距离，以保证船岸之间有足够的回旋余地。

（2）值班驾驶员要认真做好航迹推算工作。为提高推算船位准确性，不宜频繁改变航向、航速。

（3）沿岸航行时，测深是检查推算的重要方法之一。有时，某一等深线还可作为避险警戒线用。测深数据和时间应记在海图上相应的推算船位附近，以供分析航迹推算情况和估计以后的趋势。

（4）尽可能利用一切可获得的手段来定位和导航，尤其要充分使用雷达。利用雷达进行瞭望时，应该选择适当的距离挡：大洋航行可用12～24 n mile距离挡；沿岸航行可用6～12 n mile距离挡；狭水道航行应远近距离挡兼用，以2～6 n mile为主。不可盲目地相信和依赖雷达而忽视目视瞭望。为了不影响值班驾驶员的瞭望和工作，雾航时可安排专门人员负责雷达观测和标绘。

（5）在雾中航行，应时刻掌握当时能见度状况下的实际能见距离。可利用目视发现某一物标的同时用雷达测出其距离的方法求得。当然，雾中的能见距离会根据雾的浓度有所变化，不可能是固定不变的，应予注意。

（6）注意倾听声号。雾中声号的作用是向船舶警告危险之所在。声音的作用距离随天气（风向、风力等）因素变化而变化，不能根据声音的大小判断距离的远近。声音在空气中并非直线传播，特别是在声源附近呈不规则现象。虽处声源附近，但在不同的位置上，有时会听不到声号，即有寂静区存在。当雾号站附近海上有雾而其周围无雾时，雾警设备可能不工作，船舶就不能听到雾号，这种情况尤其在夜间经常发生。此外，雾哨、雾钟仅在有风浪时才工作，且声音随风浪大小而变化，因此，雾中航行，不可单凭声音的大小或有无来判断船舶航行安全情况。总之，听见声号，应视为船舶在危险区域内，注意采取一切必要的避险措施。在应该听见的位置上而未听见声号，亦不应武断认定尚未进入危险区。

（7）在沿高而陡的岸边2～3 n mile距离航行时，根据本船声号的回声，可粗略推算出船岸距离，即当开始施放声号时启动秒表，听见回声时停秒表。按声音的传播速度乘以秒表读数的1/2，即得船岸的大概距离。实际应用时，可取下式概算离岸距离：

$$D=0.09t \quad (1\text{-}2\text{-}6)$$

式中：D——船岸距离（n mile）；

t——本船发出声号到听到回声之间的秒表读数（s）。

（8）及时发现船舶周围的任何微小变化。风向、风速稳定时，波浪突然减弱，说明船舶可能已接近上风的海岸或浅水区；反之，若风浪突然增大，则说明上风沿岸可能有大的湾口；航行条件没有变化，而风突然变小，说明船可能已接近高陡的岸边；如果海水越来越浑浊，说明船可能已接近泥底海岸或河口；在海上发现漂浮物，诸如海草、海藻等，这是接近海岸的迹象；如果海面发现渔具、垃圾和油迹等，则说明船附近有船只等。

（9）雾航时，各种定位方法可交叉使用，以便彼此核对；无线电航海仪器无论怎样可

靠，都存在一定的局限性，无法替代目视导航。

（10）雾航时应严格遵守有关雾航的规定，如《1972年国际海上避碰规则》《海上雾中航行规则》等。

六、冰区航行

随着极地航线的不断开发，极地考察的不断深入，冰区航行越来越受到航海界重视。由于冰区海域的特殊性质，船舶在冰区航行作业会面临很多限制及航行危险，这就要求船员充分了解世界大洋冰况、海冰类型，掌握冰区特点、应对措施以及注意事项，采取一切必要措施保证航行安全。

1.世界大洋冰况

世界冰区分布于南北两极附近水域，冰区范围随着季节变化，冬季向低纬度扩大。南半球商船通常挂靠的港口和基本航线一般不受冰区影响。北半球可航水域冬季冰区分布的区域较广。

（1）北冰洋

北冰洋终年有部分海面被冰覆盖，自1978年人类开始使用卫星记录冰雪融化情况开始，北冰洋的海冰覆盖面范围呈下降趋势。

随着北冰洋的冰雪消融，目前已开辟了北极航道，分别称北极东北航道和北极西北航道，东北航道大部分在俄罗斯北部沿海，西北航道大部分位于加拿大北极群岛海域。

（2）北大西洋

欧洲波罗的海和北美哈得孙湾，常年都有固定的岸冰。北大西洋的浮冰和冰山，在格陵兰岛东南海域和纽芬兰东南海域最多。从格陵兰岛西岸滑入巴芬湾的冰山，不仅进入北冰洋，而且平均每年有388座，经戴维斯海峡随拉布拉多寒流输送进大西洋，南界可达40°N，冰山有时甚至可穿越湾流南下至31°N。冰山盛行期是4～6月份，活动仅限于北大西洋西部。

（3）北太平洋

北太平洋的白令海、鄂霍次克海、日本海以及堪察加半岛以东海湾、北海道和阿拉斯加湾，一年中都有不同的结冰期。在北太平洋西部，冰的南界的平均位置在58°N附近。从冰川入海形成的小冰山数量不多，仅限于在阿拉斯加湾内活动。

日本近海的浮冰主要来自鄂霍次克海，流冰于1月上旬自库页岛南下，中旬到达北海道沿岸，以后势力增强，2月末到3月中达最盛期，3月下旬开始衰退，4月末几乎完全消失。

（4）南大洋

南极大陆是世界上最大的冰山源地，在南极大陆周围洋面上经常有22万座冰山在游动，多数冰山在向北漂移中融化掉，因此，南大洋的海冰多为2～3 m厚的一年冰。冰山在55°S以南到处都可遇到，其北界可达40°S～45°S或更低的纬度。

（5）中国沿海冰况

渤海和黄海北部每年11月至次年4月，因受西伯利亚高压影响，气温大大降低，致使沿海结冰，对捕鱼和航运都有较大影响。在一般气候正常的年份里，我国的冰情并不十分严重。但在某些气候特别寒冷的年份里，渤海和黄海北部可能出现极严重的冰冻现象。1969年2—3月曾发生严重的冰封，除了海峡附近外，渤海几乎全被冰覆盖。渤海湾的冰厚度普遍达50～70 cm，最厚处达120 cm。

通常，渤海和黄海北部从11月中旬到12月中旬，由北向南先后在岸边开始结冰，直到次年2月下旬至3月中旬，由南向北逐渐消失，冰期为3～4个月。根据海冰的发展情况分为初冰期、盛冰期和终冰期。盛冰期在1月中、下旬到2月中、下旬。此时冰情最严重，威胁着航海的安全。在盛冰期，渤海和黄海北部沿岸固定冰的宽度一般在0.2～2 km，其中河口和浅滩区可达5～10 km，冰的厚度在北部多为20～40 cm，最大60 cm左右，南部多为10～30 cm，最大约为40 cm。此时渤海和黄海北部流冰的外缘线，除辽东湾外，大致沿10～15 m等深线分布。辽东湾冰情最严重，流冰外缘线距北岸60～80 n mile，其他地区一般离岸15～25 n mile。

渤海和黄海北部流冰漂流的方向多与海岸平行，或与潮流方向接近，漂流速度大多在1 kn以内，速度最大可达2～3 kn。

2.海冰的分类

从广义上讲，海冰是指海洋中各种形式的冰，它既包括海水本身结冰，也包括由大陆冰川、江河流入海洋中的陆源冰。

海冰按结冰过程的发展阶段可分为初生冰、尼罗冰、饼状冰、初期冰、一年冰和多年冰六大类；按运动状态可分为固定冰、流冰和冰山。

（1）冰山

冰山是南北两极附近冰川崩塌滑落而漂浮于水面或在浅水区域搁浅的巨大冰块。通常高数十米，长百余米，有的表面平坦，也有的呈尖塔形。尖塔形冰山的吃水深度为水面高度的1～2倍，而其水上和水下部分的体积比例，视其对海水的密度而定，通常冰山的密度为0.9 g/cm³，海水的密度为1.03 g/cm³，可以算出，水上和水下部分的体积大致为其总体积的1/8和7/8，如图1-2-22所示。冰山随风、洋流向低纬度海域漂移，北太平洋冰山平均南移到58°N，个别可南下到40°N；北大西洋冰山南移到纽芬兰东南部；南极冰山也可能进入太平洋和印度洋航线。

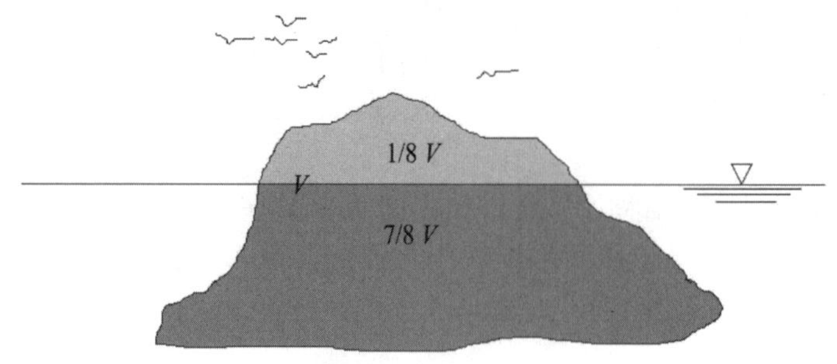

图1-2-22　冰山

雷达观测可以发现冰山，但是由于冰山形状、反射电磁波的性能等原因，小冰山却不易被发现，甚至长200 m以上，高50～60 m顶部较平坦的冰山，有时在3 n mile内才被雷达发现。晴朗的白天，眼高20 m，对于前方18 n mile处大冰山目视可观测到。夜间1～2 n mile开外可看见冰山的暗影。

（2）流冰

流冰，亦称浮冰，是自由浮在海面上，能随风、流漂移的冰。它可以由大小不一、厚度各异的冰块形成，但不包括冰山。

流冰主要随风漂流，也受潮流和海流的影响。流冰的移动速度约为风速的2%，移动方向在下风侧偏右30°～40°。

（3）固定冰

固定冰，亦称岸冰，通常是海水在-1.9 ℃以下凝结生成，与海岸、岛屿或海底冻结在一起的冰。当潮位变化时，能随之发生升降运动。其宽度可从海岸向外延伸数米甚至数百千米不等。

冰量是指冰在海面上的覆盖率。在冰情警告和预报中通常采用百分之几或十分之几描述冰量。同时，根据船舶在冰区航行的困难程度有时用如下名称代表冰量：无屏蔽水域（Open Water），海面冰的覆盖率为1/10以下，船舶可自由航行；稀疏冰（Scattered Ice），冰量1/10~5/10，船舶应根据冰况改向航行；疏散冰（Broken Ice），冰量5/10~8/10，船舶无破冰船协助难以单独航行；固结冰（Consolidated Ice），海面100%被冰覆盖并形成冰原。

3.接近冰区的预兆

（1）接近流冰的征兆

①晴天，蓝色的天空下，在远处水天线附近出现冰光，犹如一条明亮的黄色光带；

②船舶远离陆地，周围波浪突然减弱，通常的大洋涌浪也逐渐减小，也能确认上风方向有浮冰存在；

③发现零星碎冰通常意味着将接近大片的浮冰；

④浮冰边缘上方经常有浓雾出现，雾中发现局部出现小片白色浓雾，表明近处有浮冰存在；

⑤在北冰洋远离陆地，突然出现海象、海豹和鸟类，表明船舶正逐渐接近浮冰区；

⑥通常表层水温下降到+1 ℃时，从安全角度考虑，应认为船舶距离浮冰边缘不超过100 n mile或150 n mile；当表层水温降至-0.5 ℃时，表明船舶距离最近的浮冰不超过50 n mile。

（2）接近冰山的征兆

①远离陆地，海面有清风，但海浪突然消失，表明上风方向有较大的冰山存在；

②宁静的夜晚，船舶以慢速航行，如能听到冰山崩解或冰块破裂坠海所发出的巨响，可判定附近有冰山存在；

③水温、气温下降，听到本船汽笛等的回音，也说明附近可能有冰山存在；

④发现冰片或碎冰，表明附近有冰山，并可能位于上风方向。

4.冰区航行的特点

（1）冰区海域冰情复杂，碰撞危险增加，对船舶航行安全构成严重威胁；

（2）在冰区航行，出于避让海冰的需要，船舶经常改向、变速，计程仪一般无法正常使用，测定风流压差也困难，因此，冰区航行时也无法正常进行航迹推算；

（3）在冰区航行，地处高纬，且频繁改向、变速，故罗经工作的可靠性大大降低；

（4）操纵和控制船舶困难增加；

（5）低温可能会影响船舶机械设备的正常运转，并造成存水舱室和管路结冰；

（6）冰区海域情况复杂，雷达回波不易识别，无线电波传播和大气折射异常，因此，陆标定位、无线电助航仪器定位及天文定位都将产生困难；

（7）冰区通常能见度降低，目视瞭望效果不佳；

（8）浮冰可能对船体及操纵设备造成损害；

（9）船员工作环境恶化。

5.进入冰区前的各项准备工作

除非不得已，一般不要随便进入冰区航行，只要有可能，应尽量绕过冰区走曲折航路。倘若必须要通过冰区，一定要做好充分准备，谨慎航行。

（1）开航前，应检查自身船舶有无冰区加强构件和冰区加强的级别。

（2）收集冰情资料，掌握航行区域的冰区组织、通信联系、冰区引航点、破冰船队航行操作等情况。认真分析有关冰情资料和冰情报告，做好紧急情况应对方案。通常冰量在6/10以下，冰厚在30 cm时还能航行。

（3）确保主机和操舵系统、助航设备和通信设备等处于良好工作状态，特别是雷达要能够正常工作。

（4）调整好船舶的吃水和吃水差，一般应尽可能增大吃水，并保持1 ~ 1.5 m尾倾，使螺旋桨尽可能没入水中。这样，既能使船舶具有较好的破冰能力，提高稳性并保护螺旋桨和舵不受损伤，又不会因为过大的尾倾而影响船舶的操纵性能。

（5）在船头、船尾和驾驶台设置性能良好的探照灯，以便夜间航行时能及时探明冰情。

（6）准备好各种堵漏器材，包括千斤顶、电钻、各种大小堵漏用的螺栓和铁板、长短方木、快干水泥等。船壳轻微渗漏时应积极想办法堵漏。

（7）准备好各种御寒器材，甲板管线做好防冻处理，管道内积水应尽量排干，压载水舱不可注满，关闭水密门窗等。

6.冰区航行要领及注意事项

（1）航行时开启雷达，及早发现冰区中比较清爽的水域，尽量选择在冰最少、冰质弱的水域或在冰裂缝中航行。遇到冰山应及早在下风保持适当的距离避航。避开任何形式的冰川、冰群和冰山。

（2）尽量从冰区的下风方向接近冰区，应保持船首与冰缘垂直，并将冲力降到最小。当船首顶住冰块时，再逐渐增加车速，推开冰块，驶向冰块松散的方向。

(3) 采用适宜航速，航速过高，会导致船体损伤，航速过低，又有被冰围困的危险；一般应采取3～5 kn，即维持舵效的最低航速。

当有破冰船引航时，航速由破冰船指定：一般冰量为4/10时，可取8 kn航速，冰量每增加1/10，航速减小1 kn；当冰量为7/10～8/10时，航速不应超过5 kn。

(4) 船头、船尾和驾驶台应设置高性能的探照灯。天黑后，如果没有好的探照灯，不要盲目进入冰区航行。

(5) 加强瞭望和雷达观测，以便及早发现浮冰、冰山。随时准备采用全速倒车，用倒车时，应格外小心，应确认螺旋桨附近没有浮冰及障碍物，并保持正舵。

(6) 抓住一切时机测定船位。应利用各种无线电导航仪器等尽可能地测定准确船位。

(7) 当破冰船引航时，应注意与破冰船或前船保持适当距离，一般取2～3倍船长。必须熟悉破冰船的引航信号，加强联系，注意动态，确保安全。

(8) 尽量避免在冰区内抛锚，若必须抛锚，应选择在冰层最薄处下锚，且出链长度不得超过当地水深的2倍。

7.船体积冰及预防

(1) 船体积冰的形成

船体积冰又称重冰集结或甲板冰。当气温较低、海上风较强时，波浪的飞沫在空中变成过冷水滴，一碰到船体时便发生冻结，越积越多，形成船体积冰。

(2) 船体积冰的危害

①船体积冰能压断天线，阻隔通信；

②影响视线，并给室外工作带来严重影响；

③增加船体重量，导致超载；

④引起船舶重心上移，导致船舶失去平衡而发生突然倾覆。

(3) 船体积冰的预防

船舶在有可能发生积冰的天气条件下的海域航行时，为防止积冰发生，要经常改变航向或者减速，使波浪和飞沫尽量少浸没船体表面。如估计到将会遭遇严重积冰时，船舶应驶往开阔的海域或较暖的水面。因为较冷的大陆气团在海上移动一段较长距离后会发生变性，气温上升。

8.冰困后的措施

在冰区航行，船舶可能会被冰所困。通常冰困的形成与航速的平方成反比，在轻度冰中，一般12 kn的航速不会出现冰困。因此，船舶应根据冰的集结程度、船体结构、能见度等，选择合理的速度防止冰困。

在冰中航行，一旦发生冰困，应立即设法使船脱出，否则，船随冰一起漂流，可能导致船舶进入危险水域或船体被冰挤压损坏。脱离冰困措施主要有以下几点：

(1) 全速前进，左右满舵，以使船首有所松动，然后再用快倒车正舵退出；

(2) 通过调节压载水舱的水，使船身左右或前后倾侧，以松动船身；

(3) 在船尾抛下冰锚，带缆绞船，并配合倒车；

（4）根据具体情况采用机械或爆破的方法松动冰块；

（5）等待破冰船救助或天气转佳。

需要特别注意的是，冰困中，不论是采取脱险措施，还是等待破冰船救助或天气转佳，都应保持螺旋桨和舵的转动，以免水道被冰完全封住。

9.冰情资料

进入冰区航行前应尽量收集相关冰情资料，为及时调整航行计划、船舶操纵和制定应急预案提供可靠依据。

（1）冰况警告和报告；

（2）有关的《航路指南》；

（3）按月份出版的有关北极海区、西北大西洋和北太平洋的冰情图（Monthly ICE Charts）；

（4）北半球冰区图册（ICE Atlas of the Northern Hemisphere）；

（5）北大西洋引航图（Pilot Chart of the North Atlantic Ocean）；

（6）英版“北大西洋航线每周冰情报告”；

（7）北大西洋航路设计图（North Atlantic Routing Charts）；

（8）《世界大洋航路》中的冰区推荐航路；

（9）《无线电信号表》第3卷中的“无线电航海警告和冰情报告”（Radio Navigational Warnings and Ice Reports-service Details）；

（10）美国海岸警卫队每年2月末3月初开始，持续6个月，每天2次向船舶播发“国际冰情监视（International Ice Patrol）报告”；

（11）英版《航海员手册》（The Mariner’s Handbook）。

英版《航海员手册》专门叙述了有关冰区航行的知识。其中介绍了一批冰的术语，按英文字母顺序排列，并对每一条术语做了解释。此外，对海冰、冰山、冰区操作、冰区导航等内容也做了初步介绍，《航海员手册》中还印有近40幅各种冰况的图片。

此外，卫星照片可显示大冰山的动态。

我国渤海湾沿岸的初冰出现于每年12月上、中旬，终冰在次年2月中、下旬或3月初。天津航道局每年冬季发布冰凌预报，告知大沽、塘沽、新港、渤海等港口和海面的冰冻情况。冰情预报共分为3级，用代号表示：代号（1）——航行无阻；代号（2）——航行尚宜；代号（3）——航行困难。如遇特殊情况，另行通知。

七、船舶定线制

1.概述

船舶定线制（Ship’s Routeing System）是指以减少海难事故为目的，而为船舶实施的单一航路或多航路和定线措施。它是船舶交通管理系统的一个重要组成部分，其目的是提高船舶较集中、交通密度大，或由于航路上的碍航物使船舶操纵受限，或因水深有限、气

象条件不利使船舶操纵受限的水域中船舶的航行安全。

船舶定线制具体包括以下某一或全部内容：

（1）分隔相反方向航行船舶的交通流，以减少船舶对遇；

（2）减少横向穿越船舶与通航分道内航行船舶之间发生碰撞的危险；

（3）简化船舶汇聚区域的交通流形式；

（4）在近岸海洋勘探、开发活动集中的水域内，组织安全的交通流；

（5）对所有船舶或某类船舶的交通流进行组织，以避开航行危险区域；

（6）在水深易变或存在危险的水域，为船舶提供特别指导，以减少搁浅危险；

（7）指导船舶避开渔场或组织船舶通过渔区。

为了指导各国具体参考和建立实施船舶定线制，1977年IMO第十届大会通过A.378（X）决议，产生《船舶定线制的一般规定》这份规范性文件，至此，船舶定线制的应用步入成熟阶段。目前，世界上许多重要海区都建立了分道通航制，如多佛尔海峡、博斯普鲁斯海峡、劳伦斯海峡等，都已经建立了分道通航制。实践表明，船舶定线制的建立，大大减少了船舶碰撞事故。

我国的船舶定线制与国际相比，起步相对较晚，但发展相对较快。1996年9月，《成山角水域船舶定线制》《成山角水域强制性船舶报告制》在国际海事组织航行安全分委会第45次会议上获得通过。2000年5月，经国际海事组织海上安全委员会第72届大会审议，以大会93号决议通过，并于2000年12月1日起施行，作为强制性要求对所有相关船舶生效。这两个规定是中国政府提出的海事领域第一个经国际海事组织审议通过并对中外籍船舶施行的国际性法规。接着长江口、大连的大三山、香港等地也相继实施了船舶定线制，并推广到内河水域。

2.《船舶定线制》

《船舶定线制》（Ships' Routeing）是国际海事组织出版的文件，凡被IMO所采纳的船舶定线制均刊载在该书中。《船舶定线制》共分以下几个部分：

Part A：船舶定线制的一般规定（General Provisions on Ships' Routeing）；

Part B：分道通航制（Traffic Separation Schemes）；

Part C：深水航路（Deep Water Routes）；

Part D：避航区（Areas to Be Avoided）；

Part E：其他定线措施（Other Routeing Measures）；

Part F：有关航行的规则和建议（Associated Rules and Recommendations on Navigation）；

Part G：强制船舶报告制、船舶定线制和禁止抛锚区（Mandatory Ship Reporting Systems, Mandatory Routeing Systems and Mandatory No Anchoring Areas）；

Part H：岛屿间航路采用、指定和替代（Adoption，Designation and Substitution of Archipelagic Sea Lanes）。

其中，Part A是船舶定线制的一般规定，阐明了船舶定线制的目的、定义、程序与责任、方法、规划、设计标准、分道通航制的临时调整、定线制的使用和海图上的表述方法等9个方面的具体要求。自Part B开始印有国际海事组织采纳的世界各水域的各种定线制和

规则等的详细资料，并附有图式，船舶航行至相关水域时可结合海图使用。

3.船舶定线制的种类和定义

凡是以减少海难事故为目的的任何一条或多条航路或定线措施，均称为船舶定线制。它包括分道通航制、双向航路、推荐航路、避航区、沿岸通航区、环行航道、警戒区和深水航路等。它们各自的定义如下：

（1）分道通航制（TSS, Traffic Separation Schemes）：是通过适当方法建立通航分道，分隔相反方向交通流的一种定线措施。

（2）分隔线（带）[Separation Line（Zone）]：将相反或接近相反方向行驶的交通流的通航航路分隔开，或将通航航道与相邻海区分隔开，或将同方向行驶的特殊种类船舶的指定通航航道分隔开的线（带）。

（3）通航分道（Traffic Lane）：其中确立了单向通航的限定区域——船舶的通航航路，其边界可以是指定的，也可能是由自然碍航物所构成的。

（4）双向航路（Two-way Route）：是确立了双向通航交通的航路，其目的是在航行困难或危险水域内为通航船舶提供安全航路。

（5）推荐航路（Recommended Route）：推荐航路是为船舶通过方便而设置的未指定宽度的航路，一般用航路中线浮标作为其标志。

（6）推荐航线（Recommended Track）：推荐航线是经过专门测量、确保船舶无航行危险并建议船舶沿该航线航行的一种航线。

（7）指定的交通流方向（Established Direction of Traffic Flow）：指定交通流的方向指船舶要顺其航行，在图上用空心实线箭矢表示其方向。

（8）推荐的交通流方向（Recommended Direction of Traffic Flow）：在不可能或不必要采用指定交通流方向时，建议船舶通航的交通流方向，在图上用空心虚线箭矢表示其方向。

（9）避航区（Area to Be Avoided）：航行特别危险，因而所有船舶或特定类型船舶必须避离的区域。

（10）沿岸通航带（Inshore Traffic Zone）：指分道通航制的向岸一侧边界与相邻海岸之间的水域。该水域内一般不允许过境交通使用，并适用地方性特别规定。

（11）环行航道（Round About）：在限定的范围内，由分隔点或圆形分隔带与一圆形通航分道组成的航路。在该航道内船舶绕分隔点或圆形分隔带逆时针方向循通航分道环行，从而实现交通流的分隔。

（12）警戒区（Precautionary Area）：船舶必须谨慎驾驶的区域，在警戒区内可能有推荐的交通流方向。

（13）深水航路（Deep Water Route）：水深业已经过准确测量的适于深吃水船舶航行的航路。

（14）禁锚区（No Anchoring Area）：指一个由具有规定界限的区域所构成的定线措施，该区域内禁止所有船舶或者某类船舶抛锚，除非船舶或者人员面临紧迫危险。

4.船舶定线的方法

为达到船舶定线的目的，可以根据水域的自然环境条件、交通状况等因素，采用船舶定线制中的一种或多种方式组合，最终建立起最有利于水域船舶航行安全的最佳船舶定线制。这些组合方法有：

（1）采用分隔带或分隔线

如图1-2-23所示，用分隔带或分隔线将相反或接近相反方向的交通流分隔开，在无法采用分隔带时采用分隔线，有条件时以使用分隔带为宜。在海图上，分隔线仍是以具有一定宽度的着色线表示的，要注意与分隔带的区别。

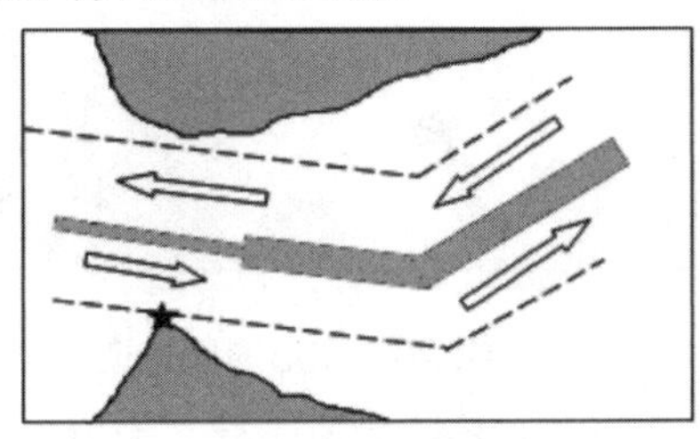

图1-2-23　利用分隔带和分隔线的通航分隔

（2）利用自然碍航物和地理位置明确标示的物标分隔相反方向的交通流

这一方法适用于有岛屿、浅滩和岩礁的水域，这些碍航物限制了船舶的航行，但也给船舶提供了与相反方向的交通流分离的参照物，如图1-2-24所示。

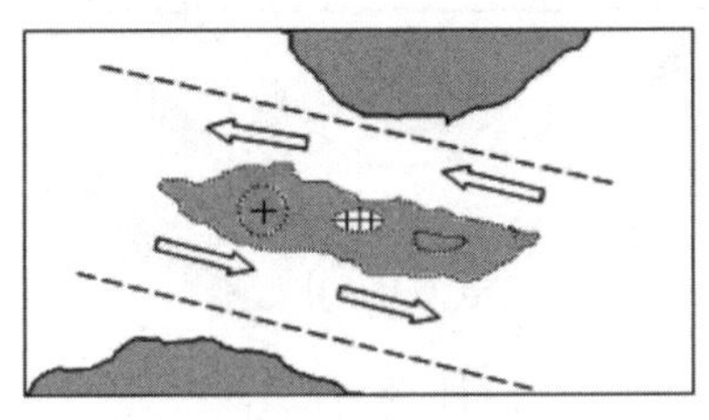

图1-2-24　利用自然物标的通航分隔

（3）利用沿岸通航带分隔过境船舶和地方船舶的交通

如图1-2-25所示，在分道通航区向外海一侧的边界之外水域，船舶可以以任何航向航行。向岸一侧的分道的外边界与沿岸通航带之间可设分隔线或分隔带。这种方式使得过境船舶交通和地方船舶交通分离，而过境船舶通常只能使用分道通航区通过该水域。

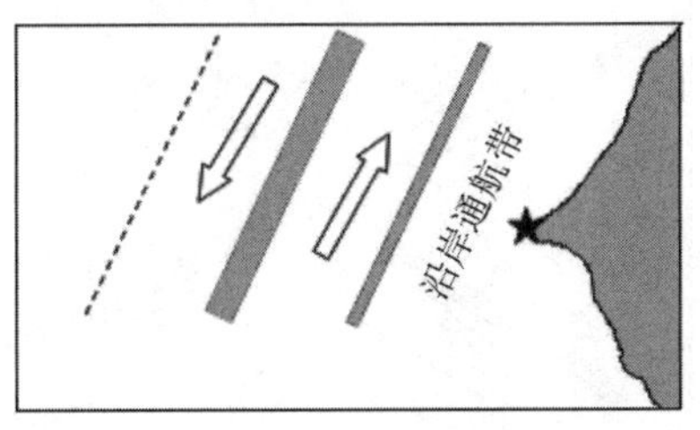

图1-2-25　利用沿岸通航带的通航分隔

（4）在交通汇聚区附近，设置扇形通航分道

在船舶从各个方向汇聚到一点或一狭小区域，如港口进出口、海上引航站、近陆浮标或灯船设置处，狭水道和河口等，可设置扇形通航分道（如图1-2-26所示），以分隔不同方向汇聚来的交通流。

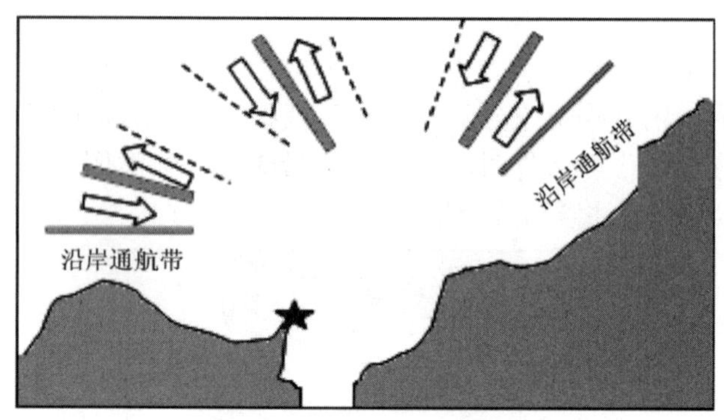

图1-2-26　扇形通航分道

（5）在交通汇聚区、航道连接处或航道交错区，可从如下定线制方式中选择最合适的定线制方法：

①环行航道

在交通汇聚区，可设置环行航道（如图1-2-27所示），使不同方向的来船绕环行航道按逆时针方向航行。

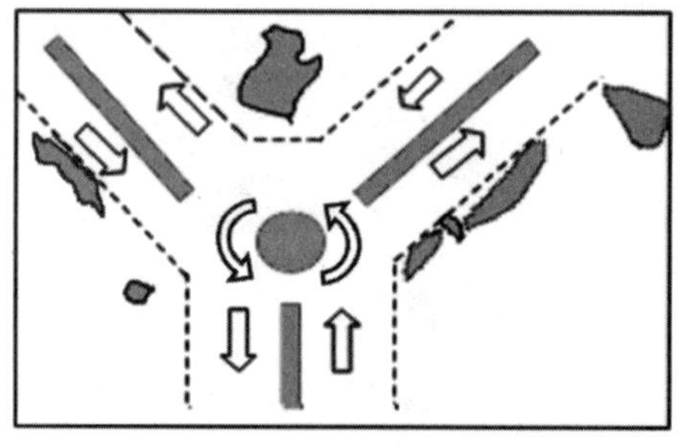

图1-2-27　环行航道

②交叉航道

两条航路连接处或交叉处，可采用图1-2-28所示的方法。

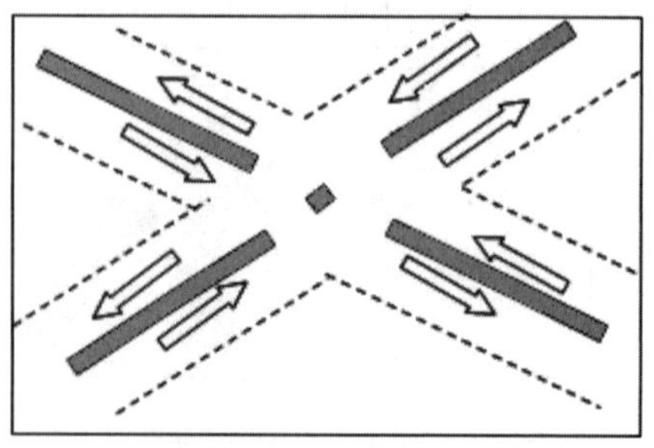

图1-2-28　交叉航道

在连接处或交叉处的各部分交通流方向按相应的相邻通航分道内的交通流设定。分隔带的中断是为了强调船舶应以正确的航行方法通过该区域。在中断处应谨慎驾驶。

③警戒区

在交通汇聚处，也可不设环行航道而设置如图1-2-29所示的警戒区，以强调在此处应谨慎驾驶。

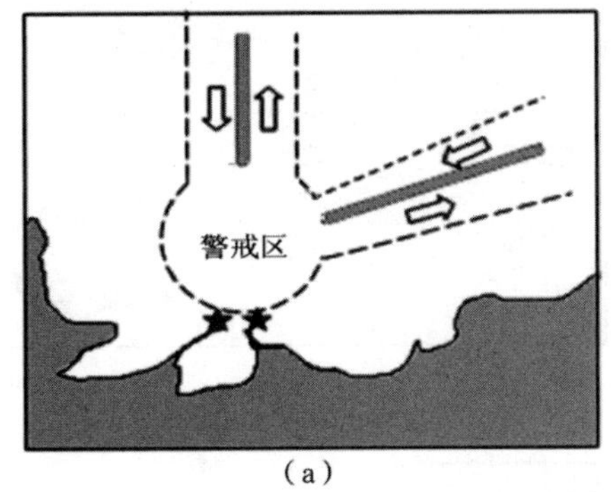

（a）

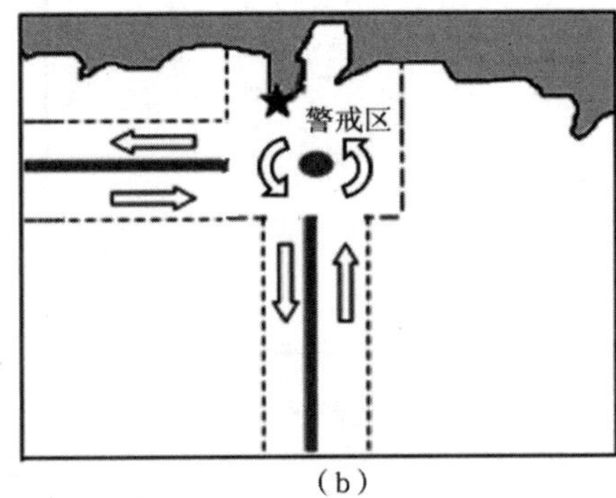

（b）

图1-2-29　警戒区

（6）深水航路

深水航路是在划定的界限内经过精确测量，海底或海图所标障碍物上的水深足够的航路。图1-2-30为双向深水航路，并标有航路的最浅水深数字。图1-2-31为单向深水航路，未标水深数据。

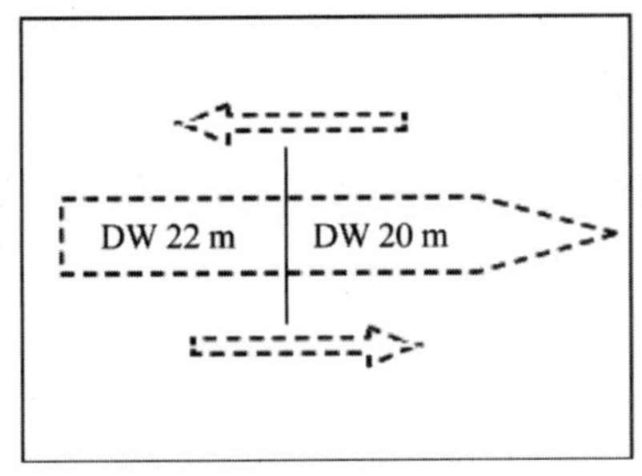

图1-2-30　双向深水航路

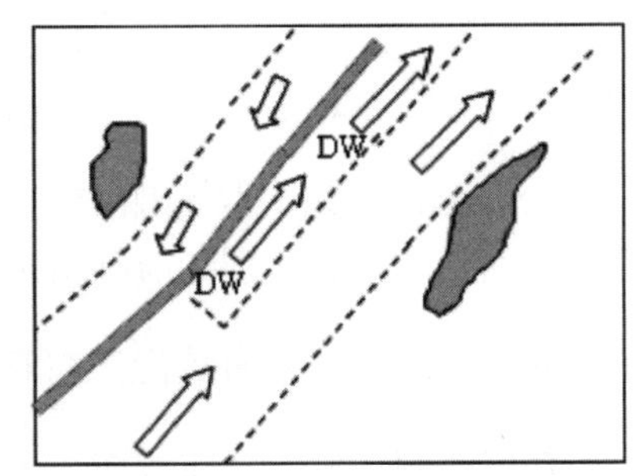

图1-2-31　单向深水航路

有的是仅标注中心线的深水航路，其中实线一般表示有固定导航标志的深水航路，如图1-2-32（a）所示；虚线表示推荐的深水航路，如图1-2-32（b）所示，无固定导航标志。箭头表示航路方向。

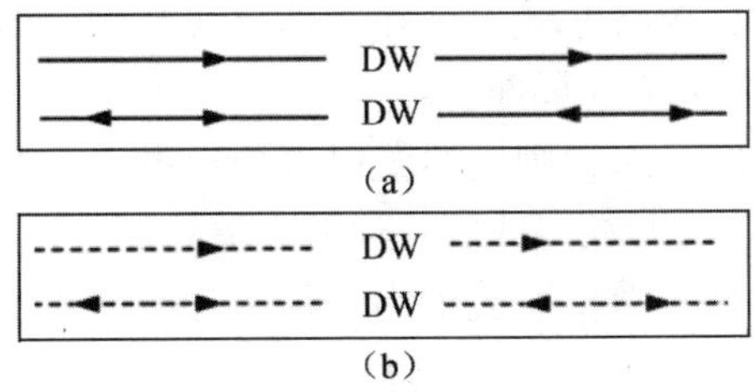

图1-2-32　中心线表示的深水航路

（7）其他定线方法

其他定线方法还有很多，如避航区（如图1-2-33所示）、双向航路（如图1-2-34所示）及推荐航路（如图1-2-35所示）等。

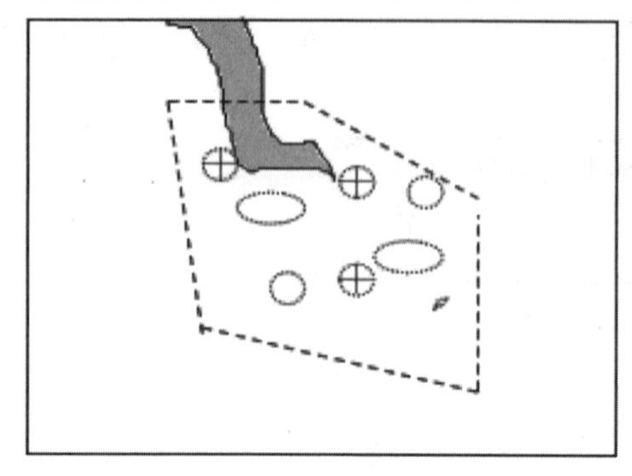

图1-2-33　避航区

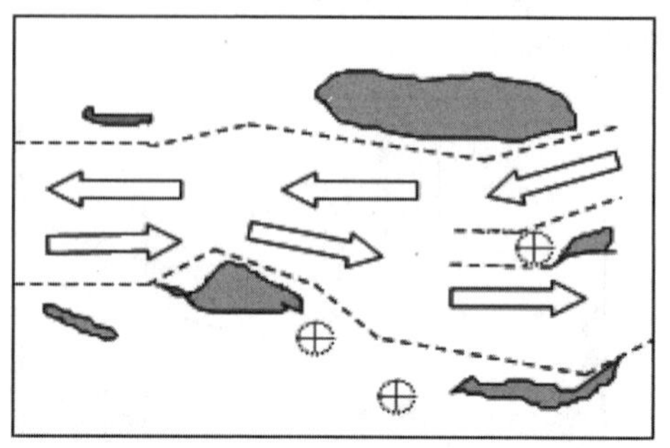

图1-2-34　双向航路

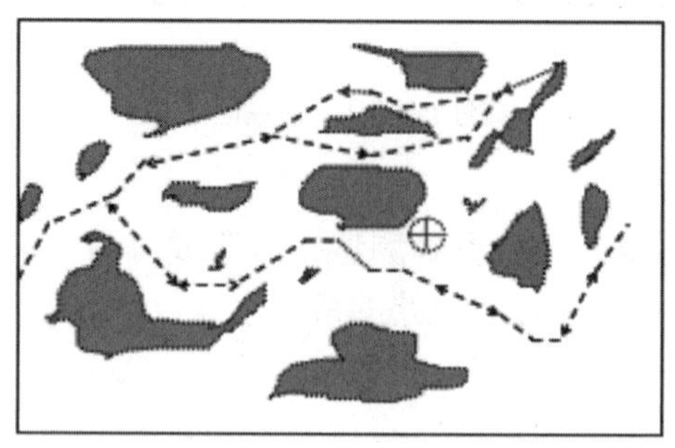

图1-2-35　推荐航路

以上所介绍的方法只是船舶定线的基本方法，各国、各地会根据当地水域条件、地方的习惯做法而建立稍有区别的航路指定形式。

5.船舶在定线制区域的航行及注意事项

（1）在定线制水域设计航线应注意：

①一般应将航线画在相应通航分道的中线上，并尽可能从其端部与该分道内交通流总流向成尽可能小的角度进入或离开。若条件许可，进入通航分道的转向点尽量设在通航分道的端部稍远的地方，这样可避免与进出通航分道的船舶形成交会的局面。

②所选航线尽量与分道内船舶总流向相一致，并注意让开分隔带和分隔线。

③选择双向推荐航线时，应将航线设计在推荐航线右侧适当的地方，以尽可能地避免航行中与来船构成对遇和不协调避让局面。

④如果航线需要穿越通航分道，则应尽量以直角通过。应避免将这样的航线画在通航分道的端部或其附近，也应避免画在警戒区、通航分道的汇合区、环形航道等区域。

⑤过境船舶不应将航线画入沿岸通航带内，除非起讫港或本船目的港与引航站在此沿岸通航带内。

⑥避航区是针对某类船舶或全部船舶的。在设计航线时，要分清避航区的性质，安全

避离。

（2）船舶定线制中的指定航路及其航行方法在不冻水域和不需要特殊操船行动或不需要破冰船援助的薄冰区域内，任何时间、任何气象条件下均适用。

（3）除有特殊说明外，一般指定航路及其航行方法对所有船舶适用。当船舶利用指定航路时，应考虑水深问题，出现问题的后果是由船舶承担的。

（4）在IMO认可的分道通航区或其附近航行的船舶必须遵守《1972年国际海上避碰规则》第十条的规定，且该规则的其他条款在所有情况下均适用。

（5）在船舶汇聚区域，完全的通航分隔实际上是行不通的。因此，在这种区域内船舶应十分谨慎，且任何船舶均无任何特权。

（6）深水航路是考虑船舶吃水、水域内的水深，为有必要利用这种航路的船舶提供的。可不考虑这些因素的船舶应尽可能不使用深水航路。

（7）在双向航路（包括深水双向航路）上，船舶应尽可能地靠右行驶。

（8）海图上所标示的指定航路中的交通流方向箭矢仅表示交通流设定或推荐的大致方向，船舶没有必要严格按其所指方向航行，但船舶的航迹要与航路内交通流设定或推荐的方向保持一致。

（9）不利用与通航分道或深水航路相连接的警戒区的船舶或进出附近港口的船舶，在可能情况下应当避离警戒区航行。

（10）《国际信号规则》中规定的信号“YG”表示“你似乎没有遵守分道通航制”，用以提醒船舶遵守分道通航制。

地方性交通管理法规中，有的也涉及船舶定线制。这种法规的制定考虑了当地水域实际情况、国家的管理策略以及管理方法，也可能会参考有关的国际法规和规定，所以，船舶应随时随地了解航行水域内的适用法规，并在航行中予以遵守。

《1972年国际海上避碰规则》第十条仅就分道通航制这一指定航路形式，规定了这种航路上的航行方法、避让关系及责任等，对其他形式的指定航路上的航行问题没有涉及。

八、船舶报告制

（一）船舶报告系统的目的

船舶报告系统（Vessel Reporting Systems，VRS）是通过无线电通信或其他手段提供、收集和交换与船舶救助、交通管理、防污和天气预报有关的信息的系统。

目前船舶报告系统主要有以船舶救助为主要目的的报告系统和以船舶交通管理为主要目的的报告系统。这两个报告系统都兼顾海洋、水域防污和天气预报所需信息的收集、交换和提供。

1.以船舶救助为主要目的的报告系统

（1）以搜索救助为主要目的的船舶报告系统的具体任务

①缩短从与船舶失去联络至开始搜救活动的时间；

②迅速确定能及时提供救助支援的船舶；

③在有限区域内准确确定搜索区域；

④及时向无医生在船的船舶提供医疗援助或建议。

这种报告系统将被引入已经建立的全球海上遇险与安全系统中，它也是船舶交通服务的一部分。显然，其主要目的是监视海难事故是否可能发生；提供避免海难事故发生的信息；在事故发生后，及时对遇难船实施搜救；保护船舶财产和船员的人命安全，防止船舶造成海洋污染。在这种系统中，船岸之间相互按一定程序和要求交换有关信息，如船舶基本参数、航行计划、船位、气象和海况数据等。

（2）岸上主管部门负责

①对实施船舶报告的船舶的航迹进行标绘，跟踪船舶；

②按照规定的程序、时间、报告格式接收船舶的报告；

③对信息予以记录、处理，向船舶提供所必需的咨询。

以搜索救助为主要目的的船舶报告系统一般以较大海域为服务对象，对船舶不予限定，服务一般是免费的。现在使用的系统有美国的AMVER、日本的JASREP、澳大利亚的AUSREP、新西兰的VOLUNTORY SHIP REPORTING SYSTEM。中国的是China Ship Reporting System，简称CHISREP。系统不同，报告格式、报告程序、报告手段也不同，船舶在利用这些系统时应查阅相关资料。

船舶是否要利用以船舶救助为主要目的的船舶报告系统，是由船舶来确定的。船舶加入和退出船舶报告系统都比较简单，向船舶报告系统提交了航行计划报告就被视为加入，做出最终报告即被视为退出。

2.以船舶交通管理为主要目的的报告系统

以船舶交通管理为主要目的的报告系统一般隶属于船舶交通管理系统。其目的是收集管理水域内航行船舶的有关参数、航行计划、载货状态等信息，建立与船舶的联系，并随时进行相应的信息服务和助航服务等。

在船舶交通管理系统中，船舶报告对某些船舶是强制的，这类船舶应严格按照规定进行报告。

（二）船舶报告的标准格式

IMO在《船舶报告系统的一般原则》中提出了船舶报告应包括的项目及应使用的标准格式，见表1-2-1。IMO所列项目有26项，进行船舶报告时，有些项目在各种报告中是必须要明确的，如欲参加的系统名称即报告对象、报告种类、船名呼号等。有些项目可根据报告种类以及具体情况进行取舍，如船舶尺度（项目U）数据在报告中报告一次即可，在其他的报告中不必再行报告。

每一种报告在报告完必需的项目后，再根据该类报告的要求报告其他项目的内容。使用无线电报进行报告时，项目名称可使用表中的单字母符号。报告的形式可以用无线电话、电报，有些国家也可用书面形式进行报告。报告使用的语言可以是英语和当地语言，使用英语时，应尽可能使用IMO标准航海英语。

表1-2-1　船舶报告标准格式和要求

报告项目名称		项目内容	报告的信息及格式
电报	无线电话		
A	ALPHA	船舶	船名、呼号、国籍或船站识别码
B	BRAVO	日期和时间	6位数，前2位表示日期，后4位表示时间。当不使用UTC时，B必须注明时区号
C	CHARLIE	船位	纬度：4位数后跟N/S；经度：5位数后跟E/W。精确到分
D	DELTA	船位	物标名称、方位（3位数，度）、距离（n mile）
E	ECHO	真航向	真航向（3位数，度）
F	FOXTROT	航速	航速（3位数，节）：前2位表示整数，后1位表示小数
G	GOLF	上一港	上一港名称
H	HOTEL	加入系统日期、时间、地点	日期、时间表示法同B，地点同C或D
I	INDIA	目的港及预计到达时间	目的港名及日期、时间（同B）
J	JULIET	引航员情况	说明是否有深海引航员或港内引航员在船
K	KILO	退出系统日期、时间、地点	同H
L	LIMA	航路信息	计划航线
M	MIKE	无线电	船舶电台全称和保护频率
N	NOVEMBER	下次报告时间	同B
O	OSCAR	当前的最大吃	4位数，前2位表示米，后2位表示厘米
P	PAPA	载货	货物及有关危险货物（可能对人或环境有危害）的简单描述
Q	QUEBEC	故障、缺陷、受损及受限情况	故障、缺陷、受损及受限情况的简单描述
R	ROMEO	污染或者危险货物丢失情况	污染（油类、化学品）或者危险货物丢失的种类及位置（同C或D）的简单描述
S	SIERRA	气象情况	当前气象、海况的简单描述
T	TANGO	船东和／或船东代表	船东和／或船东代表的名称及所要求的其他详细资料
U	UNIFORM	船舶种类和尺度	船长、船宽、吨位、船舶种类及所要求的其他资料
V	VICTOR	医务人员	医生、医生助理、护士或无医务人员
W	WHISKEY	在船人数	人数
X	XRAY	其他事项	任何其他事项、信息

（三）船舶报告的种类、程序、内容

根据IMO船舶报告系统文件，船舶报告分为一般报告和特殊报告。一般报告有：航行计划报告（SP，Sailing Plan Report）；船位报告（PR，Position Report）；变更报告（DR，Deviation Report）；最终报告（FR，Final Report）。特殊报告有：危险货物报告（DG，Dangerous Goods Report)；有害物质报告（HS，Harmful Substances Report)；海洋污染物报告（MP，Marine Pollutants Report)；其他报告（Any other Report)。

1.一般报告

（1）航行计划报告（SP）

它是船舶进入相应的报告系统区域或者在该系统区域内开始活动时做出的报告，是船舶发送给船舶报告中心的第一份报文。航行计划报告既是船舶加入船舶报告系统的正式申请，也是船舶报告中心对船舶进行跟踪标绘的依据。

当船舶在船舶报告区域内港口并准备加入船舶报告系统时，应在离港前或接近离港时发送航行计划报告；或当船舶从非船舶报告区域进入船舶报告区域并准备加入船舶报告系统时，应在接近报告线或进入报告线后发送航行计划报告。

航行计划报告的内容一般包括船名、船舶呼号或船舶识别码、出发日期和时间（UTC)、出发地点、下一停靠港、航行计划（航法和重要转向点)、航速及预计到达时间（ETA）和到达日期等详细情况。

例如澳大利亚船舶报告系统AUSREP，航行计划报告（SP)：

①从海外进入AUSREP区域，必须报告的内容有A，F，G，H，K，L，M，N，V，X

AUSREP SP A. ASIA ANGEL/J8JP2 F.12kts G.QING DAO, P. R.CHINA H. 230900UTC 1200s 1160IE K. 251200UTC DAMPIER L. RL175 TO Pilot Station M. 9VG, VIP，XSQ（INMARSAT C 437600334） N. 0600UTC V. NO MEDIC X. PASS TO AMVER NAME/CALLSIGN CHANGED FROM DELAWARE/ELDL2 SINCE LASTREPORT.

②从AUSREP区域内某港开往区域外某港，必须报告的内容有A，F，H，I，K，L，M，N，V，X

AUSREP SP A.ASIA ANGEL/J8JP2 F.12 H.020500UTC DAMPIER I.181600UTC TIANJIN PRC K.040100UTC 1200s 1160IE L.RL355 TO EXIT POINT M. VIP.XSQ（INMARSAT C 43760334） N.NO MEDIC X.Nil.

③从AUSREP区域内的某港驶往另一港必须报告的内容有A，F，H，I，L，M，N，V，X

AUSREP SP A.UESPERUS/BCBC F.12 H. 212200UTC ADELAIDE I. 231400UTC M. ELBOURNE L.COADTAL DIRECT M.VIM N. 0100UTC V. NO MEDIC X.NIL.

④在AUSREP区域内过境必须报告的内容有A，F，G，H，I，K，L，M，N，V，X

AUSREP SP A.UESPERUS/BCBC F.12 G..DURBAN H.120800UTC 3550S07500E I. SURABAYA 192000UTC K. 172330UTC 0806S 10107E. L.GC N. 0600UTC V. NO MEDIC X. PASS TO AMVER.

（2）船位报告（PR）

船位报告是由船舶发出的表示船舶当时所在位置的报告。目的：一是用于船舶报告中心更正跟踪的船位；二是表达船舶安全状态即船舶是否遇险。首次报告一般在航行计划报告后24 h或48 h做出，此后每隔24 h或48 h发送。报告内容比较少，一般只有船名、时间、船位。例如AUSREP PR：

AUSREP PR A. ASIA ANGEL/J8JP2 B. 050200UTC C. 1657S 11628E E. 355F. 12 X. ETA NOW 060330UTC.

（3）变更报告（DR）

这是在实际船位与已报告的预计船位相差甚远，或改变航行计划，或船长认为必要时做出的报告。其内容是当前的船位以及航行计划中改变的项目等。例如AUSREP DR：

AUSREP DR A.ASIA ANGEL/J8JP2 B.050200UTC C.1806S 11608E F.8 I.PT. HEDLANG X. REDUCED SPEED DUE TO MAIN ENGINE PROBLEMS.

（4）最终报告（FR）

这是船舶参加报告系统发送的最后一份报告，是船舶到达目的地或离开报告系统覆盖区域时做出的报告，表示船舶已脱离该报告系统。船舶报告中心收到该报文后，将停止对该船舶的跟踪与标绘。最终报告的内容包括船名、船舶呼号或船舶识别码、离开本系统覆盖区域或到港的日期和时间（UTC）等。例如AUSREP FR：

①抵达某一澳大利亚港口

AUSREP FR A. ASIA ANGEL/J8JP2 K.250330UTC DAMPIER X. FINAL REPORT.

②驶出AUSREP区域

AUSREP FR A. ASIA ANGEL/J8JP2 K.060306UTC 1200S 11600E X.FINAL REPORT.

2.特殊报告

（1）危险货物报告（DG）

这是当船舶运载的危险货物在距岸200 n mile范围内因故散失，或可能散失于海上时所做出的报告。其内容包括船名、时间、船位、船舶电台呼号、载货情况、船舶损失情况、危险货物情况、天气、船舶代理、船舶的参数及其他内容。

（2）有害物质报告（HS）

这是当散装的有毒液体货物（依据MARPOL 73/78公约附则Ⅰ）或燃油（依据MARPOL 73/78公约附则Ⅱ）因故散失或可能散失时做出的报告。其内容包括船名、时间、船位、航向、航速、航线信息、船舶电台呼号、下次报告时间、载货情况、船舶损坏情况、货物散失情况、天气、船舶的代理、船舶参数及其他内容。

（3）海洋污染物报告（MP）

这是《国际海运危险货物规则》中被定义为海洋污染物（MARPOL 73/78公约附则Ⅲ）的有害物质因故散失或可能散失时做出的报告。

其内容与危险货物报告大致相同。

（4）其他报告（Any other Report）

这是按照报告系统的规定程序所必须做出的上述报告之外的任何其他报告。其内容视具体情况而定。

（四）中国船舶报告系统

中国船舶报告系统（China Ship Reporting System，CHISREP）是中国为履行《1974年

国际海上人命安全公约》《1979年国际海上搜寻与救助公约》等国际公约，保障海上人命和财产安全，由交通部（2008年整合为交通运输部）批准于1998年建立并于2001年6月1日起实施的。它是GMDSS的一个重要组成部分。其任务是及时、准确地提供船舶动态信息，保证船舶的航行安全，提高搜救效率，防止和控制船舶造成的海洋污染。

1.适用区域和对象

（1）适用区域

CHISREP的报告区域为9°N以北、130°E以西的海域，但不包括其他国家的领海和内水。

（2）适用船舶

强制参加CHISREP的船舶有：

①航行于国际航线300总吨及以上的中国籍船舶；

②航行于中国沿海航线1 600总吨及以上的中国籍船舶；

③自2005年1月1日起航行于中国沿海航线的300总吨及以上、1 600总吨以下的中国籍船舶。

自愿参加CHISREP的船舶有：

①上述航时不足6 h的船舶；

②上述船舶以外的其他中国籍船舶；

③外国籍船舶。

2.加入方式

船舶进入CHISREP区域时，按照《CHISREP船长指南》规定的格式向中国船舶报告中心发送报告。

当船舶首次加入CHISREP时，可由船公司或其代理向中国船舶报告中心提供船舶基本概况表。

如果船舶的基本概况发生变化，船公司、代理或船舶应当将变化的情况及时向中国船舶报告中心报告。

当船舶加入CHISREP后，可通过下列方式发送报文：

（1）通过CHISREP指定的上海、广州和大连三个海岸电台发送船舶报告。

（2）如果船舶在某一个中国沿海港口，可以通过电传、传真或电子邮件的方式直接向中国船舶报告中心报告航行计划报告或最终报告。

（3）可通过INMARSAT-A、B、C、M地球站发往中国船舶报告中心。

（4）中国船舶报告中心也接收船公司或代理通过电子邮件或电传方式发送的集团报告。

（5）由于某种原因不能发送船位报告和最终报告的船舶，可通过他船或岸上的有关机构代为报告。

3.CHISREP的报告格式、种类和内容

CHISREP共有7种类型，每一种报告类型由若干个按规定次序排列的报告构成。报告

以CHISREP加报告类型的识别字母开头，以报告项Z结尾。这7种报告又可分为一般报告（航行计划报告、船位报告、变更报告、最终报告）和特殊报告（危险货物报告、有害物质报告、海洋污染物报告）两大类。

（1）航行计划报告（SP）

船舶在离开中国沿海港口或从国外进入CHISREP区域时，应向中国船舶报告中心发送航行计划报告，并应遵循以下规定：

①在进入CHISREP区域的划定界限前24 h至进入后2 h之内发送；

②在离开任何中国沿海港口前2 h之内发送。

从国外进入CHISREP区域，并停靠中国港口或者航行于国内两个港口之间的船舶SP必报项：CHISREPSPA（船名呼号）、F（航速）、G（上一停靠港）、H（日期时间UTC／进入CHISREP区域的船位）、I（下一停靠港及其ETA）、L（计划航线信息）、M（船舶电台全称和保护频率）、Z。船舶认为必要时，可加入E、K、N、O、S、T、U、W、X、Y项。

从中国港口驶往外国港口的船或者过境船（自国外某港口到国外某港口，其航线穿过CHISREP区域的船舶）SP必报项：CHISREPSPA、F、G、H、I、K、L、M、Z。船舶认为必要时，可加入E、N、O、S、T、U、W、X、Y项。

（2）船位报告（PR）

船舶按照规定的时间或约定的报告时间向CHISREP发送船位报告，使船舶报告中心掌握足够的船舶信息。

第一份船位报告要求在最新航行计划报告后24 h内发出，以后每隔24 h或在每天约定的时间发送，但两个报告之间的时间间隔不应超过24 h，直到抵达中国沿海港口或驶离CHISREP区域界线。船位报告中的信息将被CHISREP用来更新该船的船舶动态。

如在船位报告发送前2 h发送变更报告（DR），那么下一份船位报告的发送时间应改为变更报告后24 h。预计抵达目的港或CHISREP分界线的时间应当在最后一次的船位报告中得到确认。船舶改变预计到港时间（ETA），可在任何一份船位报告中更正。如船舶的航行时间小于24 h，可不发船位报告，只要在开航时发航行计划报告并在抵港时发一份最终报告即可。

（3）变更报告（DR）

船舶发生下列情况时必须发送变更报告：

①船舶改变其计划航线时；

②船舶的实际船位偏离计划航线超过2 h的航程时。

（4）最终报告（FR）

在船舶抵达中国沿海港口或驶离CHISREP区域界线前后2 h内，应发送最终报告。危险货物报告（DG）、有害物质报告（HS）、海洋污染物报告（MP）如前所述。

4.船舶延误报告处理

①船舶超过规定报告时间或约定报告时间3 h未报告，系统将自动对该船进行预报警，提醒工作人员检查中国船舶报告中心是否已收到该船舶的报告，直接与配有INMARSAT设备的船舶进行联系并在海岸电台通报表上列出该船舶，提醒其发送报文。

②对于延时超过6 h的船舶，船舶报告中心将在海岸电台通报表中对这些船舶进行呼叫。

③对于延时超过12 h的船舶，船舶报告中心将对船公司代理、经营人及可能见过该船或与该船联系过的其他船舶进行查询，核实该船是否安全。

④对于延时超过18 h的船舶，船舶报告中心将在海岸电台通报表中对这些船舶进行紧急呼叫，并在该船呼号后加PAN PAN。

⑤对于延时超过24 h的船舶，船舶报告中心制定搜救方案并报指挥端站（中国海上搜救中心），由指挥端站指定海上救助协调中心（RCC）进行搜寻救助，开始搜救行动。

（五）VTS管辖区域的航行及报告程序

1.船舶交通管理系统

船舶交通管理（Vessel Traffic Management，VTM）目的是通过监控、整顿船舶交通，建立良好的交通秩序，协助船舶航行，减少海难，特别是碰撞、搁浅、触礁这些船舶交通事故，从而保证船舶安全，保护水域环境和社会环境，提高船舶交通的效率。

船舶交通管理不是单纯地管制船舶航行、约束船舶行动，而是通过对管理水域内的船舶交通状态的掌握，提供航行环境信息，指导并支持船舶航行，从而达到交通管理的目的。因此，船舶交通管理可以说是一种积极意义上的服务，故国际上称其为船舶交通服务（Vessel Traffic Service，VTS）。

为了对船舶交通进行有效的管理与服务，必须建立一系列有效的管理法规，这样既可以使管理机关有法可依，也可使船舶航行有法可循。目前，涉及船舶交通管理的国际性法规有《1972年国际海上避碰规则》，该规则对缔约国船舶具有法律效力。另外，还有《船舶定线制》《船舶报告系统制》等，这些文件不具有法律效力，只是国际海事组织（IMO）成员国对这些问题的共同认识的反映，各国在制定相应的法规时，应参考这些文件。

目前我国有关船舶交通管理的法规有《中华人民共和国海上交通安全法》《中华人民共和国对外国籍船舶管理规则》《中华人民共和国船舶交通管理系统安全监督管理规则》等。

船舶交通服务是船舶交通管理的另一有效手段。服务的形式有信息服务、助航服务等。服务主要是通过向船舶提供各种交通信息来对船舶交通实施动态和即时的管理。

2.船舶交通管理系统的原理与组成

VTS系统是在岸上建设基站，通过雷达、AIS等对重点水域的所有目标实施监控，从而达到监控、管理与服务的目的。

VTS系统由雷达扫描、数据处理与显示、VHF通信等主要部分组成。雷达扫描就是利用雷达收发信设备，获取指定水域的船舶、航标、沙滩、码头等目标的数据，经视频处理后存入数据库。根据雷达扫描数据，系统软件在维护终端上形成实时的船舶动态图像，再利用VHF、AIS与船舶进行交流，管理人员就可以确认船舶身份，并进行标识，各种记录同时存入数据库备份，通过在维护界面上作图的方式，可完成确定航道、定位航标、设立警戒区等工作。这样，管理人员通过VTS就可以实现对船舶的监控、管理与服务。

3.船舶交通管理系统的功能

船舶交通管理系统是实施船舶交通管理所必需的硬件系统，是广义的船舶交通服务系统的一个组成部分。广义的船舶交通服务系统是交通管理机关所建立的以增进船舶交通安全和提高交通效率以及保护环境为目的的综合性服务系统，它的服务范围从提供简单的信息到广泛管理一个港口或水道的交通。其主要功能包括以下几项：

（1）数据收集

数据收集（Data Collection）包括用适当的设备如水文气象传感器、雷达、VHF、AIS等收集航道和交通状况的数据；在指定的海上安全和遇险频道上保持值班守听；接收船舶报告；获取有关船体、船机、设备或人员和有关运载危险或有害货物等船舶情况的报告。

这类数据可分为动态数据和静态数据两类。动态数据包括船舶的航向、航速、船位等有关船舶运动的数据和气温、气压、能见度等有关水文气象方面的数据；静态数据则包括船体、船机、设备、人员和运载的货物等方面的数据以及有关航道、助航设施的信息。

（2）数据评估

数据评估（Data Evaluation）是根据由各种方式所收集到的信息、数据来判断管辖水域内的船舶有否违反国际的、国家的或当地港口的法规和法令的船舶行为。

（3）信息服务

信息服务（Information Service）包括播送有关船舶动态、能见度条件或他船意图的信息以协助所有船舶；与船舶交换有关安全的信息（航行通告、助航设施状况、气象与水文资料等）；与船舶交换有关交通条件与情况的信息（如驶近船舶或被追越船舶的动态和意图）；向船舶发布诸如操纵能力受限制的船舶、密集渔船群、小船、特殊作业的船舶等航行障碍的警告，并提供选择航线的有关信息；等等。

（4）航行协助服务

航行协助服务（Navigational Assistance Service）简称助航服务，是应一艘船舶的请求或在VTS中心认为必要时提供的服务，也包括在困难的航行或气象环境下或一旦出现故障或损坏时协助船舶。这项服务与信息服务同为船舶交通管理系统实施船舶交通管理的主要形式。

（5）交通组织服务

交通组织服务（Traffic Organization Service）在一定程度上对船舶交通进行调度指挥，即具有强制性质。使用VTS的船舶有义务接受VTS的交通组织服务。

（6）支持联合行动

支持联合行动（Support Allied Activities）是与其他海上交通管理部门密切配合，特别是在通信联系、传达信息和现场指挥等方面的联合行动。

4.VTS管辖区域的航行及报告程序

（1）VTS管辖区域的航行及注意事项

①加入VTS的船舶应按照修正后的《1974年国际海上人命安全公约》第Ⅳ、Ⅴ章的规定安装助航和通信设备。

②船舶在VTS管辖区域航行时，其有效的航行与操纵的决定权仍在于船长。如果船长

根据惯例或特殊情况而认为有必要，则无论是航行计划还是应VTS中心要求或指示改变航行计划都不能取代船长对船舶有效航行与操纵所做的决定。

③若VTS区域中存在自愿或强制引航，则引航员在该VTS中起着重要的作用。引航员的任务是协助船长，包括：操纵船舶；了解有关航行和国家与地方的规则；进行船岸之间的通信（特别是存在语言障碍时）。

④所有加入VTS的船舶，除非VTS中心另有许可，应在VTS的适当频道上保持守听值班。

⑤船舶抵达港口前通常已由代理提供预计到港时间（ETA）并申请泊位或锚地。当船舶载运危险货物时，应遵守IMO海上安全委员会第299号（1980年12月发布）通函“危险品在港中的安全运输、装卸和储存”，应明确提供情况并遵守任何适用的地方规则。

⑥当船舶要求协助航行或VTS中心认为有必要协助时，VTS操作人员应保证用最可靠的手段正确地识别船舶、定出船位并获取其他有关信息。在无障碍的水域，航行协助主要包括向船舶说明周围的交通情况和有关碰撞与搁浅的警告，必要时向船舶建议应采用的航向；在受限水域内，协助航行还包括船位数据（如船舶与“基线”或“航路点”的距离等）。

⑦当船舶不需要航行协助时，应明确通知VTS中心。

（2）VTS管辖区域航行报告程序

加入VTS的船舶应根据要求在指定的地点和时间按照规定的格式进行报告。船长应尽可能保证报告准确、及时。未被要求报告的船舶以及由VTS提供服务的其他船舶应遵守有关的程序。

①航行计划报告

航行计划报告通常包括预计到达VTS区域的时间和在VTS区域内离开泊位或锚地的时间。

VTS中心可根据交通形势或特殊情况的需要，建议改变航行计划。

在航行计划得到船舶和VTS中心一致同意后，船舶可加入VTS，并应尽可能保持执行该航行计划。

在特殊情况下，VTS中心在说明原因后可要求船舶执行改变后的航行计划，但若船长认为无法执行VTS指定的航行计划，应向VTS中心报告其理由。

②船位报告

如果在航行计划被接受、船舶被识别后，VTS无法自动进行航迹跟踪，则要求船舶报告其船位以更新船舶动态数据。VTS可以要求船舶在指定地点发送船位报告。

③偏航报告（变更报告）

如果船舶无法执行航行计划，则应向VTS中心发送偏航报告并与VTS中心商定修改航行计划。

④最终报告

船舶在驶离VTS区域或抵达VTS区域内的泊位或锚地时，应发送最终报告。

⑤其他必要报告

VTS主管机关规定的其他报告均应遵守IMO通过的报告原则。如“故障报告”，它是向VTS中心报告船舶的缺陷、损坏、故障和其他限制条件的船舶报告。

第二章

船舶定位及误差

本章学习目标

1.掌握用高度差法绘制天文船位线（大副）
2.掌握测太阳中天高度求纬度的方法（大副）
3.掌握三星定位的方法（大副）
4.掌握天文船位精度的影响因素与误差控制（大副）
5.掌握提高测定物标方位、距离精度的方法（大副）
6.掌握卫导（GPS、北斗）等现代电子助航仪器的定位方法（大副）
7.了解格洛纳兹、伽利略等卫星定位系统（大副）
8.掌握各种定位方法的特点、局限性、误差源及提高定位精度的方法（船长/大副）

船舶定位是船舶安全航行的基础，快速正确地确定本船位置并知晓船位的误差是保障船舶安全的一个主要手段。本章主要内容为船舶定位及误差分析，涉及的定位方法为天文定位、陆标定位和卫星定位。

船舶在海上航行，航海人员的主要工作之一就是确定船舶的位置（简称定位），以保证船舶的航行安全。航海人员利用相关航海仪器来观测物标（陆标、天体等）的距离、方位、高度等诸多要素，通过必要的计算后，在海图上标绘出的船舶位置（船位），称为观测船位。观测过程中不可避免地存在误差，由观测误差引起观测船位的误差称为船位误差。

本章主要讨论人工观测定位的基本方法以及定位过程中由于人工观测所产生的船位误差，旨在指导航海人员采用正确的观测方法，在原有精度的基础上得到最佳观测结果，并对该结果有一个正确的认识，力求简单、明了，以便在航海实践中灵活运用。

第一节 陆标定位

陆标（Landmark，Terrestrial Object）是指在海图上有准确位置且可供目视或雷达观测，用以导航或定位的山头、岛屿、岬角、灯塔、立标及其他显著的固定物标的统称，有时也称物标。观测陆标与本船的方位、距离或方位差等相对位置关系进行定位的方法和过程称为陆标定位（Fixing by Landmark）。如利用雷达观测陆标与本船的方位或距离相对位置关系进行定位，该过程又称雷达定位（Fixing by Radar）。

利用陆标定位的方法得到的船位叫陆标船位。海图作业时，陆标船位的符号一般为“⊙”，代号“TF”；雷达船位的符号一般为“△”，代号“RF”。

陆标定位是船舶航行在沿岸海域常用的一种定位手段。为了确保在海上准确地进行定位，要求航海人员必须掌握识别陆标的方法，熟练地运用各种定位手段。但是，任何一种测量或观测都不可避免地存在误差，因此观测陆标所得的观测船位也会存在一定的误差。航海人员的任务不仅仅是要测定船位，还应懂得如何提高观测质量，并能合理地估计所测船位的精度，以及掌握提高观测精度的一般知识和方法，以便提高观测船位的精度。

本节主要介绍提高测定物标方位、距离精度的方法和陆标观测船位的误差分析。

一、提高测定物标方位、距离精度的方法

如前所述，陆标定位的关键过程是测量物标与本船的相对位置关系，这种位置关系包括方位、距离、方位差以及距离差等。在陆标定位和雷达定位时，航海上经常采用物标与本船的方位和距离这两种位置关系来测定船位。提高测定物标方位和距离精度是提高陆标船位和雷达船位精度的重要手段。

（一）物标方位的测定

1.物标方位的测定方法

航海上测定物标方位的方法主要有利用罗经观测和利用雷达观测两种。

（1）利用罗经观测物标方位

航海上通常利用罗经方位仪（如图2-1-1所示）配合罗经观测物标的方位。罗经方位仪有两套相互垂直的观测方位的装置，其中一套装置由目视照准架和物标照准架组成。物标照准架中间有一竖线，下面装有天体反射镜、棱镜和水准仪，目视照准架中间有一细缝，当测者通过细缝观测到物标与物标照准架上的竖线重合时，从棱镜上所读取的度数即为观测物标的罗经方位，该套装置既可用于测定陆标的方位，也可用于测定天体的方位。另一套装置由可调整角度的凹面镜和允许细缝光线通过的反光棱镜组成，主要用来观测太阳的方位。握住握柄调整底盘角度并调整凹面镜角度使其朝向太阳，太阳光线经棱镜的细缝投射到罗经刻度盘上，此时光线所照亮的罗经刻度盘对应的刻度即为太阳的罗经方位度数。

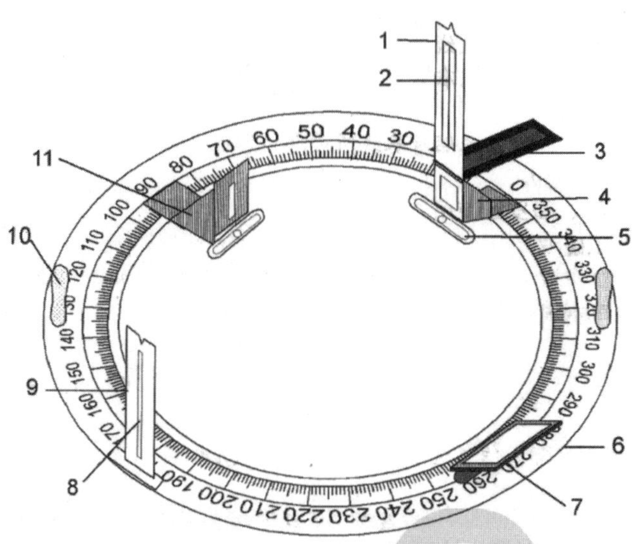

图2-1-1 罗经方位仪

1—物标照准架；2—照准线；3—黑色反光镜；4—棱镜；5—水准仪；6—底盘；7—反射镜；8—照准孔；9—目视照准架；10—握柄；11—折射三棱镜

（2）利用雷达观测物标方位

利用雷达机械方位标尺或电子方位线（EBL）可以方便地测定物标的方位。机械方位标尺很少使用，航海实践中使用电子方位线测量物标方位的方法最为常见。目前船上雷达至少提供两条电子方位线，测量时先打开电子方位线，并调整至所测量物标的回波位于电子方位线上，直接读取电子方位线的方位即为雷达观测物标的方位值。

有些雷达还提供实时测量光标与本船的方位和距离的功能。航海人员也可以将光标放置在被测量物标回波上，可快速获取物标与本船之间的方位。

2.提高物标方位测定精度的方法

（1）罗经方位应修正成物标真方位。雷达本身没有指向（找北）功能，之所以能利用雷达观测物标方位是因为雷达接入了罗经首向信号，而雷达可以测量物标的舷角，这样航向与舷角的和即为物标方位，因此雷达测定物标的方位为罗经方位。无论使用何种方法测量物标方位，得到的方位都是罗经方位。在海图作业前，必须进行罗经误差（罗经差或陀罗差）的修正，得到物标的真方位后才可以作图获取观测船位。

（2）尽量避免在船舶倾斜时测量物标的方位，以减小方位观测误差。船舶倾斜不可避免时，可选择在横摇时测量正横附近的物标方位，纵摇时测量船舶首尾方向上的物标方位。

（3）确保观测物标的位置与海图上物标位置能准确对应。用雷达观测孤立的灯塔、灯桩、明礁和小岛等点状物标时，应测量回波中心的方位。范围较大的物标应测量岸角，并使电子方位线与回波的同侧外缘相切。

（4）尽量使用北向上相对运动显示方式。利用雷达测量物标方位时，经常采用北向上相对运动显示方式，这样物标回波在雷达显示屏上的分布情况与它们在海图上的图像一致，有利于物标的识别和辨认。在北向上相对运动显示方式下，雷达显示屏固定方位刻度0°代表陀罗北，这样不仅可以在该方位仪上直接读得物标的陀罗方位，而且当本船转向或船首偏荡时，物标回波在雷达显示屏上不动，图像清晰，方便观测，可以避免船首偏荡引起的观测误差。

（5）方位与舷角的区别。在利用雷达电子方位线测量物标方位时，如直接读取显示的EBL数字，要分清显示的是相对方位（舷角）还是罗经方位。很多型号的雷达在显示的数字后用“R”字样来表示相对方位，用“T”字样来表示罗经方位。利用雷达光标测量物标方位时，应在调整至显示物标方位而不是舷角的状态下进行。

（二）物标距离的测定

1.物标距离的测定方法

航海上，测定物标的距离常用的方法有利用雷达观测物标距离和测量物标垂直角求取物标距离两种方法，前者应用最为广泛。

（1）利用雷达观测物标距离

利用雷达活动距标圈（VRM）可以方便地测量物标与本船的距离。目前航海用雷达至少提供两个活动距标圈。利用雷达观测物标距离时，首先打开雷达活动距标圈功能，调整活动距标圈的半径使其经过被测量物标回波前沿，读取活动距标圈的距离度数即为物标与本船的距离值。

有些雷达还提供实时测量光标与本船的方位和距离的功能。航海人员也可以将光标放置在被测量物标回波上，可快速获取物标与本船之间的距离。

（2）测量物标垂直角求取物标距离

在图2-1-2中，M为所观测物标的顶点，$MB=H$是物标在水面上的实际高度。由图2-1-2可知，若测者的视点在海平面上的A点，用六分仪测得物标M的垂直角α，不考虑地面蒙气差和地面曲率的影响，则船舶到该物标的距离D为：

$$D=AB=H\cot\alpha \qquad (2\text{-}1\text{-}1)$$

如H以m为单位，D以n mile为单位，式（2-1-1）可改写为：

$$D=\frac{H}{1\,852}\cot\alpha \qquad (2\text{-}1\text{-}2)$$

海上观测物标的垂直角α通常都很小（5°以内），α的正切函数值近似等于其弧度值，如α以分为单位，则式（2-1-2）又可写为：

$$D=1.856\frac{H}{\alpha'} \qquad (2\text{-}1\text{-}3)$$

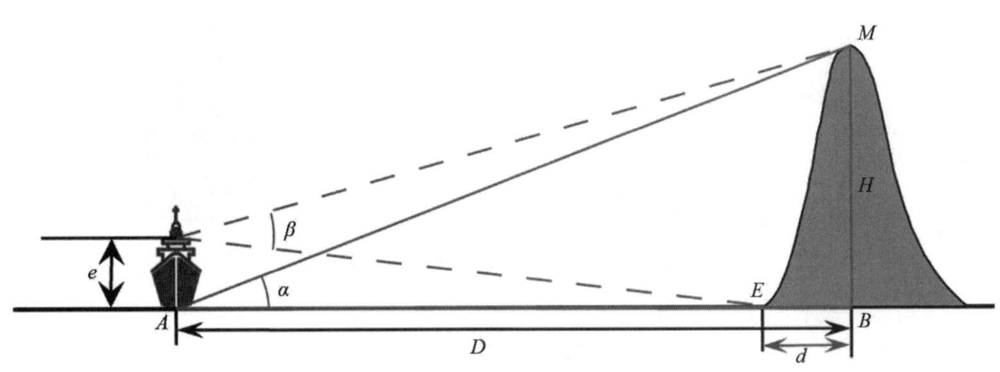

图2-1-2 垂直角求距离

航海实践中，只需查取观测物标的高程H并观测物标的垂直角β，并将β角换算成以分为单位，将其代替α代入式（2-1-3），即可求取物标与本船的距离值。

2.提高物标距离测量精度的方法

（1）提高雷达测量物标距离精度的方法

①雷达测距时，应选择回波图像稳定、亮而清晰、回波位置能与海图准确对应的物标，如孤立的小岛、岬角和凸堤等，应避免使用回波形状可能严重变形或难以在海图上确定其准确位置的物标，如平坦的海岸线、斜缓的山坡、位置未经核实的浮标等。

②测量物标距离时，应尽量选择包含被测量物标的最小量程，被观测物标的回波最好位于距离雷达屏幕中心2/3屏幕半径附近。

③对于孤立的灯塔、灯桩、明礁和小岛等点状物标，应测量回波中心的距离。

④观测物标为雷达应答标［又称雷康（Racon）］时，因其编码脉冲信号显示在雷达显示屏上该台架回波之后，应观测编码脉冲信号前沿（靠近显示屏中心一端）的距离。

⑤如果岸线等物标在雷达地平之内，其前沿能够被探测到，应使活动距标圈的内缘与回波的前沿（靠近显示屏中心一侧边缘）相切，测量物标前沿的距离，如图2-1-3所示；如果岸线等物标在雷达地平之外，其前沿不能被探测到，则应使活动距标圈的外缘与回波的后沿（远离显示屏中心一侧边缘）相切，测量山峰的距离，如图2-1-4所示。

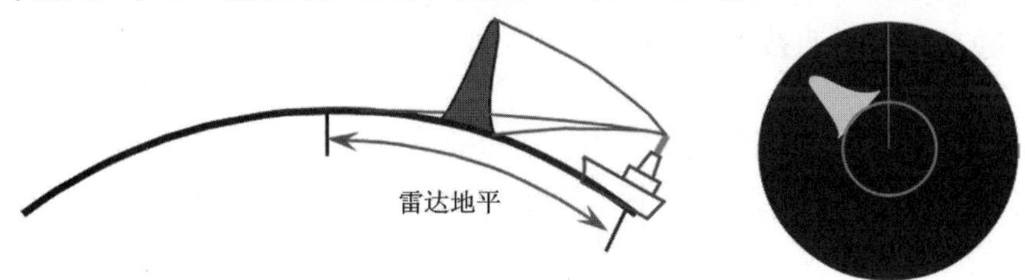

图2-1-3 物标位于雷达地平之内

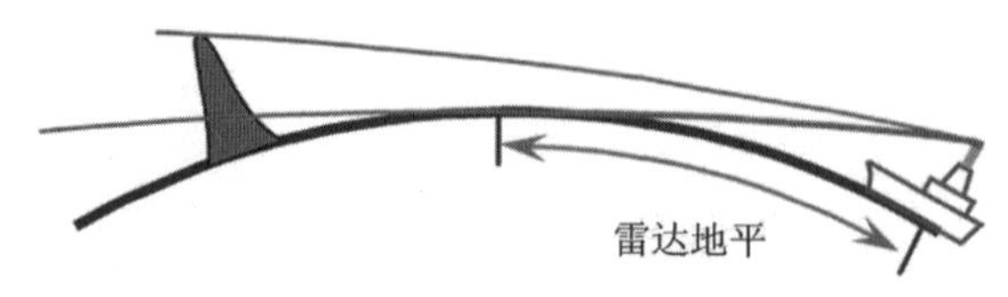

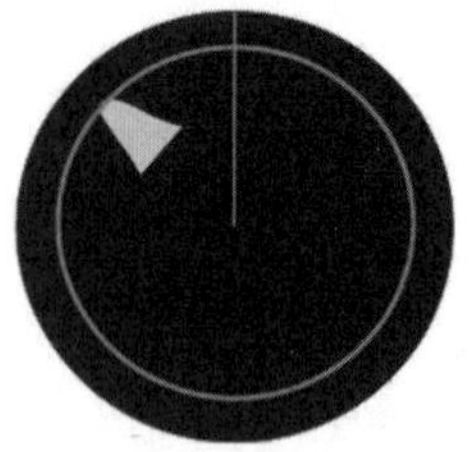

图2-1-4　物标位于雷达地平之外

（2）提高测量物标垂直角求距离精度的方法

推导式（2-1-3）时，忽略了地面蒙气差和地面曲率，并假定测者眼高e为零，物标顶点的垂足在岸水线上。但实际测者眼高e不可能为零，物标顶点的垂足一般也不会位于岸水线E点，即物标被观测面有坡度。因此，测者实际观测到的物标垂直角为β而不是α，用β角代替α角求取的距离D存在误差。

使用测量物标垂直角求距离时，如H经过了必要的潮高改正，并满足$D>H>e$且$H>d$的条件，则求取的距离D的误差将小于$3e$。

①物标高度H是指测量当时该物标的实际高度，即海图上所标示的高程经潮高改正后，自测量当时的水面到物标顶端的实际垂直距离。为了减小物标高度误差和测角误差对所求取距离的影响，要求选择距离近、垂直角大的物标。

②选择高度大（陡直的物标）、距离近、被观测面比较陡（岸距小）、垂足在测者能见地平内的物标。

二、误差基础知识

（一）航海上观测的定义和分类

1.按照测得结果的方法分类

按照测得结果的方法可分为直接观测和间接观测。

（1）直接观测

利用相应的观测仪器直接观测被测量的相关数据，如高度、方位、距离等。

（2）间接观测

根据一个或多个直接观测结果，利用一定的函数关系求得被测量。如船舶定位属于间接观测，它是通过直接观测物标的距离、方位、高度等数据，经过计算和作图等方法得到观测船位。

2.按照观测条件分类

按照观测条件可分为等精度观测和非等精度观测。

（1）等精度观测

对某一量在相同观测条件下进行重复观测，当对观测结果进行比对时，对每一次（或

每一组）观测的信赖程度均相同。

（2）非等精度观测

对某一量在不同观测条件下进行重复观测，当对观测结果进行比对时，对每一次观测的信赖程度均不相同。

将上述观测组合起来可分为等精度直接观测、等精度间接观测、非等精度直接观测、非等精度间接观测。

严格地讲，航海上的观测均是非等精度观测。观测数据如果均按非等精度处理将很烦琐，这是航海人员不愿采用的。在实践中可以通过对观测误差和观测方法的分析，采用适当的方法，使观测接近等精度，而后用等精度处理方法来指导航海实践，并使观测结果不失其精度。

（二）观测误差的定义与表示方法

在观测某一物标时，总是希望得到被测量的真值L，然而被测量的真值是一个理想的概念，绝大多数情况下是不知道的，但在特定条件下，真值又是可知的，例如平面三角形三个内角之和为180°等。如果分别观测平面三角形的三个内角，就会发现三个角的观测值之和不等于180°，这就是观测误差影响所致。

观测误差可用绝对误差和相对误差来描述。

1.绝对误差

绝对误差就是观测值与被测量真值之间的差值。

在实际工作中，由于真值通常是得不到的，但是，又需要知道观测误差来评定观测值的可信度，则采用不同的近似值来代替真值进行绝对误差的计算，因此，得到的绝对误差也就有不同的名称，航海上常见的绝对误差有以下几种表示方法：

（1）真误差

某被测量的观测值与其真值之差，简称误差，可用下式表示：

$$误差\ \Delta = 观测值\ l - 真值\ L$$

在航海实践中，被测量的真值往往是不知道的，所以上式是误差的理论定义。正是因为真值不知道，才需要观测。人们通常是在观测值的基础上进行误差修正得到真值的近似值，由此引入改正量的概念。

（2）改正量

航海人员在实际工作中经常使用改正量δ来获得真值的近似值，即

$$真值\ L=观测值\ l+改正量\ \delta \qquad (2\text{-}1\text{-}4)$$

由此定义

$$改正量\ \delta = 真值\ L - 观测值\ l \qquad (2\text{-}1\text{-}5)$$

改正量与误差的数值大小相等，符号相反。在航海实践中，如罗经差、磁差、自差、指标差等均为改正量，但是航海人员习惯称之为误差。观测值加上改正量可获得真值的近似值，这是因为改正量本身也有误差。

在航海实践中被测量的真值可以用高一级精度的测得值来代替，如观测值的算术平均值，还可由行业规定的某一具体数值来确定，如1 n mile的长度随着纬度的不同而略有不同，国际上推荐将1 n mile = 1 852 m作为统一的海里标准长度，即1 n mile的真值，航海上测速、测距均是以此为标准的。用高一级精度测得值来代替真值得到残差。

（3）残差

用最接近真值的那个数值来代替真值，该值称为最概率值。观测值与最概率值之差称为残差。在一组等精度n次观测中，某一次观测的残差，可用下式表示：

$$残差\ v_i = 观测值\ l_i - 最概率值\ \bar{L} \quad (i=1,\ 2,\ \cdots,\ n) \tag{2-1-6}$$

从式（2-1-6）可见，残差的性质与误差是一致的，而且是可以获得的，因此在对观测数据进行处理时，均利用残差的概念来评定观测精度。

2.相对误差

测量的绝对误差（或改正量）与被测量真值之比称为相对误差。

对于相同数量级的被测量，由绝对误差可以评定其测量精度的高低。对于不同数量级的被测量进行观测精度比对时，绝对误差就难以评定其测量精度的高低。

相对误差可用下式表述：

$$相对误差 = \frac{绝对误差}{真值} \approx \frac{绝对误差}{测得值} \tag{2-1-7}$$

应用过程中可表示为：

$$相对误差 = \frac{观测值-真值}{真值} = \frac{真误差\Delta}{真值} \approx \frac{真误差\Delta}{测得值} \tag{2-1-8}$$

一般对不同数量级的被测量的观测精度进行评定时采用相对误差。

同样，相对误差也可以用改正量来表述，用改正量与用误差表述的相对误差在数值上大小相等，且符号相反。

航海上评定距离精度时采用相对误差，如距离位置线的误差、计程仪改正率（计程仪计量距离误差）、推算船位的误差等。航海上距离误差通常用距离D的百分数表示，如距离误差$=\frac{\delta}{D}D=$（相对误差%）D。航海人员通常讲的某条距离位置线的误差是距离的百分之几，就是相对误差。

（三）观测误差分类

按照误差的性质和特点可以把误差分为随机误差、系统误差和粗差三大类。

1.随机误差

（1）随机误差的基本特点

在相同条件下，对同一量进行多次重复观测，所产生误差的绝对值的大小和符号均不确定，就误差的个体而言不服从任何规律，就误差的总体而言服从一定的统计规律。这样的误差称为随机误差。

随机误差的成因：多种因素的综合影响。

随机误差的处理：随机误差不能被消除，只能通过一定的重复观测，并利用相应的误差处理方法来减小其对观测结果的影响。

（2）随机误差的衡量标准

由随机误差的定义可知，对同一物标进行n次重复观测所产生的随机误差绝对值的大小和正负均不确定，因此衡量随机误差的大小应有一个尺度，即衡量标准。常用的衡量标准有：

①标准差σ，又称均方误差

$$\sigma=\pm\sqrt{\frac{\Delta_1^2+\Delta_2^2+\cdots+\Delta_n^2}{n}}=\pm\sqrt{\frac{1}{n}\sum_{i=1}^{n}\Delta_i^2}=\pm\sqrt{\frac{[\Delta\Delta]}{n}} \tag{2-1-9}$$

式中，[ ]= Σ，称为高斯符号，即求和；n为观测次数。

真误差（Δ_i）=观测值（l_i）– 真值（L），$\Delta\Delta=\Delta^2$，由于真误差Δ_i在实际工作中一般得不到，所以式（2-1-9）不能直接用于计算，称其为求标准差的理论公式。在实际中，可以利用求得的残差v_i代替无法测得的真误差Δ_i来计算标准差σ的近似值，即贝塞尔（Bessel）公式：

$$\sigma=\pm\sqrt{\frac{\Delta_1^2+\Delta_2^2+\cdots+\Delta_n^2}{n}}=\pm\sqrt{\frac{1}{n-1}\sum_{i=1}^{n}v_i^2}=\pm\sqrt{\frac{[vv]}{n-1}} \tag{2-1-10}$$

式中：n为观测次数；残差（v_i）=观测值（l_i）– 最概率值（$\bar{L}$）；$vv=v^2$。

在后续的章节中σ本身含有“±”，有时不写出来，如±σ可写成σ。

②概率误差r，又称或然误差

它是根据误差出现的概率来定义的，即在一组观测中，不计观测误差的符号，观测误差大于r的观测值与观测误差小于r的观测值将各占一半，即出现的概率为50%，以此求得概率误差r与标准差σ的关系为：

$$r=0.674\,489\cdot\sigma\approx0.6745\cdot\sigma\approx\frac{2}{3}\sigma \tag{2-1-11}$$

通常是先求出标准差，而后再利用上式求出概率误差。

③随机不确定度

表述误差时出现两种情况，一种是明确误差的“+”或“–”，这与误差的定义是一致的，适用表述系统误差；另一种是以“±”给出一个区间，表示误差变化的范围，适用描述随机误差；过去把该范围也称为误差，实际上该范围不是误差的具体值，为避免造成概念上的混乱，国际上采用了不确定度的概念。凡是用区间“±”给出的误差指标均称为随机不确定度，如$\pm t\sigma$。由于随机不确定度是用“±”区间给出的误差指标，则真值落在该区间的机会通常用概率来表述。在航海实践中，航海人员习惯将不确定度称为“误差”。

（3）随机误差的概率分布

根据随机误差具有的统计性质，即对称性、单峰性、有界性、抵偿性，高斯（G.F. Gauss）于1809年推导出描述随机误差统计特征的解析方程式，即概率密度函数，称为正态分布（高斯分布），航海上通常采用该分布来描述航海观测中所产生的随机误差。

正态分布密度函数为：

$$f(x)=\frac{1}{\sigma\sqrt{2\pi}}\mathrm{e}^{-\frac{x^2}{2\sigma^2}} \tag{2-1-12}$$

式中：x为随机误差，标准差σ为参数。

σ的大小决定了曲线的形状（确定了观测精度）。如图2-1-5所示，σ愈小，曲线变得愈陡，愈高，即小误差出现的机会多，说明观测精度高；σ愈大，曲线变得愈平坦，愈低，即小误差出现的机会少，说明观测精度低；σ一定，曲线形状就定了，即观测精度也确定了。

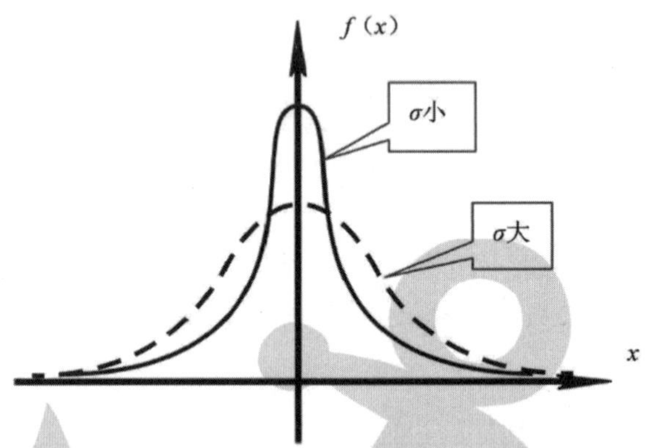

图2-1-5　正态分布密度曲线比较

求正态分布函数即是求随机误差落在正态分布密度曲线下不同区间内的概率P，即求曲线下的面积。Δ为随机误差的取值范围，则正态分布函数为：

$$F(x)=P(\Delta\leqslant x)=\int_{-\infty}^{x}f(x)\mathrm{d}x=\int_{-\infty}^{x}\frac{1}{\sigma\sqrt{2\pi}}\mathrm{e}^{-\frac{x^2}{2\sigma^2}}\mathrm{d}x \tag{2-1-13}$$

随机误差落在任意对称区间内的概率为P（$-x<\Delta<+x$），令$x=t\sigma$，称$x=\pm t\sigma$为置信区间，t为置信系数，$P(-t\sigma<\Delta<+t\sigma)$称为置信概率。

经计算可知：

当$t=1$时，随机误差落在$\pm\sigma$区间的概率约为P（$-\sigma<\Delta<+\sigma$）$=68.3\%$，即68.3%的不确定度为$\pm\sigma$。

当$t=2$时，随机误差落在$\pm2\sigma$区间的概率约为P（$-2\sigma<\Delta<+2\sigma$）$=95.4\%$，即95.4%的不确定度为$\pm2\sigma$。

当$t=3$时，随机误差落在$\pm3\sigma$区间的概率约为P（$-3\sigma<\Delta<+3\sigma$）$=99.7\%$，即99.7%的不确定度为$\pm3\sigma$。随机误差落在$\pm3\sigma$区间之外的概率（$1-P$）$=0.3\%$为小概率事件，由概率论可知小概率事件为不可能事件，所以，误差理论中定义3σ为极限误差，即观测误差的绝对值超过3σ是不可能的。

当$t=0.674\,5$时，随机误差落在$\pm0.674\,5\cdot\sigma$区间内的概率约为$P=50\%$，即随机误差落在概率误差$r=\pm0.674\,5\cdot\sigma$内的概率为50%。

当$t=1.96\sigma$时，随机误差落在$\pm1.96\sigma$区间内的概率约为95.0%，即95.0%的不确定度为$\pm1.96\sigma$。航海上习惯取95%的不确定度约为$\pm2\sigma$，以2σ为极限误差，在一组观测中，

如果某次观测的残差 $|v_i| > 2\sigma$，则认为该次观测含有粗差，应予以剔除。

2.系统误差

在相同条件下，对同一量进行多次重复观测，所产生误差的绝对值的大小和符号均不变，当观测条件变化时，按一定的规律变化（非统计规律），这样的误差称为系统误差。

航海上，按航海人员对系统误差掌握的程度可分为：

（1）已定系统误差

已定系统误差是指误差的绝对值和符号固定的系统误差，如罗经差、磁差、自差、六分仪指标差等；

（2）未定系统误差

未定系统误差是指误差的绝对值和符号未能确定的系统误差，通常可以估计出其范围。如利用罗经观测物标方位时由于罗经面未保持水平所产生的倾斜误差、在标准大气状态下计算出的眼高差与实际眼高差不一致所产生的误差等。

系统误差的成因：测量工具的误差、环境误差、测者习惯误差、方法误差等。

系统误差的处理：处理系统误差的方法很多，航海上常用的方法是消除法或抵消法，即可事先求出系统误差的大小，然后将其消除，或用一定的方法（计算法、作图法等）将其抵消。

3.粗差

粗差，也称过失误差，主要是由人为过失造成的误差，如读错数值、测错物标等。在数据处理之前应将粗差剔除。还有一类应尽量避免的主观误差，如粗心大意造成的读值、记录、计算错误或操作失误造成的观测误差。

上面虽然将误差分为三类，但是误差的分类不是绝对的，在一定的条件下可以相互转化。例如利用天体或水天线测定航海六分仪指标差时是按随机误差处理的，即重复观测，取算术平均值，而用测得的指标差修正观测高度则是系统误差。总之，系统误差和随机误差之间并不存在绝对的界限。

处理误差的步骤：先剔除粗差，然后消除系统误差，最后处理随机误差，也就是说含有粗差的观测结果必须剔除。

三、船位线误差

（一）平面位置线梯度

航海上在视野范围内均可将球面视为平面，这里介绍的是在视野范围内观测到的位置线，因此称为平面位置线。

由于观测中必然存在误差，因此，依据观测值绘画的位置线也必定存在误差。航海人员通常利用位置线梯度的概念来表征由观测误差引起船位线误差的大小和方向的关系，即借助位置线梯度的概念来描述船位线的误差。

1.位置线梯度的定义

位置线梯度 $\vec{g}$ 是观测值 u 的增量 Δu 与其位置线位移量 Δn 的比值的矢量。

如图2-1-6所示，对应于被测量的真值 u 的位置线为Ⅰ(u)，其切线Ⅰ′—Ⅰ′为船位线。对应于测量值（$u+\Delta u$）的位置线为Ⅱ（$u+\Delta u$），其切线为Ⅱ′—Ⅱ′。也就是说，当观测值存在一个增量 Δu 时，位置线沿着船位线Ⅰ′—Ⅰ′的法线方向平移到Ⅱ（$u+\Delta u$），其切线为Ⅱ′—Ⅱ′，引起船位线位移量为 Δn。

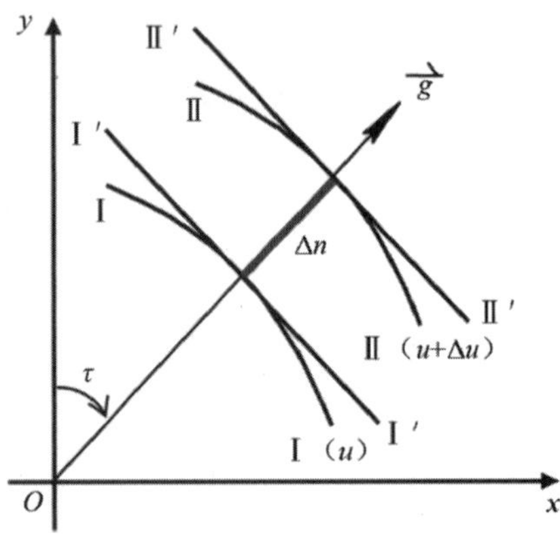

图2-1-6　位置线梯度

位置线梯度 $\vec{g}$ 为一矢量，其方向（τ）与船位法线一致，且指向观测值增大而引起位置线移动的方向，其模 g 等于观测值 u 在位置线法线上的方向导数，即

$$g=\lim_{\Delta n\to 0}\frac{\Delta u}{\Delta n}=\frac{\mathrm{d}u}{\mathrm{d}n}\qquad(2\text{-}1\text{-}14)$$
$$\tau=\alpha\pm 90^\circ$$

当 Δu 和 Δn 均较小时，航海上通常采用下述近似公式：

$$g=\frac{\Delta u}{\Delta n}\qquad(2\text{-}1\text{-}15)$$
$$\tau=\alpha\pm 90^\circ$$

式中：Δu——观测值增量；

Δn——位置线位移量；

α——位置线的切线（船位线）的方向；

τ——位置线梯度的方向，指向因观测值增大而引起位置线移动的方向，或与位置线的切线（船位线）的法线方向一致。

2.方位位置线梯度

如图2-1-7所示，直线 $\overline{pM}$ 为船舶p观测物标M的方位为TB时的方位位置线，D为船位p到物标M的距离。如果观测方位含有误差ΔB（小角度），则观测方位为$TB+\Delta B$，过物标M画出的方位位置线为线段 $\overline{Mp_1}$，因此，船位p由于观测方位的增量ΔB而产生了方位位置线的位移量 $\overline{pp_1}=\Delta n$。

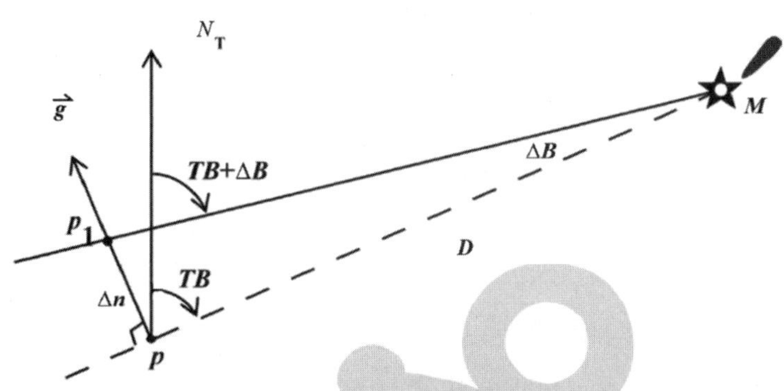

图2-1-7　方位位置线梯度

观测值增量Δu=$\Delta B°$；

方位位置线位移量

$$\Delta n=\overline{pp_1}\approx D'\Delta B=D'\Delta B°\text{arc}1°=\frac{D'\Delta B°}{57°.3} \tag{2-1-16}$$

则方位位置线的梯度模为

$$g_B=\frac{\Delta u}{\Delta n}=\frac{\Delta B°57°.3}{D'\Delta B°}=\frac{57°.3}{D'}(\ °/\text{n mile}\ ) \tag{2-1-17}$$

方位位置线梯度的方向与位置线的方向垂直，且指向观测方位增加引起位置线移动的方向，即 $\tau=TB-90°$。

3.距离位置线梯度

如图2-1-8所示，距离位置线是以物标M为圆心，观测距离 $\overline{Mp}$ 为半径所画的圆。如果观测距离含有误差 ΔD，则观测距离为$D+\Delta D$，因此，由于观测距离的增量 ΔD 而产生了距离位置线的位移量 $\overline{pp_1}$ 为 Δn，即

观测值增量 $\Delta u=\Delta D$；

距离位置线位移量 $\Delta n=\Delta D$。

距离位置线的梯度模为

$$g_D=\frac{\Delta u}{\Delta n}=\frac{\Delta D}{\Delta D}=1 \tag{2-1-18}$$

距离位置线梯度的方向指向观测距离增加引起位置线移动的方向，即背离观测物标M的方向 $\tau=TB\pm90°$，其中TB为物标M的真方位。

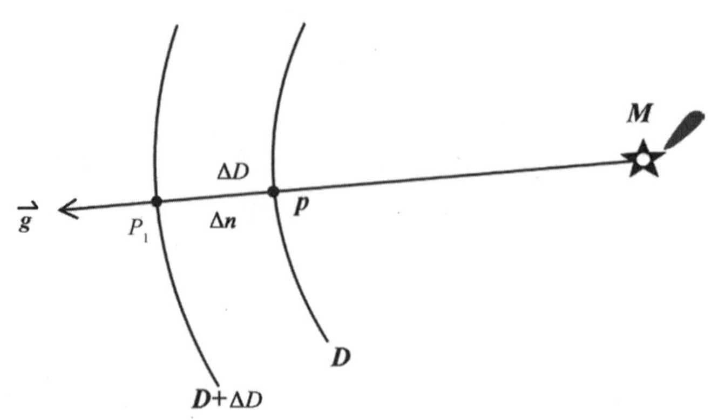

图2-1-8　距离位置线梯度

（二）船位线误差

船位线误差与观测误差的关系可以用位置线的梯度来描述。由上述已知位置线的梯度模为 $g=\dfrac{\Delta u}{\Delta n}$，则 $\Delta n=\dfrac{\Delta u}{g}$，令观测值增量 Δu 为观测误差（随机误差 σ 或系统误差 ε）；位置线位移量 Δn 为船位线误差 E。则用梯度表述的船位线误差为：

$$E=\frac{\sigma（或\varepsilon）}{g} \tag{2-1-19}$$

1.方位船位线的误差

将式（2-1-17）代入式（2-1-19），得：

方位船位线的系统误差

$$E_{\varepsilon_B}=\frac{\varepsilon^{\circ}_{B}}{57^{\circ}.3}D' \tag{2-1-20}$$

方位船位线的随机误差

$$E_{\sigma_B}=\frac{\sigma^{\circ}_{B}}{57^{\circ}.3}D' \tag{2-1-21}$$

2.距离船位线的误差

将式（2-1-18）代入式（2-1-19），得：

距离船位线的系统误差

$$E_{\varepsilon_D}=\varepsilon_D=\frac{\varepsilon'_D}{D'}D'=\varepsilon_{D\%}D' \tag{2-1-22}$$

其中 $\varepsilon_{D\%}$ 是用百分数表示的相对误差，式2-1-22简写为 $\varepsilon_D D'$。

距离船位线的随机误差

$$E_{\sigma_D}=\sigma_D=\frac{\sigma'_D}{D'}D'=\sigma_{D\%}D' \tag{2-1-23}$$

其中，$\sigma_{D\%}$ 是用百分数表示的相对误差，式2-1-23简写为 $\sigma_D D'$。

3.观测注意事项

由式（2-1-20）、式（2-1-21）、式（2-1-22）、式（2-1-23）可知，方位和距离船位线误差与观测误差（ε和σ）和船到被测物标的距离D有关。为提高船位线精度应注意：

（1）提高观测精度，即减小观测误差（ε和σ）；

（2）当观测误差一定时，船位线误差大小取决于船到被测物标的距离D，距离越近，船位线误差E越小。因此，尽可能选测近距离的物标。

4.船位线误差的几何形式

（1）船位线系统误差

由系统误差的定义可知，其符号和绝对值的大小均确定，船位线的系统误差为E_ε，从式（2-1-20）和式（2-1-22）可知，船位线系统误差的符号取决于观测误差。

对误差有两种理解，即真误差Δ和改正量δ，两者大小相等，符号相反。如果船位线含有系统误差，可以用真误差Δ表示，也可以用改正量δ表示。设船位线Ⅰ′—Ⅰ′含有系统误差，Ⅰ—Ⅰ为消除了系统误差的船位线，又设船位线系统误差为真误差$-\Delta$，船位线梯度方向一定，船位线系统误差的表现形式如图2-1-9所示。

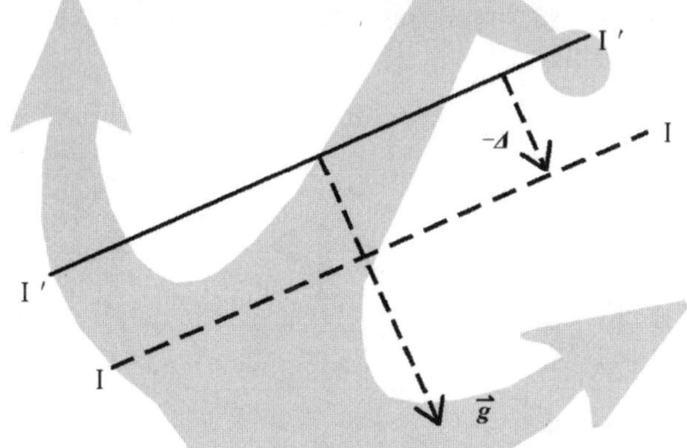

图2-1-9　船位线系统误差（真误差）

由于在航海实践中都是用改正量对观测值进行修正，将图2-1-9中的船位线真误差（$-\Delta$）用改正量（$+\delta$）表示，则得到在实际工作中船位线系统误差的表现形式如图2-1-10所示。

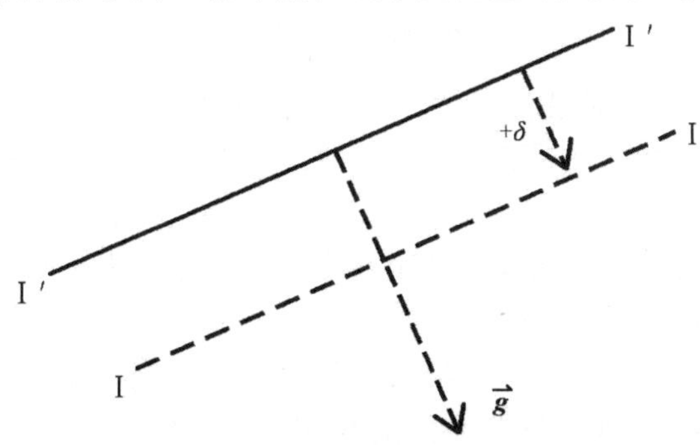

图2-1-10　船位线系统误差（改正量）

为使符号统一，将图2-1-10中船位线的改正量符号 δ 用符号 E_{ε} 表示，如图2-1-11所示。本书后续内容均用图2-1-11的形式表示由观测系统误差 ε 引起的船位线的系统误差 E_{ε}。

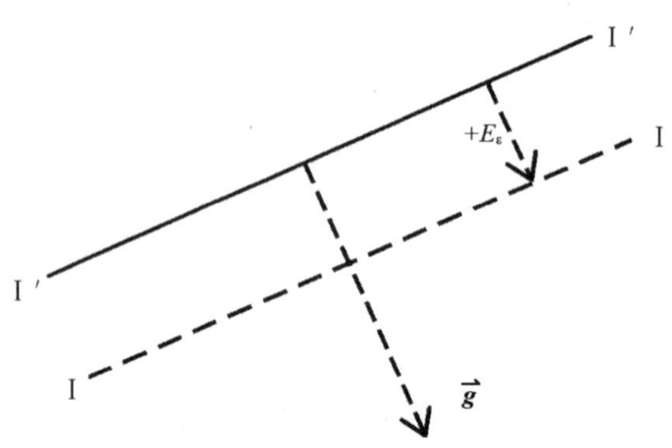

图2-1-11　船位线系统误差示意图

（2）船位线随机误差

由随机误差的定义可知，随机误差绝对值的大小和符号均不确定，则采用标准差作为衡量其大小的尺度，船位线的标准差为 E_{σ}，具体见式（2-1-21）与式（2-1-23），以消除了系统误差的船位线为中心线，$\pm E_{\sigma}$ 带称为船位误差带。c 为置信系数，如图2-1 -12所示。

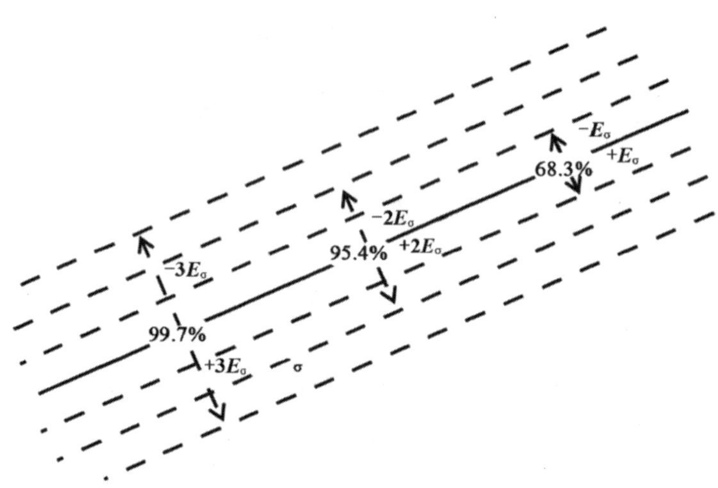

图2-1-12　船位误差带

当 c=1时，$\pm E_{\sigma}$ 称为标准船位误差带，真实船位落在标准船位误差带内的概率为68.3%。

当 c=2时，$\pm 2E_{\sigma}$ 称为2倍标准船位误差带，真实船位落在2倍标准船位误差带内的概率为95.4%。

当 c=3时，$\pm 3E_{\sigma}$ 称为3倍标准船位误差带，真实船位落在3倍标准船位误差带内的概率为99.7%。理论上又称其为极限船位误差带。

航海上通常以 c=2时，即2倍标准船位误差带为极限船位误差带。在航海实践中，当画出一条船位线时，要意识到，真实船位落在该线上的概率最大，但不一定就落在该线上，而是落在以所绘船位线为中心的船位误差带内，因此，真实船位落在船位误差带内的机会只能用概率来描述。

当真实船位落在船位误差带内的概率一定时，船位误差带越窄，船位线精度越高。

（3）船位线误差的综合表征

设含有误差的船位线为Ⅰ′—Ⅰ′，消除了系统误差的船位线为Ⅰ—Ⅰ，船位线系统误差与随机误差的几何关系如图2-1-13所示。

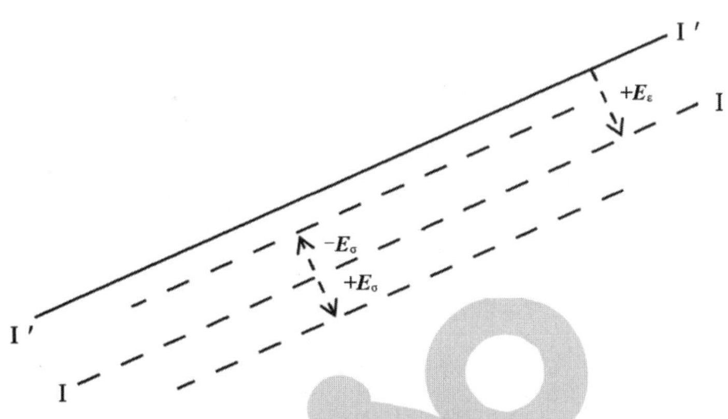

图2-1-13 船位线误差

四、两条船位线定位及船位误差

船舶在海上航行，航海人员观测一个物标的参数，就可以得到一条船位线，此刻，测者应该在这条线上，但在哪一点不知道，只有同时观测两个物标（或两个以上的物标），得到两条船位线，两条船位线的交点即是观测船位。由于观测存在误差，两船位线交点确定的船位必定存在误差，因此需要了解船位误差产生的原因，采取适当的观测手段，在原有精度的基础上得到最佳观测结果，并对该结果有一个正确的认识。

（一）两条船位线定位船位系统误差的估计

1.船位系统误差大小的估计

在航海实践中通常由同一测者、使用同一观测仪器、采用同一种方法进行观测，得到的船位线系统误差的符号相同，因此，这里主要探讨两条船位线的系统误差同号情况下的船位误差特点及处理方式。

如图2-1-14所示，设船位线Ⅰ′—Ⅰ′和Ⅱ′—Ⅱ′含有系统误差$+E_{\varepsilon 1}$和$+E_{\varepsilon 2}$，交点p是含有系统误差的船位。两船位线梯度夹角θ等于两物标方位差角ΔA，船位线Ⅰ—Ⅰ和Ⅱ—Ⅱ是消除了系统误差的船位线，其交点p_1即是消除了同号船位线系统误差的船位，$\overline{pp_1}$即是船位系统误差，简称同号船位系统误差。

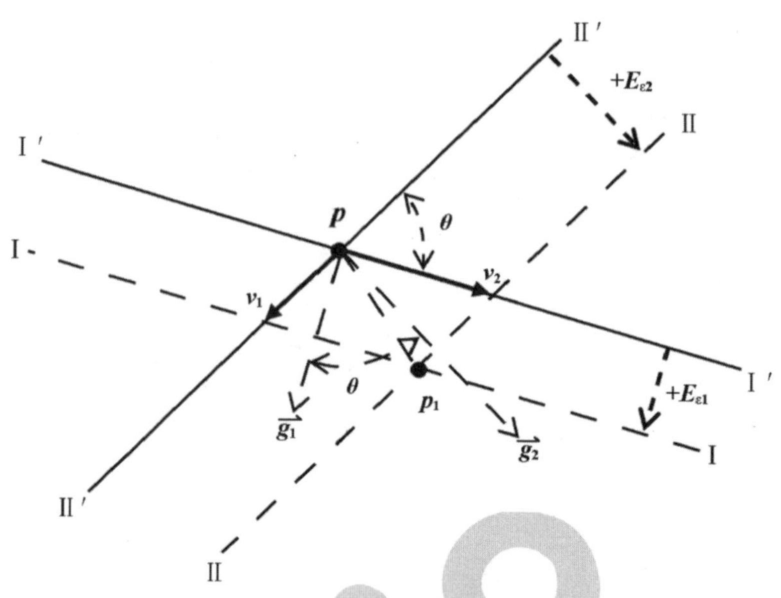

图2-1-14　同号船位系统误差

在图2-1-14中，v_1，v_2称为船位线误差矢量模

$$v_1=\frac{E_{\varepsilon1}}{\sin\theta}，v_2=\frac{E_{\varepsilon2}}{\sin\theta} \tag{2-1-24}$$

式（2-1-24）是两个重要参数，它们将船位线误差与两船位线交角θ（ΔA）联系起来了。

由图2-1-14可得同号船位系统误差

$$r_1=\overline{pp_1}=\sqrt{v_1^2+v_2^2-2v_1v_2\cos\theta} \tag{2-1-25}$$

将式（2-1-24）代入式（2-1-25）可得：

$$r_1=\frac{1}{\sin\theta}\sqrt{E_{\varepsilon1}^2+E_{\varepsilon2}^2-2E_{\varepsilon1}E_{\varepsilon2}\cos\theta} \tag{2-1-26}$$

从式（2-1-26）可见，当两条船位线的系统误差一定时：

（1）当$\theta<90°$时，$\cos\theta$为“+”，船位系统误差$r_1=\overline{pp_1}$较小。

（2）当$\theta>90°$时，$\cos\theta$为“−”，船位系统误差$r_1=\overline{pp_1}$较大。

考虑船位线系统误差的影响，在观测条件一定时，两船位线交角取小于90°为好，即尽可能选测两物标之间的方位差角$\Delta A<90°$的两物标。

（3）当两条船位线系统误差相等（$E_{\varepsilon1}=E_{\varepsilon2}=E_{\varepsilon}$）时，代入式（2-1-26）得：

$$r_1=\frac{E_{\varepsilon}}{\sin\theta}\sqrt{2(1-\cos\theta)}=E_{\varepsilon}\sec\frac{\theta}{2} \tag{2-1-27}$$

从式（2-1-27）可见，当θ趋于0°，船位系统误差最小；当θ趋于180°，船位系统误差最大。但是两船位线定位时，两条船位线必定相交，从处理随机误差的要求出发，两船位线的交角不能小于30°。因此，在实际工作中θ趋近0°或180°是不被应用的。

（4）已知距离船位线的系统误差 $E_{\varepsilon_{D1}}=\varepsilon_{D1}D_1$ 和 $E_{\varepsilon_{D2}}=\varepsilon_{D2}D_2$，在实际工作中，将观测误差　　　　代入式（2-1-26），得两距离定位船位系统误差

$$\delta=\frac{\varepsilon_D}{\sin\theta}\sqrt{D_1^2+D_2^2-2D_1D_2\cos\theta}=\frac{\varepsilon_D\cdot d}{\sin\theta} \tag{2-1-28}$$

已知方位船位线的系统误差 $E_{\varepsilon_{B1}}=\frac{\overset{\circ}{\varepsilon}_{B1}}{57^{\circ}.3}D_1$ 和 $E_{\varepsilon_{B2}}=\frac{\overset{\circ}{\varepsilon}_{B2}}{57^{\circ}.3}D_2$，在实际工作中，将观测误差 $\varepsilon_{B1}=\varepsilon_{B2}=\varepsilon_B$ 代入式（2-1-26），得两方位定位船位系统误差

$$r_1=\frac{\varepsilon_B}{57^{\circ}.3\sin\theta}\sqrt{D_1^2+D_2^2-2D_1D_2\cos\theta} \tag{2-1-29}$$

由式（2-1-28）和式（2-1-29）可知，两条船位线定位的船位系统误差与观测误差（ε_D，ε_B）、两船位线交角 θ 和船到两物标的距离（D_1，D_2）有关，经验证知，为了减少两物标定位系统误差的影响，两物标的方位差角应介于30°和150°之间，为减小船位系统误差，θ 取30°～90°且60°～90°为好，同时应尽量选测距离在同一数量级之内（D_1/D_2 介于0.5和1之间为好）的两个近物标。

2.消除系统误差的船位的方向估计

两船位线的系统误差不相等，消除了同号船位系统误差的船位 p_1 位于过两船位线的交点 p 所做的直线Ⅲ—Ⅲ上，如图2-1-15所示。该直线可以认为是一条消除了系统误差的船位线，过两船位线的交点 p，且偏向精度高的船位线，确切方向可通过计算得到。

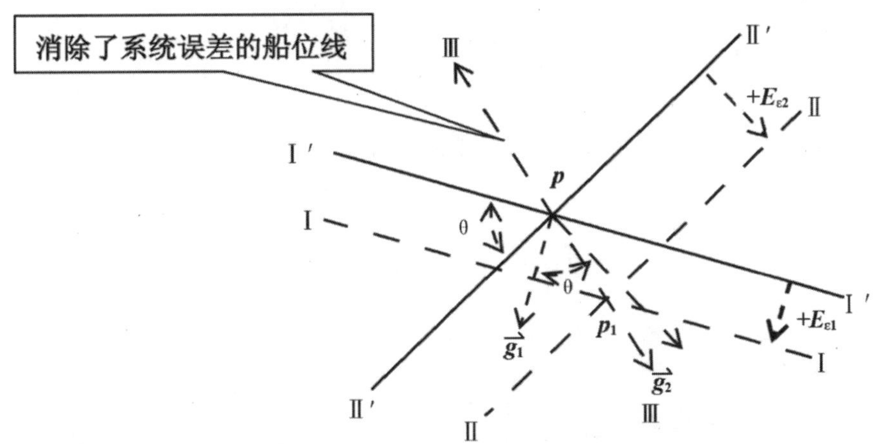

图2-1-15　消除了系统误差的船位的方向（非等精度）

当两条船位线的系统误差相等（$E_{\varepsilon1}=E_{\varepsilon2}=E_{\varepsilon}$）时，消除了同号系统误差的船位 p_1 应位于过两船位线交点 p 画出的两船位线梯度夹角的角平分线上，该线亦是消除了系统误差的船位线，且指向消除了系统误差的船位的方向（两船位线系统误差均为"+"）或者背向消除了系统误差的船位的方向（两船位线系统误差均为"－"）。

从上可见，当两条船位线系统误差不相等时，消除了系统误差的船位的方向需经过计算才能得到，这在实际工作中是不可能做的。而当两条船位线系统误差相等时，消除了系

统误差的船位的方向可以直观近似判定，这是航海人员普遍采用的分析方法。这样就产生了问题，尽管观测两距离或两方位的观测误差相等，但是船到两物标的距离不等，使得两条船位线的误差是不相等的，解决问题的办法已在前面提到，即选测近距离物标，船与两物标的距离（D_1，D_2）尽可能在同一数量级之内（D_1/D_2介于0.5和1之间为好），这样两条船位线的系统误差可以近似按等精度处理。

在船位线系统误差相等（或接近相等）的前提下，得到下述两方位、两距离定位消除了系统误差的船位的方向的快速估计方法。

（1）两方位定位消除了系统误差的船位的方向估计

在满足前述限制条件下，如图2-1-16所示，两方位船位线Ⅰ′-Ⅰ′和Ⅱ′—Ⅱ′含有近似相等的船位线系统误差，其交点p是含有系统误差的船位，过p点画两船位线梯度$\overline{g_1}$和$\overline{g_2}$夹角的角平分线Ⅲ—Ⅲ，消除了系统误差的船位p_1位于该线上。该线可以认为是一条消除了系统误差的船位线，且指向消除了系统误差船位的方向，其与两物标的方位差角的角平分线$\overline{pa}$垂直，$\overline{pa}$的方向为$A_1+\frac{A_2-A_1}{2}=\frac{A_1+A_2}{2}=A_m$，称为两物标的平均方位，消除了系统误差的船位$p_1$位于两船位线交点$p$的$A_m\pm 90°$方向上。当两船位线系统误差为“+”时，$p_1$位于$p$的$A_m-90°$方向上（测者面向$A_m$，左手边）；当两船位线系统误差为“–”时，$p_1$位于$p$的$A_m+90°$方向上（测者面向$A_m$，右手边）。如果测者已知船位线系统误差的符号，据此可以在海图上直观地估计出消除了系统误差船位p_1的方向。

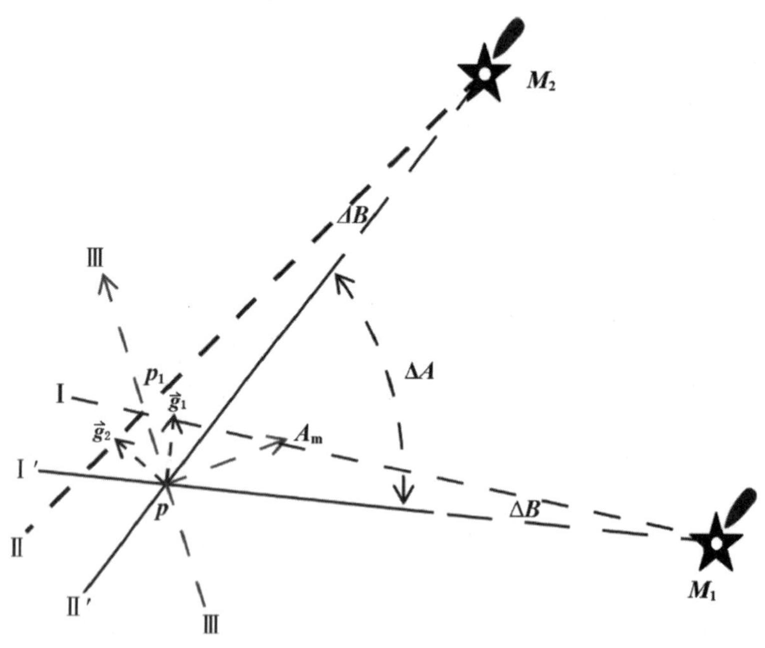

图2-1-16　两方位定位（等精度）消除了系统误差的船位的方向

（2）两距离定位消除了系统误差的船位的方向估计

在满足前述限制条件下，如图2-1-17所示，两距离船位线Ⅰ′-Ⅰ′和Ⅱ′—Ⅱ′含有近似

相等的船位线系统误差，其交点p是含有系统误差的船位，过p点画两船位线梯度$\overline{g_1}$和$\overline{g_2}$夹角的角平分线Ⅲ—Ⅲ，消除了系统误差的船位p_1位于该线上，该线可以认为是一条消除了系统误差的船位线，该线是方位差角的角平分线，且指向消除了系统误差船位的方向。当两船位线系统误差为“+”时，p_1位于p的$A_m \pm 180°$方向上，即平均方位的反方向上；当两船位线系统误差为“-”时，p_1位于p的A_m方向上，即平均方位的方向上。

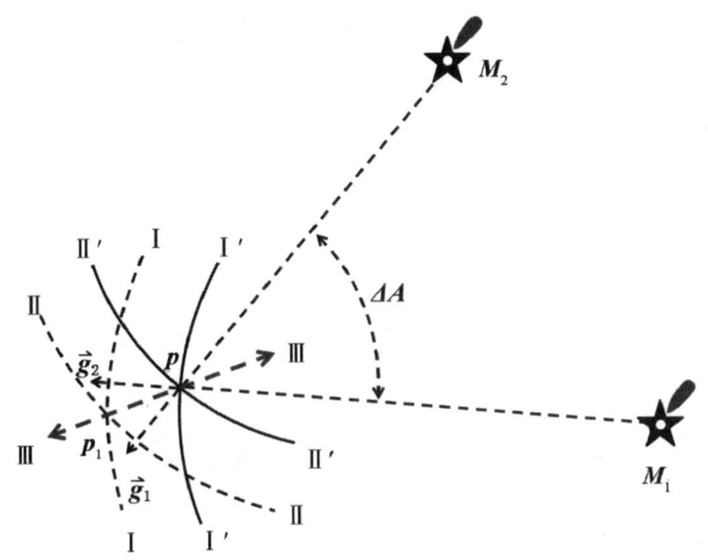

图2-1-17　两距离定位（等精度）消除了系统误差的船位的方向

综上所述，在两条船位线接近等精度条件下，两船位线定位，消除了系统误差的船位位于过两船位线的交点所画的两船位线梯度夹角的角平分线上，估计方法归纳如下：

（1）两方位定位

过两船位线的交点p所作的两物标方位差角的角平分线的垂线可以认为是一条消除了系统误差的船位线，且指向消除了系统误差船位的估计方向，如图2-1-16所示。

（2）两距离定位

过两船位线的交点p所作的两物标方位差角的角平分线即是消除了系统误差的船位线，且指向消除了系统误差船位的估计方向，如图2-1-17所示。

（二）两条船位线定位船位随机误差的估计

一条船位线的随机误差用船位误差带来表述。两条含有随机误差的船位线定位，船位随机误差由两条船位误差带构成的几何图形（面积）来表述，即船位随机误差只能用真实船位落在船位误差几何图形内的概率来表述。

1.最概率船位

两条船位线定位，只考虑随机误差的影响，两条船位线的交点称为最概率船位，即真实船位落在该处的概率最大，最概率船位的随机误差可以用船位误差四边形、船位误差椭

圆和船位误差圆三种几何图形来描述，亦是真实船位落在几何图形内的概率。

2.描述最概率船位误差的几何图形及概率

（1）船位误差四边形

由船位线误差可知，可以用船位误差带表述船位线的随机误差，两条船位线的交点p是最概率船位，最概率船位的随机误差可以由两条c倍船位误差带构成的四边形来描述，如图2-1-18所示，该四边形称为船位误差四边形。由于两条船位线的随机误差是相互独立的，由概率论可知，真实船位落在c倍船位误差四边形内的概率用概率乘法求得。

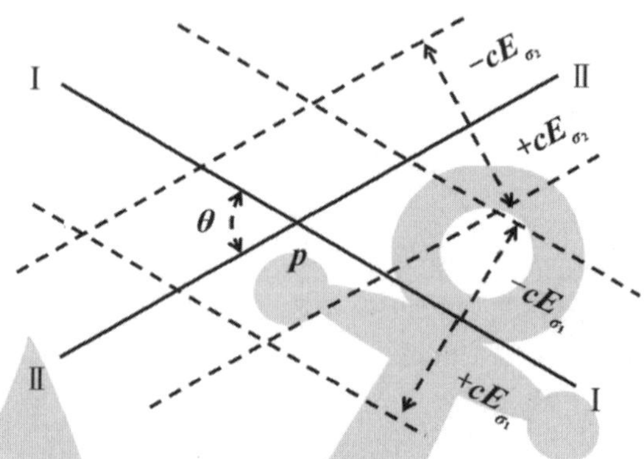

图2-1-18　船位误差四边形

当$c=1$时，真实船位落在船位误差四边形内的概率为$P=68.3\%\times68.3\%\approx46.6\%$，称为标准船位误差四边形。

当$c=2$时，真实船位落在船位误差四边形内的概率为$P=95.4\%\times95.4\%\approx91.1\%$，称为2倍标准船位误差四边形。

当$c=3$时，真实船位落在船位误差四边形内的概率为$P=99.7\%\times99.7\%\approx99.5\%$，称为3倍标准船位误差四边形。

（2）船位误差椭圆

船位随机误差也可以用船位误差椭圆来描述。

船位误差椭圆定义：两条船位线定位，真实船位落在最概率船位附近等概率密度的点的轨迹是一椭圆族，如图2-1-19所示。

如图2-1-19所示，v_1和v_2为共轭半轴，a、b为椭圆长、短半轴，又称椭圆主半轴。根据解析几何，共轭半轴与主半轴之间有如下关系：

$$a-b=\sqrt{v_1^2+v_2^2-2v_1v_2\sin\theta} \tag{2-1-30}$$

$$a+b=\sqrt{v_1^2+v_2^2+2v_1v_2\sin\theta} \tag{2-1-31}$$

$$\tan2\alpha=\frac{v_1^2\sin2\theta}{v_2^2+v_1^2\cos2\theta} \tag{2-1-32}$$

其中 $v_1 = \dfrac{cE_{\sigma1}}{\sin\theta}$ ， $v_2 = \dfrac{cE_{\sigma2}}{\sin\theta}$ 。

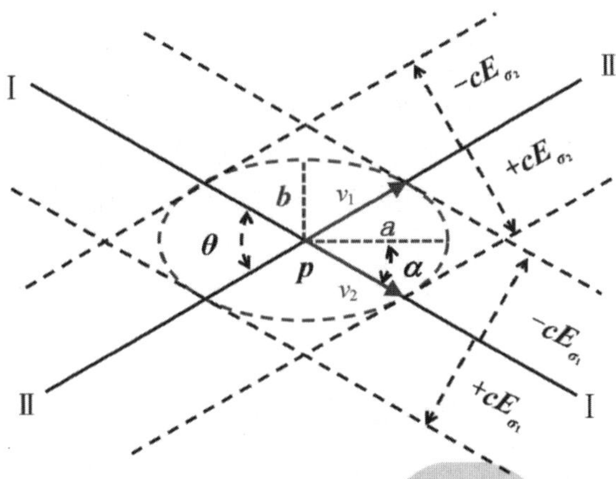

图2-1-19 船位误差椭圆

在等精度条件下有 $E_{\sigma1}=E_{\sigma2}=E_{\sigma}$ ，即 $v_1=v_2=v$ ，代入式（2-1-30）、式（2-1-31）、式（2-1-32），经整理得在等精度条件下误差椭圆主半轴为：

$$a = \frac{cE_{\sigma}}{\sqrt{2}\sin\dfrac{\theta}{2}} \tag{2-1-33}$$

$$b = \frac{cE_{\sigma}}{\sqrt{2}\cos\dfrac{\theta}{2}} \tag{2-1-34}$$

$$\alpha = \frac{\theta}{2} \tag{2-1-35}$$

在等精度条件下，当 $\theta<90°$ 时 a 为长轴，b 为短轴；$\theta>90°$ 时相反，即 a、b 互为长短半轴。因此，在表述两条船位线定位船位误差椭圆时，θ 总是取两条船位线交角的锐角，这一点要引起足够的重视。同时 $\alpha=\dfrac{\theta}{2}$，也就是说在等精度条件下，误差椭圆长半轴总是位于两船位线交角的锐角角平分线上。显然，长轴方向船位随机误差大，短轴方向船位随机误差小。

真实船位落在船位误差椭圆内的概率为：

$$P = \int_0^c c\mathrm{e}^{-\frac{1}{2}c^2}\mathrm{d}c = -\int_0^c c\mathrm{e}^{-\frac{1}{2}c^2}\mathrm{d}(-\frac{1}{2}c^2) = 1-\mathrm{e}^{-\frac{1}{2}c^2} \tag{2-1-36}$$

当 $c=1$ 时，称为标准船位误差椭圆，真实船位落在其内的概率为 $P\approx39.3\%$。

当 $c=2$ 时，称为2倍标准船位误差椭圆，真实船位落在其内的概率为 $P\approx86.5\%$。

当 $c=3$ 时，称为3倍标准船位误差椭圆，真实船位落在其内的概率为 $P\approx98.9\%$。

（3）船位误差圆

两条船位线定位，船位随机误差还可以用船位误差圆来描述。

理论证明，由任意多条独立观测的船位线确定的最概率船位在任意两个垂直方向上的标准差的平方和的均方根为常数 R，即如以最概率船位为原点 O，建立任意直角坐标系

XOY，$X'O'Y'$，…则有：

$$R=\sqrt{\sigma_x^2+\sigma_y^2}+\sqrt{\sigma_{x'}^2+\sigma_{y'}^2}=\cdots=\sqrt{a^2+b^2} \tag{2-1-37}$$

式中：a、b为标准误差椭圆的主半轴。

航海上，以最概率船位p为圆心，R为半径即是船位误差圆。

根据解析几何：椭圆长半轴a、短半轴b的平方和等于该椭圆任意一对共轭半轴的平方和。见图2-1-19，v_1、v_2是船位误差椭圆的一对共轭半轴，则船位误差圆的半径为：

$$R=\sqrt{a^2+b^2}=\sqrt{v_1^2+v_2^2} \tag{2-1-38}$$

将式（2-1-33）、式（2-1-34）代入上式得：

$$R=\frac{c}{\sin\theta}\sqrt{E_{\sigma 1}^2+E_{\sigma 2}^2} \tag{2-1-39}$$

以最概率船位p为圆心，上式R为半径画一圆，即是任意交角θ下的船位误差圆，如图2-1-20所示。

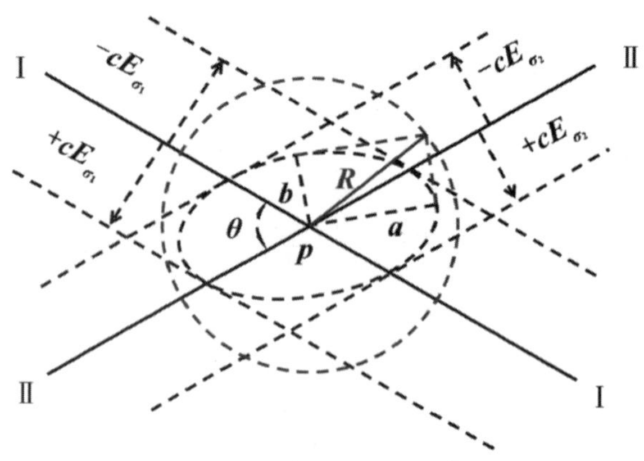

图2-1-20　船位误差圆

对真实船位落在船位误差圆内的概率的分析如下：

由于船位误差圆的半径与误差椭圆的长短半轴有关，所以误差圆内的概率也与椭圆的短半轴与长半轴之比$\frac{b}{a}=k$有关。当观测了两条船位线后，k值就确定了（$0\leqslant k\leqslant 1$）。但是，船位落在误差圆内的概率计算比较复杂，航海人员为避免复杂计算，只求出k=0的概率P（k=0）和k=1的概率P（k=1），其他k值对应的概率介于两者之间，而不必计算出来。

①当$k=\frac{b}{a}=0$时

船位误差圆的半径为

$$R=\sqrt{a^2+b^2}=a\sqrt{1+\frac{b^2}{a^2}}=cE_\sigma \tag{2-1-40}$$

两船位线相交，一条船位线无误差，此时误差椭圆成为误差带内的一条线段，误差圆为以两船位线交点p为圆心、式（2-1-40）中R为半径，与误差带相切的圆，此时，真实船

位落在船位误差圆内的概率同误差带。

当c=1时，真实船位落在标准船位误差圆内的概率$P\approx 68.3\%$。

当c=2时，真实船位落在2倍标准船位误差圆内的概率$P\approx 95.4\%$。

当c=3时，真实船位落在3倍标准船位误差圆内的概率$P\approx 99.7\%$。

②当$k=\dfrac{b}{a}=1$时

误差椭圆长短半轴相等（$a=b$），此时船位误差椭圆呈圆形，相应船位误差圆的半径$R=\sqrt{a^2+b^2}=\sqrt{2}a$，其概率可以套用$c$倍误差椭圆的概率来描述，由式（2-1-36），将$c$替换为$\sqrt{2}c$，即得到$\dfrac{b}{a}=1$时，船位误差圆内的概率

$$P=1-e^{-\frac{1}{2}(\sqrt{2}c)^2}=1-e^{-c^2} \tag{2-1-41}$$

当c=1时，真实船位落在标准船位误差圆内的概率$P\approx 63.2\%$。

当c=2时，真实船位落在2倍标准船位误差圆内的概率$P\approx 98.2\%$。

当c=3时，真实船位落在3倍标准船位误差圆内的概率$P\approx 99.99\%$。

③当$0\leqslant k\leqslant 1$时

误差圆内的概率应为介于P（k=0）和P（k=1）之间的某一确定值，由于该值计算较复杂，航海人员只要记住P（k=0）和P（k=1）即可。

当c=1时，真实船位落在船位误差圆内的概率是介于68. 3%和63.2%之间某一确定值。

当c=2时，真实船位落在船位误差圆内的概率是介于95. 4%和98.2%之间某一确定值。

当c=3时，真实船位落在船位误差圆内的概率是介于99. 7%和99.99%之间某一确定值。

需要注意的是，上述绝不能理解成真实船位落在船位误差圆内的概率是一个变数。

3.三种几何图形在航海上的应用

航海人员在实际工作中并不画出几何图形，而是通过分析几何图形得到观测注意事项来指导航海实践的，同时对测定的观测船位的随机误差分布有一个正确的认识。航海人员通常通过分析船位误差椭圆来掌握船位随机误差分布方向的规律；分析船位误差圆来掌握船位随机误差大小及其规律。

（1）真实船位落在三种几何图形内的概率

将前述真实船位落在各种误差几何图形内的概率汇总，见表2 -1-1。

表2-1-1　真实船位落在各种误差几何图形内的概率

置信系数c	误差带	误差四边形	误差椭圆	误差圆
				b/a=0 ～ b/a=1
1	68.3%	46.6%	39.3%	63.2% ～ 68.3%
2	95.4%	91.1%	86.5%	95.4% ～ 98.2%
3	99.7%	99.5%	98.9%	99.7% ～ 99.99%

当c=1时，真实船位落在标准误差几何图形内的概率如图2-1-21所示。

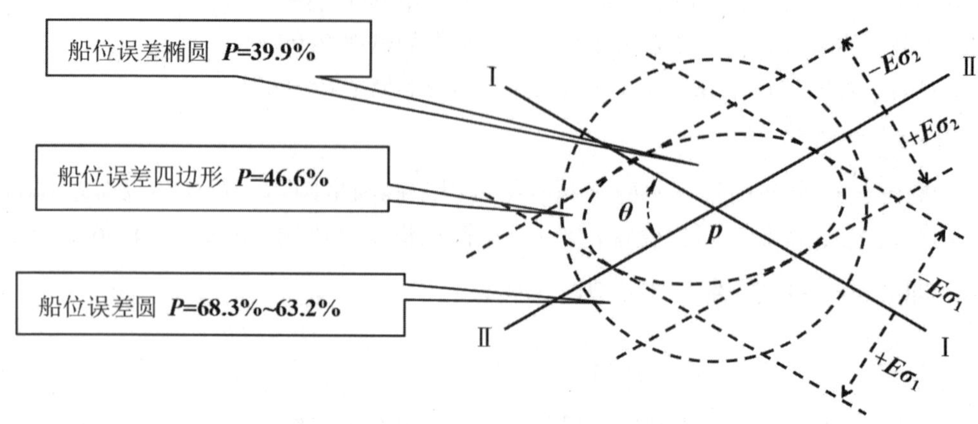

图2-1-21　真实船位落在船位误差几何图形内的概率

（2）船位随机误差分布的方向

船位误差四边形是非等概率密度曲线，可以大概看出船位误差分布的方向。船位误差椭圆是等概率密度曲线，可以直观、确切地看出船位误差分布的方向。船位误差圆是非等概率密度曲线，不能直观地看出船位误差分布的方向。

由于船位误差椭圆是等概率密度曲线，即椭圆曲线上各点的概率密度均相等，椭圆上长轴处的概率密度与短轴处的概率密度相等，则长轴方向船位随机误差大，短轴方向上船位随机误差小。

因此，两条船位线定位，只考虑随机误差，在误差椭圆长轴方向上船位随机误差大，长轴位于两船位线夹角的锐角区域内。在非等精度条件下（$E_{\sigma1} \neq E_{\sigma2}$），误差椭圆长轴偏向精度高的船位线。在等精度条件下（$E_{\sigma1} = E_{\sigma2}$），由式（2-1-35）可知，误差椭圆长半轴位于两船位线交角的锐角角平分线上，即在该方向上船位随机误差大，也就是说在等精度条件下，船位随机误差大的方向总是在两船位线交角的锐角角平分线上。

（3）船位精度的评定

①根据船位误差几何图形的大小评定船位精度

两条船位线定位，当船位线随机误差一定，三种几何图形也就确定了，船位落在几何图形内的概率也随之确定了，但真实船位落在三种几何图形内的概率不相等，如图2-1-21所示。由概率论可知，概率一定，几何图形的面积越小，船位精度越高。在等精度条件下，三种几何图形的面积S如下：

$$S_{四边形} = \frac{4E_{\sigma}^{2}}{\sin\theta},\quad S_{椭圆} = \frac{\pi E_{\sigma}^{2}}{\sin\theta},\quad S_{圆} = \frac{2\pi E_{\sigma}^{2}}{\sin^{2}\theta} \qquad (2\text{-}1\text{-}42)$$

从三种几何图形面积的公式可见，当船位线误差一定时，几何图形面积大小取决于两船位线交角θ，当θ趋近90°时，面积最小，即船位精度最高。

当两条船位线是非等精度的时，船位精度同样取决于两船位线交角。当两船位线误差一定时，显然，θ趋近90°时，船位误差几何图形的面积最小，即船位精度最高。同时还可以看出，当θ<30°时，船位误差（面积）急剧增大，即船位精度急剧下降，因此θ不能小于

30°。

综上所述，两船位线定位，只考虑随机误差，两船位线交角应在30°～90°，趋近90°最好。

②根据船位误差圆半径的大小评定船位精度

在航海实践中，航海人员通常利用船位误差圆来描述船位随机误差的大小，其原因是简单、方便（三物标定位时更是如此）。在航海实践中，当观测条件一定时，则可以认为观测误差相等，将式（2-1-21）、式（2-1-23）代入式（2-1-39）得标准船位误差圆半径（c=1）。

两方位船位线定位，标准船位误差圆半径

$$R=\frac{\sigma_{\mathrm{B}}}{57^{\circ}.3\sin\theta}\sqrt{D_1^2+D_2^2} \tag{2-1-43}$$

两距离船位线定位，标准船位误差圆半径

$$R=\frac{\sigma_{\mathrm{D}}}{\sin\theta}\sqrt{D_1^2+D_2^2} \tag{2-1-44}$$

从上述两个公式可见，两条船位线定位，船位随机误差的大小与观测精度（σ_{B}，σ_{D}）、船到物标的距离D以及两船位线交角θ有关。为提高观测船位精度，首先要提高观测精度，当观测精度一定时，尽量选测近物标，同时两物标的方位差角趋近90°最好，此时R最小，船位精度最高。

（三）两条船位线定位的观测注意事项及船位误差综合分析

同时观测两条船位线定位，两条船位线的交点即是观测船位，如何提高观测船位的精度，以及如何正确分析观测船位的误差是航海人员必须熟练掌握的。

1.提高观测船位精度的观测注意事项

（1）正确选择和辨识观测物标，要尽量选择显著的、孤立的、在海图上有准确位置的、便于观测的近物标。

（2）选测近物标的同时，两物标到船的距离（D_1，D_2）尽可能在同一数量级之内（D_1/D_2介于0.5和1之间为好）。

（3）选测两物标方位差角的取值在30°～150°，考虑系统误差和随机误差的综合影响，方位差角以60°～90°为好，最好趋近90°。

（4）遵循正确的观测顺序，在航海实践中，航海人员往往很难同时测得两个物标的方位或距离，而是在短时间内先后观测所选物标，这就会因船舶航行而产生船位误差。为了减小该误差，除了尽量缩短观测两物标的时间间隔外，还应掌握正确的观测顺序。

在正常情况下，观测两物标确定本船位置，往往以观测第二个物标的时间作为定位时间，所以应遵循“先慢后快”的原则。具体说，观测两物标方位进行定位时，应先测首尾线附近方位变化慢的物标，再测正横附近方位变化快的物标；观测两物标距离进行定位时，应先测正横附近距离变化慢的物标，再测首尾线附近距离变化快的物标。

有些特殊情况，如抛锚时观测两物标方位确定锚位，要求获得抛锚时刻的船位，此时往往需要以第一次观测的时间作为定位时间，那么观测的顺序刚好相反，即先观测正横附近方位变化快的物标，后观测船舶首尾线附近方位变化慢的物标。

（5）提高观测精度（熟悉观测仪器、正确校正观测仪器的误差、熟练掌握观测方法、正规观测等）。

2.正确分析观测船位的误差

（1）当两船位线为等精度或接近等精度时，可以近似判定，消除了系统误差的船位的方向是过两船位线交点所作的两船位线梯度夹角的角平分线方向。

①两方位定位

过两船位线的交点p所作的两物标方位差角的角平分线的垂线可以认为是一条消除了系统误差的船位线，且指向消除了系统误差船位的估计方向；

②两距离定位

过两船位线的交点p所作的两物标方位差角的角平分线即是消除了系统误差的船位线，且指向消除了系统误差船位的估计方向。

（2）当两船位线为等精度或接近等精度时，可以近似判定，在两条船位线交角的锐角角平分线方向上，随机船位误差大。

（3）选测两物标的方位差角小于90°为好，当观测条件一定时：

①同号船位系统误差较小；

②当两船位线为等精度或接近等精度时，近似判定，消除了系统误差的船位的方向与船位随机误差大的方向垂直，即与两船位线交角锐角的角平分线垂直，如图2-1-22和图2-1-23所示。

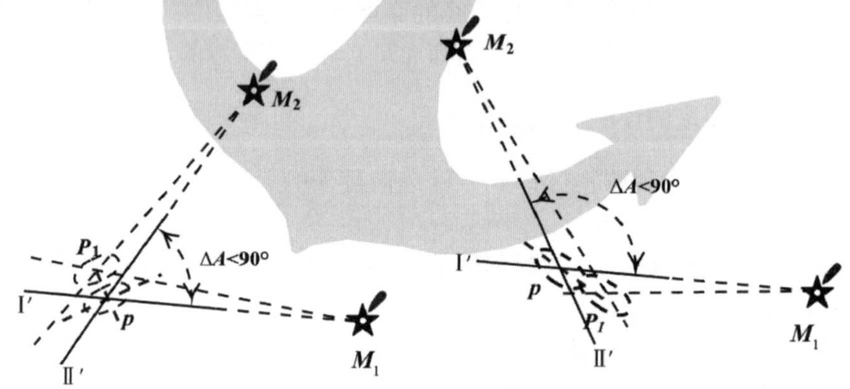

图2-1-22　两方位定位（等精度）船位误差

（4）选测两物标的方位差角大于90°，当观测条件一定时：

①同号船位系统误差较大；

②当两船位线为等精度或接近等精度时，近似判定，消除了系统误差的船位的方向与船位随机误差大的方向在同一方向上产生叠加，即在两条船位线交角的锐角角平分线上产生叠加，如图2-1-22和图2-1-23所示。

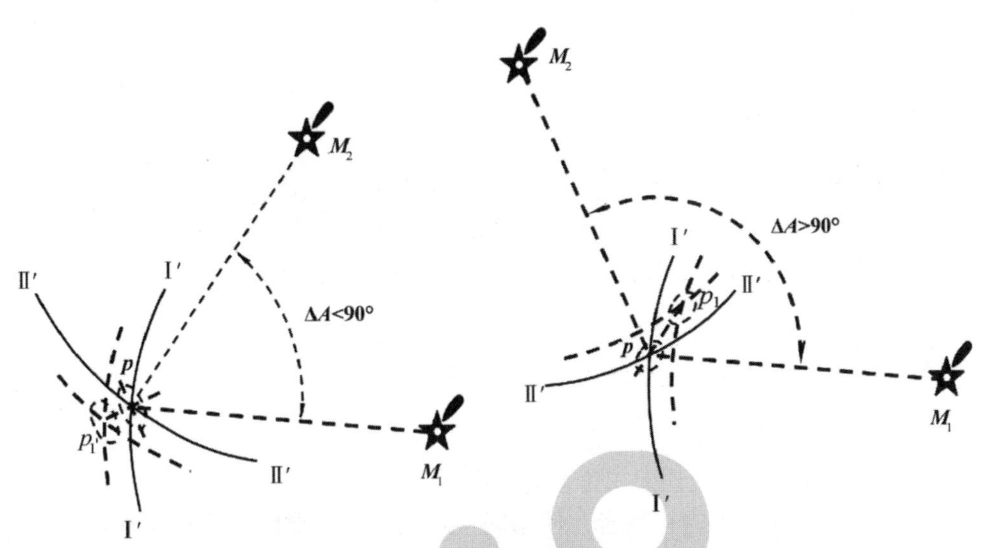

图2-1-23 两距离定位（等精度）船位误差

两条船位线定位，船位随机误差大的方向随两物标方位差角大于90°和小于90°变化，而消除了系统误差的船位的方向与该变化无关。

航海人员根据观测注意事项，选测两物标定位之后，当两物标的方位差角小于90°时，各方向上的碍航物均应引起足够的重视。当两物标的方位差角大于90°时，要更加关注两条船位线交角的锐角角平分线上的碍航物。

五、三条船位线定位及船位误差

两条船位线定位，如果观测中存在粗差或较大的未定系统误差，在没有其他数据可供参考的前提下，则不能直观判定观测船位的正确性，这是两条船位线定位最大的缺陷。为避免这种情况的发生，航海人员只要有条件就应观测三条船位线定位。三条船位线定位的优点是可以及时发现粗差，又可用海图作业的方法抵消系统误差（特别是未定系统误差），同时从数理统计理论来讲，可以减小随机误差对观测船位的影响（相对两条船位线定位而言）。

三条船位线定位，由于存在观测误差，往往三条船位线不能交于一点而形成一个三角形，该三角形称为船位误差三角形。例如在三物标方位定位中，船位误差三角形主要由以下因素所致：

①异时误差，不能真正做到同一时刻观测三个物标的方位；

②观测方位中存在观测误差；

③罗经差$\Delta C/\Delta G$本身存在误差；

④作图误差；

⑤被观测物标的海图位置不准所引起的误差。

航海人员需要根据观测误差的性质和三物标分布的范围来确定观测船位和分析船位误差。

（一）船位系统误差三角形的处理

三条船位线如果只含有系统误差，三条船位线构成的船位误差三角形称为船位系统误差三角形。船位系统误差三角形相对船位随机误差三角形通常要大一些，航海人员常用海图作业的方法消除系统误差（图法平差），其优点是可以不必求出系统误差的大小就可以直接将其消除。

1.三条方位船位线定位船位系统误差三角形的处理

三条方位船位线定位简称三方位定位。

（1）三方位定位船位系统误差三角形的处理

在航海实践中，通常由同一测者，使用同一观测仪器，采用同一种观测方法，观测三个物标，所以观测系统误差相等，即 $\varepsilon_{B1}=\varepsilon_{B2}=\varepsilon_{B3}=\varepsilon_{B}$，由方位船位线系统误差式（2-1-20）得：

$$E_{\varepsilon_{B1}}=\frac{\varepsilon_{B}}{57^{\circ}.3}D_1 \tag{2-1-45}$$

$$E_{\varepsilon_{B2}}=\frac{\varepsilon^{\circ}_{B}}{57^{\circ}.3}D_2 \tag{2-1-46}$$

$$E_{\varepsilon_{B3}}=\frac{\varepsilon^{\circ}_{B}}{57^{\circ}.3}D_3 \tag{2-1-47}$$

式中：D_1、D_2、D_3是船到物标的距离。$D_1 \neq D_2 \neq D_3$，三条船位线系统误差不相等。

由两条船位线定位可知：消除了同号系统误差的船位，位于过两船位线交点所作的两船位线梯度夹角之间的直线上，且偏向精度高的船位线，该线也可以认为是一条消除了系统误差的船位线（见图2-1-15）。过船位误差三角形的三个顶点可以作三条这样的船位线，其交点p即是消除了系统误差的船位，p点到三条船位线的距离分别为$E_{\varepsilon_{B1}}$、$E_{\varepsilon_{B2}}$、$E_{\varepsilon_{B3}}$，并应满足：

$$E_{\varepsilon_{B1}} : E_{\varepsilon_{B2}} : E_{\varepsilon_{B3}}=D_1 : D_2 : D_3 \tag{2-1-48}$$

由于三条船位线的系统误差不相等，分别过两船位线交点所作的消除了系统误差的船位线则无法直接画出来。此时，航海人员通常采用差值法或改变罗经差法进行处理。

①差值法

差值法是根据两物标观测值之差等于两物标真值之差的原理来消除观测方位中的系统误差的。

设雷达观测三个物标所得的方位为GB_1、GB_2和GB_3，则相邻两物标间的水平夹角（方位差）即为消除了系统误差后的真方位差角α和β。

$$\alpha=GB_2-GB_1 \tag{2-1-49}$$

$$\beta = GB_3 - GB_2 \tag{2-1-50}$$

用三杆定位仪或透明纸按照所求得的 α 和 β 值设定夹角，即可在海图上标绘出消除了系统误差的观测船位。

②改变罗经差法

依据等方位差角是在物标的外接圆弧上的原理可知，消除系统误差后的船位应位于三个物标每两个彼此形成的三个外接圆圆弧交点处，如图2-1-24所示。

若观测方位中系统误差为 ε_1，则得到误差三角形 abc；若观测方位中系统误差为 ε_2，则得到误差三角形 $a'b'c'$。圆弧 aa'，bb' 和 cc' 的交点即为消除了系统误差 ε_1 和 ε_2 后的观测船位。由于误差三角形均位于实际船位附近，可将圆弧 aa'，bb' 和 cc' 视为直线，以直线连接误差三角形对应的顶点，必要时适当延长，其交点即为观测船位。

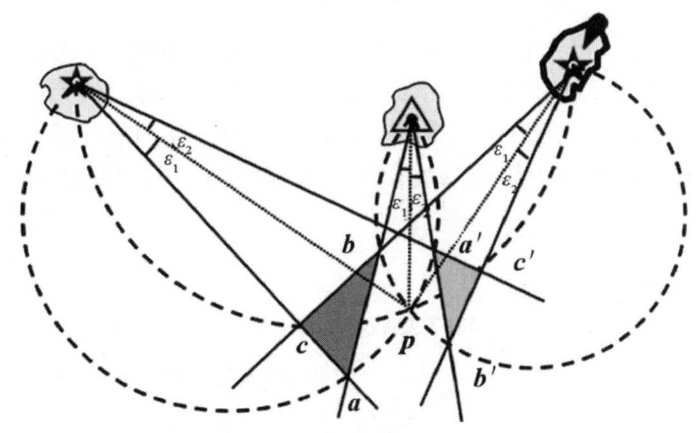

图2-1-24 改变罗经差法原理

基于上述原理，实际工作中，可将观测到的三条方位线等值变动±3°～±5°，从而得到一个新的三角形，用直线连接两个三角形对应的顶点，三条连线的交点即为消除了系统误差后的观测船位。如上述三条连线相交成一个小三角形，则该三角形是消除了系统误差后，由合理的随机误差所引起的，可按照小三角形的处理方法进行处理。

与原误差三角形比较，等值变动后的三条方位线所交成的新的三角形会有如下四种情况：

a.新误差三角形变大，说明变动方位位置线的方向是在增加观测方位的系统误差；

b.新误差三角形变小，说明变动方位位置线的方向是在减小观测方位的系统误差；

c.新误差三角形消失，即变动后的三条方位位置线交于一点，说明变动方位位置线的方向和大小正好消除了观测方位的系统误差；

d.新误差三角形倒置，说明变动方位位置线的方向是在消除观测方位的系统误差，但是数量上过头了，产生了相反方向上的方位系统误差。

因此，可以根据消除了系统误差后的观测船位求取观测时刻的实际罗经差及方位系统误差的大小和方向。

（2）三方位定位船位系统误差三角形（等精度或接近等精度）的处理

如果三物标到船的距离相差较大，尽管三次观测的系统误差相同，但三条方位船位线

的系统误差是不同的，此时就不能直观确定观测船位。为使三条船位线的系统误差差距不大，应选测船到物标的距离尽可能接近（在同一数量级之内）的三个物标，以便于用下述方法迅速、直观地估计船位。

下面分别讨论在三条船位线的系统误差相等或接近相等的前提下，当三物标分布的范围大于180°和小于180°时，如何估计消除了系统误差的船位p。

①三物标分布范围大于180°时，船位系统误差三角形的处理方法

如前所述，在航海实践中，可以认为三次观测是等精度的，即 $\varepsilon_{B1}=\varepsilon_{B2}=\varepsilon_{B3}=\varepsilon_{B}$，如果选测三个物标到船的距离相接近，即 $D_1\approx D_2\approx D_3\approx D$ （在同一数量级之内），由方位船位线系统误差式（2-1-45）、式（2-1-46）、式（2-1-47）得：

$$E_{\varepsilon_{B1}}\approx E_{\varepsilon_{B2}}\approx E_{\varepsilon_{B3}}=E_{\varepsilon_{B}}=\frac{\varepsilon_{B}}{57°.3}D \tag{2-1-51}$$

由两方位船位线定位可知：船位线系统误差相等时，过两船位线的交点所作的两物标方位差角的角平分线的垂线（两物标平均方位 A_m 线的垂线）可以认为是一条消除了系统误差的船位线。过船位误差三角形的三个顶点可以作三条这样的船位线，其交点p即是消除了系统误差的船位，该点位于船位系统误差三角形之内，内切圆的圆心上，如图2-1-25所示。

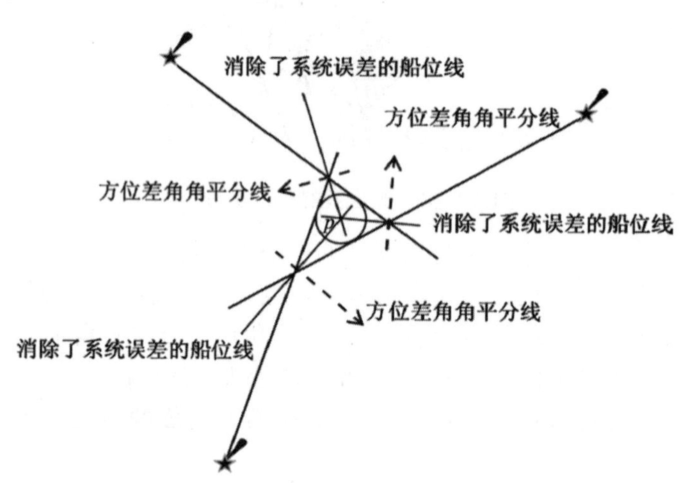

图2-1-25　三方位船位误差三角形（等精度）的处理（三物标分布范围大于180°）

②三物标分布范围小于180°时，船位系统误差三角形的处理方法

三物标分布的范围小于180°，也就是三物标在测者的同一侧。同样，过船位误差三角形的三个顶点可以作三条“两物标方位差角的角平分线的垂线”，其交点p即是消除了系统误差的船位。此时，p点位于船位系统误差三角形之外、中标（中间物标）船位线外侧、旁切圆的圆心上，如图2-1-26所示。

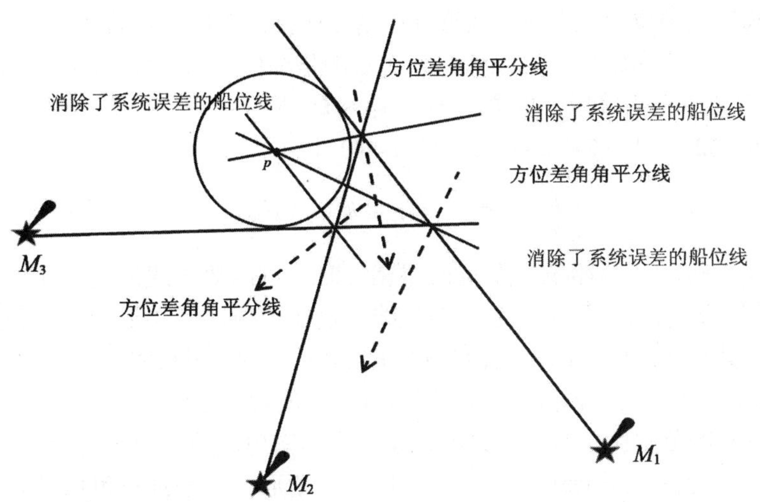

图2-1-26　三方位船位误差三角形（等精度）的处理（三物标分布范围小于180°）

2.三条距离船位线定位船位系统误差三角形的处理

三条距离船位线定位简称三距离定位。三距离定位船位系统误差三角形的处理方法与三方位定位的处理方法基本相同。

（1）三距离定位船位系统误差三角形的处理

如前所述，可以认为三次观测是等精度的，即 $\varepsilon_{D1}=\varepsilon_{D2}=\varepsilon_{D3}=\varepsilon_{D}$，由距离船位线系统误差式（2-1-23）得：

$$E_{\varepsilon_{D1}}=\varepsilon_{D}D_{1} \tag{2-1-52}$$

$$E_{\varepsilon_{D2}}=\varepsilon_{D}D_{2} \tag{2-1-53}$$

$$E_{\varepsilon_{D3}}=\varepsilon_{D}D_{3} \tag{2-1-54}$$

式中：D_1、D_2、D_3是船到物标的距离。$D_1 \neq D_2 \neq D_3$，三条船位线的系统误差不相等。

由两条船位线定位可知：消除了同号系统误差的船位，位于过两船位线交点所作的两船位线梯度夹角之间的直线上，且偏向精度高的船位线，该线也可以认为是一条消除了系统误差的船位线（见图2-1-15）。过船位误差三角形的三个顶点可以作三条这样的船位线，其交点p即是消除了系统误差的船位，p点到三条船位线的距离分别为$E_{\varepsilon_{D1}}$、$E_{\varepsilon_{D2}}$、$E_{\varepsilon_{D3}}$，并应满足：

$$E_{\varepsilon_{D1}}:E_{\varepsilon_{D2}}:E_{\varepsilon_{D3}}=D_1:D_2:D_3 \tag{2-1-55}$$

如果三物标到船的距离相差较大，尽管三次观测的系统误差相同，但三条距离船位线的系统误差是不同的，此时就不能直观确定观测船位。为使三条船位线的系统误差差距不大，应选测船到物标的距离尽可能接近（在同一数量级之内）的三个物标，以便于航海人员用下述方法迅速、直观地估计船位。

（2）三距离定位船位系统误差三角形（等精度或接近等精度）的处理

如前所述，在航海实践中，可以认为三次观测是等精度的，即 $\varepsilon_{D1}=\varepsilon_{D2}=\varepsilon_{D3}=\varepsilon_{D}$，如果选测三物标到船的距离相接近，即 $D_1 \approx D_2 \approx D_3 \approx D$ （在同一数量级之内），由距离船位线系统误差式（2-1-52）、式（2-1-53）、式（2-1-54）得：

$$E_{\varepsilon_{D1}} \approx E_{\varepsilon_{D2}} \approx E_{\varepsilon_{D3}} = E_{\varepsilon_{D}} = \varepsilon_{D} D \tag{2-1-56}$$

由两距离定位可知：两船位线系统误差相等时，过两船位线的交点所作的两物标方位差角的角平分线即是消除了系统误差的船位线。过船位误差三角形的三个顶点可以作三条这样的船位线，其交点p即是消除了系统误差的船位。下面分别讨论三物标分布的范围大于180°和小于180°两种情况下如何确定消除了系统误差的观测船位。

①三物标分布的范围大于180°时，船位系统误差三角形的处理方法

当三物标分布范围大于180°时，过船位误差三角形的三个顶点可以分别作三条“两物标方位差角的角平分线（两物标的平均方位线）”，其交点p即是消除了系统误差的船位，该点位于船位系统误差三角形内切圆的圆心上，如图2-1-27所示。

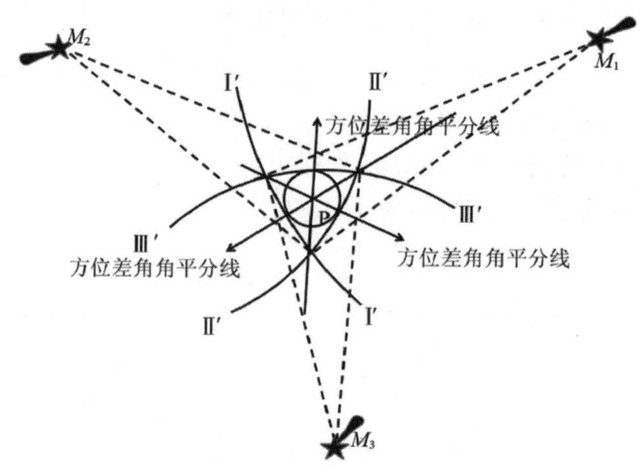

图2-1-27　三距离船位误差三角形（等精度）的处理（三物标分布范围大于180°）

②三物标分布的范围小于180°时，船位系统误差三角形的处理方法

当三物标分布范围小于180°时，过船位误差三角形的三个顶点可以分别作三条“两物标方位差角的角平分线（两物标的平均方位线）”，其交点p即是消除了系统误差的船位，该点位于船位系统误差三角形之外、中标（中间物标）船位线的外侧、旁切圆的圆心上，如图2-1-28所示。

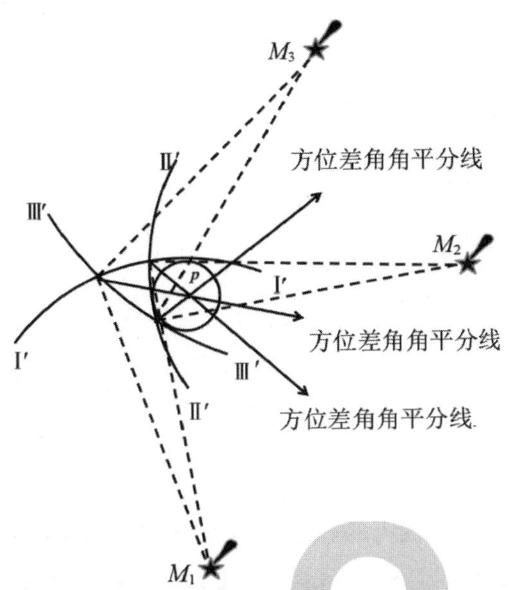

图2-1-28　三距离船位误差三角形（等精度）的处理（三物标分布范围小于180°）

③三距离船位系统误差三角形的一般处理方法

在三条距离船位线的系统误差相等或接近相等的前提下，如前所述，要确定消除了系统误差的船位，必须正确画出过船位误差三角形的三个顶点所作的三条“两物标方位差角的角平分线（两物标的平均方位线）”，为避免出现判断错误，船位系统误差三角形通常还可以用下述方法处理：

观测三物标的距离，经作图得一船位系统误差三角形，将三距离值增加或减少同一数值，经作图得到一个新的三角形，新三角形与原三角形对应顶点连线（两物标方位差角的角平分线）的交点即是消除了系统误差的船位。

（二）船位随机误差三角形的处理

1.三条船位线定位求最概率船位

三条船位线如果只含有随机误差，三条船位线构成的误差三角形称为船位随机误差三角形。对随机误差三角形的处理就是确定最概率船位。除了可以利用解析平差方法求最概率船位外，在航海实践中，通常通过海图作业的方法将最概率船位标绘在海图上，这种方法称为图法平差。这里主要介绍图法平差中的边距比例法、反中线法和由该两种方法总结出来的利用目测估计最概率船位的方法。

（1）边距比例法

由最小二乘法可以证明，三条船位线定位，最概率船位在船位随机误差三角形之内，当三条船位线为等精度时，最概率船位至三角形各边的距离（h_1，h_2，h_3）与相应的边长（a，b，c）成比例，即

$$h_1 : h_2 : h_3 = a : b : c \qquad (2\text{-}1\text{-}57)$$

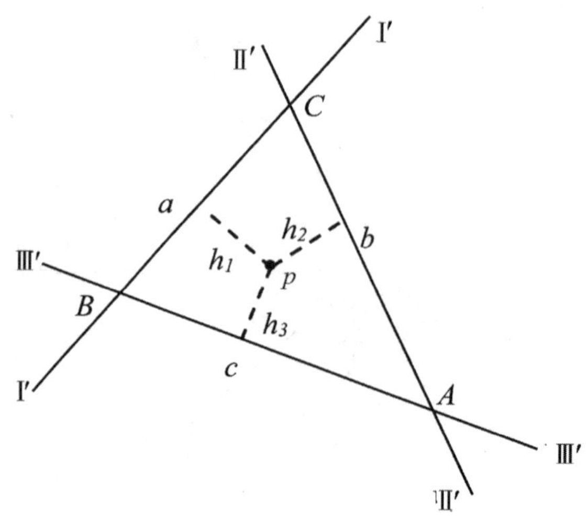

图2-1-29　边距比例法确定最概率船位

如图2-1-29所示，三条只含有随机误差的等精度船位线构成了船位随机误差三角形，由最小二乘法可以证明式（2-1-57）的比例关系是在残差的平方和为最小的前提下得到的，因此，p点为最概率船位。

（2）反中线法

在等精度随机误差三角形内，也可利用几何作图的方法确定最概率船位，三条反中线（以三角形内角角平分线为对称轴与中线对称的线）的交点即是最概率船位，如图2-1-30所示。

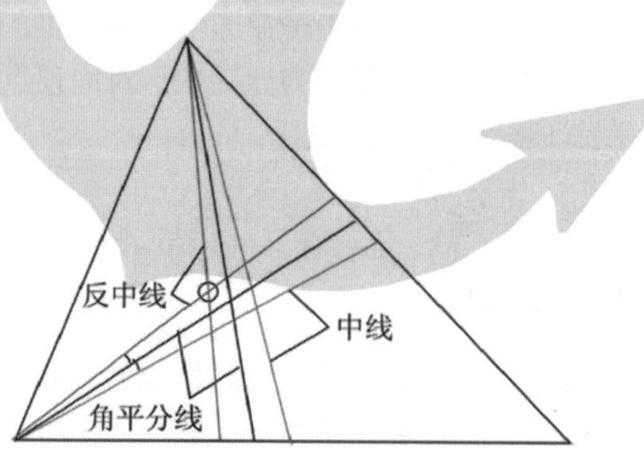

图2-1-30　等精度条件下随机误差三角形的反中线法处理

（3）目测估计最概率船位的方法

在实际工作中，由于随机误差三角形很小，基本无法利用作图的方法标绘出最概率船位，航海人员根据边距比例法的原则总结出的用目视法在三角形内直接点出最概率船位的规则是，最概率船位在三角形之内“靠近短边、大角”，如图2-1-31所示。

①近似直角三角形，其最概率船位位于靠近直角处一点，如图2-1-31（a）所示。

②近似等边三角形，其最概率船位位于三角形中心，如图2-1-31（b）所示。

③近似等腰三角形，其最概率船位位于近短边中心，如图2-1-31（c）所示。

④狭长等效三角形，其最概率船位位于短边中心，如图2-1-31（d）所示。

⑤若三角形附近有危险物存在，应将船位取在最接近危险物或对以后航行安全最不利的一点上，如图2-1-31（e）所示。如果船舶继续向前沿*CA*航行，应将船位取在*a*点，如果定位后要改驶*CA'*，则应将船位取在图中*b*点，以确保航行安全。

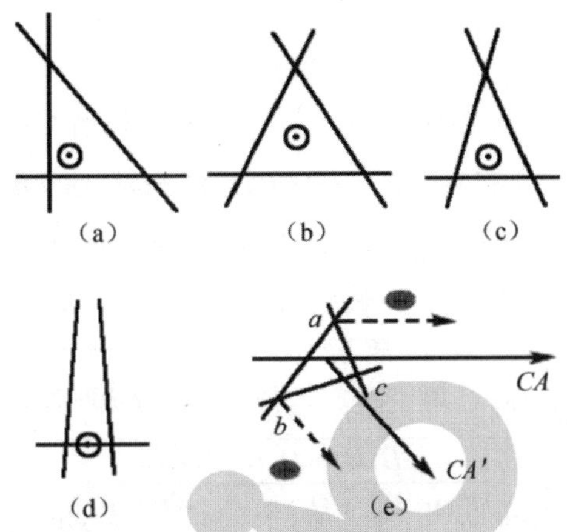

图2-1-31　等精度条件下随机误差三角形的目测确定最概率船位示意图

当三条船位线是非等精度时，确定最概率船位的方法更加复杂，其方法在航海实践中不实用。因此，为在实际工作中迅速、便捷地判定最概率船位，应尽量选测船到物标的距离尽可能接近（在同一数量级之内）的三个物标，这样，三条船位线可以近似地被视为等精度船位线，应用目视法快速确定最概率船位，而不失其精度；否则，应谨慎对待船位误差三角形，一般情况下，最概率船位应更靠近精度高的船位线。

2.三条船位线定位最概率船位的误差

航海上，三条船位线定位，最概率船位的误差通常用船位误差圆来描述。

船位误差圆的圆心为最概率船位，船位误差圆的半径可用下式来描述：

$$R=\sqrt{\frac{E_{\sigma1}^2E_{\sigma2}^2+E_{\sigma2}^2E_{\sigma3}^2+E_{\sigma3}^2E_{\sigma1}^2}{E_{\sigma1}^2\sin^2\theta_{2,3}+E_{\sigma2}^2\sin^2\theta_{1,3}+E_{\sigma3}^2\sin^2\theta_{1,2}}}\tag{2-1-58}$$

式中：$E_{\sigma1}$、$E_{\sigma2}$、$E_{\sigma3}$分别是三条船位线的随机误差；

$\theta_{1,2}$、$\theta_{2,3}$、$\theta_{1,3}$分别是每两条船位线夹角（方位差角）。

由图2-1-32可见，当三物标分布的范围小于180°时，$\theta_{1,3}=\theta_{1,2}+\theta_{2,3}$，从式（2-1-58）可见，当船位线误差一定时，船位误差的大小取决于两船位线交角θ_i，当相邻两物标的方位差角（$\theta_{1,2}$，$\theta_{2,3}$）趋近60°（三物标分布的范围小于180°）或120°时（三物标分布的范围大于180°），误差三角形为等边三角形，此时，船位误差最小（*R*最小）。

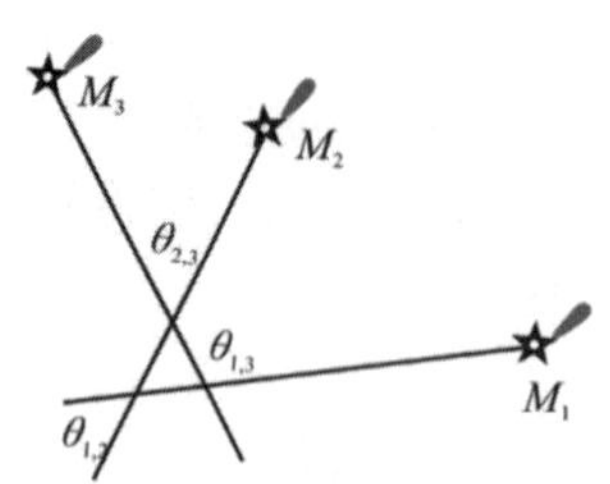

(a)三物标分布范围小于180°

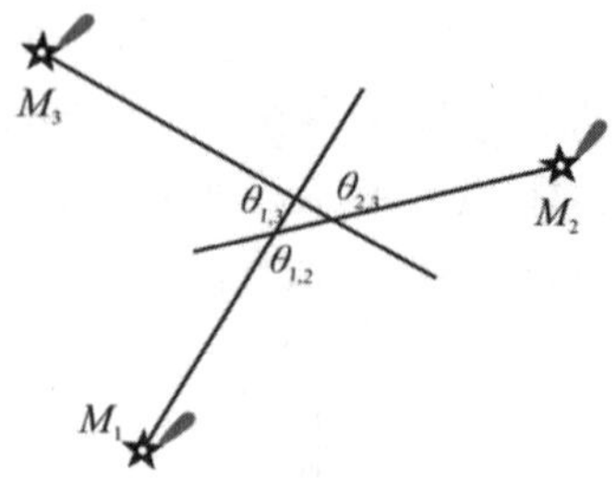

（b）三物标分布范围大于180°

图2-1-32　三条船位线定位船位线交角

航海上常用的定位方法为观测三物标的距离定位和观测三物标的方位定位，简称三距离定位和三方位定位。在航海实践中，可以认为三次距离观测是等精度的，即 $\sigma_{D\%1}=\sigma_{D\%2}=\sigma_{D\%3}=\sigma_{D\%}$ ，则三条距离船位线的随机误差为 $E_{\sigma1}=\sigma_{D\%}D_1$ ， $E_{\sigma2}=\sigma_{D\%}D_2$ ， $E_{\sigma3}=\sigma_{D\%}D_3$ ，代入式（2-1-58），得三距离定位船位误差圆的半径：

$$R=\sigma_{D}\sqrt{\frac{D_1^2D_2^2+D_2^2D_3^2+D_3^2D_1^2}{D_1^2\sin^2\theta_{2,3}+D_2^2\sin^2\theta_{1,3}+D_3^2\sin^2\theta_{1,2}}} \tag{2-1-59}$$

对于三方位定位，同样可以认为三次观测是等精度的，因此，

$$\frac{\sigma_{B1}}{57°.3}=\frac{\sigma_{B2}}{57°.3}=\frac{\sigma_{B3}}{57°.3}=\frac{\sigma_{B}}{57°.3} \tag{2-1-60}$$

则三条船位线的随机误差为：

$$E_{\sigma_{B1}}=\frac{\sigma_{B}}{57°.3}D_1,\quad E_{\sigma_{B2}}=\frac{\sigma_{B}}{57°.3}D_2,\quad E_{\sigma_{B3}}=\frac{\sigma_{B}}{57°.3}D_3 \tag{2-1-61}$$

代入式（2-1-58），得三方位定位船位误差圆的半径：

$$R=\frac{\sigma_{B}}{57°.3}\sqrt{\frac{D_1^2D_2^2+D_2^2D_3^2+D_3^2D_1^2}{D_1^2\sin^2\theta_{2,3}+D_2^2\sin^2\theta_{1,3}+D_3^2\sin^2\theta_{1,2}}} \tag{2-1-62}$$

从式（2-1-59）、式（2-1-62）可知，在观测精度（ $\sigma_{D\%}$ ， σ_{B} ）一定时，要提高最高概率船位的精度应注意：

①选测近物标，同时考虑到确定最概率船位方便、快捷，三距离应保持在同一数量级之内。

②三物标的距离一定时：

当三物标分布范围小于180°（分布在同一侧），相邻两物标的方位差角趋近60°时，船位随机误差最小。

当三物标分布范围大于180°，相邻两物标的方位差角趋近120°时，船位随机误差最小。

（三）三条船位线定位注意事项

这里将前述做一总结，给出同时观测三条船位线定位，在不同性质误差的影响下，确定观测船位、提高观测船位的精度和正确分析船位误差的注意事项，以此来指导航海实践。

1.提高观测船位精度的观测注意事项

（1）尽量选择显著的、孤立的、在海图上有准确位置的、便于观测的近物标。

（2）应选测船到物标的距离尽可能接近（在同一数量级之内）的三个物标。

（3）相邻两物标方位差角趋近60°（当三物标分布范围小于180°时）或120°（当三物标分布范围大于180°时）为好，一般应满足$30° < \theta < 150°$。

（4）同两条船位线定位相同，观测时应遵循“先慢后快”的观测顺序。具体说，三方位定位时，应先测首尾线附近方位变化慢的物标，再测正横附近方位变化快的物标；三距离定位时，应先测正横附近距离变化慢的物标，再测首尾线附近距离变化快的物标。

（5）提高观测精度（包括熟悉观测仪器、正确调整观测仪器和校正其误差、熟练掌握观测方法、正规观测等）。

2.正确确定观测船位和分析船位误差的注意事项

（1）船位系统误差三角形的处理（三条船位线为等精度或接近等精度）

① 当三物标分布的范围小于180°时，消除了系统误差的船位位于船位系统误差三角形之外，中标（中间物标）船位线外侧，旁切圆的圆心上；

② 当三物标分布的范围大于180°时，消除了系统误差的船位位于船位系统误差三角形之内，内切圆的圆心上。

（2）船位随机误差三角形的处理

当三条船位线为等精度（或接近等精度）时，最概率船位位于船位随机误差三角形之内，且靠近短边、大角（或到各边的距离与相应的边长成比例，或三条反中线的交点）。

（3）船位误差三角形的综合处理（三条船位线为等精度或接近等精度）

当三物标分布的范围小于180°时，按系统误差处理，船位在误差三角形之外；按随机误差处理，船位在三角形之内，此时，取两点连线的中点为观测船位为好。

当三物标分布的范围大于180°时，且相邻两物标的方位差角趋近120°时，无论按系统误差还是按随机误差处理，观测船位均在船位误差三角形之内，内切圆的圆心。这是三条船位线定位的最佳选择。

如果三条船位线相交成较大的船位误差三角形，首先判定三次观测中可能存在粗差，应马上重新观测；如果得到的误差三角形明显变小，说明首次测得的大三角形存在粗差。如果得到的三角形没有明显变化，说明存在较大的系统误差，此时，可按前述方法确定观测船位。

船位误差三角形的大小是一个相对概念，其与航用海图比例尺的大小有关，一般来讲，在大比例尺海图（1∶200 000）上船位误差三角形的每边小于5 mm、小比例尺海图上每边小于2′~3′均可认为是由随机误差引起的，可按随机误差处理，否则应按系统误差和随机误差综合处理。

真实船位落在观测船位的可能性最大，但不是一定落在该点上。如果在船舶航行的前方有碍航物，应认为本船处于最不利的位置，即实际船位在航进方向上最接近碍航物的一点，据此采取相应措施确保航行安全。

第二节 天文定位

天文定位是通过观测天体获取船位的一种手段。1875年，法国航海家圣·希勒尔（St. Hilaire）提出的高度差法（截距法）为现代天文航海奠定了基础，并在航海实践中得到了广泛的应用。

任何定位手段都有自身的优点和局限性。天文定位的优点是：设备简单、可靠，观测的目标为自然天体且不受人控制，不发射任何声、光和电波，具有隐蔽性。其局限性体现在：受自然条件限制，不能全天候定位，必须人工观测，计算较为烦琐。

2009年STW第40次会议上，美国提出所有航海人员必须保持天文航海的适任能力以应对GPS失效后的情况。该提案反对将天文航海完全从适任表格中删除，认为应将天文航海知识降低至最基本要求，即保留太阳移线及恒星定位和观测天体求罗经差的要求。我国不同意简单地删除天文航海适任要求的做法，建议在充分考虑现代航海技术发展及天文航海的计算手段的改进情况下，保留天文航海中利用太阳和恒星定位的适任要求，并提出天文航海计算软件化的建议。经审议，决定根据美国和中国的提案，简化关于天文航海的适任能力要求，并相应修改了STCW规则B部分的第B-11/1节，我国提案建议的将天文航海计算软件化的手段也被置于相应章节的B部分。

一、高度差法绘制天文船位线

（一）天文定位的基本原理

天球是以地心为中心，以无限长为半径的想象球体。所有天体投影在天球上的位置称为天体的视位置。在天球上天体间的相互位置由它们间的球心角来确定，而与距离地球的远近无关。

如图2-2-1所示，位于*A*地的测者对天体*B*进行高度观测，观测天体高度的六分仪读数（h_s）修正指标差（i）和器差（s）后，所得的天体观测高度（h_t'）是天体中心（星体）或太阳、月亮的边缘与水天线之间的夹角。对天体观测高度进一步进行蒙气差（天体光线通过地球表面的大气层，由于大气折射而产生的误差）、眼高差（以水天线代替测者真地平面而产生的误差）、视差（测者在地面而不是在地心观测所产生的误差）、半径差（观测太阳或月亮的上或下边缘而不是中心所产生的误差）修正后得到天体的地心真高度又称天体真高度（h_t）。

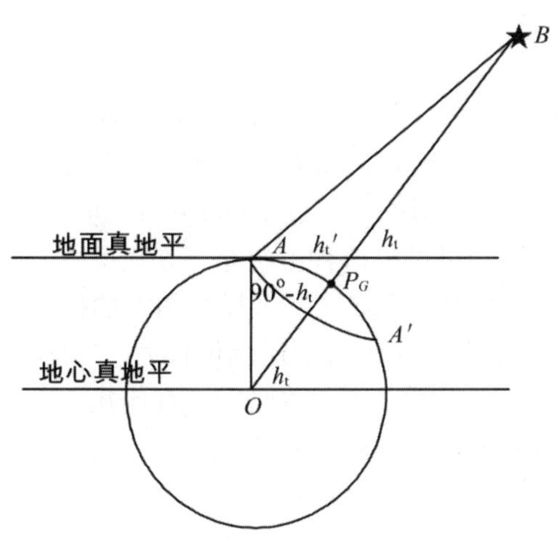

图2-2-1　天文船位圆基本原理

利用天文钟记录观测时间，并查《航海天文历》求得天体B在天球上的坐标，然后换算求出天体B与地心O的连线交地球表面点P_G——天体的地理位置（Geographical Position）坐标。测者至天体地理位置P_G的球面距离AP_G弧可用其所对的球心角$90°-h_t$表示（地球半径一定），称为真顶距Z。这样，以P_G为圆心，球面距离即真顶距$Z=90°-h_t$为半径，在球面上可画一小圆，即图2-2-1中过A、A'的小圆，测者A一定在该圆上，这个圆称为天文船位圆。反之，位于该圆上的测者在同一时刻观测同一天体的高度均相等，因此天文船位圆又称等高度圈。

可见，观测一个天体，能得到一个天文船位圆，为了确定船位，测者在同一地点至少要同时观测两个天体，可以得到两个天文船位圆，它们相交得到两个交点。由于天文船位圆的半径通常很大，这两个交点相距也很远，所以位于推算船位附近的交点即为测者的观测船位，作图符号为◎，如图2-2-2所示。

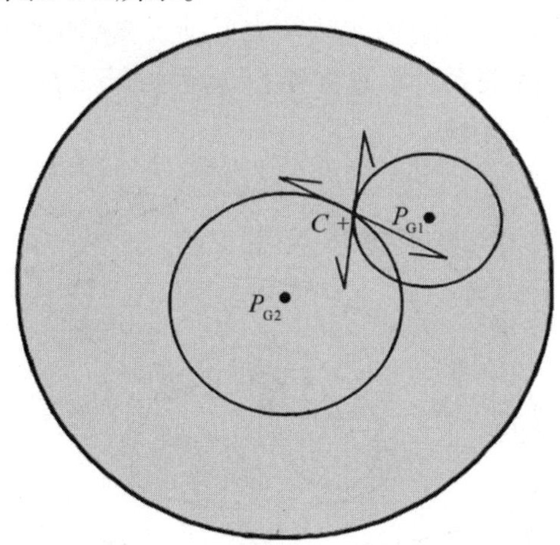

图2-2-2　天文定位基本原理

（二）高度差法（截距法）

根据天文船位圆原理，利用天文船位圆的圆心和半径直接在地球仪上画出天文船位圆求船位的方法是直观、简便的。然而，如果在地球仪上直接画天文船位圆，根据海上定位的精度要求，在地球仪的表面上用肉眼能分辨的1 mm长度代表实际地面距离1 n mile，这样的地球仪的直径约为6.9 m。可见，这种方法是不切实际的。在墨卡托海图上，由于投影变形（纬度渐长）的关系，天文船位圆在墨卡托海图上的投影是复杂的周变曲线，一般的作图方法很难画出。另外，由于常用的海图比例尺较大，当所测天体高度小于70°时，船位圆的半径将大于1 200 n mile。所以，通常情况下，直接在海图上画天文船位圆求船位也是不切实际的。只有在天体高度大于88°的特殊情况下，直接在海图上画天文船位圆才有可能。

1875年，法国航海家圣·希勒尔提出的高度差法（Altitude Difference Method）解决了天文船位圆作图的难题，即利用高度差法将画天文船位圆问题转化为画天文船位线问题。

由于天文船位圆在一般情况下的半径较大，所以，它在墨卡托海图上投影的环形曲线的曲率就较小，根据证明，通常在30 ~ 50 n mile，环形曲线的一段圆弧和直线的差距很小。因此，在实际工作中，可以把靠近推算船位附近的一小段环形曲线（天文船位圆）看成是一条直线（即天文船位线）。

图2-2-3为地球和天球的示意图，图中c为计算点（选择船位，一般选取推算船位），其坐标为（φ_c，λ_c）。测得天体B的高度并经各项改正后得到天体的真高度h_t，同时记下观测时间，从《航海天文历》中查得天体B的格林时角GHA和赤纬Dec，从而得到天体B的地理位置b。以b为圆心，以弧$\widehat{bk}=90°-h_t$为半径，在地球表面可作一小圆，即天文船位圆。如前所述，天文船位圆半径通常很大，而且船位一定在推算船位c附近的一小段天文船位圆曲线$a—a$上，所以没有必要画出全部的天文船位圆。考虑到船位圆曲线$a—a$的曲率很小，可以用过k点的切线$i—i$来替代，切线$i—i$即为天文船位线，在墨卡托海图上可以用恒向线直线来代替。这样画天文船位圆问题就转换成了画天文船位线问题了。图2-2-3是为了便于解释天文船位线与船位圆的关系，实际上弧$\widehat{bk}$远远大于弧$\widehat{kc}$，在墨卡托海图上画出的切线$i—i$仅为切点k附近很短的一小段。

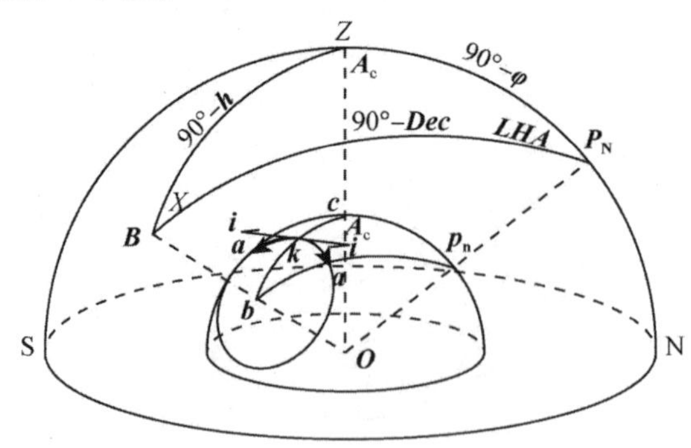

图2-2-3　高度差法原理

在图2-2-3中，Z为计算点c的天顶，以Z、B、P_N为顶点，在天球上可得天文三角形。在该三角形中，已知余纬弧 $\widehat{ZPN}$ 为 $90°-\varphi_c$、极距弧 $\widehat{BP}$ 为 $90°-Dec$、地方时角 $LHA=GHA+\lambda_c$，其中GHA和Dec可以根据观测时间从《航海天文历》中查得。

通过计算天文三角形“边的余弦公式”和“余切公式”即可求出高度h_c和方位A_c。

$$\sin h_c=\sin\varphi_c\sin Dec+\cos\varphi_c\cos Dec\cos LHA \tag{2-2-1}$$

$$\cot A_c=\cos\varphi_c\tan Dec\csc LHA-\sin\varphi_c\cot LHA \tag{2-2-2}$$

因为h_c和A_c是通过计算获得的，所以通常称h_c为计算高度，A_c为计算方位。将图2-2-3中天文三角形ZBP_N投影到地球表面得到球面三角形cbp_n，并称其为导航三角形。其间有如下关系成立：

$$\angle bcp_n=A_c \tag{2-2-3}$$

$$\widehat{kc}=\widehat{bc}-\widehat{bk}=(90°-h_c)-(90°-h_t)=h_t-h_c=Dh \tag{2-2-4}$$

式中：Dh称为高度差，也叫截距，有“±”号。

（三）高度差法绘制天文船位线

由图2-2-3可知，Dh为$\widehat{bc}$上的一段，而$\widehat{bc}$是天体垂直圈在地面上的投影，并且通过天文船位圆的圆心b，所以过截点k所作的天文船位圆的切线i—i（天文船位线）与高度差Dh相互垂直。因此，在墨卡托海图上只要过计算点c作天体的计算方位（A_c）线，在其上以c为原点截取Dh，则可得到截点k，过k点作计算方位线的垂线，即为天文船位线。由以上分析可知，绘制天文船位线的三个要素为：计算点c、计算方位A_c和高度差Dh。

已知天文船位线三要素就可以在墨卡托海图上绘制天文船位线。由高度差法原理可知，计算点c（又称作图点）的位置不同，Dh的符号也随之改变，并且在天体计算方位线上截取Dh的方向也不同。通常天文船位线的绘制可归纳为以下三种作图方法：

1.高度差Dh为“+”（计算点c在天文船位圆之外）

当Dh为“+”时，过计算点c作天体的计算方位（A_c）线，在该线上，以c为原点，朝向天体（沿天体计算方位的方向）截取Dh，得截点k，过k点作计算方位线的垂线，即天文船位线，如图2-2-4所示。

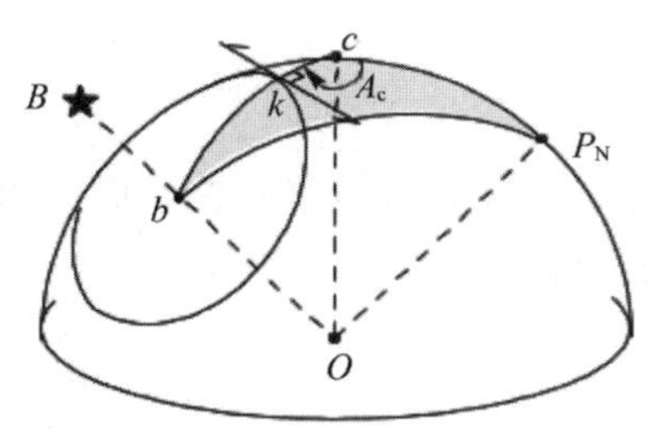

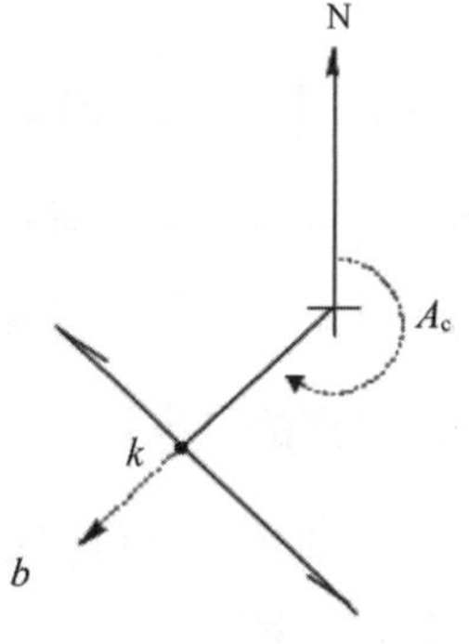

图2-2-4 高度差法作图规则（Dh为“+”）

2.高度差 Dh 为“–”（计算点 c 在天文船位圆之内）

当 Dh 为“–”时，过计算点 c 作天体的计算方位（A_c）线，在该线上，以 c 为原点，背向天体（沿天体计算方位的反方向）截取 Dh，得截点 k，过 k 点作计算方位线的垂线，即天文船位线，如图2-2-5所示。

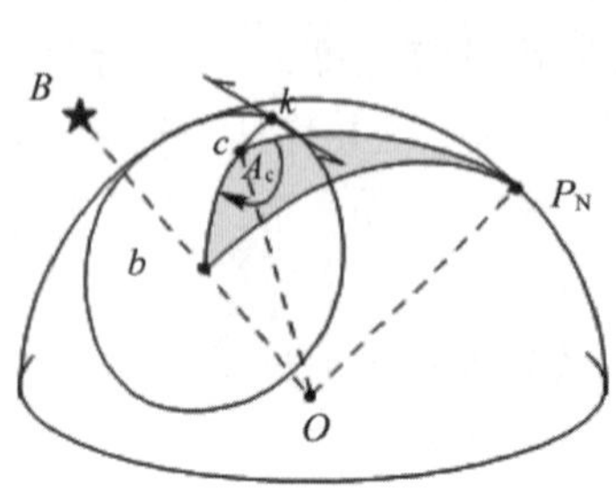

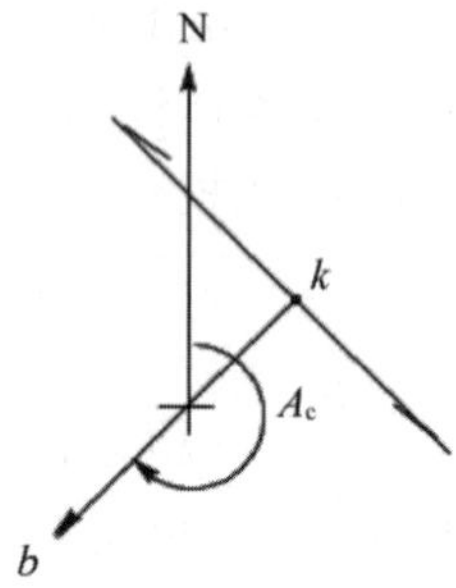

图2-2-5　高度差法作图规则（Dh 为“–”）

3.高度差 Dh=0（计算点 c 在天文船位圆之上）

当 $Dh=0$ 时，过计算点 c 作天体的计算方位（A_c）线，再过 c 点作计算方位线的垂线，即天文船位线，如图2-2-6所示。

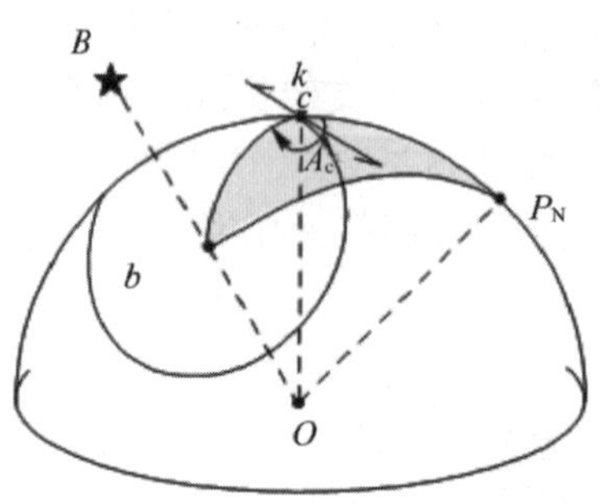

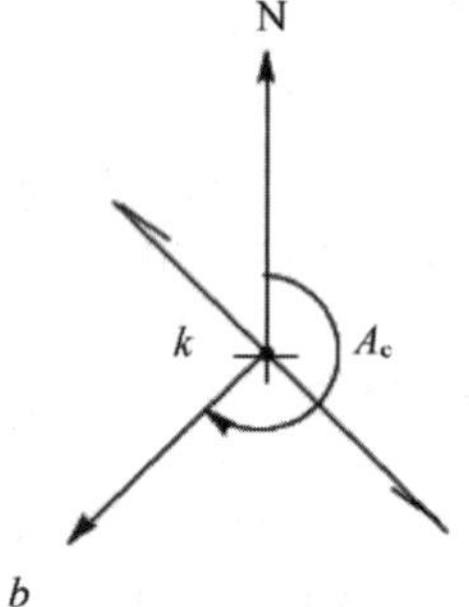

图2-2-6　高度差法作图规则（Dh=0）

（四）高度差法的有限任意性

在计算一条天文船位线时，计算点分别可以采用推算船位或选择船位，而画出的是同一条天文船位线，这样做的依据就是高度差法的有限任意性。

1.选择计算点的任意性

每观测一个天体，就可以得到一个天文船位圆，如果不考虑误差的话，真实船位 p 应在靠近推算船位附近的一小段天文船位圆的曲线上，如图2-2-7所示。在一般情况下，该段曲线的曲率很小，可用过截点的切线 Ⅰ—Ⅰ（墨卡托海图上为恒向线直线）代替，Ⅰ—Ⅰ即

为天文船位线。如果计算点分别采用推算船位c和选择船位c_1，它们均位于真实船位p附近，尽管在同一时刻，分别由c和c_1求得同一天体B的高度差不一致，但是计算方位几乎相等，因此过各自的截点所作的天文船位线基本重合，如图2-2-7中的Ⅰ—Ⅰ船位线。由此可见，在一定的范围内，计算点可任意选择，求得的天文船位线精度相当，这就是选择计算点的任意性。

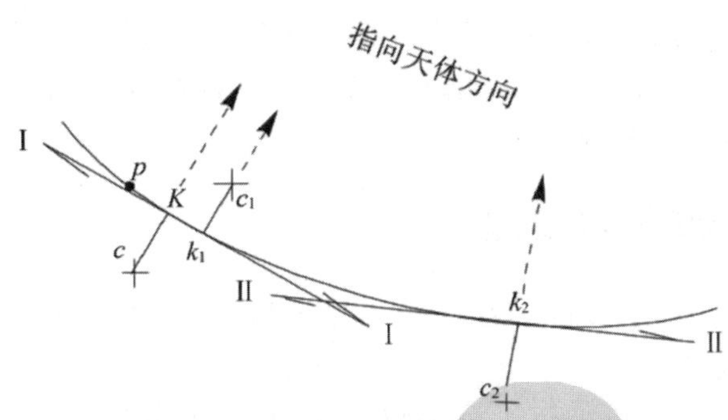

图2-2-7　高度差法的有限任意性

2.选择计算点的有限性

如图2-2-7所示，如选择偏离真实船位很远的计算点c_2，求得的天文船位线Ⅱ—Ⅱ与Ⅰ—Ⅰ的计算方位相差很大，用船位线Ⅱ—Ⅱ代替船位线Ⅰ—Ⅰ就会产生较大的误差。因此，选择计算点不能偏离真实船位太远，这就是选择计算点的有限性。

3.选择计算点的有限任意性

为使求得的天文船位线不失精度，根据高度差法有限任意性的原则，一般被选择的计算点偏离真实船位不应超过30 n mile。实际航海中因真实船位未知，一般以推算船位作为高度差法的计算点。

为了保证高度差法画出的天文船位线所必需的精度，应以观测高度低于70°的天体为宜。天体高度越高，天文船位圆的半径就越小，船位圆的曲率就越大，这时在墨卡托海图上用恒向线直线代替船位圆曲线所产生的误差（船位线曲率误差）也越大。

如果在求得观测船位之后发现计算点偏离观测船位大于30 n mile，可把求得的观测船位作为新的计算点重新计算（迭代计算）和作图，这样可以进一步提高观测船位的精度。

二、观测太阳中天高度求纬度

在天体周日视运动中，当天体中心通过测者子午圈时，称天体中天。天体中心经过测者午圈时称天体上中天（Upper Meridian Passage），此时天体地方时角LHA=0°，天体的半圆方位角A和位置角X分别为180°或0°。如果测者纬度和天体赤纬Dec不变，这时天体的高度最高。天体中心经过测者子圈时称天体下中天（Lower Meridian Passage），此时天体地方时角

LHA=0°。航海学及航海实践中如无特殊说明，天体中天均指上中天。

当天体上中天时，方位为0°或180°，这时天文船位线是一条特殊船位线，即是一条数值上等于测者纬度的纬度线。此时，由于其地方时角LHA=0°，天文三角形的三条边重合，不必求取计算高度h_c和计算方位A_c就可求得天文船位线，从而使天文船位线的计算过程大大简化。另外，由误差理论可以证明，这时系统误差和随机误差对观测纬度φ_0的影响最小。所以，应抓住这一有利时机测定纬度。特别是在白天通常只有太阳一个天体可用于定位的条件下，加之在航海实践中正午船位的重要性，观测太阳上中天高度求纬度就成为航海工作中的一项备受重视的具体内容。

（一）观测太阳中天高度求纬度原理

当太阳上中天时，其地方时角 $LHA=0°$，中天高度 $H=90°-Z$（Z 为太阳中天顶距）。根据计算天体高度的公式：

$$\sin h=\sin\varphi\sin Dec+\cos\varphi\cos Dec\cos LHA \tag{2-2-5}$$

以H代替h，并将太阳上中天的地方时角LHA=0°代入上式，则有：

$$\sin H=\sin\varphi\sin Dec+\cos\varphi\cos Dec \tag{2-2-6}$$

即

$$\cos Z=\cos(\varphi-Dec) \tag{2-2-7}$$

$$Z=\varphi-Dec \tag{2-2-8}$$

$$\varphi=Z+Dec \tag{2-2-9}$$

上式为代数和，其符号确定规则如下：

（1）向北观测太阳中天高度H，则H命名为N，反之为S；

（2）太阳中天顶距Z的名称与中天高度H的名称相反；

（3）当Z与Dec同名时，Z与Dec相加，φ与之同名；当Z与Dec异名时，Z与Dec相减，大值减小值，φ与大值同名。

上述规则如图2-2-8所示。

（二）观测太阳中天高度求纬度的计算步骤

按照航迹推算或航迹计算的方法预求区时1200的推算船位（φ_c，λ_c），求取λ_c与测者所在时区中央经线的经差（$D\lambda$），再按照日期查阅《航海天文历》获取太阳格林上中天的地方平时（LMT）代替测者所在时区的太阳上中天的地方平时，然后经$D\lambda$修正后得到太阳中天区时。中天区时经区号修正后求取太阳中天的世界时（GMT），再以此为引数查阅《航海天文历》获取太阳中天时的赤纬。

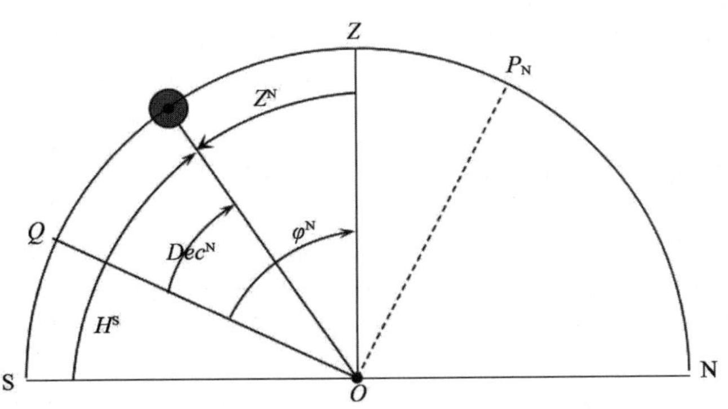

Z与Dec同名，$\varphi^N=Z^N+Dec^N$

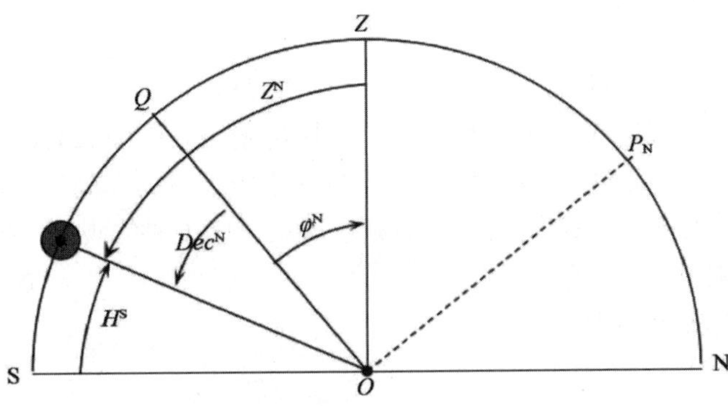

Z与Dec异名且Z>Dec，$\varphi^N=Z^N-Dec^S$

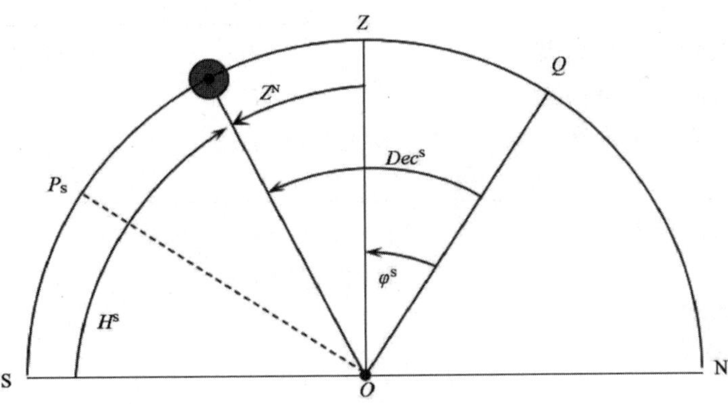

Z与Dec异名且Z<Dec，$\varphi^N=Dec^S-Z^N$

图2-2-8 观测太阳中天高度求纬度原理图

ZT1200	φ_c
	λ_c
所用区时的时区中线经度	λ_m
区时1200的推算经度 −	λ_{1200}
经差	$D\lambda$

太阳格林上中天地方平时	*LMT*	日/月
经差	$D\lambda$	

太阳中天区时（准确到分钟）	*ZT'*	日/月
区号	*ZD*	

太阳中天世界时	*GMT'*	日/月
整小时世界时太阳赤纬	*Dec'*	赤纬差数 *d*
△改正	*d'*	

太阳中天赤纬	*Dec*	

在预求的太阳中天区时时刻，利用六分仪快速测得太阳中天时的六分仪高度（H_s），经指标差和器差（i+s）、总改正（c）修正后求得太阳中天时的真高度（H_t），结合之前求取的太阳中天赤纬，按照式（2-2-9）的计算规则求取太阳中天时的观测纬度（φ_0）。

太阳中天六分仪高度	H_s	（N或S）
指标差和器差	$i+s$	
眼高差	d	
总改正	c	

太阳中天真高度	H_t	（N、S）
太阳中天真顶距	Z	（S、N）
太阳中天赤纬	*Dec*	

观测纬度	φ_0	

三、测星定位

（一）准备工作

可进行测星定位的时间较短，在中低纬度海区一般只有20～40 min，因此要在该段时间内观测3颗或者更多的星体来定位，就要求航海人员在测星前要做好充分的准备工作。

观测星体前的主要工作包括预求测星区时、选星以及检查和校正六分仪。

1.测星时机

测星定位必须同时具备两个条件，即有可供观测的星体和水天线并可见。如图2-2-9所示，在民用晨光始和民用昏影终前后，太阳真高度在−9°~−3°，是测星定位的良好时机。

当太阳赤纬一定时，晨光昏影时间的长短取决于测者的纬度，测者纬度越高，晨光昏影时间越长，反之测者纬度越低，晨光昏影时间越短。在《航海天文历》中每3天给出一个格林经线上晨光始或昏影终的地方平时，需要进行纬度内插。

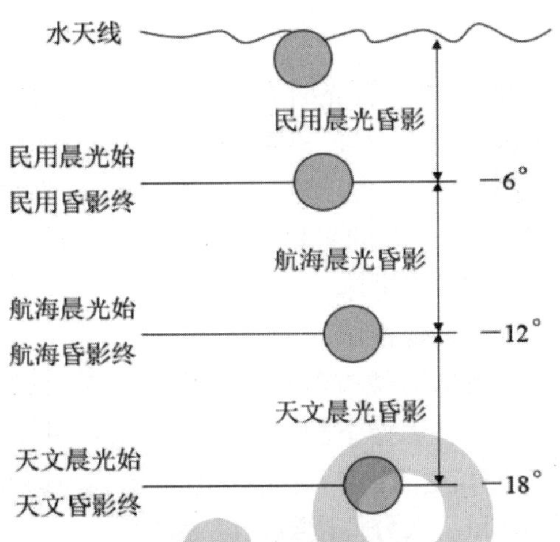

图2-2-9　晨光昏影

航海实践中，晨光测星，利用*ZT*0600的推算船位预求民用晨光始区时；昏影测星则利用*ZT*1800的推算船位预求民用昏影终区时，再根据所求区时提前几分钟开始观测即可。

2.选星

（1）选择较明亮的星体

航海上用于测星定位的星体主要是1等星和部分2等星。

（2）选择高度介于15°与70°之间的星体

当天体高度低于15°时，用相关表册查取的平均蒙气差代替实际蒙气差将产生不可忽视的误差。当天体高度高于70°时，天文船位圆半径较小，用天文船位线代替天文船位圆曲线会产生不可忽略的船位线曲率误差。

（3）所选星体之间的方位分布要合适

两星定位，为减小系统误差和随机误差的影响，两星之间的方位差角应在30°～150°，综合考虑取60°～120°为好，最好趋近90°。

综合考虑系统误差与随机误差的影响，所选三星方位分布范围要在180°以上，相邻两星体之间的方位差角趋近120°最为有利，此时无论按照系统误差还是随机误差处理，观测船位均在船位误差三角形之内。

如拟用四星定位，最好选择相邻星体的方位差角接近90°，但若在60°以上（90°以下）也较有利。

（4）选择两组星体，以备在观测时及时替代观测不到的星体

3.检查和校正好六分仪误差，并利用星体测定指标差

（二）观测

（1）观测顺序

一般应先测东方天空的星体。晨光时东方天空先亮，水天线先显现，星体消失得早；昏影时东方星体先出现，水天线先消失。晨光时先测较暗的星体（先消失），后测较亮的星体（消失得晚）；昏影时先测亮星（先出现），后测暗星（较晚才能看到）。亮度相同时先测正横附近的星体，后测近首尾方向的星体。当天空多云时，要抓住机会，先测可见的星体，争取测到至少两颗交角较好的星体。

（2）让星体中心亮点与水天线相切

测星时用六分仪将星体反射影像拉到水天线附近，然后调整至“微摆等相切”，使反射影像的中心与水天线相切。在将影像下拉的过程中，由于星光较暗，容易“丢失”，最好将影像先放在定镜的右半部分使其更清楚，待摇摆相切时，再将影像放在视野中央（定镜中央）。

（3）记下星名及观测时间、六分仪读数，以免混淆

同时应记下船时、推算船位、航向和航速。

（三）计算天文船位线各要素

通过查阅《航海天文历》和利用计算器求出各次观测的船位线要素。为加快计算速度，通常把所测的几颗星排在一起计算，一次翻表和计算完毕。

此过程较为烦琐，计算过程较为复杂，目前航海实践中有很多的软件可实现天文船位线的自动求取。如大连海事大学研发的DMU Celestial Navigator软件，测星定位时，用户只需将测星时的推算船位、测星区时和区号、观测高度、六分仪指标差和器差等相关参数输入软件，其他查表及计算过程均由软件自动完成，就可以得到每一星体的高度差Dh和计算方位A_c并得出观测船位。

（四）画船位线，求观测船位

晨昏测星通常是测三星或三星以上的天体来定位。由于船舶在海上航行，各次观测之间存在一定的时间间隔，因此画出的船位线需订正到同一时刻（同一天顶）。

处理的方法包括转移船位线法、转移作图点法、修正异顶差法。前两种作图方法适用于任意情况下的移线，第三种修正异顶差法只适用于短航程（s<30 n mile）移线。

只有当船舶航速较高、观测时间间隔较长、天体又位于船舶首尾方向附近时，才需要进行异顶差的订正，否则可直接将天文船位当作平均观测时间的船位。

四、天文船位误差

观测天文定位与其他定位方法一样，不可避免地存在一定的误差。如何最大限度地减

小误差对观测船位的影响，从而提高观测船位的准确性，成为航海人员在航海实践中关注的重要内容之一。除了不断提高测算水平外，还要正确分析天文船位误差的来源、性质和规律，以便在观测前能正确运用这些规律，确保观测船位有足够的准确性。观测后，能根据需要对观测船位的准确性进行分析评定，做到心中有数，达到保证航行安全、顺利完成任务的目的。

(一) 天文船位线误差

天文船位线误差包括系统误差和随机误差两部分。

1.系统误差（ε）

（1）高度差法原理上的误差

高度差法原理上的误差是指方法本身所产生的误差，包括以下三项：

①船位线的方向误差

在墨卡托海图上用恒向线直线代替天体的大圆方位线所产生的误差。

②船位线的曲率误差

在墨卡托海图上用恒向线直线代替船位圆曲线所产生的误差。

③截点距离误差

由恒向线方位线代替大圆方位线截取截点而产生的截点距离误差。

以上误差在一般情况下（中低纬海区）可忽略。只有在高纬海区、天体高度较高、截距较大、天体接近东西方向时才考虑修正。

（2）六分仪指标差和器差的剩余误差

尽管指标差测定中的误差是随机的，但用它去改正六分仪高度带来的误差是系统误差。六分仪器差的改变也将带来新的系统误差。

（3）蒙气差的误差 $\Delta\rho$

蒙气差的计算公式为经验公式，因此利用公式计算出的蒙气差与实际蒙气差会产生一定的误差，并与气温和气压有关。当天体高度低于15°时会产生不可忽略的蒙气差误差；当天体高度介于15°和30°之间时，蒙气差的误差 $\Delta\rho$ 约为0′.2；当天体高度大于30°时，$\Delta\rho$ 小于0′.1。为减小蒙气差的误差影响，应观测高度大于15°的天体，最好观测高度大于30°的天体，此时蒙气差的误差可忽略不计。

（4）实际眼高差与表列眼高差不一致而产生的误差 Δd

眼高差的计算公式 $d=1.758\sqrt{e}$ 是经验公式，该公式是在平均大气状态下推导得到的，因此用它代替实际的眼高差会产生一定的误差 Δd 。该误差属于未定系统误差，并与折光差、气温和水温有关。在大洋上，该误差可忽略不计；在沿海、海湾特别是气温与水温相差很大时可产生不可忽略的误差。在沿岸海域采用天文定位的精度不高与 Δd 有关。

眼高的误差 Δe 引起的眼高差误差 Δd 可表示为：

$$\Delta d=\frac{0.886}{\sqrt{e}}\Delta e \tag{2-2-10}$$

如果眼高e=25 m，眼高估计有1 m的误差，则可引起眼高差的误差约0′.2。一般海船若以半载时的眼高代替满载或空载时的眼高，则可能产生0′.5 ~ 0′.7的眼高差误差。

（5）测天世界时误差引起的计算高度误差ε_h

测天世界时误差ΔT_G引起的计算高度误差可按下式计算：

$$\varepsilon_h = -0.25\cos\varphi\sin A \cdot \Delta T_G^S \tag{2-2-11}$$

ΔT_G主要是天文钟的钟差误差ΔCE，如果ΔCE=±1 s，则$|\varepsilon_h| \leqslant$ 0′.25，简言之，在最不利的情况下观测时间每秒的误差会导致计算高度产生0′.25的误差。若天文钟钟差测定较准或者用石英钟或卫星导航仪确定的测天世界，则该项误差可忽略不计。

综上所述，天文船位线的系统误差主要表现在高度差方面，而影响高度差系统误差的主要因素是观测高度中的误差，其中以眼高差和六分仪误差的影响为最大。只要正确调整和校正六分仪误差，熟练掌握观测方法，正规观测，天文船位线的系统误差对天文船位线的精度影响不大。对于实际眼高差与表列眼高差不一致而产生的误差，航海人员无法直接消除，在大洋中可忽略不计，但是在沿海、港湾特别是气温与水温相差很大的海域是产生天文船位线系统误差的主要原因。

2.随机误差（σ）

天文船位线的随机误差主要来自观测高度与计算高度。作图过程中如量取方位差、截取高度差和绘画天文船位线误差一般都不会太大，可忽略不计。

（1）观测高度随机误差σ_{ht}

观测高度的随机误差σ_{ht}由各种因素综合影响所致，如观测时的海况、避风情况、水天线的清晰程度以及测者的观测经验与水平等。此外，高度改正和六分仪最小读数的凑整也会产生小量误差。这些互不相关的因素的综合作用产生的误差，除凑整误差属于均匀分布外，其他都服从随机误差的正态分布规律。

在中纬海区，对于一个有经验的测者而言：

白昼观测太阳的单一观测标准差σ_{ht}为±0′.3 ~ ±1′.0，平均±0′.7；

晨昏测星的单一观测标准差σ_{ht}为±0′.5 ~ ±2′.0，平均±1′.2。如果不按照昼夜考虑，也可以笼统地认为天体单一观测的标准差约为±1′.0。

（2）计算高度随机误差σ_{hc}

计算高度的随机误差σ_{hc}主要包括对计算结果进行“四舍五入”时产生的凑整误差。每次凑整后所产生的最大凑整误差α等于近似数末位的±0.5个单位，即α=±0.5（末位）。经推证可得到最大凑整误差α是凑整标准差$\sigma_{凑}$的$\sqrt{3}$倍，即：

$$\sigma_{凑} = \pm\frac{\alpha（末位）}{\sqrt{3}} = \pm 0.29（末位）\approx \pm 0.3（末位） \tag{2-2-12}$$

航海天文历中的格林时角和赤纬均保留到分的小数点后一位，其最大凑整误差α = ±0′.05，则凑整标准差为：

$$\sigma_{凑} = \pm\frac{0'.05}{\sqrt{3}} \approx \pm 0'.03 \tag{2-2-13}$$

由于天文定位要求准确到0′.1，从上述计算结果可见，格林时角和赤纬保留到分的小数点后一位所产生的凑整标准差为±0′.03，该误差可忽略不计。

（3）天文船位线随机误差 σ

高度差 $Dh = h_t - h_c$，由误差传播定律得到天文船位线随机误差为：

$$\sigma = \pm\sqrt{\sigma_{h_t}^2 + \sigma_{h_c}^2} \tag{2-2-14}$$

（二）两天体定位船位误差

同时观测两天体，可得到两条天文船位线，其交点即为观测船位。由于两条船位线均存在误差，得到的观测船位也一定存在误差。因此，航海人员应尽量减小观测误差对观测船位的影响，同时正确分析所测船位误差的分布，做到心中有数，必要时应采取有力措施保证船舶航行安全。

航海实践中，通常是同一测者使用同一架六分仪在相同条件下观测两个天体，因此两条船位线可以认为是等精度的。下面讨论在等精度条件下的船位误差处理方法。

1.两天文船位线定位船位系统误差

由船位误差理论可知，两条等精度船位线定位，且船位线系统误差的符号相同（同号系统误差），由同号船位线系统误差引起的船位系统误差 δ 为：

$$\delta = \frac{1}{\sin\theta}\sqrt{E_{\varepsilon_1}^2 + E_{\varepsilon_2}^2 - 2E_{\varepsilon_1}E_{\varepsilon_2}\cos\theta} \tag{2-2-15}$$

如果两天文船位线系统误差相等，即 $E_{\varepsilon_1} = E_{\varepsilon_2} = E_\varepsilon$，则

$$\delta = E_\varepsilon \sec\frac{A_2 - A_1}{2} = E_\varepsilon \sec\frac{\Delta A}{2} \tag{2-2-16}$$

式中 A_1 和 A_2 分别为两天体的计算方位，$\Delta A = A_2 - A_1$ 为两天体的方位差角，由图2-2-10可知，消除了系统误差的船位位于过两船位线的交点 p 所作的两天体平均方位（$A_m = \frac{A_1 + A_2}{2}$）线上（图2-2-10中Ⅲ—Ⅲ）。平均方位线 A_m 是两天体方位差角 ΔA 的角平分线。

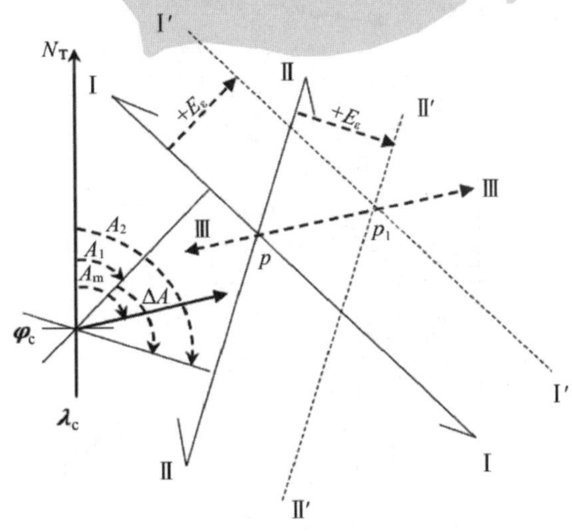

图2-2-10　两天文船位线定位船位系统误差

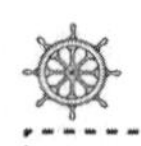

综上所述，两条天文船位线定位，在等精度条件下，只考虑系统误差的影响：

（1）两天体的方位差角 ΔA 趋近0°最好，趋近180°最差；

（2）过两船位线的交点 p 所作的两天体平均方位线可以认为是一条消除了系统误差的船位线；

（3）当两船位线系统误差 E_ε 同为"+"时，船位在平均方位的方向上；反之为"−"时，则在平均方位的反方向上。如高度差的系统误差 E_{D_h} 为"−"时，船位在平均方位的方向上；反之为"+"时，则在平均方位的反方向上。

2.两天文船位线定位船位随机误差

由船位误差理论可知，两条等精度船位线定位，船位随机误差可以用等精度标准误差椭圆描述。$\pm E_\sigma$ 为船位线的随机误差，θ 为两船位线交角，则等精度标准误差椭圆的长短半轴为：

$$a = \frac{\pm E_\sigma}{\sqrt{2}\sin\frac{\theta}{2}} \tag{2-2-17}$$

$$b = \frac{\pm E_\sigma}{\sqrt{2}\cos\frac{\theta}{2}} \tag{2-2-18}$$

$$\alpha = \frac{\theta}{2} \tag{2-2-19}$$

在等精度条件下，当 $\theta < 90°$ 时，a 为长半轴，b 为短半轴；当 $\theta > 90°$ 时则正好相反，a 为短半轴，b 为长半轴，即 a、b 互为长短半轴。因此误差椭圆长半轴总是位于两船位线交角的锐角平分线上（$\alpha = \frac{\theta}{2}$）。在描述两条船位线定位船位误差椭圆几何图形时，$\theta$ 总是取两条船位线交角的锐角。当两天体的方位差角 $\Delta A < 90°$ 时，长轴平行于 $A_m \pm 90°$ 的方向；当 $\Delta A > 90°$ 时，长轴平行于 A_m 的方向，如图2-2-11和2-2-12所示。

由于船位误差椭圆是等概率密度曲线，所以能直观地描述船位误差分布的方向，其长轴方向上船位随机误差大，短轴方向上船位随机误差小。

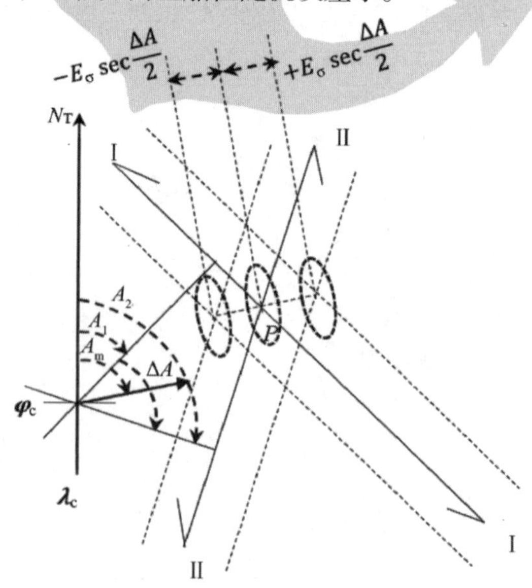

图2-2-11　两条天文船位线定位船位误差（$\Delta A < 90°$）

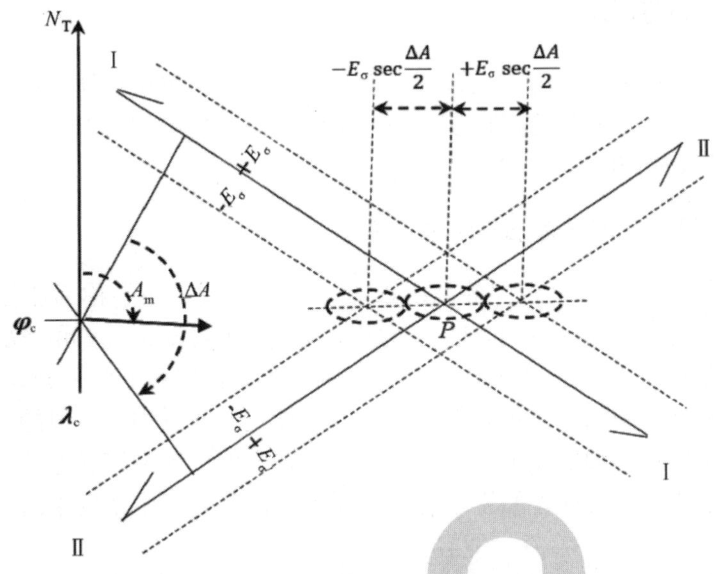

图2-2-12　两条天文船位线定位船位误差（$\Delta A > 90°$）

已知船位误差椭圆面积 $S = \frac{\pi E_\sigma^2}{\sin \Delta A}$，当真实船位落在误差椭圆内的概率一定时，椭圆面积越小，船位精度越高。很明显，在概率一定的前提下，当 ΔA 趋近90°时，误差椭圆的面积最小，船位精度最高；当 $\Delta A < 30°$ 或 $\Delta A > 150°$ 时，船位误差几何图形的面积急剧增大，船位精度急剧下降。因此两天体定位只考虑随机误差的影响，两天体的方位差角应在30°～150°，趋近90°最为有利。

3.两天文船位线定位误差综合分析

综上所述，在两天文船位线的系统误差和随机误差一定的前提下，船位误差主要取决于两条天文船位线交角 θ 或两天体的方位差角。其中方位差角 ΔA 取值范围为30°～150°，以60°～120°为好，趋近90°最好；船位线交角 θ 取值范围为30°～90°，以60°～90°为好，趋近90°最好。

当两天体方位差角大于或小于90°时，系统误差和随机误差引起的船位误差大小和方向不尽相同：

（1）等精度条件下，当两天体方位差角 $\Delta A < 90°$ 时（如图2-2-11所示），在大洋上，随机误差占主导地位，观测船位在两船位线交角的锐角平分线上（$A_m \pm 90°$ 方向）误差大；在沿海，未定系统误差占主导地位，观测船位在 $\pm A_m$ 方向上误差大；当不能确定哪种误差占主导地位时，上述任何一个方向上的危险物均不能被忽视。

（2）等精度条件下，当两天体方位差角 $\Delta A > 90°$ 时（如图2-2-12所示），系统误差和随机误差均使观测船位在两船位线交角的锐角平分线方向上误差大，系统误差和随机误差引起的船位误差在该方向上相互叠加，这时该方向上的危险物更应引起注意。

（三）三天体定位船位误差

同时观测三个天体，可以得到三条天文船位线，由于不可避免地存在误差，使得三条船位线交于一个三角形，称其为船位误差三角形。正确处理船位误差三角形并估计船位误差是获取高精度天文船位的前提。

1.三天体定位船位系统误差三角形的处理

如果三条船位线均只含有相同的系统误差，船位误差三角形称为船位系统误差三角形，该误差三角形通常较大。由两条船位线定位误差知识可知，过三角形的三个顶点（每两条船位线的交点），分别作三条平均方位线（两天体方位差角的角平分线），每条平均方位线都可以看成是一条消除了系统误差的船位线，那么三条平均方位线的交点就是消除了系统误差的观测船位。这种情况下，航海人员不必知道船位线系统误差的大小就可以将其抵消，而天文船位线的系统误差属于未定系统误差，因此从这个角度来讲也应尽量观测三个天体定位。

以下介绍三天体分布范围大于180°和小于180°两种情况下的确定消除系统误差的观测船位。

（1）三天体分布范围大于180°时的船位系统误差三角形的处理方法

当三天体分布范围大于180°时，过船位误差三角形的三个顶点分别作三条平均方位线（两天体方位差角的角平分线，三角形的内角角平分线），其交点p就是消除了系统误差的观测船位，该点位于船位系统误差三角形内切圆的圆心上（内心），见图2-2-13（通过消除了系统误差后的船位p可判定船位线系统误差为“+”）。航海实践中可以按照上述规则作图直接确定消除了系统误差后的船位。

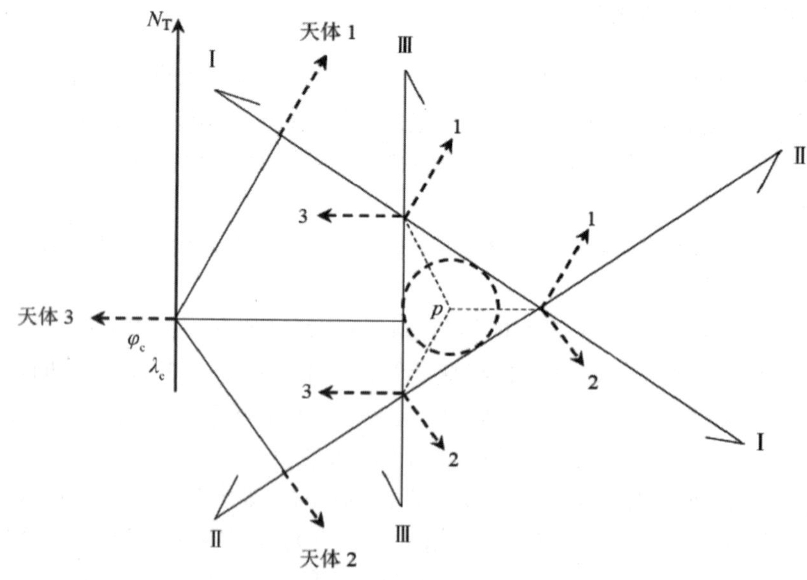

图2-2-13　天文船位系统误差三角形的处理（三天体分布范围大于180°）

（2）三天体分布范围小于180°时的船位系统误差三角形的处理方法

当三天体分布范围小于180°时，过船位误差三角形的三个顶点分别作三条平均方位线（两天体方位差角的角平分线），其交点p就是消除了系统误差的观测船位，该点位于船位系统误差三角形之外，中标船位线外侧，旁切圆的圆心上，见图2-2-14（通过消除了系统误差后的船位p可判定船位线系统误差为“+”）。航海实践中可以按照上述规则作图直接确定消除了系统误差后的船位。

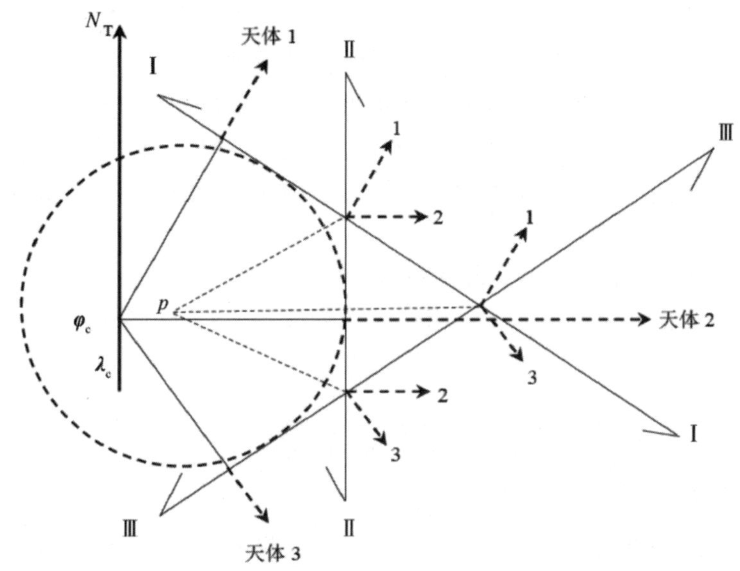

图2-2-14　天文船位系统误差三角形的处理（三天体分布范围小于180°）

2.三天体定位船位随机误差三角形的处理

如果三条船位线均只含有相同的随机误差，船位误差三角形称为船位随机误差三角形，该误差三角形通常较小。

（1）三条等精度天文船位线求最概率船位

船位误差理论已经证明，三条等精度天文船位线定位，无论三个天体如何分布，最概率船位一定位于船位误差三角形之内，而且距三角形各边的距离与对应各边的边长成比例。如图2-2-15所示，d_1∶d_2∶d_3＝a ∶ b ∶ c，这就是边距比例法。

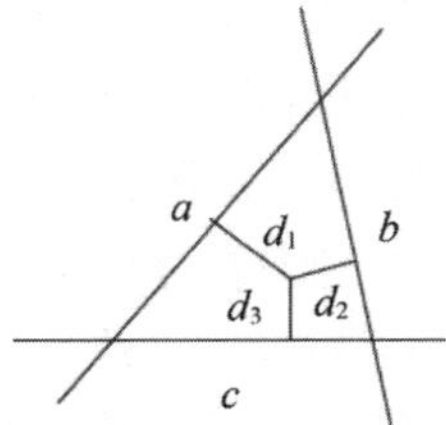

图2-2-15　边距比例法确定最概率船位

在实际工作中，由于随机误差三角形较小，没有必要一定按照上述比例关系求取最概率船位，而是根据边距比例法的原则总结出用目视法在三角形内直接确定最概率船位，其原则是：最概率船位位于三角形之内且“靠近短边、大角”的位置。图2-2-16为目视法确定最概率船位。

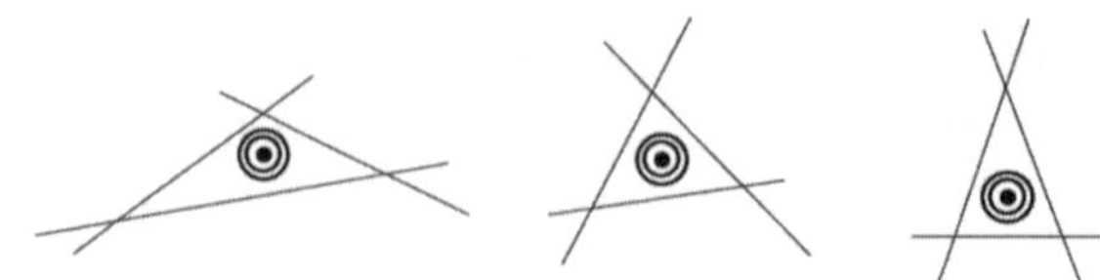

图2-2-16　目视法确定最概率船位

另外，最概率船位也可以用作图的方法求出，船位随机误差三角形的三条反中线（以三角形内角角平分线为对称轴，与中线对称的线即为反中线）的交点即为最概率船位。除此之外，也可用解析法求出最概率船位。航海实践中在船位随机误差三角形中确定最概率船位以目视法最为多见。

（2）三条等精度天文船位线定位最概率船位的误差

由误差存在的必然性可知，三天体定位求得的最概率船位也必然存在误差，描述该误差的误差圆半径为：

$$M=\frac{\sqrt{3}E_{\sigma}}{\sqrt{\sin^{2}\theta_{2,3}+\sin^{2}\theta_{1,3}+\sin^{2}\theta_{1,2}}} \tag{2-2-20}$$

式中：$\theta_{2,3}$ 、$\theta_{1,3}$ 和 $\theta_{1,2}$ 分别为每两条船位线夹角（方位差角）。

由上式可知，在船位线误差一定时，当三天体分布范围小于180°，相邻两天体的方位差角趋近60°最好；当三天体分布范围大于180°，相邻两天体方位差角趋近120°最好，此时误差圆半径 $M=\frac{2}{\sqrt{3}}E_{\sigma}$ 达到最小，即观测精度最高，与三天体定位的基本原则一致。

（3）三天体定位误差三角形综合处理

①一般情况下，如果误差三角形每边不超过3′，可按随机误差三角形处理，即按照靠近“短边大角”的原则确定观测船位。

②如果船位误差三角形较大，三个天体分布范围又在180°以内。这时可先按照系统误差三角形处理得到观测船位为三角形外的 p_1 点，再按照随机误差三角形处理得到观测船位为三角形内的 p_2 点，最后取 p_1 和 p_2 两点连线的中点作为观测船位 p。

③当三个天体分布范围在180°以上时，无论按照系统误差三角形还是随机误差三角形处理，观测船位都在船位误差三角形之内，特别是当三天体相互之间的方位差角均为120°时，两种处理方法得到的观测船位相同，因此该点作为观测船位的可信赖程度最高。

综上所述，三个天体定位，应观测分布范围在180°以上的三个天体，以相邻两天体的方位差角趋近120°为最好。这是三天体定位要遵循的基本原则之一。另外，根据消除了系统误差的船位 p 可以判断出船位线系统误差的 “±”。航海人员在利用三天体定位后，应根据有关误差知识，对观测船位的误差有一个正确的判断，做到心中有数。如有必要，应根据当时的航行情况，做出适当的航行调整，使船舶始终安全、经济地航行。

（四）观测太阳移线定位及其误差

海上航行，尤其是大洋航行无法借助陆标定位时，可以使用天文定位的方法。白昼可以采用：①太阳移线定位；②白天同时观测太阳和月亮定位（上弦月的下午或下弦月的上午是有利时机）；③白天同时观测太阳和金星定位；④低纬度海区太阳特大高度定位。晨昏采用星体定位。

白昼最常见的天体是太阳，在观测一次太阳求得一条太阳船位线之后，间隔一段合适时间再观测一次，求得另一条太阳船位线，然后利用转移位置线理论，将两条不同时刻的位置线转移到同一时刻从而确定船位的方法就是太阳移线定位。

1.太阳移线定位的条件

两次观测间的时间间隔越短，转移船位线所带来的航向、航程的推算误差就越小。由船位误差理论可知，使用两条船位线定位，两船位线的交角应在30°～90°，以趋近90°为最佳。这就需要在短时间内，太阳方位有较大变化。兼顾两方面的要求，在一般情况下，两次观测的时间间隔一般为1～2 h；太阳方位变化一般为30°～50°，以不小于30°为宜。

2.太阳移线定位的有利时机

太阳在中天前后其方位变化较快，在较短的时间内，太阳方位变化就可超过30°。所以，太阳中天前后一段时间是观测太阳移线定位的有利时机。在低纬海区，测者纬度与太阳赤纬接近时，从日出到中天前和中天后到日没，太阳方位变化非常缓慢，不宜进行太阳移线定位。但是在太阳中天前后十几分钟甚至几分钟之内，太阳方位变化就可达到30°以上。

3.太阳移线定位的误差

观测太阳移线定位，观测船位的准确性主要取决于两次观测间航向与航程的误差及船位线夹角的大小。

（1）航迹向误差对移线船位线的影响

若两次观测间航程没有误差，航迹向含有$\pm\Delta C$的误差，ab为两次观测间航迹向误差所引起的船位线的误差

$$ab=\pm s\,\Delta C\ \cos(90-Q)=\pm s\,\Delta C\ \sin Q$$

式中：s为航程；Q为舷角。

由公式可得ab随Q而变，Q=90°时，误差最大；Q=0°时，误差为0。所以，只考虑航迹向误差，应该待天体位于首尾方向或其附近时进行第一次观测。

（2）航程误差对移线船位线的影响

若两次观测间航迹向没有误差，航程含有$\pm\Delta s$的误差，ab为两次观测间航程误差所引起的船位线的误差

$$ab=\pm\Delta s\ \cos(A_c-C)=\pm\Delta s\ \cos Q$$

式中：A_c为航迹向；Q为舷角。

Δs为定量时，ab随Q而变，Q=0°时，误差最大；Q=90°时，误差为0。所以，为消除或减小该项误差，有条件时，可待天体位于正横方向或其附近时进行第一次观测。

航行中获得一条天文船位线应该充分合理地使用单一位置线。概括起来，一条单一的位置线，大体上可有与航线垂直、平行和相交成任意其他角度三种情形。当位置线与航线垂直时，可用以判断推算船位超前或落后于实际船位的情况；如果位置线与航线平行，可用以分析船舶左右偏航的情形；如果该位置线与航线相交成任意其他角度，就只能在一定程度上缩小概率船位区；如果单位置线是东西方向的，可用以判断船位的纬度；如果该位置线是南北方向的，可用以判断船位的经度。

第三节●船载卫星导航

一、卫星导航系统概述

卫星导航系统可为全球用户提供全天候、高精度（几米到几十米）、连续、适时（近于实时）的三维定位、导航与授时（PNT）服务，作为INS统一公共基准系统（CCRS）的基准信息，借以实现动态船位显示，输出导航信息，完成航线规划、航线监控、避碰、航行控制数据、航行状态及数据显示等综合航行系统要求的功能。

目前，可供商船使用的卫星导航系统主要有美国的GPS、俄罗斯的GLONASS、中国的北斗（BDS）和欧盟的伽利略（GALILEO）。GPS于1995年4月全面投入运行，目前占据了90%以上的民用市场，其供军方及高端用户使用的P码定位精度可达1 m，供民用的CA码定位精度为20 ~ 30 m。目前民用GPS的实际定位精度已远超过其公布值，根据美国政府GPS官网2016年的数据显示，其水平位置精度优于3 m，授时精度优于40 ns（95%置信度）。GLONASS系统于1995年12月建成，采用了军民合用、不加密的开放政策，定位精度为10 ~ 20 m，由于其发展缓慢，目前民用市场十分有限。北斗系统于2000年开始建设，2020年7月，北斗三号全球卫星导航系统正式开通，这标志着北斗事业进入全球服务新时代。系统运行稳定，持续为全球用户提供优质服务，开启全球化、产业化新征程。北斗三代系统可提供授权和开放两种服务，系统民用免费用户的定位精度可优于10 m。伽利略系统由欧盟主导，由欧洲空间企业集团公司参与建设运营，计划于2020年全面完成，其免费的公共服务可提供水平方向4 ~ 15 m的位置精度，授时精度为50 ns。

二、用户位置、时间及其他导航信息获取

（一）用户位置信息获取

卫星导航系统由卫星、地面站和用户三个部分组成，如图2-3-1所示。在定位原理上，目前的卫星定位系统主要采取球面测距定位方法，用户通过接收卫星导航电文中的卫星星历可精确确定卫星的位置，通过测量到三颗卫星的距离便可以得到以卫星为球心、以卫星到用户的距离为半径的三个球面，其交点即为用户的三维空间位置。

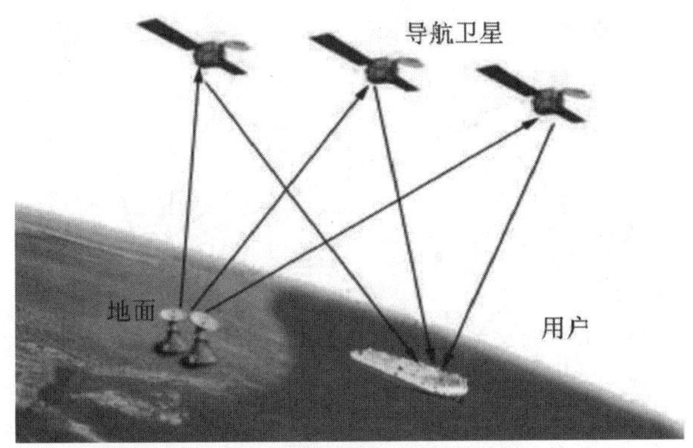

图2-3-1　卫星导航系统组成

用户测距是通过测定信号从卫星到用户的传播延时，转而求得用户到卫星的距离。由于卫星信号在传播时经过了电离层和对流层的折射，所走的路径并非直线，用户所测的到卫星的距离并非用户到卫星的真实距离（伪距离，简称伪距），所以定位时必须消除电离层和对流层折射误差。另外，系统还要严格校对卫星的时钟误差，其可由导航电文中的卫星钟差校正参量予以消除。而用户时钟偏差作为未知量在观测方程中求解，所以用户三维定位时需要接收四颗卫星的信号，而二维定位需要接收三颗卫星的信号。

（二）用户时间信息获取

卫星导航系统本身都有精密的原子钟作为时间基准（称为系统时），精度一般为10^{-15}~10^{-13} s。用户利用上述时钟偏差求解可获得自身相对于系统时的偏差量，利用此偏差量将用户的时间换算成系统时，因此可获得精密的系统时间信息。

（三）用户差分位置信息获取

普通的卫星导航用户定位精度不高（普遍在10 m以上），限制了用户在高精度导航领域的应用，于是，差分定位技术得到了较快的发展。下面以差分GPS（DGPS）为例介绍用户差分位置的获取。

DGPS是利用差分技术对GPS用户的观测量进行修正，从而获得高精度的定位结果的。目前差分GPS可以将CA码接收机的定位精度提高到米级、亚米级甚至是厘米级。

DGPS由GPS卫星网、基准站、校正数据链及用户四部分组成，如图2-3-2所示。DGPS基准站的位置精确已知，基准站用GPS接收机定位后，与其已知位置比较，计算出修正量（伪距、位置修正量等）。一般DGPS用户和基准站之间距离较近（如100 n mile以内），两者的GPS接收机观测定位误差基本相近，基准站的误差修正数据可以被用户用来修正其观测结果，该误差修正数据被称为差分修正数据。基准站通过数据链以广播或其他的通信方式将差分修正数据发送给用户，对用户测量的数据进行修正，使用户获得高精度的定位结果。目前广泛应用于航海上的差分技术为伪距差分。

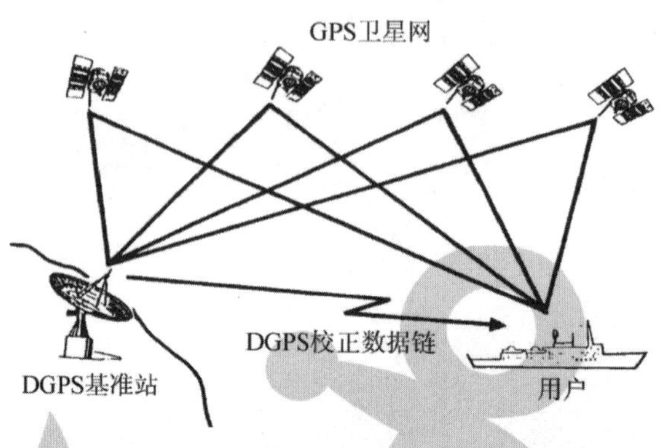

图2-3-2　DGPS组成

为了进一步扩大DGPS的覆盖范围，还可以通过地球静止轨道（GEO）卫星播发差分数据，如美国的广域增强系统（WAAS，Wide Area Augmentation System）、欧洲的静地星导航重叠服务系统（EGNOS，European Geostationary Navigation Overlay Service）。

（四）其他导航信息获取

在获取了精确的位置和时间信息的基础上，用户还可以得到其他的导航信息：

1.对地速度（SOG，Speed Over Ground）

导航仪测速可通过两种方法，第一种是通过位置的变化求解用户的速度，如图2-3-3所示，连续记录两次及以上用户船位信息，根据船位变化可得用户位移，用位移除以对应的时间即可得用户对地速度。这种方法通过一定的算法即可完成，辅之以时间平滑，可以提高求解的精度，其实现简单，适用于速度变化较慢的场合。大多数船载导航仪采用此方法。

另一种求解速度的方法是利用多普勒效应，用户通过观测卫星载波信号的频移，利用多普勒公式求解用户和卫星的相对速度，而卫星的位置及其变化已知（即卫星的速度已知），所以用户的速度即可求解。这种方法适用于动态性较强的场合。

2.对地航向（COG，Course Over Ground）

对地航向也是通过用户位置的变化求取的，如图2-3-3所示，连续记录两次用户船位信息，两点连线即为用户的空间矢量，进而可求取该矢量与真北的夹角。这个夹角为船舶航迹与真北的夹角，也称航迹向，它与船首向（Heading）显然是不同的。

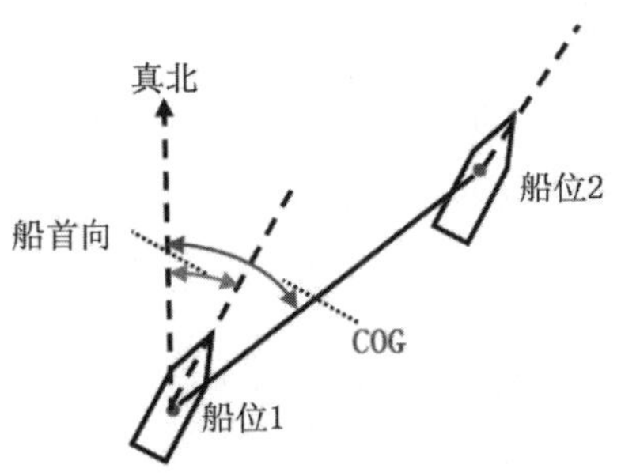

图2-3-3 SOG和COG求取

3.**转向点（Waypoints）**

相关信息用户在导航仪中可存储一系列的转向点（Waypoints）位置，用以完成转向点导航和航线导航的相关任务。根据当前船位与目标转向点的位置，可求取目标转向点的方位（BRG）与距离（RNG），再根据用户的平均航速（AVR-SPD）可求取达到目标转向点的预计达到时间（ETA）和累计航行时间（TTG，Time to Go）。

三、航海用户位置与时间信息利用

（一）位置与时间信息的实船功能

（1）利用导航仪获取的船位信息，海上用户可以实现如下导航功能：

①显示动态船位，与电子海图（ECDIS）相连实现航迹标绘。

②实现转向点导航功能，包括转向点的录入、编辑、上传，计算并显示到下一个转向点的距离（RNG）、方位（BRG）及航行时间（TTG）。

③实现航线导航功能，包括航线的输入、编辑、上传，显示偏航值（XTE），监控航线的执行。

④计算并显示导航信息，如预计达到时间（ETA）、航迹向（COG）、航迹速（SOG）。

⑤将导航仪输出的船位及导航信息与INS的众多设备（如雷达、AIS、ECDIS等）连接，实现信息共享，完成船舶避碰、航线监控等诸多功能。

（2）利用导航仪获取的时间信息，海上用户可以实现如下功能：

①为船舶日常运营提供精确的时间信息：如预计到达时间（ETA）的估算、经济航线的设计计算。

②确保某些航海设备的正常工作：如给基于时分多址（TDMA）技术工作的船载AIS设备提供时间同步，为航行数据记录仪（VDR）提供精确的时钟。

③为INS提供时间标准：INS必须通过严格统一的时间系统完成数据传递、计算、显示及命令的执行。

（二）船位和时间信息安全

对于航海用户而言，卫星导航仪所提供的船位和时间信息既是完成常规导航任务的前提保障，又是实现综合航行任务的基础，对于船舶的操纵避碰、自动驾驶以及安全航行等方面意义重大，驾驶团队应着重从以下几个方面审慎面对导航仪的信息安全问题：

（1）谨慎性

充分认识并掌握信息误差理论、来源，以谨慎性的原则利用信息。

（2）统一性

由于存在多个船位及时间传感器，根据INSCCRS的原则，必须解决数据的统一性问题。

（3）完善性

对于每个导航仪，应通过验证其信息的完善性，确保数据安全。

（4）可靠性

对于多传感器系统，应通过比对方法验证其信息的可靠性，来确保航行的安全。

（5）局限性

导航仪所提供导航信息，如COG和SOG，有其自身的局限性，驾驶团队应有清醒的认识。

驾驶指挥者在任何时候、任何环境、任何局面下都必须牢记信息安全是航行安全的前提与保障。从严格的意义上理解，导航仪获取的位置与时间并不是航行最终的定位与定时，而是卫星导航系统的“授位（Positioning）”与“授时（Timing）”，必须尽可能地与其他手段取得的位置与时间比对，最终实现定位和定时。比如，卫星船位应得到雷达船位或推算船位的验证，才能保障航行安全。

四、卫星导航系统误差

随着信息航海的全面发展和船舶自动驾驶技术的深入应用，理解并掌握卫星导航系统的误差理论、来源，对于保障导航仪信息安全至关重要。

（一）卫星导航系统误差相关概念

卫星导航系统的误差主要包括伪测距误差、几何误差以及相关导航政策带来的误差等方面。

如图2-3-4所示，伪测距误差是指用户测量伪距的误差，反映的是距离测量误差，单位为m。如GPS接收机等效测距误差为4.3 m（P码）和8.6 m（CA码），北斗接收机在忽略电离层延迟模型误差的情况下等效测距误差为2.5 m。

测距误差不同于位置误差，要确定用户的位置误差还要看用户和卫星之间的空间分布。

几何误差是指当测距误差固定时，卫星的空间几何分布所带来的用户最终位置（或时间）解的精度也不同，它通常用比值来表示，也称为几何精度因子。伪测距误差乘以几何精度因子即为用户最终的位置误差。

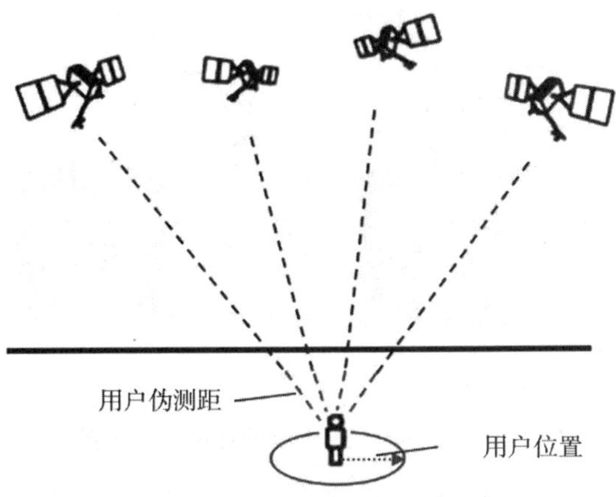

图2-3-4　伪测距误差和位置误差

导航政策误差主要是指针对不同用户提供不同的导航服务所引起的系统性误差，如美国所采用的GPS选择可用性政策（SA），它一度使得GPS的定位精度下降到100 m左右，SA后于2000年取消。

（二）伪测距误差

前已述及，由于大气折射和时钟偏差，用户所测的卫星距离为伪距，称为伪测距。伪测距误差包括卫星误差、信号传播误差及接收机误差。

卫星误差主要有卫星星历误差和卫星钟差。卫星星历误差是指卫星星历给出的卫星空间位置与卫星实际位置间的偏差，由于卫星空间位置是由地面监控系统根据卫星测轨结果计算求得的，所以又称为卫星轨道误差。星历误差是卫星导航系统测量误差的重要来源。卫星钟差是指导航卫星上原子钟的钟面时间与导航系统标准时间的差异。导航卫星均采用高精度的原子钟，但它们与系统标准时之间仍然有偏差和漂移。

信号传播误差有电离层折射误差、对流层折射误差和多径效应，如图2-3-5和2-3-6所示。多径效应是指导航接收机接收到一个以上传播路径的合成信号产生的测量误差。多路径主要由接收天线附近建筑物反射引起，如高大建筑物、船舶高层结构等。

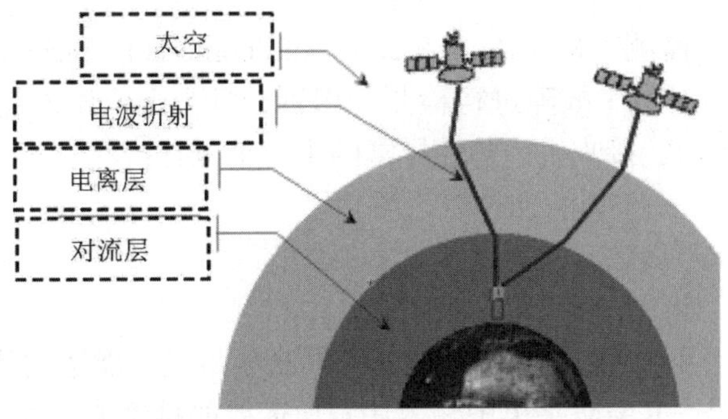

图2-3-5　卫星信号电离层及对流层折射误差

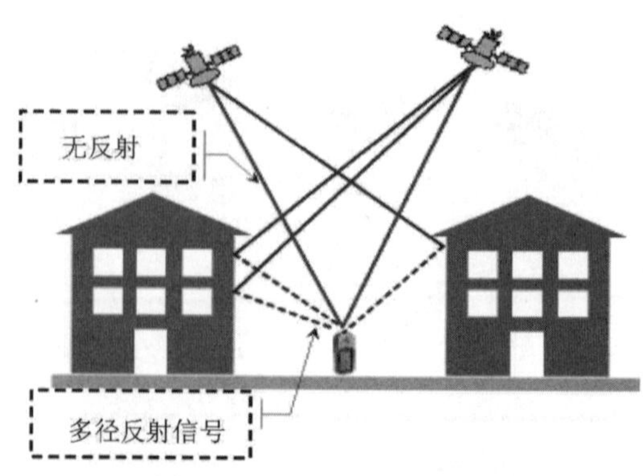

图2-3-6　卫星信号多径效应误差

接收机误差主要有接收机通道间偏差、接收机噪声及量化误差。这些误差来自接收机软、硬件电路。

（三）几何误差

当测距误差固定时，定位误差受到用户与卫星间的几何关系（空间分布）的影响，其影响程度可用几何精度因子*GDOP*来表示，理解为1 m的测距误差所引起的测者位置及时间误差值。*GDOP*的值越小，表明所选卫星的几何图形配置越理想，位置和时间的偏差值也相应越小。*GDOP*包括三维位置精度因子*PDOP*和时间精度因子*TDOP*，而*PDOP*又包括水平精度因子HDOP和高程精度因子*VDOP*。

作为海上用户，更关心的是水平位置精度因子*HDOP*。举例说明利用精度因子来计算用户的定位误差：已知某导航接收机等效测距误差（σ）为8.6 m（CA码），假设接收机显示其*HDOP*=1.2，则用户可以计算出：水平位置误差=伪测距误差（σ）×*HDOP* = 10.3 m（CA码）。

目前大部分船载导航仪都可以显示*HDOP*值，其值越大定位精度越差，进入相关菜单查看*HDOP*值，可以了解位置精度。

五、接收机自主完善性监测（RAIM）

接收机自主完善性监测（RAIM，Receiver Autonomous Integrity Monitor）是指利用接收机自身冗余的观测值对卫星故障进行检测和识别，且当定位误差超过允许门限时，系统能够及时给出告警的能力。接收机完善性异常的主要来源有：

（1）卫星信号异常；

（2）卫星几何分布不理想，几何误差太大；

（3）用户端异常，如用户天线暂时被遮蔽。

对于船载导航仪，可以通过RAIM功能来诊断接收机是否能达到预定的位置精度。如某些GPS导航仪的做法是在RAIM菜单中输入用户所需要的精度值（如30 m），接收机通过一定的算法来判定最终定位结果是否能满足精度门限，并以字符提示的形式出现在屏幕上。

如谷野FURUNO-GP37型导航仪将显示：

①SAFE：位置精度满足设定值。

②CAUTION：谨慎，位置精度不满足设定值。

③UNSAFE：位置精度低，定位不可靠。

六、船载卫星导航仪信息安全

（一）船载卫星导航仪船位信息可靠性验证

对于驾驶团队指挥者而言，判断导航仪的船位信息是否可靠对于安全航行至关重要，尤其是当船舶靠离码头、狭水道航行或航道拥挤时，导航仪的误差直接关系到航行的精确性和安全。可以通过如下途径来验证导航仪船位的可靠性：

（1）通过多台导航仪的卫星船位互相比对，如果发现某台导航仪的船位与其他导航仪的船位偏差较大，应保持谨慎。

（2）利用导航仪显示的*HDOP*值估算误差大小，一般地，当*HDOP*≤4，根据GPS接收机性能标准，位置精度优于100 m；*HDOP*在5～8，位置误差大于100 m；而当*HDOP*≥9时，定位精度很低，应注意避免采纳此时的定位结果。

（3）利用导航仪完善性监测（RAIM）功能来判断船位误差，在设置RAIM门限值时，应考虑航行的实际需要，过小的门限值易出现频繁报警，过大的门限值对于安全不利。

（4）利用码头、船坞等已知船位估算误差大小，如出现船位在陆地上的情况，应先检查坐标系选择是否正确，然后判断误差的大小。

（5）利用雷达定位或其他定位手段与导航仪船位比对，但要注意其他定位方法的精度。

（二）船载卫星导航仪船位和时间信息统一性要求

根据INS CCRS要求，INS的所有子系统都必须使用相同的船位和时间信息源。随着商船上导航仪安装台（套）数的增加，在增加了信息冗余性的同时，统一性问题必须得到解决。驾驶团队应仔细检查各个INS子系统的信息输入源的设置，确保输入AIS、雷达和电子海图等设备的船位和时间信息符合统一性要求。

另外，根据INS对统一公共参考点（CCRP）的要求，目标的相对数据如距离、方位、相对航向和航速、CPA/TCPA的测量应该采用统一的参考点。CCRP推荐使用驾驶指挥位置，可由导航仪天线位置（船位）经过修正得到。对于驾驶指挥者而言，应重视CCRP船位的来源，并验证其船位的可靠性。一旦发现提供CCRP的导航仪船位异常，应及时切换到其他适合的船位传感器。

（三）船载卫星导航仪导航信息局限性

1.对地航向（COG）的局限性

对地航向是导航仪提供的航迹向，是船舶的航迹与真北的夹角，它不同于船首向，并非船首与真北的夹角。对地航向不能用于实际操舵。

2.对地航速（SOG）的局限性

现在大部分导航仪都是通过位置变化求取对地航速的，它输出的是航迹速，是船舶过去一段时间的平均航速，它不同于绝对计程仪所测量的实时航速。当船舶机动较小时，SOG与计程仪航速基本一致，若频繁机动，则需谨慎。需要指出的是，当船舶静止时，SOG也会有动态显示，这是由船位误差导致航迹变化引起的。

目前很多INS设备接入了导航仪的SOG信号，人工设置流速和流向后可以得到对水速度。与计程仪实测的对水速度比较，由于来自不同的传感器，它们之间存在误差。因为前者存在人工输入的不确定性，所以船舶对水速度的获取，推荐使用计程仪。

（四）船载卫星导航仪差分定位局限性

差分定位的精度受用户与基准站距离影响较大，距离越近，误差相关性越好，差分定位精度越高；反之则定位精度下降。换句话说，差分用户要求的差分精度越高，差分系统的有效范围就越小。因此，驾驶决策者需特别注意DGPS的可用性问题。一旦DGPS失效（不在设定的差分精度覆盖范围或DGPS信号被遮挡），船位的精度可能下降较大。在给定精度的差分区域边界，当设备在GPS和DGPS模式之间自动切换时，有些设备可能出现定位精度变化异常的情况。

另外，我国沿海采用的无线电指向标/DGPS信号作用距离为300 km，超过此距离，可能收不到DGPS信号。

七、船载GPS卫星导航仪及其使用

（一）船载GPS卫星导航仪设备组成及连接

船载GPS卫星导航仪的设备组成一般包括天线、主机两部分。天线系固于室外，包括卫星天线和接收差分信号的鞭状天线。主机安装于室内，天线与主机之间通过线缆连接，主机所需电源为12/24 V直流电源，如图2-3-7和2-3-8所示。主机后方设有接口，可将GPS输出的数据信息连接到其他的助航设备和个人电脑上。

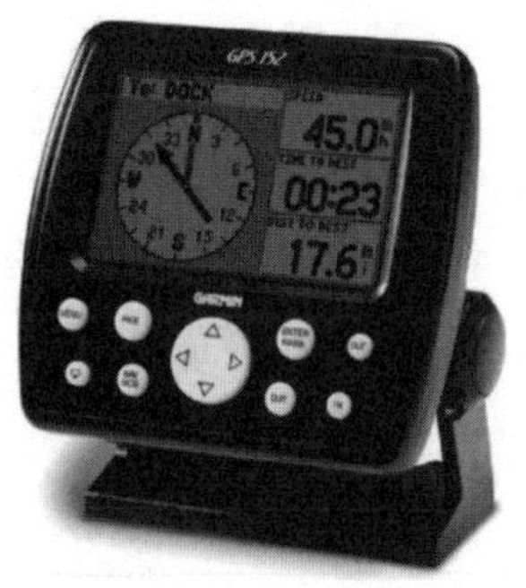

图2-3-7　GPS导航仪

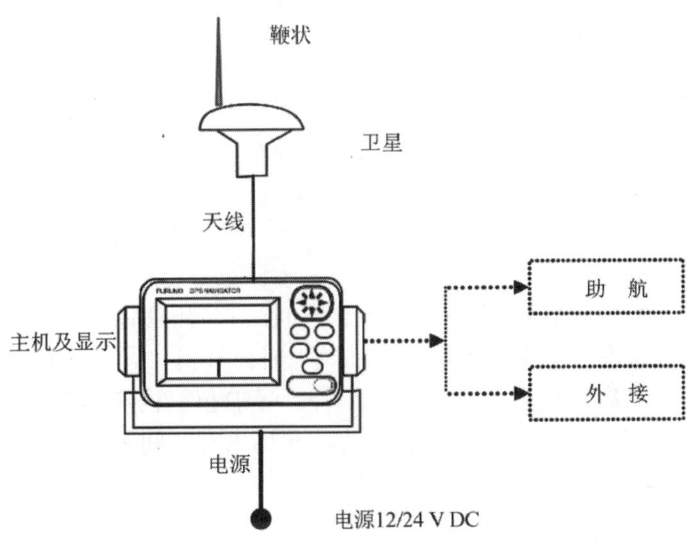

图2-3-8　GPS导航仪设备组成

为了确保用户能随时接收到足够数量的卫星及差分数据，天线在安装时应避免被大桅、雷达天线、卫星通信天线等遮挡。GPS卫星天线接头处应包扎好，防潮、防漏水，天线电缆应尽可能短并远离其他发射天线。

随着船舶驾驶自动化程度的提高，INS在商船上日益普及，GPS导航仪输出的船位及导航信息通过统一的接口标准及通信协议与其他众多设备进行连接，以实现信息共享，完成航行中的诸多任务。表2-3-1列出了GPS导航仪输出外设及主要功能。

表2-3-1　GPS导航仪输出外设及主要功能

外设名称	主要功能
1.陀螺罗经(Gyrocompass)	校正罗经纬度误差与速度误差
2.测深仪(Echo Sounder)	将动态船位和水深数据同步显示,可存储、打印
3.雷达(Radar)	显示动态船位,显示雷达目标或光标位置,实现AIS信息显示
4.自动舵(Autopilot)	实现转向点导航、航线控制
5.电子海图(ECDIS)	实现转向点导航、航线监控、航迹标绘

续表

外设名称	主要功能
6.航行数据记录仪（VDR）	记录动态船位
7.自动识别系统（AIS）	显示AIS动态船位、提供AIS系统同步时间
8.全球海上遇险与安全系统（GMDSS）	提供遇险船位，提供动态船位、UTC时间
9.综合航行系统（INS）	显示动态船位，提供时间基准，实现转向点导航、航迹标绘、航线监控等

（二）GPS卫星导航仪使用

1.GPS卫星导航仪启动

根据IEC 1108-1和我国GB/T 19391，GPS导航仪有三种启动模式，即冷启动（Cold Start）、温启动（Warm Start）和热启动（Hot Start）。冷启动所需定位时间较长（一般30 min之内），比如首次开机或关机超过7天后再开机。温启动所需定位时间不长（一般5 min之内），比如设备掉电24 h后开机。热启动达到正常定位时间最短（一般2 min之内），如日常的开机。

在多数情况下，实船GPS导航仪都处于热启动状态，开机后数秒钟内即可获取船位数据。如果用户长期未使用导航仪或当位置变动较大时再开机，容易出现定位时间延长的问题，导航仪可能处于冷启动或温启动状态。另外，导航仪机内有可供反复充电的锂电池，寿命一般为3年，一旦失效，关机后将无法保存卫星历书和时间等信息，也容易导致定位变慢，应及时予以更换。

2.GPS卫星导航仪初始化设置

在GPS卫星导航仪冷启动或温启动情况下，需要对其进行初始化操作，主要包括系统初始化（SYS SETUP）和GPS初始化（GPS SETUP），如表2-3-2所示。

表2-3-2　GPS导航仪主要设置

主要设置名称	所在菜单	设置要点
1.坐标系（DATUM）	SYS SETUP	根据所使用海图，通常选择WGS-84*
2.时差（TIME DIFF）	SYS SETUP	根据所在时区，如北京为+8:00
3.位置平滑（SMOOTH POS）	GPS SETUP	修正定位解算误差，商船一般输入1 s**
4.速度/航向平滑（SMOOTH S/C）	GPS SETUP	修正导航数据解算误差，商船一般输入3~5 s
5.平均航速（AVR SPEED）	GPS SETUP	求取航速的平均值，一般输入1 min
6.不可用卫星（DISABLE SV）	GPS SETUP	屏蔽不可用卫星，在卫星状态显示中查询不可用卫星，输入其编号
7.定位模式（FIX MODE）	GPS SETUP	定位模式选择，在海上选择2D/3D，如选2D需输入天线高度***

注：*：坐标系的输入要根据所使用的海图，如果设置不当，将产生海图标绘误差。中国旧版海图采用的是BJ-54坐标系，2008年7月1日以后，中国出版的海图坐标系均采用中国2000坐标系（CGCS2000），等同于WGS-84坐标系。

**：位置平滑是利用一段时间内的定位结果进行数学平滑，以此提高GPS的位置精度。设置过小，平滑效果较差；设置过大，船位更新率不够。

***：定位模式在海上一般选择2D/3D自动定位，尽量避免选择2D定位，因为2D定位需要输入天线高度值，错误输入将导致定位误差增大，一般1 m的天线高度误差将带来3 m的位置误差。

3.卫星状态显示

航海型GPS卫星导航仪大多可以显示卫星状态，以FURUNO GP32导航仪为例，从SATELLITE菜单调出的卫星状态显示如图2-3-9所示。

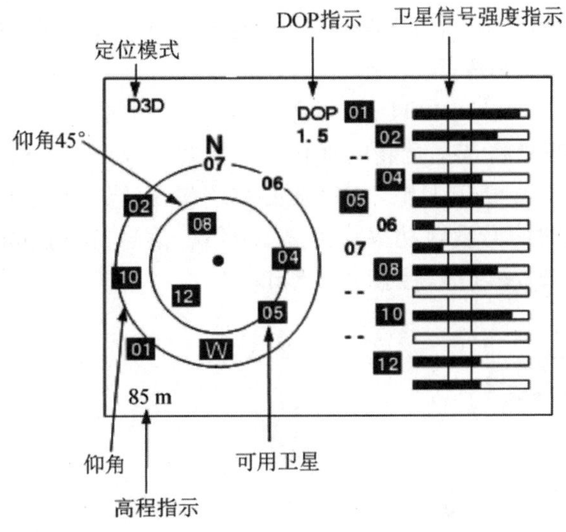

图2-3-9　GPS导航仪卫星状态显示

左侧同心圆星座图显示了可视卫星的编号及仰角分布；右侧显示所有卫星的信号强度，越过第一条竖线（25%）为可用卫星，未越过第一条竖线为不可用卫星。用户可以根据信号强度指示在GPS SETUP菜单中屏蔽不可用卫星（DISABLE SV），提高接收机的定位精度。另外，DOP值也显示在此界面上。

4.GPS导航仪报警功能

GPS还可以用于报警。通常报警的种类有：到达警（ARV）、锚更警（ANCHOR）、偏航警（XTE）、速度警（SPD）、DGPS警、时间警（TME）、距离警（RNG）。GPS卫星导航仪按照设置报警的种类进行报警。

注：限于篇幅，关于GPS导航仪导航功能的使用不在此论述。

八、GPS现代化

美国从1995年宣布GPS投入完全工作状态以后，为了能使GPS更好地满足军民和商业用户不断增长的应用需求，翌年便启动了GPS现代化计划，改进和完善GPS。其现代化计划主要包括以下内容：

（1）增加新的GPS信号。2005—2008年发射8颗改进的导航卫星，在卫星上播发新的军码和第二民码，在2006—2010年发射的导航星上增设第三民码。

（2）研发新一代军用GPS接收机，提高GPS的抗干扰能力。

（3）增强或视情关闭GPS发射信号，以防止GPS信号战时受干扰或被他国利用。

（4）改善地面设备。更新GPS地面测控设备，增加地面测控站的数量；用新的数字接收机和计算机来更新专用的GPS监测站和有关的地面天线；采用新的算法和软件，提高测控系统的数据处理与传输能力等等。

（5）实施GPSⅢ计划。早在2004年，美国国防部开始研究GPSⅢ的采购和结构概念，以便验证系统要求。GPSⅢ将选择全新的优化设计方案，放弃现有的24颗中轨道卫星，采用全新的33颗高轨道加静止轨道卫星。GPSⅢ全部卫星在轨运行在2015—2020年实现。与现有GPS相比，GPSⅢ的信号发射功率将提高100倍，信号抗干扰能力提高1 000倍以上，授时精度将达到1 ns，定位精度提高到0.2~0.5 m。

九、北斗卫星导航系统

（一）概述

北斗卫星导航系统（BeiDou Navigation Satellite System，英文简写为BDS，以下简称北斗系统）是中国着眼于国家安全和经济社会发展需要，自主建设运行的全球卫星导航系统，是为全球用户提供全天候、全天时、高精度的定位、导航和授时服务的国家重要时空基础设施。

北斗系统提供服务以来，已在交通运输、农林渔业、水文监测、气象测报、通信授时、电力调度、救灾减灾、公共安全等领域得到广泛应用，服务国家重要基础设施，产生了显著的经济效益和社会效益。基于北斗系统的导航服务已被电子商务、移动智能终端制造、位置服务等厂商采用，广泛进入中国大众消费、共享经济和民生领域，应用的新模式、新业态、新经济不断涌现，深刻改变着人们的生产生活方式。中国将持续推进北斗应用与产业化发展，服务国家现代化建设和百姓日常生活，为全球科技、经济和社会发展做出贡献。

北斗系统秉承“中国的北斗、世界的北斗、一流的北斗”发展理念，愿与世界各国共享北斗系统建设发展成果，促进全球卫星导航事业蓬勃发展，为服务全球、造福人类贡献中国智慧和力量。北斗系统为经济社会发展提供重要时空信息保障，是中国实施改革开放40余年来取得的重要成就之一，是中华人民共和国成立70余年来取得的重大科技成就之一，是

中国贡献给世界的全球公共服务产品。中国将一如既往地积极推动国际交流与合作，实现与世界其他卫星导航系统的兼容与互操作，为全球用户提供更高性能、更加可靠和更加丰富的服务。

（二）发展历程

20世纪后期，中国开始探索适合国情的卫星导航系统发展道路，逐步形成了三步走发展战略：2000年年底，建成北斗一号系统，向中国提供服务；2012年年底，建成北斗二号系统，向亚太地区提供服务；2020年，建成北斗三号系统，向全球提供服务。2020年7月31日，习近平总书记在人民大会堂庄严宣布：北斗三号全球卫星导航系统正式开通，这标志着北斗事业进入全球服务新时代。开通以来，系统运行稳定，持续为全球用户提供优质服务，开启全球化、产业化新征程。

（三）发展目标

建设世界一流的卫星导航系统，满足国家安全与经济社会发展需求，为全球用户提供连续、稳定、可靠的服务；发展北斗产业，服务经济社会发展和民生改善；深化国际合作，共享卫星导航发展成果，提高全球卫星导航系统的综合应用效益。

（四）建设原则

中国坚持“自主、开放、兼容、渐进”的原则建设和发展北斗系统。

自主。坚持自主建设、发展和运行北斗系统，具备向全球用户独立提供卫星导航服务的能力。

开放。免费提供公开的卫星导航服务，鼓励开展全方位、多层次、高水平的国际合作与交流。

兼容。提倡与其他卫星导航系统开展兼容与互操作，鼓励国际合作与交流，致力于为用户提供更好的服务。

渐进。分步骤推进北斗系统建设发展，持续提升北斗系统服务性能，不断推动卫星导航产业全面、协调和可持续发展。

（五）远景目标

2035年前还将建设完善更加泛在、更加融合、更加智能的综合时空体系。

（六）基本组成

北斗系统由空间段、地面段和用户段三部分组成。

空间段。北斗系统空间段由若干地球同步轨道卫星（GEO）、倾斜地球同步轨道卫星（IGSO）和中圆地球轨道卫星（MEO）三种轨道卫星组成混合导航星座。北斗三号采取3GEO+3IGSO+24MEO的星座构成，卫星与卫星之间具备通信能力，可以在没有地面站支持的情况下自主运行。

地面段。北斗系统地面段包括主控站、时间同步/注入站和监测站等若干地面站，以及星间链路运行管理设施。

用户段。北斗系统用户段包括北斗兼容其他卫星导航系统的芯片、模块、天线等基础产品，以及终端产品、应用系统与应用服务等。

（七）发展特色

北斗系统的建设实践，走出了在区域快速形成服务能力、逐步扩展为全球服务的中国特色发展路径，丰富了世界卫星导航事业的发展模式。

北斗系统具有以下特点：一是北斗系统空间段采用三种轨道卫星组成的混合星座，与其他卫星导航系统相比高轨卫星更多，抗遮挡能力更强，尤其低纬度地区性能优势更为明显。二是北斗系统提供多个频点的导航信号，能够通过多频信号组合使用等方式提高服务精度。三是北斗系统创新融合了导航与通信能力，具备定位导航授时、星基增强、地基增强、精密单点定位、短报文通信和国际搜救等多种服务能力。

推动国家综合定位导航授时（PNT）体系建设。目前，在国家有关部门的大力支持下，国家综合PNT体系建设正在推动实施。按照计划，我国2035年前还将建成更加泛在、更加融合、更加智能的国家综合定位导航授时体系，构建覆盖天空地海、基准统一、高精度、高安全、高智能、高弹性、高效益的时空信息服务基础设施，服务全球，造福人类。

北斗系统增强系统包括地基增强系统与星基增强系统。

北斗地基增强系统是北斗卫星导航系统的重要组成部分，按照“统一规划、统一标准、共建共享”的原则，整合国内地基增强资源，建立以北斗为主、兼容其他卫星导航系统的高精度卫星导航服务体系。利用北斗/GNSS高精度接收机，通过地面基准站网，利用卫星、移动通信、数字广播等播发手段，在服务区域内提供1~2米、分米级和厘米级实时高精度导航定位服务。系统建设分两个阶段实施，一期为2014年到2016年年底，主要完成框架网基准站、区域加强密度网基准站、国家数据综合处理系统，以及国土资源、交通运输、中科院、地震、气象、测绘地理信息等6个行业数据处理中心等建设任务，建成基本系统，在全国范围提供基本服务；二期为2017年至2018年年底，主要完成区域加强密度网基准站补充建设，进一步提升系统服务性能和运行连续性、稳定性、可靠性，具备全面服务能力。

北斗星基增强系统北斗卫星导航系统的重要组成部分，通过地球静止轨道卫星搭载卫星导航增强信号转发器，可以向用户播发星历误差、卫星钟差、电离层延迟等多种修正信息，实现对于原有卫星导航系统定位精度的改进。按照国际民航标准，开展北斗星基增强系统设计、试验与建设。目前，已完成系统实施方案论证，固化了系统在下一代双频多星座（DFMC）SBAS标准中的技术状态，进一步巩固了BDSBAS作为星基增强服务供应商的地位。

（八）服务与应用

1.基本导航服务信号

北斗三号提供B1I、B1C、B2a、B2b和B3I五个公开服务信号。如图2-3-10所示，

B1I 频段的中心频率为1 561.098 MHz，B1C 频段的中心频率为1 575.420 MHz，B2a频段的中心频率为1 176.450 MHz，B2b频段的中心频率为1 207.140 MHz，B3I频段的中心频率为1 268.520 MHz。

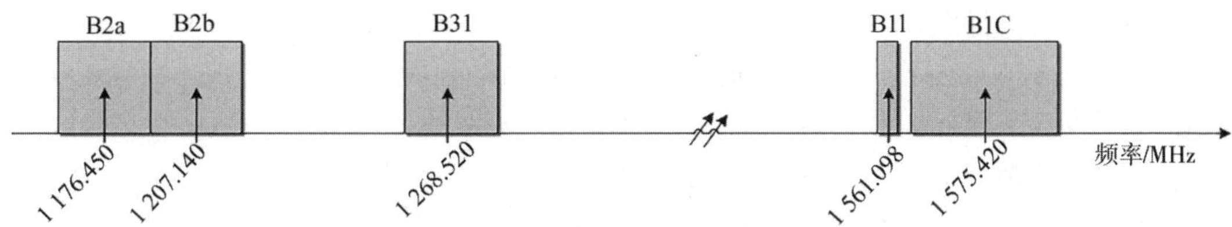

图2-3-10 北斗三号服务信号及频率

2.服务类型

北斗卫星导航系统共提供基本导航、精密单点定位、星基增强、短报文通信和中轨搜救等服务，如表2-3-3所示。

表2-3-3 北斗卫星导航服务类型

<table>
<tr><th colspan="2">服务类型</th><th>信号频点</th><th>卫星</th></tr>
<tr><td colspan="2" rowspan="2">基本导航服务</td><td>B1I、B1C、B2a、B2b、B3I</td><td>3IGSO+24MEO</td></tr>
<tr><td>B1I、B3I</td><td>3GEO</td></tr>
<tr><td colspan="2" rowspan="2">星基增强服务</td><td>BDSBAS-B1C</td><td rowspan="2">3GEO</td></tr>
<tr><td>BDSBAS-B2a</td></tr>
<tr><td rowspan="3">短报文通信服务</td><td>区域</td><td>L(上行),S(下行)</td><td>3GEO</td></tr>
<tr><td rowspan="2">全球</td><td>L(上行)</td><td>14MEO</td></tr>
<tr><td>B2b(下行)</td><td>3IGSO+24MEO</td></tr>
<tr><td colspan="2" rowspan="2">国际搜救服务</td><td>UHF(上行)</td><td>6MEO</td></tr>
<tr><td>B2b(下行)</td><td>3IGSO+24MEO</td></tr>
<tr><td colspan="2">精密定位服务</td><td>B2b</td><td>3GEO</td></tr>
<tr><td colspan="2">地基增强服务</td><td>移动通信实时播发、互联网事后下载</td><td>移动通信实时播发、互联网事后下载</td></tr>
</table>

交通运输是国民经济、社会发展和人民生活的命脉，北斗卫星导航系统是助力实现交通运输信息化和现代化的重要手段，对建立畅通、高效、安全、绿色的现代交通运输体系具有十分重要的意义。

主要包括陆地应用，如车辆自主导航、车辆跟踪监控、车辆智能信息系统、车联网应用、铁路运营监控等；航海应用，如远洋运输、内河航运、船舶停泊与入坞等；航空应用，如航路导航、机场场面监控、精密进近等。随着交通的发展，高精度应用需求加速释放。

（九）船载北斗卫星导航仪

1.船载北斗卫星导航仪功能介绍

船载北斗卫星导航仪主要功能有：

（1）定位与导航

实时显示本船位置、速度、航向；实时显示目的地所在位置、方位、距离；实时显示时间、日期；实时显示卫星状态及信号强度；转向点导航与计划航线导航。

（2）短报文通信

可与北斗终端和手机收发短消息，可存储、编辑短消息。一般的用户机一次可传输36个汉字，申请核准的可以传送120个汉字或240个代码。

（3）信息服务

包括潮汐查询、渔业生产信息、通航信息及其他增值服务信息。

（4）报警功能

包括接收机故障、天线故障、超速、偏航、完善性监测等报警功能。

（5）电子海图显示和航迹标绘

（6）AIS扩展功能

北斗终端安装AIS模块以后可以具有AIS的扩展功能。

图2-3-11为上海埃威航电有限公司生产的AWBDTS-1型船载北斗导航仪的显示窗口。该导航仪与GPS兼容，还具有AIS扩展功能。

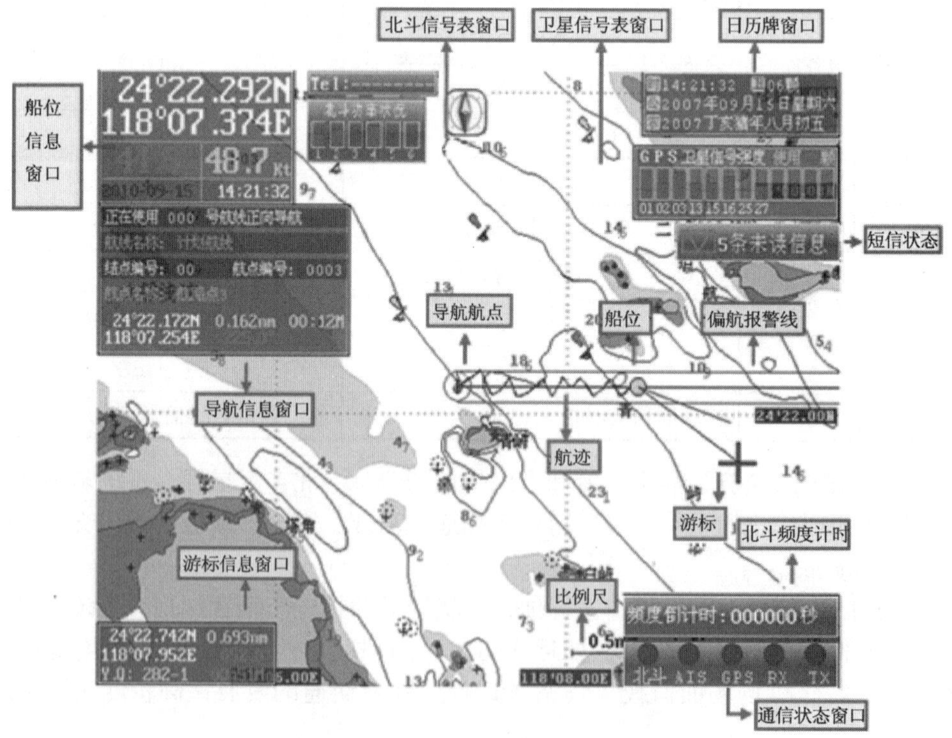

图2-3-11　船载北斗导航仪显示窗口

2.船载北斗卫星导航仪主要性能指标

根据《北斗卫星导航系统导航型终端通用规范》和IMO MSC. 379（93）决议，船载北斗卫星导航仪应满足下列要求：

（1）导航型终端应能接收到1 561.098 MHz（B1频点）的北斗卫星信号。

（2）捕获灵敏度应不大于-144 dBm；跟踪灵敏度应不大于-159 dBm。

（3）导航型终端的定位精度：在*HDOP*≤5的条件下，水平定位精度优于20 m（95%）；在*VDOP*≤5的条件下，高程定位精度优于20 m（95%）。

（4）首次定位时间：温启动（历书可用、有概略位置和时间、捕获概率优于95%），导航型终端首次定位时间应不大于60 s；热启动（历书可用、星历可用，有概略位置和时间、捕获概率优于95%），导航型终端首次定位时间应不大于15 s。

（5）失锁重捕时间：卫星信号短暂中断30 s后，导航型终端的失锁重捕时间应不大于5 s。

（6）测速精度：导航型终端的测速精度优于0.2 m/s（95%）。

（7）定时精度：在与UTC整秒时刻同步的条件下，导航型终端的定时精度应优于1 ms。

（8）定位测速更新率：在与UTC整秒时刻同步的条件下，更新率应不小于1 Hz（每秒刷新一次）。

（9）跟踪通道数：导航型终端的跟踪通道数应不少于16个。

（10）导航型终端应具备导航功能，并具有电子海图接口。

3.船载北斗卫星导航仪完善性检测及状态监测

导航型终端正常工作时，应能实时监测以下的状态，并通过显示或声光方式给出提示信息：

（1）导航型终端供电方式及电池容量；

（2）观测空域内的二维卫星星座分布图及其各卫星信号的锁定状态；

（3）完善性信息；

（4）定位状态，包括未定位、二维定位、三维定位及定位信息；

（5）时间信息，并标明BDT时间或UTC时间。

十、GLONASS和伽利略卫星导航系统

（一）格洛纳斯（GLONASS）卫星导航系统简介

GLONASS卫星导航系统由苏联于1978年开始研制，1995年12月14日完成卫星部署，1996年年底正式宣布投入使用。目前该系统由俄罗斯军方控制，不限制民用，不采取其他措施降低精度。GLONASS由导航卫星、地面站及用户设备三部分组成。

限于篇幅，仅将GLONASS和GPS的有关参数比较列于表2-3-4中。

表 2-3-4　GLONASS参数与GPS参数比较

GLONASS参数	GPS参数
频分多址识别卫星	码分多址识别卫星
发射频率：L_1为1 602.562 5～1 615.5 MHz L_2为1 246.437 5～1 256.5 MHz	发射频率：L_1为1 575.42 MHz L_2为1 227.60 MHz
轨道高度：19 100 km左右	轨道高度：20 183 km左右
运行周期：约11 h 15 min	运行周期：约12 h
轨道倾角：约64°	轨道倾角：约55°
轨道长半径：25 510 km	轨道长半径：26 360 km
24颗卫星分布在3个轨道上	24颗卫星分布在6个轨道上
轨道间隔为120°	轨道间隔为60°
CA码和P码	CA码和P码
无选择可用性SA	有选择可用性SA
播发卫星地心坐标、速度和加速度，更新时间30 min	播发卫星开普勒轨道参数，更新时间1 h
使用SGS-90坐标系（1993年后改为PZ-90坐标系）	使用WGS-84坐标系
使用与UTC-SU同步的GLONASS时间	使用与UTC-USNO同步的GPS时间

GLONASS的发展历经坎坷，1991年苏联解体后，俄罗斯经济等方面出现的问题极大地影响了GLONASS的发展，GLONASS星座的补网发射难以进行，星座维持难以为继，星座卫星数量最少时只有7颗，为了重新恢复GLONASS，2001年俄罗斯政府批准了GLONASS 2002—2011年发展计划，到2011年年底，格洛纳斯星座重新恢复到24颗卫星的完全工作状态。

（二）伽利略（GALILIEO）卫星导航系统简介

1.伽利略系统发展概述

2002年3月26日，欧盟各国交通部长正式签署协议开始建设欧洲自己的卫星导航系统——伽利略卫星导航系统，当时计划于2008年开始商业运行。伽利略系统最大的特点是从系统方案设计开始就由民间组织负责管理和实施，这为该系统未来广阔的应用提供了有力保障。但由于参与该计划的欧洲空间企业集团围绕利益分配问题的斗争导致伽利略工程进度一再延迟，直到2005年12月，首颗伽利略试验卫星才发射升空。从2011年开始，伽利略开始步入快速建设期，截至2017年年底，在轨卫星一共为22颗。

出于经济和战略需要，中国一开始积极参与伽利略计划的开发，2003年与欧盟达成伽利略卫星导航合作协定，计划投入2亿欧元，参与伽利略卫星导航技术、工业制造、服务和市场开发、产品标准化和频率等项目的建设，但后来伽利略各方利益纷争不断，中国退出了伽利略计划。

2.伽利略系统组成

伽利略系统主要包括伽利略卫星星座、地面监控中心以及用户接收机三部分。

根据伽利略计划，伽利略卫星星座由30颗卫星（27颗工作卫星，3颗备份卫星）构成，平均分布在3个地球轨道上，轨道高度为23 616 km，轨道倾角为56°。单颗卫星质量650 kg，功率1.5 kW。卫星上采用比GPS卫星原子钟更高精度和稳定度的铷原子钟。卫星发射信号有4个频段：E_5和L_5（1 164 ~ 1 215 MHz）、E_6（1 260 ~ 1 300 MHz）、E_2（1 559 ~ 1 563 MHz）、E_1（1 587 ~ 1 591 MHz）。

地面监控中心主要任务是控制伽利略卫星、管理导航任务，系统计划在欧洲大陆设置2个控制中心，在全球范围内部署20个伽利略系统数据中转站。

伽利略系统为用户定义了不同的服务级别，伽利略用户接收机也将有不同的种类，以满足不同的需求。

3.伽利略系统导航服务

伽利略系统为用户定义了4种不同级别的服务：

（1） 免费公共服务（PVT）

一般定位、测速和授时；定位精度（95%）：单频接收水平方向15 m、高度方向35 m，双频接收水平方向4 m、高度方向8 m；授时精度：双频接收时50 ns。

（2） 精确完备的导航服务（AI）

针对对生命安全要求不高的用户以及专业市场的高精度、高可靠性的导航服务，该项服务属于签约服务；仅提供双频接收，定位精度（95%）水平方向4 m，高度方向8 m；授时精度：双频接收时50 ns。

（3） 距离修正及授时服务（RT），即差分服务

针对专业和技术市场提供非常精确的距离修正、定位和授时服务，同样属于签约服务；单频或双频用户的定位精度优于1 m，三频用户定位精度优于10 cm。

（4） 高度完备性服务（HI）

针对对生命安全要求非常高的用户市场提供最高精度、最高系统连续可用性、高度抗干扰能力的服务，该服务仅对具有特殊授权的高级签约用户开放。

第三章

船舶指向设备及误差

本章学习目标

1.掌握利用陆标测定罗经差的方法（大副）
2.了解利用GPS计算真方位的方法（大副）
3.掌握利用天体测定罗经差的原理及注意事项（大副）
4.掌握利用低高度太阳方位测定罗经差的方法（大副）
5.掌握太阳真出没测定罗经差的方法（大副）
6.掌握《太阳方位表》的结构及太阳方位的查取方法（大副）
7.掌握测北极星方位求罗经差（大副）
8.掌握各种罗经差测定方法的特点和精度情况以及适用场合（大副）
9.掌握磁罗经自差产生的原因、种类、性质（大副）
10.了解校正磁罗经自差的条件、原则和准备程序，以及校正程序（大副）
11.掌握磁罗经自差的测定及自差表（或自差曲线图）的制作（大副）
12.掌握磁罗经种类、结构、安装、检查、维护及使用注意事项（大副）
13.掌握国际公约对船舶配备陀螺罗经的要求（大副）
14.了解陀螺罗经的工作原理、结构（大副）
15.掌握陀螺罗经的误差及校正方式（大副）
16.了解光纤罗经的基本知识（大副）
17.掌握陀螺罗经的系统组成（大副）
18.了解主要类型罗经的操作和保养知识（大副）

罗经是航海上重要的指向设备，了解、测定罗经差是航海上的重要工作，航海实践中驾驶员应利用一切机会来测定罗经差，随时掌握罗经的工作情况，正确引导船舶航行。

STCW公约和SOLAS公约都对罗经误差的测定有明确要求：航行中的船舶，值班驾驶员应当定期检查并确保驾驶员至少每班都测定罗经差；如情况许可，在任何重大的航向改变后也应测定罗经差。应频繁比对标准罗经与陀螺罗经，罗经复示器（分罗经）应与主罗经同步。

在船旗国或港口国检查时，由于各个船旗国对公约的理解不同，会产生不同的检查结果。有些检查官会以未能按有关国际公约要求测定罗经差而认定船舶存在缺陷甚至将其滞留。因此，值班驾驶员应当严格执行国际公约中对罗经差测定的要求，及时、准确地测定并记录。

第一节 测定罗经差

罗经差是罗经的指北误差。可以通过观测某一陆标或者天体的罗方位（陀罗方位）CB（GB），并确定陆标或者天体的真方位TB，求出罗经差ΔC（ΔG）。

$$\Delta C = TB - CB \tag{3-1-1}$$

或

$$\Delta G = TB - GB \tag{3-1-2}$$

一、利用陆标测定罗经差

（一）观测叠标方位求罗经差

叠标包括人工叠标和自然叠标。为了方便船舶观测罗经差和校正磁罗经自差，在许多港口、修造船厂附近和一些特殊沿海海区，一般都有人工叠标区。叠标方位是由海上到叠标的方向，可直接从海图上量取，有些人工叠标方位已标注在海图上，其精度高。

1.观测叠标方位求罗经差的步骤

（1）在海图上量取所要观测的叠标的真方位TB。

（2）当船舶与叠标方位线重叠时，观测叠标的罗方位CB或陀罗方位GB。

若已知磁差 Var，也可以求得磁罗经的自差 Dev。因此，磁罗经自差的校正、剩余自差的求取，以及自差表的绘制大都采用这种方法。观测叠标方位求磁罗经自差的公式为：

$$Dev = \Delta C - Var \tag{3-1-3}$$

2.观测叠标方位求罗经差的注意事项

（1）选择观测灵敏度较高的叠标。一般要求背景要清晰，两标距离要较远，并且后标要高于前标。

（2）为提高观测方位的准确性，船与叠标应保持一定的距离，一般与近标的距离保持在3～5倍前后标之间的距离。

（3）在有条件的海区，为了求得精度较高的罗经差，应注意选择相互垂直的两组叠标进行两次罗经差的测定，如图3-1-1中，物标*A*与*B*的方位线，垂直于物标*C*与*B*的方位线。

（4）船过叠标方位线前要充分做好观测前的准备工作，首先将罗经方位圈（仪）对准叠标的后标，在前标与后标重叠的瞬间读取叠标的罗方位或陀罗方位。

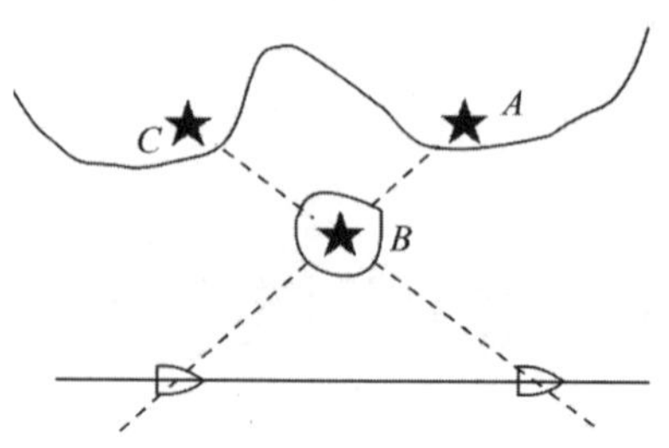

图 3-1-1　叠标测方位

用叠标法求磁罗经自差，一般情况下要比其他方法的可靠性大、精度高。

（二）观测单一陆标方位求罗经差

观测叠标方位求罗经差的精度虽然高，但当船舶在无叠标海区航行时，就无法观测叠标方位求罗经差。因此，可通过观测单一陆标方位来求取罗经差。

1.观测单一陆标方位求罗经差的步骤

（1）在海图上根据观测时的船位（如GPS船位、陆测船位等精度较高的船位）量取观测陆标的真方位*TB*。

（2）在船位处用磁罗经或陀螺罗经观测陆标的罗方位*CB*或陀罗方位*GB*。

2.观测单一陆标方位求罗经差的注意事项

（1）应尽可能选择海图上精确测绘的、显著易认的物标，如灯塔，孤立的岛屿，显著的建筑物，陡峭的岬角及海图上标有△、⊙、⊡等测控点符号的山峰等。

（2）在观测陆标的罗方位*CB*或陀罗方位*GB*的同时记下观测船位，若不能同时则应尽量缩短时间间隔。

二、利用天体测罗经差

观测天体方位求罗经差也是航海人员经常采用的一种方法，其优点是不受海区、距离等限制，实用性强。利用天体测罗经差常用的方法有：观测太阳低高度罗方位求罗经差；观测太阳真出没罗方位求罗经差；观测北极星罗方位求罗经差；使用GPS测定罗经差。

（一）观测天体求罗经差的原理及注意事项

1.原理

利用天体求罗经差与利用陆标测定罗经差的不同之处是观测的物标是天体。因此，CB是天体的罗方位，TB是天体的真方位。但在海上，天体的真方位需要以推算船位或其他方法获取的船位为基准求得天体的计算方位A_c来代替天体的真方位TB。因此，观测天体方位求取罗经差的计算公式为：

$$\Delta C = A_c - CB \tag{3-1-4}$$

$$\cot A_c = \cos\varphi \tan Dec \csc LHA - \sin\varphi \cot LHA \tag{3-1-5}$$

2.注意事项

为求得较准确的罗经差ΔC，应尽量减小A_c和CB的误差。此时要注意以下几个方面：

（1）船位误差对天体真方位的影响

用天体计算方位代替天体真方位产生的误差叫方位误差，它的大小主要取决于天体高度和推算船位误差的大小。船位误差（$\Delta\varphi$，$\Delta\lambda$）引起的天体方位误差为：

$$\Delta A = \tan h \sin A \Delta\varphi - \cos Dec \cos X \sec h \Delta\lambda \tag{3-1-6}$$

式（3-1-6）可以看出，当船位误差（$\Delta\varphi$，$\Delta\lambda$）一定时：

①天体的高度h越小，方位误差ΔA越小；

②当天体方位A趋近于0°、赤纬Dec趋近于90°时，方位误差ΔA趋近于0。

实际观测中，船位误差（$\Delta\varphi$，$\Delta\lambda$）是不可避免的，选择低高度的天体，可以减小该项误差。另外，北极星的赤纬接近90°，方位接近0°，是35°N以下海区在夜间测定罗经差的良好物标。

（2）罗经面倾斜对观测天体罗方位的影响

由于罗经面的倾斜而引起观测天体罗方位的误差称为倾斜误差ΔB。实际观测中，当罗经面倾斜θ角时，倾斜误差ΔB可由下式近似求得：

$$\Delta B = \theta \tan h \tag{3-1-7}$$

由式（3-1-7）可见，当倾斜角θ一定时，被测天体的高度h越小，倾斜误差ΔB越小；当被测天体的高度h一定时，倾斜角θ越小，倾斜误差ΔB越小。

（3）天测罗经差的注意事项

综合以上所述，在观测天体罗方位求罗经差时，应注意：

①应选择高度较低的天体，要求高度不大于30°，低于15°的天体为好。此时，天体的方位变化也较慢。

②观测时要尽量保持罗经面水平。

③观测时要对准天体中心，要使测者、照准线和天体成一直线，如观测太阳罗方位时，可使用方位圈上的三棱反射镜进行观测。

④为避免粗差和减小随机误差的影响，一般应连续观测三次，取平均值作为对应于平均时间的罗方位。罗经读数读至0°.5，观测时间准确到1^m。

（二）观测太阳低高度方位求罗经差

观测太阳低高度方位求罗经差是目前船舶在海上白天观测天体求罗经差的主要方法。

1.观测太阳低高度方位求罗经差的步骤

（1）观测太阳低高度（$h<30°$）方位 CB，同时记下观测时间。

（2）求观测时刻太阳的计算方位 A_c。

常用的求太阳计算方位 A_c 的方法有：查《太阳方位表》法、用函数计算器计算或查《天体高度方位表》（B105表）法。

（3）利用公式 $\Delta C = A_c - CB$ 求罗经差。

2.利用《太阳方位表》求罗经差

（1）《太阳方位表》的结构

《太阳方位表》共分两册，第一册适用纬度为0°～30°（英版称Davis’s Tables，戴氏表）。第二册适用纬度为30°～64°（英版称Burdwood’s Tables，柏氏表）。每册又分主表和附表。

主表分前后两部分，前半部分适用于纬度与赤纬同名时，后半部分适用于纬度与赤纬异名时。查表引数为纬度 φ、赤纬 δ 和视时 $T^{\odot}$，其中纬度 φ 与赤纬 δ 的间隔为1°，视时 $T^{\odot}$ 间隔为4 min，上午视时列在表的左侧，下午视时列在表的右侧。当表列数据与查表引数不一致时，所查得的方位应进行三项查表引数的比例内插，求得较精确的太阳计算方位。公式如下：

$$A_c = A_T + \Delta A_{\varphi} + \Delta A_{\delta} + \Delta A_{T^{\odot}} \tag{3-1-8}$$

从表中查得的太阳方位为半圆方位，第一名称与纬度同名，第二名称上午观测时为“东（E）”，下午观测时为“西（W）”。进行罗经差计算时，应换算成圆周方位。

附表主要有连续4年的“太阳赤纬表”和“时差表”，查表引数为观测时的年、月、日，可查得当日世界时12^h的太阳赤纬和时差。使用附表时一般不需要内插。

（2）利用《太阳方位表》求罗经差

①根据预计观测太阳罗方位的时刻，求出推算船位（φ_c，λ_c）。

②观测太阳罗方位 CB，并记下观测时间（ZT）。

③根据观测时的年、月、日，查“太阳赤纬表”和“时差表”，得到观测时的太阳赤纬（δ）和时差（ET）。

④求观测时的视太阳时 $T^{\odot}$。

$$D\lambda = \lambda_c - \lambda_m \tag{3-1-9}$$

$$T^{\odot} = ZT \pm D\lambda^{E}_{W} + ET \tag{3-1-10}$$

⑤以纬度（φ_c）、视时（$T^{\odot}$）和太阳赤纬（δ）为引数，查《太阳方位表》得 A_c，并换算为圆周方位。

⑥求罗经差 $\Delta C = A_c - CB$。

例3-1-1：2018年1月23日，船时 ZT0722，推算船位 φ_c 36°10′.0N，λ_c 120°20′.6E，测

得太阳低高度罗方位CB115°.0，求罗经差ΔC。

解：根据纬度φ_c 36°10′.0N，选用《太阳方位表》第二册（或柏氏表）

①以2018年1月23日为引数查附表1、2得太阳赤纬和时差为：

$$\delta = 19°22'S$$

$$ET = -11^m49^s$$

②求观测时的视时

$D\lambda = \lambda_c - \lambda_m = 120°20'.6E - 120°E = 20'.6E = 1^m22.4^s$

ZT'	07^h22^m	23/1
$D\lambda$	$+1^m$	
ET	-12^m	
$T^{\odot}$	07^h11^m	23/1
	07^h11^m	(a.m.)

③以表列$\varphi_T = 36°N$，$T_T = 07^h12^m$，$\delta_T = 19°S$为引数查《太阳方位表》(注意应使用纬度与赤纬异名部分)，得：

A_T	115°.8 NE
ΔA_δ	+0°.3
$\Delta A_{T^{\odot}}$	+0°.2
ΔA_φ	0°.0
A_c	115°.9NE=115°.9
- CB	115°.0
ΔC	0°.9E

3.利用《航海天文历》和函数计算器或《天体高度方位表》(B105表)求罗经差

该方法适用于观测太阳低高度方位求罗经差，也适用于观测其他低高度天体求罗经差。其计算天体方位A_c的基本公式为式(3-1-5)。利用该式或《天体高度方位表》(B105表)时应注意：

(1)测者纬度φ_c，不论是北纬还是南纬，一律取正值。

(2)天体赤纬Dec，与测者纬度同名时取正值，与测者纬度异名时取负值，若测者纬度为0，则天体赤纬取正值。

(3)天体半圆地方时角LHA，无论东或西，一律取正值。

(4)天体方位A_c为半圆方位角，取值为0°～180°，第一名称与测者纬度同名，第二名称与半圆地方时角同名。

例3-1-2：2018年8月12日，船时ZT'0814推算船位φ_c 15°36′.0S，λ_c 081°42′.0W，测得太阳低高度罗方位CB69°.5，利用函数计算器求罗经差ΔC。

解：

①求近似世界时

ZT'	08^h14^m	12/8
ZD	+5	
GMT'	13^h14^m	12/8

②查《航海天文历》，求太阳地方时角和赤纬

GHA'	013°44′.4△	1.1	Dec'	14°52′.9N	Δ-0.8
$m.s.$	3°29′.8		Δ'	−0′.2	
△′	+0′.3		Dec	14°52′.7N	
GHA	017°14′.5				
$-\lambda_c$	081°42′.0W		φ_c	15°36′.0S	
LHA	295°32′.5				
	=64°27′.5E				

③将 φ_c、LHA、Dec 代入式（3-1-5）计算得（也可以以 φ_c、LHA、Dec 为引数查《B105表》）：

A_c=112°.4SE=067°.6	
$-CB$	069°.5
ΔC	−1°.9

（三）观测太阳真出没方位求罗经差

1.观测太阳真出没的时机

周日视运动过程中，太阳中心通过测者真地平的瞬间叫太阳的真出或真没。此时，太阳的真高度 $h_t^{\odot}=0°$，设此时观测太阳的下边缘高度为 $h_s^{\underline{\odot}}$，则：

$$h_t^{\odot}=h_s^{\underline{\odot}}-d-\rho+p+SD=0°$$

式中：若取眼高 e=16 m，则眼高差 d=7′.0；取平均蒙气差 $\rho=30'.0$； p 很小，忽略不计；取 SD=16′.0（平均视半径），可得：

$$h_s^{\underline{\odot}}\approx 21'\approx 2/3D \quad （太阳视平均直径D=32'） \qquad (3\text{-}1\text{-}11)$$

即，看到太阳下边缘高度为2/3太阳视直径时，如图3-1-2所示，观测到的就是太阳真出没的方位。显然，观测太阳真出没方位求罗经差的时间是受限制的。

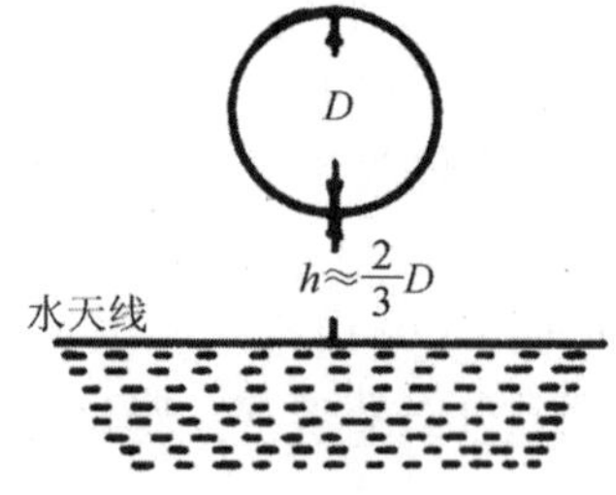

图3-1-2　太阳真出没

2.观测太阳真出没方位求罗经差的方法

太阳真出没时其真高度 $h_t^{\odot}=0°$，此时，天文球面三角形如图3-1-3所示，根据边的余弦公式得：

$$\cos A_c=\frac{\sin\delta}{\cos\varphi_c} \tag{3-1-12}$$

式中：φ_c 为观测时刻推算船位的纬度；*Dec* 为观测时刻太阳赤纬，可以根据观测时间从《航海天文历》或《太阳方位表》中查取。查到的是世界时 12^h 的太阳赤纬，可以近似作为当天任意时刻的太阳赤纬。

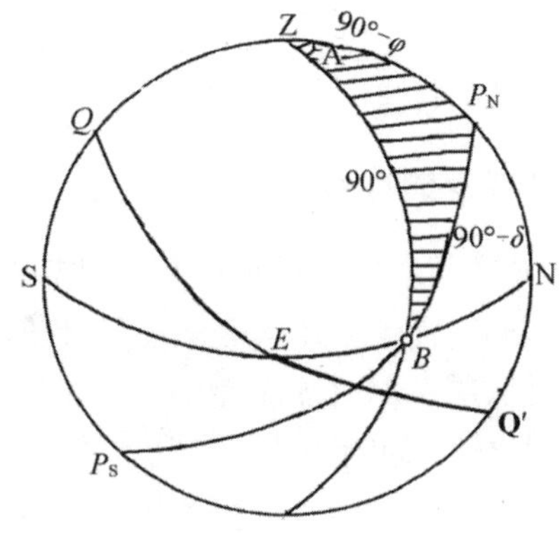

图3-1-3　天文球面三角形

（1）利用《太阳方位表》求罗经差

①推算船时 *ZT'*0600（或 *ZT'*1800）的船位（φ_c，λ_c）。

②以日期为引数，在《太阳方位表》附表中查取太阳的赤纬 δ。

③以推算纬度 φ_c 和太阳赤纬 δ 为引数，在《太阳方位表》中查取太阳每天真出没的时间（视时）和真方位。查表时需要进行内插，查出的时间为视太阳时 *LAT*，查出的方位为半圆方位，第一名称与纬度同名，第二名称真出时为E，真没时为W。

④观测太阳的罗方位 *CB* 并求罗经差。

例3-1-3：2018年1月23日，船时 *ZT'* 1800的推算船位 φ_c 34°45′.0N，λ_c 163°01′.0E，太阳真没时测得罗方位 *CB*248°.5，求罗经差。

解：

①以1月23日为引数查《太阳方位表》中的附表，得太阳赤纬 δ=19°22′S。

②以 φ_T=34°N、δ_T=19°S为引数查《太阳方位表》，得：

A_T	112°.5 NW
ΔA_{Dec}	+0°.5
ΔA_{φ}	+0°.2
A_c	113°.2NW=246°.8
$-CB$	248°.5
ΔC	1°.7W

（2）利用《航海天文历》和函数计算器计算求罗经差

从《航海天文历》中查出太阳真出没时的赤纬以后，根据式（3-1-12）计算出太阳的计算方位。

例3-1-4：2018年10月22日，ZT0600的推算船位φ_c 36°02′.0N，λ_c 123°01′.0E，太阳真出时测得罗方位CB101°.5，利用函数计算器计算求罗经差。

解：

查《航海天文历》，得10月22日世界时12^h的太阳赤纬Dec=11°07′.7S。

将φ_c和Dec代入式（3-1-12）得：

A_c=103°.4NE=103°.8

$-CB$　　101°.5

ΔC　　2°.3E

3.观测太阳真出没方位求罗经差的特点

（1）观测太阳真出没方位求罗经差，仅需知道测者推算船位的纬度和太阳赤纬两个引数即可，无需记录观测时间。因此，无论采用查表法还是计算器计算法均比较简单。

（2）只有水天线清晰且不被云层遮挡时才能使用。

（3）观测太阳真出没方位求罗经差的时间是受限制的，应抓住太阳真出没的时机及时观测。

（四）观测北极星方位求罗经差

北极星（Polaris）是一颗二等星，位于北天极附近，比较容易识别。北极星的赤纬接近90°，方位接近0°，是35°N以下海区在夜间测定罗经差的良好物标。在《航海天文历》中编制了“北极星方位角表”，使用者以春分点地方时角LHA^{Υ}和推算船位的纬度φ_c为引数可直接从表中查得北极星的计算方位。

观测北极星方位求罗经差的步骤如下：

（1）用罗经观测北极星的罗方位CB，并记下观测时间和推算船位。

（2）根据观测时间从《航海天文历》中查得春分点格林时角（GHA^{Υ}），并计算出春分点地方时角（LHA^{Υ}）。

$$LHA^{\Upsilon}=GHA^{\Upsilon}\pm\lambda_{W}^{E} \tag{3-1-13}$$

（3）以推算船位纬度（φ_c）和春分点地方时角（LHA^{Υ}）为引数，从《航海天文历》的“北极星方位角表”中查得北极星计算方位A_c，一般不需要内插或简单内插即可。

注意，中版《航海天文历》中的“北极星方位角表”的方位为半圆方位，查表时如用左侧的春分点地方时角，则方位的命名为NW；如用右侧的春分点地方时角，则方位的命名为NE。英版《航海天文历》中北极星方位是按圆周法给出的。

（4）计算罗经差：$\Delta C=A_c-CB$。

例3-1-5：2018年3月19日，船时ZT'2253，推算船位φ_c 15°45′.0N，λ_c 124°44′.0E，测得北极星的罗方位CB001°.5，求罗经差。

解：

ZT'	22^h53^m	19/3
ZD	-8	
GMT'	14^h53^m	19/3

查《航海天文历》得：

$GHA^{\Upsilon'}$	027°03′.9
$m.s.$	13°17′.2
GHA^{Υ}	040°21′.1
λ_c^E	124°44′.0
LHA^{Υ}	165°05′.1

以 GHA^{Υ} 和 φ_c 为引数查“北极星方位角表”得：

A_c	0°.6NW=359°.4
$-CB$	001°.5=361°.5
ΔC	2°.1W

三、使用GPS求取天体计算方位

利用GPS导航仪的计算功能求取天体的计算方位 A_c，可减小多次查表及多次内插产生的误差，简化了天测罗经差的方法。此外，由于GPS船位的精度远比一般的推算船位的精度高，从而得到的计算方位精度也高。

设观测天体罗方位时的船位为（φ_1，λ_1），可在GPS导航仪中直接读取。天体的地理位置为（φ_g，λ_g），其中 $\varphi_g=\delta$，$\lambda_{g_W}^E=\begin{cases}360°-GHA(GHA>180°)\\ GHA(GHA<180°)\end{cases}$

如图3-1-4所示，球面三角形 $\triangle AGP_N$ 中，A 点为观测天体罗方位时的船位，G 点为天体的地理位置，A_c 为天体的计算方位。解四联公式：

$$\cot A_c=\tan\varphi_g\cos\varphi_1\csc D\lambda-\sin\varphi_1\cot D\lambda \tag{3-1-14}$$

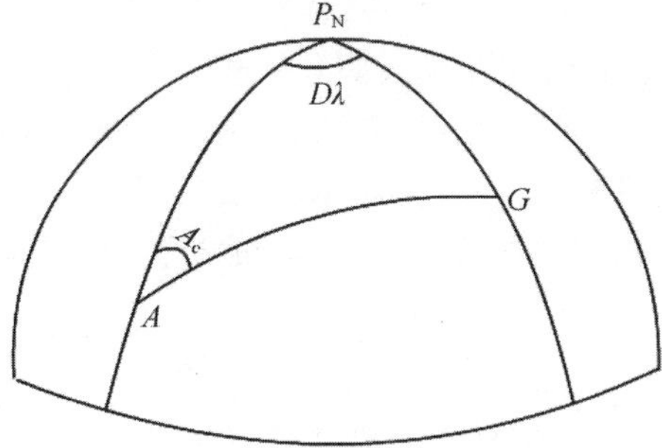

图3-1-4 球面三角形

在GPS导航仪中均有按式（3-1-14）关系设计的求两点间大圆航向的功能，使用时只需将天体的地理位置（φ_g，λ_g）输入GPS导航仪中，GPS导航仪便可随时自动地显示当前船位（φ_1，λ_1）到天体地理位置（φ_g，λ_g）的大圆航向，也即天体的计算方位 A_c。

四、航向比对法求磁罗经差和自差

陀螺罗经的指向精度高且对安装位置没有特殊要求，但其结构复杂，必须有电源才能工作，容易出现故障。磁罗经结构简单，指向可靠，但其安装位置受限，指向精度差，变化复杂。因此，两种罗经在航海上同时使用，相互弥补不足。航行中，航海人员要经常地进行两种罗经的航向比对，随时掌握它们的工作状态。通过比对陀螺罗经航向与磁罗经的航向：一是可以发现陀螺罗经故障并及时排除，保证其正常工作，若陀螺罗经已不能恢复正常工作，能随时使用磁罗经航行；二是随时掌握磁罗经的指向性能和自差的变化情况，以及可能受到“异常磁区”“磁暴”等的影响。

（一）航向比对法测定罗经差的原理公式

$$\Delta C = TC - CC = (GC + \Delta G) - CC \tag{3-1-15}$$

（二）航向比对法求罗经差的步骤

（1）同时读取陀罗航向 GC 和罗航向 CC。

（2）计算真航向：$TC = GC + \Delta G$。

（3）计算罗经差：$\Delta C = TC - CC$。

（4）查取船位附近的磁差 Var，利用式（3-1-3）求得磁罗经的自差 Dev。

（三）航向比对法求罗经差的注意事项

（1）陀螺罗经和磁罗经的航向均应处于稳定状态。

（2）当船舶机动航行时，为避免陀螺罗经冲击误差的影响，应在机动终了1 h以后再测定自差。

（3）应准确修正陀螺罗经的纬度误差（如有）和速度误差。

（4）应尽量缩短读取陀罗航向 GC 和罗航向 CC 的时间差，最好做到“同时”读取。

例3-1-6：2017年8月27日某船陀罗航向 GC 180°，陀螺罗经差 ΔG 1°.0E，标准磁罗经航向 CC 185°。在船位附近的海图罗经花上查得：磁差2°25′W（2007），2′.5E。求磁罗经自差 Dev。

解：磁差 Var=2°25′W+（2017–2007）×2′.5E=2°.0W。

自差 $Dev = GC + \Delta G - CC - Var$=180°+1°.0–185°–（–2°.0）=2°.0W

第二节 船用磁罗经

一、船用磁罗经的结构

船用磁罗经一般由罗经盆、罗经柜和自差校正器三大部分组成。

（一）罗经盆（罗盆）

磁罗经的罗盆一般用铜或铜合金等非磁性材料制成（如图3-2-1所示），是磁罗经的指向部分。罗盆主要包括罗盘、轴针和轴帽、液体、罗经基线、注液孔、空气膨室（罗盆分为上下两部分的无空气膨室）、玻璃盖、壳体等。

图3-2-1 罗盆

（二）罗经柜

罗经柜由柜帽和柜身两部分组成，一般由铜、铝或铜铝合金等非磁性材料制成，用来支承罗盆和安放自差校正器。

（三）自差校正器

磁罗经的自差校正器按其特性分为永久磁铁和校正软铁；按其与罗盆的相对状态又分别称为水平磁铁、垂直磁铁、水平软铁和垂直软铁，也习惯称为纵向磁铁、横向磁铁、垂直磁铁、软铁球（或软铁片）和佛氏铁；按其各自的作用又分为半圆自差校正器、象限自差校正器、倾斜自差校正器和次半圆自差校正器。自差校正器的作用是校正磁罗经的各类自差。

二、磁罗经的分类、安装、检测和使用

（一）磁罗经的分类

船上使用的磁罗经按照作用和安装位置可分为：标准磁罗经、操舵磁罗经、救生艇磁

罗经和应急磁罗经。

按照磁罗经罗盘卡面的尺寸可分为：罗盘卡面直径为190 mm的称为190罗经，由于它指向精度较高，一般为大、中型船舶使用；罗盘卡面直径为165 mm的称为165罗经，一般为中、小型船舶使用；罗盘卡面直径为130 mm的称为130罗经，一般为小型船舶使用；罗盘卡面直径为100 mm的称为100罗经，一般为救生艇使用。

另外，有时称有罗经柜支承的磁罗经为立式磁罗经，固定安装的磁罗经多为立式磁罗经；没有罗经柜支承而只有罗盆的磁罗经一般称为台式磁罗经，例如救生艇罗经。

（二）标准磁罗经的安装

对于一般船舶来说，标准磁罗经应安装在驾驶室顶甲板的首尾线上，使得磁罗经受船体、机械、货物产生的磁性影响较小；同时，使作用在磁罗经上的某些船磁力对称，作用效果相互抵消，减小自差。安装标准磁罗经时，可利用船首柱、船尾旗杆和船后部的烟囱将罗经安装在船舶首尾线上，如图3-2-2所示。

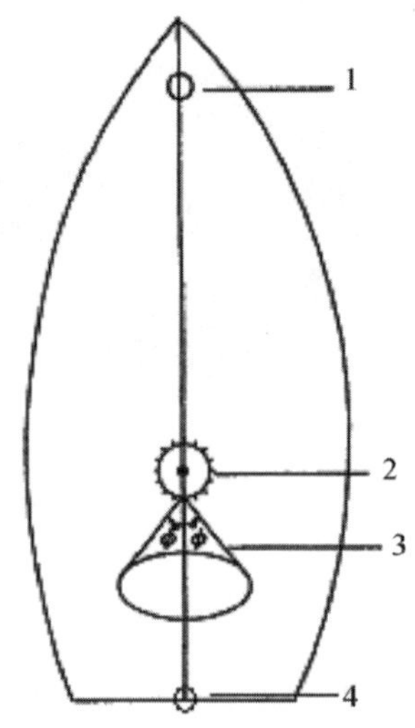

图3-2-2　磁罗经安装

1—前首柱；2—罗盘；3—烟囱；4—旗杆

先将罗经连同安装底座一起放在选好的船首尾线（船首尾线一般有钢铁焊缝为标志）上的位置。罗盆上放好合适的方位圈（或方位仪），使罗盆上船首尾基线分别朝向船首尾方向，将方位圈的“0”刻度与罗经首基线重合并移动罗经使首基线与旗杆中心重合。再转动方位圈使其“0”刻度对准烟囱垂直方向中线，观测并转动罗经尾基线与烟囱垂直方向中线重合。这样经反复几次，就可以使罗经首尾基线与船首尾线准确重合，之后将罗经及其安装底座固定即可。

（三）磁罗经的检测

为了保证船上的磁罗经始终能够正常工作，船舶驾驶员应经常对磁罗经进行检查，以

确认其各部件是否完好、指向性能是否良好、工作是否正常等。主要常规检查有：

1.磁罗经罗盘半周期的检测

检查磁罗经罗盘半周期的目的就是检查罗盘磁性的强弱。检查条件为：船应靠在码头上；船上、岸上的大型钢铁机械不工作；标准磁罗经的自差应小于±3°；罗盆内的液体温度应为20 ℃±3 ℃。

检测方法：记下磁罗经航向，用磁铁将罗盘向左（或向右）引偏40°左右，使磁铁远离罗经（3 m以上），使罗盘自由恢复航向。当引偏前的航向刻度第一次过船首基线时，启动秒表。当罗盘回转，引偏前的航向刻度第二次过基线时，停止秒表，秒表读数即为罗盘摆动半周期。再以同样的方法向右（或向左）再引偏一次，所测半周期应与以上所测大致相等。取两次的平均值作为半周期与罗经说明书中的标准值进行比较，若实测半周期比标准值大得多（15 s以上），说明罗盘磁力减弱，不符合要求，应将罗盘送厂修理或更换新罗盘。

2.磁罗经罗盘灵敏度的检测

检查磁罗经罗盘灵敏度的目的就是检查轴针与轴帽之间的摩擦力是否正常。检查条件为：检测的磁罗经罗盘半周期正常；船应靠在码头上；船上、岸上的大型钢铁机械不工作；标准磁罗经的自差应小于±3°，罗盆内的液体温度应为20 ℃±3 ℃。

检测方法：航向稳定后记下磁罗经航向，用小磁铁将罗盘向左（或向右）引偏2°～3°，然后使小铁磁体远离罗经（1 m以上），使罗盘自由恢复航向。以同样的方法再向右（或向左）引偏罗盘2°～3°，然后使小铁磁体远离罗经，使罗盘自由恢复航向。若罗盘能够恢复到引偏前的航向，则说明罗盘的灵敏度良好。若罗盘不能恢复到引偏前的航向，但新航向与引偏前的航向误差小于±0.2°，则罗盘的灵敏度符合要求。若航向误差大于±0.2°，则罗盘的灵敏度不符合要求，应将轴针送厂检修或更换新轴针。

3.罗盆内气泡的检查与消除

磁罗经的罗盆（上室）内不允许有气泡存在，有了气泡就应该消除，否则将影响观测精度。但在消除气泡前应首先查找产生气泡的原因，将其消除。产生气泡的原因有两种：一是罗盆的水密性不好，漏水、漏气产生气泡；二是罗盘的浮室漏水，浮室内的氢气逸出产生气泡。

消除气泡的方法：将罗盆从罗经柜上取下，找出产生气泡的原因并修复，然后将罗盆放在垫有棉纱的平台上，注液孔朝上，旋下注液孔螺塞，将气泡从罗盆内排出，从注液孔向罗盆内注入罗经液体，直到罗盆内气泡完全消除，再将罗盆复原。

4.校正器的检查

对于永久磁铁，要保证不生锈，极性标志应清晰。备用的永久磁铁应异极相靠，并排放在盒子里保存，应防止高温、潮湿、摔打，以免磁性减弱。

软铁校正器的磁力是用来抵消软铁船磁力的，不应具有永久磁性，保管时应远离强磁场。检查磁罗经上的校正软铁是否具有永久磁性的方法：船靠码头，船首指向隅点方向，记下航向，将软铁球（或软铁片或佛氏铁）方向改变180°，看航向是否变化。若无变化，则说明校正软铁无永久磁性；若航向有明显变化，则说明校正软铁已有永久磁性，应采取摔打、淬火等措施消去永久磁性。

（四）磁罗经的使用与维护

1.磁罗经的使用

（1）磁罗经是一种磁性仪器，铁磁物体不得随意靠近。

（2）标准磁罗经自差不应大于±3°（除恒定自差外），操舵磁罗经自差除恒定自差外不应大于±5°。

（3）测航向、方位时，身上不能带有铁磁物体，罗盆应水平。

（4）每2 h要与陀螺罗经核对一次航向，转向稳定后，也要与陀螺罗经核对航向。

（5）有条件时应经常测定自差。

（6）大量装卸铁磁货物时应重新校正自差。

2. 磁罗经的维护

（1）经常检测磁罗经的灵敏度、半周期。

（2）经常检查罗盆内是否有气泡，若有气泡，应及时消除。

（3）标准磁罗经平时应盖好盖子，并罩好帆布罩。在低温海区航行，罗经柜内照明灯泡应常开，柜外帆布套应扎紧。

（4）经常检查校正器是否完好。

（5）磁罗经周围不得随意放置铁磁物体。

三、磁罗经自差

地磁力除了使罗经磁针指向磁北外，对磁罗经指向也有一定负面影响。由于现代船舶为钢铁结构，钢铁被地磁场磁化后产生了磁性（船磁）。船磁对安装在船上的磁罗经罗盘产生作用力（船磁力），使磁罗经磁针的指北端（罗北N_C）偏离磁北（N_M），偏离的角度称为磁罗经的自差（代号δ或Dev）。

（一）船磁力

钢铁材料按照其磁化特性分为硬铁和软铁，所以船磁也分为硬铁船磁和软铁船磁。硬铁船磁又称为永久船磁，软铁船磁又称为感应船磁。硬铁船磁对罗盘的作用力称为硬铁船磁力，也称为永久船磁力。软铁船磁对罗盘的作用力称为软铁船磁力，也称为感应船磁力。

1.罗经坐标系

罗经坐标系把罗盘视为坐标原点O；船首尾方向为坐标纵轴（Ox轴），规定向船首方

向为正方向；船左右舷方向为坐标横轴（Oy 轴），规定向右舷方向为正方向；垂直甲板方向为坐标垂直轴（Oz 轴），规定向下为正方向，如图3-2-3所示。

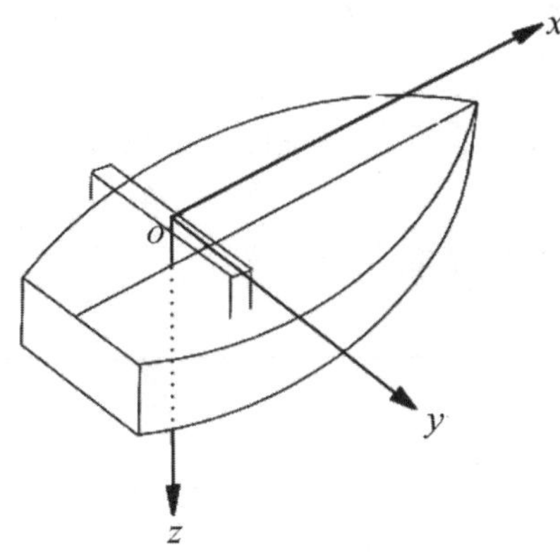

图3-2-3 罗经坐标系

2.硬铁船磁力

作用在罗盘上的硬铁船磁力可分解为罗经坐标系三个坐标轴上的分力即 Ox 轴上（船首尾方向）的 P 力、Oy 轴上（左右舷方向）的 Q 力和 Oz 轴上（垂直甲板方向）的 R 力，如图3-2-4所示。P 力称为纵向硬铁船磁分力，Q 力称为横向硬铁船磁分力，R 力称为垂向硬铁船磁分力。

硬铁船磁分力 P 、Q 、R 的大小和方向与造船修船时船首方向、船舶硬铁的分布与数量、磁罗经的安装位置等有关，而且是使磁罗经产生自差的主要船磁力。同一艘船舶在一定情况下，可认为其硬铁船磁力的大小、方向不变。

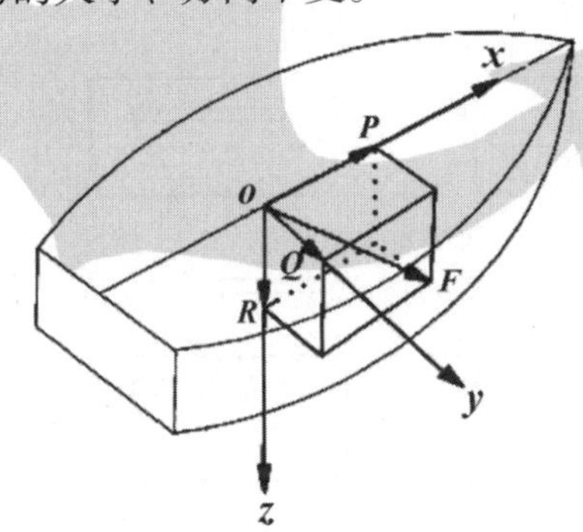

图3-2-4 硬铁船磁力

3.软铁船磁力

因为软铁的磁化特性是易磁化，被磁化后剩磁小，矫顽力小，所以它不但与船舶软铁的分布与数量、磁罗经的安装位置有关，还与船舶所在的地理纬度和航向有关。因此软铁船磁力的大小和方向变化复杂，但一般较小，使磁罗经产生的自差也较小。为了便于分析软铁船磁力产生的自差，将软铁船磁力在罗经坐标系各坐标轴上的分力用表示特殊位置的

软铁杆的 a 、b 、c 、d 、e 、f 、g 、h 、k 九个软铁系数简化表示，如图3-2-5所示。

一般商船的九个软铁系数的情况如下：软铁系数 a 符号为负，很大，由船首尾方向连续分布的软铁产生；软铁系数 e 符号为负，很大，由左右舷方向连续分布的软铁产生；软铁系数 c 符号为负，较大，由船垂直向分布的（一般认为主要是烟囱）软铁产生；软铁系数 g 和 k ，一般较小；只要罗经安装在船舶首尾面上，软铁系数 b 、d 、f 、h 对罗经影响很小，可认为近似为零。

综上分析，对于安装在船首尾面上的磁罗经，一般只考虑软铁系数 a 、e 、c 的影响，其他软铁系数可以忽略不计。

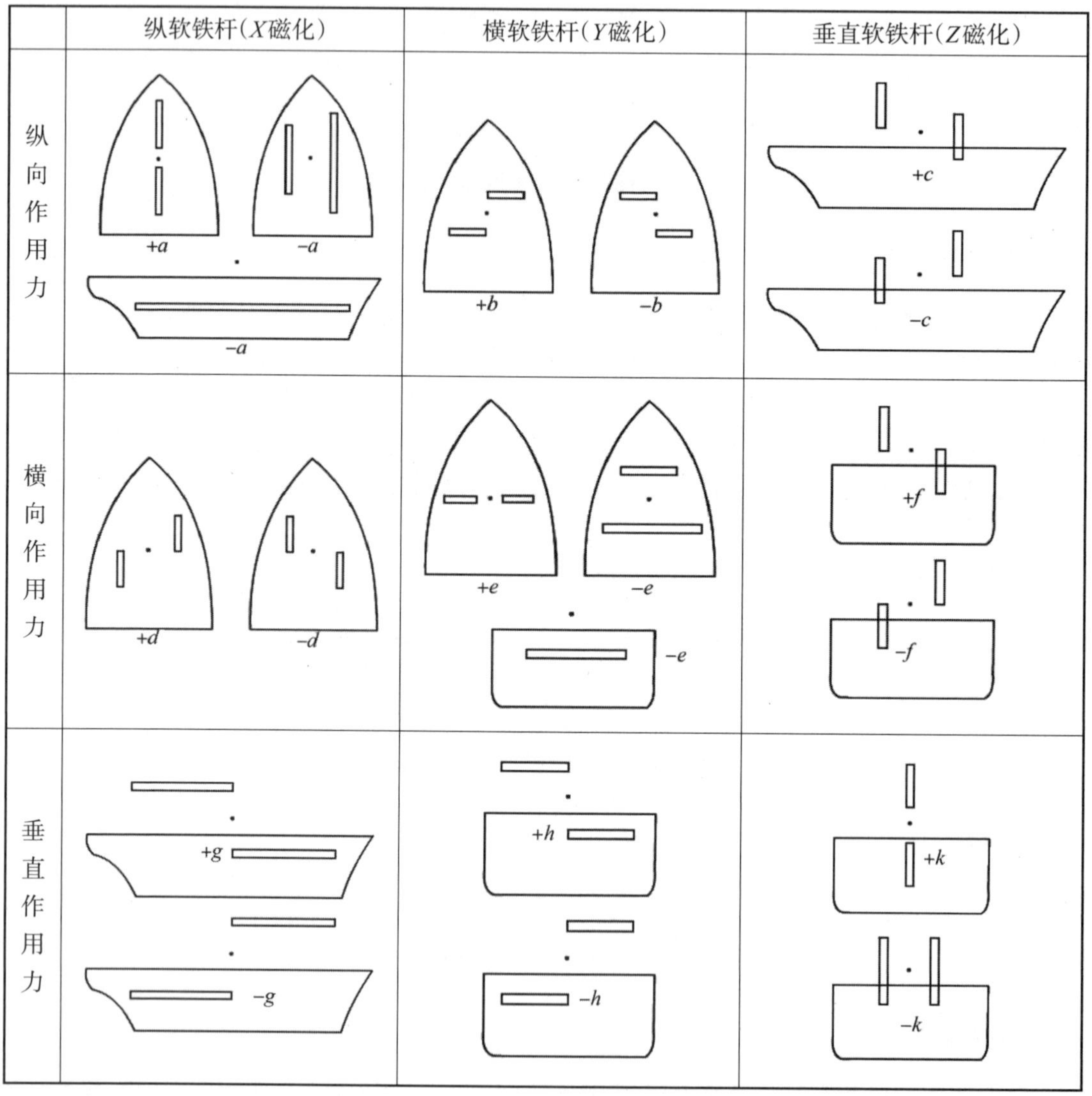

	纵软铁杆（X磁化）	横软铁杆（Y磁化）	垂直软铁杆（Z磁化）
纵向作用力	$+a$ $-a$ $-a$	$+b$ $-b$	$+c$ $-c$
横向作用力	$+d$ $-d$	$+e$ $-e$ $-e$	$+f$ $-f$
垂直作用力	$+g$ $-g$	$+h$ $-h$	$+k$ $-k$

图3-2-5　软铁系数

(二)磁罗经自差的分类及变化规律

1.恒定自差

大小、符号与船舶的航向、状态、磁纬度等因素的变化无关的自差称为恒定自差,可由式(3-2-1)表示:

$$Dev_{A}=A \tag{3-2-1}$$

式中:A称为近似恒定自差系数,单位为度。

罗经基线与船首尾面不重合、磁罗经罗盘磁针的NS磁轴线与罗盘0°~180°线不平行等因素都会产生恒定自差。

2.半圆自差

半圆自差由硬铁船磁力P、Q产生。P力产生的自差如式(3-2-2)所示:

$$Dev_{B}=B\sin CC \tag{3-2-2}$$

式中:B称为近似半圆自差系数,单位为度,其大小与P力、c和地理纬度有关。CC为罗航向。

Q力产生的自差如式(3-2-3)所示:

$$Dev_{C}=C\cos CC \tag{3-2-3}$$

式中:C称为近似半圆自差系数,单位为度,其大小与Q力、f和地理纬度有关。与航向成正弦和余弦规律变化的自差称为磁罗经的半圆自差。由于P、Q力较大,所以P、Q力产生的半圆自差也较大,必须进行校正。

3.象限自差

由软铁系数a、e表示的软铁船磁力产生的自差,除了与这两个船磁力的大小、方向有关外,还与2倍航向成正弦规律变化,可由下式表示:

$$Dev_{D}=D\sin 2CC \tag{3-2-4}$$

式中:D称为近似象限自差系数,单位为度,其大小与a、e有关。

当b、d表示的软铁船磁力不为零时,产生的自差除了与两个船磁力的大小、方向有关外,还与二倍航向成余弦规律变化,可由下式表示:

$$Dev_{E}=E\cos 2CC \tag{3-2-5}$$

式中:E称为近似象限自差系数,单位为度,其大小与b、d有关(一般商船的b、d近似为零,Dev_{E}可忽略不计)。

与2倍航向成正弦规律和余弦规律变化的自差称为象限自差。象限自差Dev_{D}在NE、SE、SW、NW(45°、135°、225°、315°)四个隅点航向上最大。由于一般商船的a、e较大,产生的象限自差也较大,必须进行校正。

综上,船舶正平时的磁罗经自差为:

$$Dev=A+B\sin CC+C\cos CC+D\sin 2CC+E\cos 2CC \tag{3-2-6}$$

4.倾斜自差

当船舶倾斜（摇摆）时，R力在水平方向的分力就会使磁罗经产生自差，称为倾斜自差。倾斜自差与R力本身的大小、方向有关，还与船舶所在的地理纬度、航向和船舶倾斜角度有关。因为一般R力较大，所以船舶倾斜时R力产生的倾斜自差也较大，必须进行校正。

5.次半圆自差

由软铁系数c表示的软铁船磁力产生与航向成正弦规律变化的自差，称为磁罗经的次半圆自差。由于一般船舶的这一软铁船磁力较大，须进行校正。

（三）磁罗经自差的校正

磁罗经自差的校正采用以性质相同、大小相等、方向相反的外磁力抵消船磁力的方法，即用永久磁铁去抵消硬铁船磁力，用软铁去抵消感应船磁力。

1.校正倾斜自差

船舶倾斜（摇摆）时，垂向硬铁船磁分力R力产生倾斜自差。实践中采用调整磁罗经罗盘下方安放的垂直磁铁的上下位置来抵消R力，消除倾斜自差。抵消R力有两种方法。

（1）倾针仪校正法

倾针仪校正法能较精确地校正倾斜自差，具体方法如下：

①将倾针仪放在岸上无磁性干扰的地方，离地面高度1 m以上，将倾针仪水平放置（使水平仪气泡居中），并使磁针的北端指北，移动滑重使磁针水平，记下滑重的位置刻度a（如图3-2-6所示）。

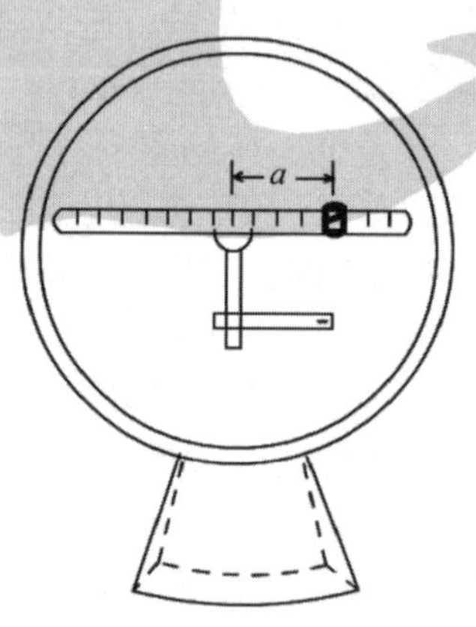

图3-2-6　倾针仪

②船舶停靠码头，船体正平，船首朝向磁东（或磁西）方向。将倾针仪的滑重调至刻度λa处（标准罗经的λ值取0.9，操舵罗经λ值取0.8），取下罗盆，将倾针仪放在罗盆位置，高度与罗盘的高度相同。

③上下调整罗盘下方安放的垂直磁铁的位置，当倾针仪的磁针水平时固定垂直磁铁的位置，此时R力被抵消。取下倾针仪并将罗盆放回，倾斜自差消除完毕。

（2）浪摇校正法

浪摇校正法只能近似消除倾斜自差，具体方法如下：

船舶在风浪中航行，船舶摇摆，磁罗经罗盘不停抖动，将船首指向磁北或磁南，上下调整罗盘下方安放的垂直磁铁的位置，直至罗盘的摆幅最小为止，然后固定垂直磁铁，可近似消除倾斜自差。

2.校正半圆自差

（1）半圆自差的校正方法

半圆自差主要由水平方向的硬铁船磁分力 P 、Q 产生。一般采用爱利法抵消硬铁船磁分力 P 、Q ，即在四个基点磁航向上观测自差，然后使用相应的校正器进行校正，抵消 P 力和 Q 力，爱利法校正自差与航向的先后顺序无关，可以针对实际情况自行选择某一基点航向开始，顺时针或逆时针转向完成半圆自差的校正。具体做法如下：

①从某一基点磁航向（如N）开始，观测该航向上的自差 Dev_N ，在罗经柜内放置横向磁铁（NS极朝向左右舷方向的磁铁）或调整横向磁铁的位置，将自差 Dev_N 校正为零。

②船舶转向90°，磁航向稳定在E点上，观测该航向上的自差 Dev_E ，在罗经柜内放置纵向磁铁（NS极朝向船首尾方向的磁铁）或调整纵向磁铁的位置，将自差 Dev_E 校正为零。

③船舶继续转向90°，磁航向稳定在S点上，观测该航向上的自差 Dev_S ，调整或增减罗经柜内的横向磁铁，将 Dev_S 消除一半，这样就抵消了横向硬铁船磁分力 Q 。

④船舶继续转向90°，磁航向稳定在W点上，观测该航向上的自差 Dev_W ，调整或增减纵向磁铁，将自差 Dev_W 消除一半，这样就抵消了横向硬铁船磁分力 P 。

（2）校正口诀

①放置磁铁的口诀

东自差，红极朝东；西自差，红极朝西。

简化口诀：东红东、西红西。

即当自差为东自差时，放置的磁铁的红极朝东；当自差为西自差时，放置的磁铁的红极朝西。

②移动磁铁的口诀

东自差，原放置的磁铁红极朝东，应向上移；

东自差，原放置的磁铁红极朝西，应向下移；

西自差，原放置的磁铁红极朝东，应向下移；

西自差，原放置的磁铁红极朝西，应向上移。

简化口诀：东东上、东西下、西东下、西西上（同向上、异向下）。

口诀中的上、下是指靠近罗盘，远离罗盘。

3.校正象限自差

（1）象限自差的校正方法

象限自差主要由软铁系数 a 、e 表示的水平方向的软铁船磁力产生。一般采用与半圆自差相同的方法进行校正，即在产生最大象限自差的磁航向上观测自差，使用相应的校正器进行校正，将产生这一自差的船磁力抵消。具体做法如下：

①从某一隅点磁航向（如NE）开始，观测该航向上的自差 Dev_{NE}，调整软铁球的位置或增减软铁片，将自差 Dev_{NE} 校正为零。

②船舶转向90°，磁航向稳定在SE或NW点上，观测该航向上的自差 Dev_{SE} 或 Dev_{NW}，调整软铁球的位置或增减软铁片，将自差 Dev_{SE} 或 Dev_{NW} 校正一半，这样就完成了象限自差的校正工作。

（2）校正口诀

Ⅰ、Ⅲ象限，东近西远；Ⅱ、Ⅳ象限，东远西近。

Ⅰ、Ⅲ象限是指磁航向为NE、SW，Ⅱ、Ⅳ象限是指磁航向为SE、NW；东、西是指东自差、西自差；远、近是指软铁球（盒）远离罗经、靠近罗经。

4.校正次半圆自差

软铁系数 c 表示的软铁船磁力产生次半圆自差，一般通过放置佛氏铁来进行校正。佛氏铁的长度只能由经验估计或参考同类型的船舶来决定，然后按照消除 P 力的方法来校正。放置佛氏铁圆铁柱时，应将长柱放在上边，短柱放在下边。

5.需要校正磁罗经自差的情况

①新建造的船上的磁罗经。
②修船后船上的磁罗经（包括大修、中修、岁修）。
③船舶发生过剧烈振动的磁罗经（如碰撞、搁浅、触礁、雷击等）。
④船上的罗经安装位置改变以后。
⑤不计恒定自差时，标准磁罗经的自差大于±3°，操舵罗经自差大于±5°。
⑥船舶在一个固定航向上停靠一个月以上时的磁罗经。
⑦大量装运铁磁性货物卸货后船上的磁罗经。

6.校正磁罗经自差的一般顺序

（1）新船的校正顺序
①概略校正象限自差（将校正软铁放在支架的中点）。
②近似校正次半圆自差。
③校正倾斜自差。
④校正半圆自差。
⑤准确校正象限自差。
（2）旧船的校正顺序
①校正倾斜自差。
②校正半圆自差。
③校正象限自差。

7.校正自差的注意事项

①应选择好天气，风浪较小时进行。

②校差前船上应准备好下列物品：大比例尺海图、应悬挂的信号旗、备用校正器、方位圈（仪）、防磁表、磁罗经记录簿等。

③应悬挂“OQ”旗（表示我船正在校正磁罗经自差）。

④船上所有设备应处于正常航行状态。

⑤应有2人协同进行。

⑥每一航向上应至少稳定2 min。

⑦暂时不用的校正器应远离磁罗经。

⑧在罗经柜内安放纵向校正磁铁时，应对称安放并尽量离罗盆远一点。

⑨校差结束时，应将各校正器的名称、位置、数量等详细记录在磁罗经簿中。

（四）磁罗经自差表和自差曲线

船上标准磁罗经的自差经过校正后，其剩余自差一般不大于±1°，最大不超过±3°，操舵磁罗经的剩余自差最大不超过±5°。必须将由磁罗经校正师绘制的磁罗经自差表和自差曲线置于驾驶台或海图室内，供驾驶人员查取磁罗经自差和海事部门检查。

1.计算近似自差系数

分别求出八个航向（四个基点、四个隅点）上的剩余自差，Dev_N、Dev_E、Dev_S、Dev_W、Dev_{NE}、Dev_{SE}、Dev_{SW}、Dev_{NW}，代入式（3-2-6）中，得到八个方程式，解该方程求得五个近似自差系数，分别为：

$$A=\frac{Dev_N+Dev_{NE}+Dev_E+Dev_{SE}+Dev_S+Dev_{SW}+Dev_W+Dev_{NW}}{8}$$

$$B=\frac{(Dev_E-Dev_W)+(Dev_{NE}-Dev_{SW})\sin 45^\circ+(Dev_{SE}-Dev_{NW})\sin 45^\circ}{4}$$

$$C=\frac{(Dev_N-Dev_S)+(Dev_{NE}-Dev_{SW})\sin 45^\circ+(Dev_{SE}-Dev_{NW})(-\sin 45^\circ)}{4}$$

$$D=\frac{(Dev_{NE}+Dev_{SW})-(Dev_{SE}+Dev_{NW})}{4}$$

$$E=\frac{(Dev_N+Dev_S)-(Dev_E+Dev_W)}{4}$$

A、B、C、D、E单位为“度（°）”，有正负之分。自差系数应不大于±1°，否则说明校正的质量不高。

2.计算每隔10° 或15° 航向的自差

计算求得A、B、C、D、E五个近似自差系数后，将其代入式（3-2-6）中，然后计算每隔10°或15°航向的所有自差。

3.绘制自差表和自差曲线

将观测和计算的36个或24个航向的自差，按航向（CC）顺序排列绘制成自差表和描绘成自差曲线（如表3-2-1所示）。计算的4个基点和4个隅点航向上的自差与观测所得的这些航向上的自差之差应小于0.5°，否则可能存在观测误差。绘制的自差曲线应是光滑的，不能有明显的凸起或凹进（无角点），否则，说明计算或观测的自差有错误，应重新观测计算和绘制自差图表。

表3-2-1　磁罗经自差表

MAGNETIC COMPASS DEVIATION TABLE

SHIP'S NAME：DATE：ADJUST AT：

WAYS：SEA WEATHER：

DEVIATION TABLE		DEVIATION CURVE		COEFFICIENTS
C.Courses	Deviations	W'ly（-）E'ly（+） 6420246		A0
N000°	-0.5			B-0.4
015°	-0.3			
030°	-0.1			C-0.3
NE045°	0.0	E		
060°	0.0			D+0.5
075°	0.0	S		
E090°	-0.2	E		E-0.2
105°	-0.4			
120°	-0.5			
SE135°	-0.6			Remarks：
150°	-0.5	S W		
165°	-0.2	N W		
S180°	0.1			
195°	0.5	POSITIONS OF CORRECTORS		
210°	0.8	FORE&AFT	Port	
SW225°	1.0	MAGNETS	Starb	
240°	1.0	ATHWARTSHIP	Fore	
255°	0.9	MAGNETS	Aft	
W270°	0.6	HEELING	C.Mark	
285°	0.2	MAGNETS		
300°	-0.1	QUADRANTAL	Port	
NW315°	-0.8	CORRECTORS	Starb	
330°	-0.6	FLINDERS BAR	Lenth	
345°	-0.6			

MAGNETIC COMPASS ADJUSTMENT SERVICE COMPANY

MAGNETIC COMPASS ADJUSTER（Signature）

第三节 陀螺罗经

一、SOLAS公约对船舶配备陀螺罗经的要求

所有500总吨及以上的船舶应设有：

（1） 1台陀螺罗经，或其他装置

用于通过船载非磁性装置确定和显示船舶首向，操舵员能在主操舵位置清晰地读取。这些装置也应传送首向信息以输入9 GHz雷达（或其他装置）、自动识别系统AIS、自动跟踪仪（或其他装置）等设备中。

（2）1台陀螺罗经首向复示器，或其他装置

用于将可视首向信息传送到应急操舵位置（如设有）。

（3）1台陀螺罗经方位复示器，或其他装置

通过使用上述（1）所述的陀螺罗经或其他装置，在水平360°弧度范围内量取方位，但是，小于1 600总吨的船舶应尽可能配备该装置。

二、陀螺罗经的工作原理

（一）自由陀螺仪的特性

自由陀螺仪具有三个自由度，即主轴、水平轴和垂直轴，整个陀螺仪的重心与中心重合。其具有定轴性和进动性。

1.定轴性

高速旋转的自由陀螺仪，当不受外力矩作用时，其主轴将保持它在空间的初始方向不变。

2.进动性

高速旋转的自由陀螺仪，当受外力矩 M 作用时，其主轴的动量矩 H 矢端将以捷径趋向外力矩 M 矢端做进动运动，记作 $\vec{H}\rightarrow\vec{M}$ ，如图3-3-1所示。

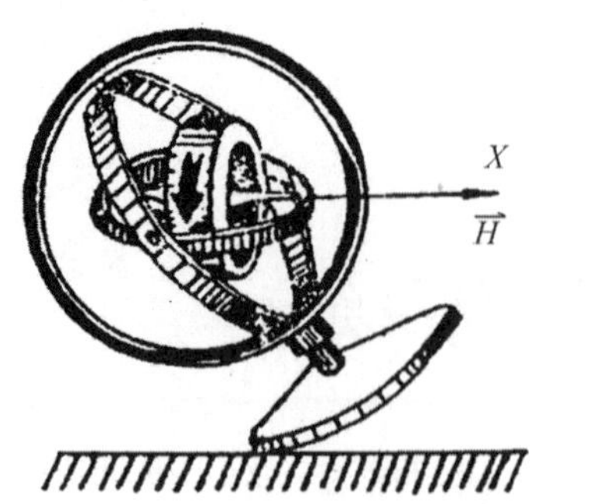

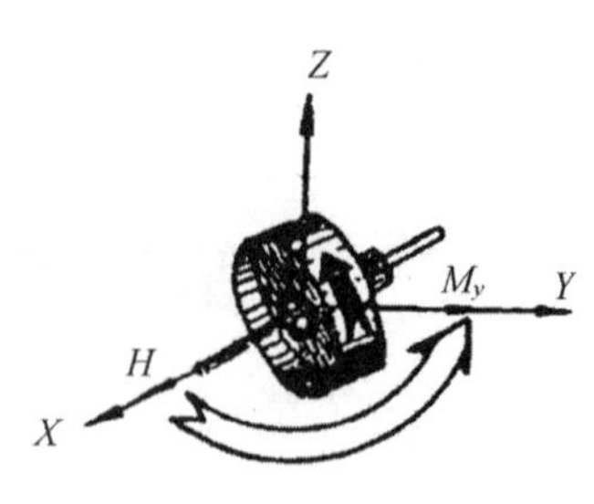

图3-3-1　自由陀螺仪的进动性

自由陀螺仪主轴进动的快慢（角速度 ω ）与外力矩 M 成正比，与动量矩 H 成反比。可用下式表示：

$$\omega_{\mathrm{p}}=\frac{M}{H} \tag{3-3-1}$$

主轴的进动方向可用右手定则判断：伸开右手，掌心对着转子中心，四指并拢指向加力的方向，拇指与四指垂直，则拇指的方向就是动量矩 H 矢端进动的方向。

（二）自由陀螺仪的视运动

1.自由陀螺仪的视运动规律

自由陀螺仪主轴具有指向空间初始方向不变的定轴性，因此，当地球绕地轴自西向东旋转时，我们看见的自由陀螺仪主轴的指向是变化的。自由陀螺仪主轴的视运动规律为：北纬东偏，南纬西偏；东升西降，全球一样。

2.视运动速度大小

将自由陀螺仪主轴与子午面的夹角称为主轴的方位角 α （主轴 OX 偏于子午面以西时，α 为正；偏东时，α 为负），主轴与水平面之间的夹角称为主轴的高度角 θ （主轴 OX 偏于水平面以下时，θ 为正；偏上时，θ 为负）。地球自转的角速度用 ω_e 表示，它可以分解为沿水平方向的分量 ω_1 和沿垂直方向的分量 ω_2 ，如图3-3-2所示。ω_1 、ω_2 分别由下式表示：

$$\omega_1=\omega_e \cdot \cos\varphi \tag{3-3-2}$$

$$\omega_2=\omega_e \cdot \sin\varphi \tag{3-3-3}$$

自由陀螺仪主轴相对水平面的视运动不仅与 ω_1 有关，还与主轴的方位角 α 有关，如图3-3-3所示，主轴相对水平面的视运动速度用 v_1 表示，表示 v_1 大小的公式如下：

$$v_1=H\omega_{1y}=H\omega_1\sin\alpha=H\cdot\alpha\cdot\omega_e\cos\varphi \tag{3-3-4}$$

自由陀螺仪主轴相对子午面的视运动速度用 v_2 表示，表示 v_2 大小的公式如下：

$$v_2=H\cdot\omega_e\sin\varphi \tag{3-3-5}$$

综上，地球自转角速度的垂直分量 ω_2 使自由陀螺仪主轴产生相对于子午面的视运动，是使其不能指北的主要矛盾，必须加以解决。

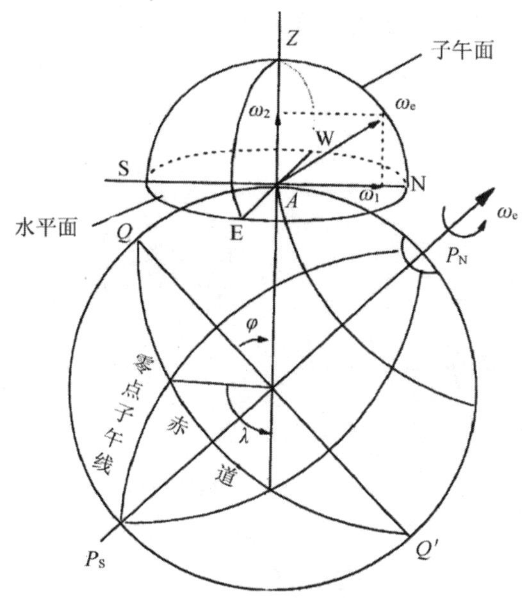

图3-3-2 自由陀螺仪视运动示意图

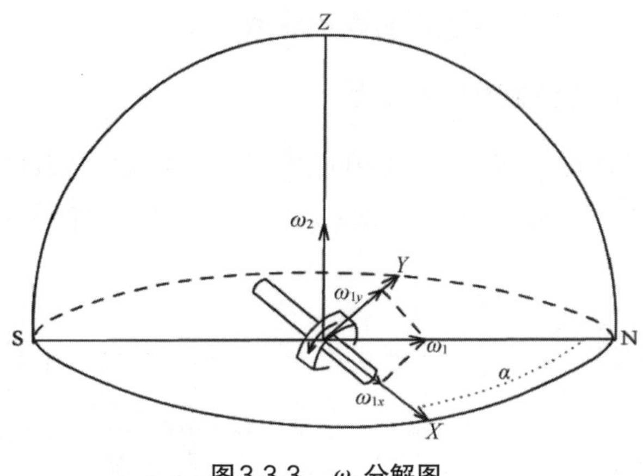

图3-3-3 ω_1 分解图

（三）施加控制力矩

为了克服由于地球自转角速度的垂直分量 ω_2 的影响，而向陀螺仪施加的外力矩，称为陀螺罗经的控制力矩，用 M_y 表示。控制力矩必须作用于陀螺仪的水平轴。

1.安许茨系列罗经获得控制力矩的方式

安许茨系列罗经动量矩 H 指北，采用将陀螺球重心下移的直接控制法获得控制力矩，因此安许茨系列罗经也被称为下重式陀螺罗经。控制力矩为重力力矩，它属于机械摆式罗经。控制力矩的产生方式如图3-3-4所示。控制力矩 M_y 可由下式表示：

$$M_y = mg\sin\theta \cdot a \approx mga \cdot \theta = -M \cdot \theta \tag{3-3-6}$$

式中：θ 为高度角；M 为最大控制力矩。

控制力矩 M_y 使主轴产生的进动速度用 u_2 表示，根据赖柴尔定理，控制力矩 M_y 使罗经主轴产生的进动速度 u_2 为：

$$u_2 = M_y = -M \cdot \theta \tag{3-3-7}$$

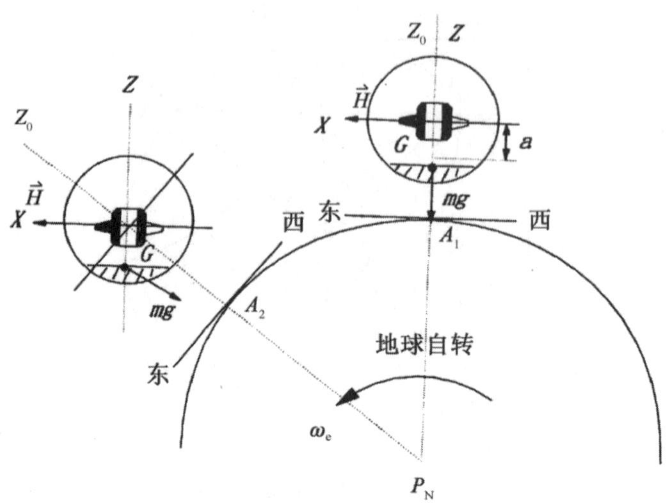

图3-3-4　重心下移获得控制力矩

2.斯伯利系列罗经获得控制力矩的方式

斯伯利系列罗经动量矩 H 指南，采用在陀螺仪主轴两端加装液体连通器的直接控制法获得控制力矩，它也属于机械摆式罗经。控制力矩的产生方式如图3-3-5所示。控制力矩 M_y 可由下式表示：

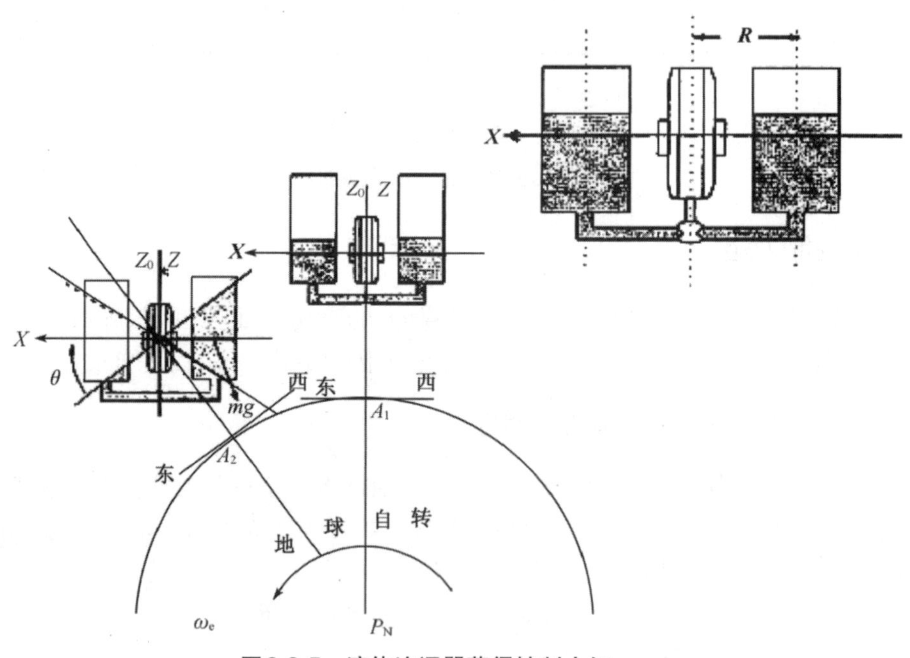

图3-3-5　液体连通器获得控制力矩

$$M_y = 2R^2 S\rho g \cdot \sin\theta \approx 2R^2 S\rho g \cdot \theta = M \cdot \theta \tag{3-3-8}$$

式中：θ 为高度角；M 为最大控制力矩；S 为容器截面积；ρ 为液体密度；g 为重力加速度。

根据赖柴尔定理，控制力矩 M_y 使罗经主轴产生的进动速度 u_2 为：

$$u_2 = M_y = M \cdot \theta \tag{3-3-9}$$

3.阿玛–勃朗系列罗经获得控制力矩的方式

阿玛–勃朗系列罗经动量矩 H 指北，采用电磁摆和水平力矩器的间接控制法获得控制力矩，它属于电磁控制式罗经，简称电控罗经。控制力矩的产生方式如图3-3-6所示。控制力矩 M_y 可由下式表示：

$$M_y = -K_y \cdot \theta \tag{3-3-10}$$

式中：θ 为高度角；K_y 为电控系数。

根据赖柴尔定理，控制力矩 M_y 使罗经主轴产生的进动速度 u_2 为：

$$u_2 = M_y = -K_y \cdot \theta \tag{3-3-11}$$

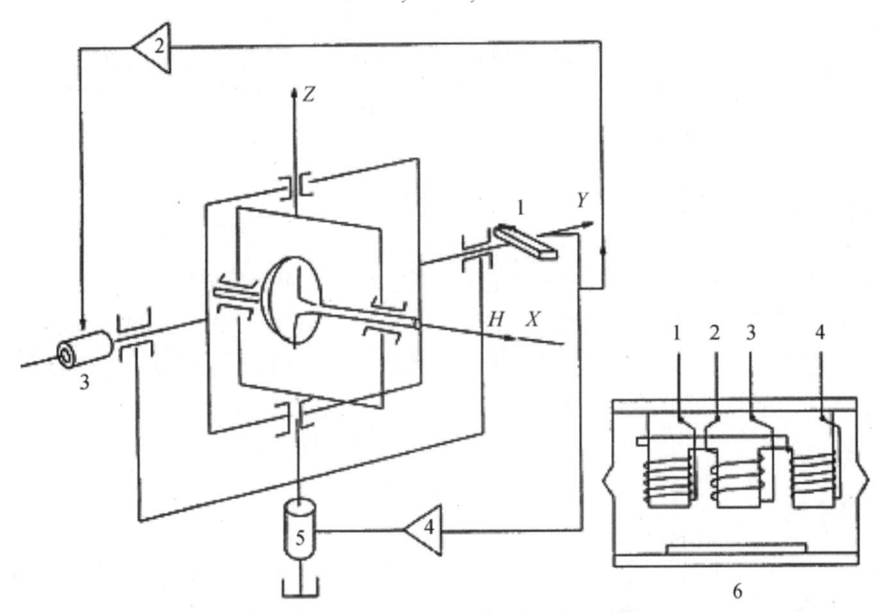

图3-3-6 电控罗经获得力矩示意图

1—电磁摆；2—水平放大器；3—水平力矩器；4—倾斜放大器；5—垂直力矩器；6—磁摆结构图

(四) 陀螺罗经主轴的等幅摆动

自由陀螺仪被施加控制力矩 M_y 后，其主轴开始自动找北，通过对主轴指北端的合运动速度（v_1、v_2 和 u_2）的分析，我们不难发现主轴自动找北的运动轨迹为一扁平的椭圆，也即主轴只具有自动找北的能力而不能稳定指北，如图3-3-7所示。

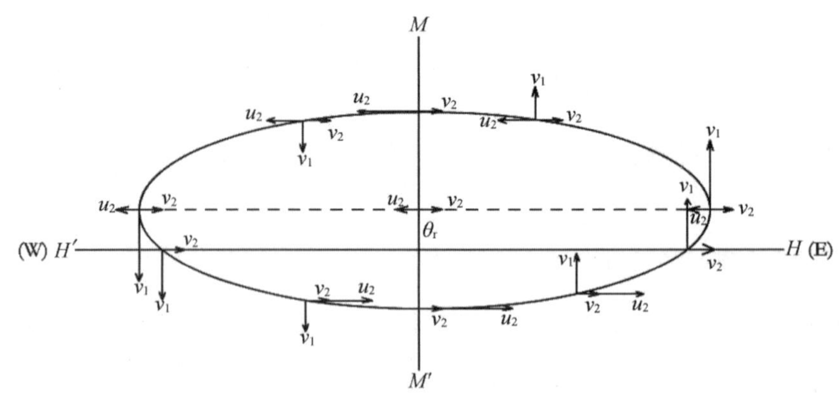

图3-3-7　下重式罗经的等幅摆动

罗经主轴做等幅椭圆运动（自由摆动）一周所需要的时间，称为陀螺罗经的自由摆动周期T_o。自由摆动周期T_o的大小可由下式表示：

$$T_o = 2\pi\sqrt{\frac{H}{M\omega_e\cos\varphi}} \tag{3-3-12}$$

T_o=84.4 min时，称为陀螺罗经的理想自由摆动周期，此时船舶机动航行，陀螺罗经将不产生第一类冲击误差。理想自由摆动周期所对应的纬度称为陀螺罗经的设计纬度φ_o，设计纬度是设计罗经时所选取的一特殊纬度。

（五）施加阻尼力矩

施加了控制力矩后，陀螺仪主轴只能自动找北却不能稳定指北，还不能成为陀螺罗经。因此必须利用陀螺仪的进动特性，再施加一个阻尼力矩，使主轴的运动轨迹变成减幅摆动并最终稳定指北。按照阻尼力矩作用于陀螺坐标轴的位置的不同，陀螺仪的阻尼方式分为水平轴阻尼和垂直轴阻尼。图3-3-8（a）为水平轴阻尼运动轨迹，图3-3-8（b）为垂直轴阻尼运动轨迹。

1.水平轴阻尼

水平轴阻尼又称为长轴阻尼，阻尼设备产生的阻尼力矩作用于陀螺仪的水平轴OY上。

在阻尼力矩的作用下，陀螺仪的主轴向子午面靠拢时，阻尼力矩增进其靠拢；主轴远离子午面时，阻尼力矩阻止其远离。

2.垂直轴阻尼

垂直轴阻尼又称为短轴阻尼，阻尼设备产生的阻尼力矩作用于陀螺仪的垂直轴OZ上。

在阻尼力矩的作用下，陀螺仪的主轴向水平面靠拢时，阻尼力矩增进其靠拢；主轴远离水平面时，阻尼力矩阻止其远离。

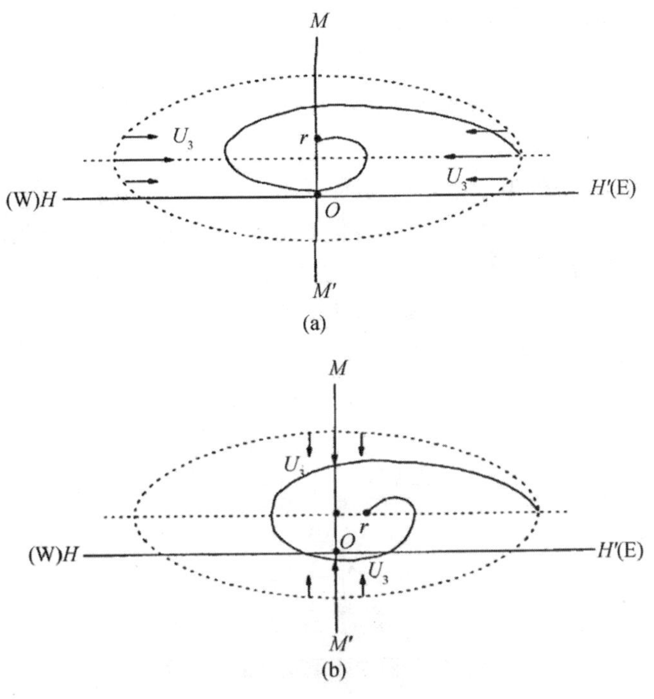

图3-3-8　主轴阻尼运动轨迹

3.陀螺罗经获得阻尼力矩的方式

（1）安许茨系列罗经获得阻尼力矩的方式

安许茨系列罗经为水平轴阻尼，采用液体阻尼器的直接阻尼法产生阻尼力矩。阻尼力矩的产生方式，如图3-3-9所示，阻尼力矩 M_{yD} 用下式表示：

$$M_{yD} = -C \cdot \chi \tag{3-3-13}$$

式中：C 为最大阻尼力矩；χ 为多余液体角（主轴 OX 指北端偏于水平面以上时，χ 为正；偏于水平面以下时，χ 为负）。

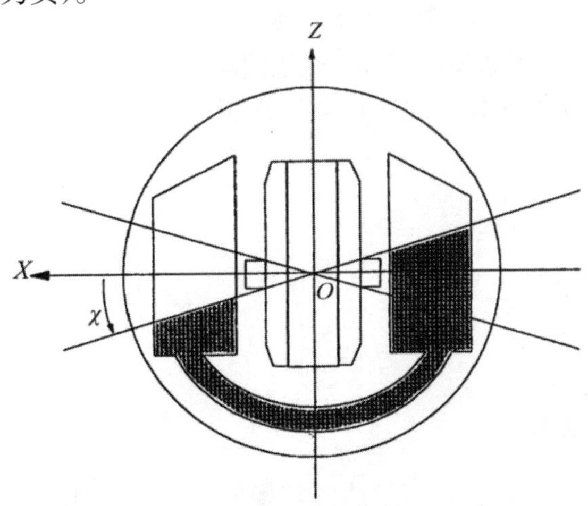

图3-3-9　液体阻尼器获得阻尼力矩

阻尼力矩使罗经主轴向子午面方向进动，进动速度用 u_3 表示：

$$u_3 = M_{yD} = -C \cdot \chi \tag{3-3-14}$$

在阻尼力矩的作用下，陀螺罗经主轴做减幅摆动，最终使方位角 α 为零，罗经主轴稳定指北，如图3-3-8（a）所示。

（2）斯伯利系列罗经获得阻尼力矩的方式

斯伯利系列罗经为垂直轴阻尼，采用在陀螺球（仪）正西端安放阻尼重物的直接阻尼法产生阻尼力矩。阻尼力矩的产生方式如图3-3-10所示，阻尼力矩 M_{zD} 由下式表示：

$$M_{zD} = -M_D \cdot \theta \tag{3-3-15}$$

式中：M_D 为最大阻尼力矩；θ 为高度角。

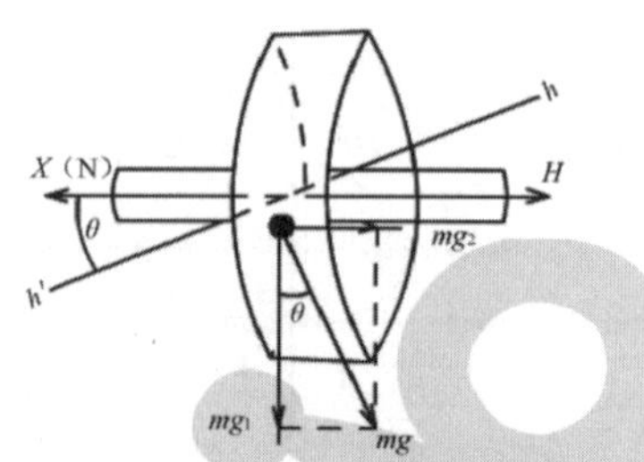

图3-3-10　西端配重获得阻尼力矩

阻尼力矩使罗经主轴向水平面方向进动，进动速度用 u_3 表示：

$$u_3 = M_{zD} = -M_D \cdot \theta \tag{3-3-16}$$

在阻尼力矩的作用下，陀螺罗经主轴做减幅摆动，罗经主轴稳定，如图3-3-8（b）所示。

（3）阿玛–勃朗系列罗经获得阻尼力矩的方式

阿玛–勃朗系列罗经为垂直轴阻尼，采用电磁摆和垂直力矩器的间接阻尼法产生阻尼力矩。阻尼力矩的产生方式如图3-3-6所示，阻尼力矩 M_{zD} 由下式表示：

$$M_{zD} = K_z \cdot \theta \tag{3-3-17}$$

式中：K_z 为阻尼力矩系数；θ 为高度角。

阻尼力矩使罗经主轴向水平面方向进动，进动速度用 u_3 表示：

$$u_3 = M_{zD} = K_z \cdot \theta \tag{3-3-18}$$

在阻尼力矩的作用下，陀螺罗经主轴做减幅摆动，罗经主轴稳定，如图3-3-8（b）所示。

自由陀螺仪在控制力矩和阻尼力矩的共同作用下完成了自动找北、稳定指北，成为实用的陀螺罗经。

三、陀螺罗经的误差

（一）纬度误差

1.纬度误差的产生原因

在上文中已指出，采用垂直轴阻尼法的陀螺罗经，稳定时其主轴不是指向子午面而是偏离子午面一个角度［如图3-3-8（b）所示］，该角度称为陀螺罗经的纬度误差，用 $\alpha_{r\varphi}$ 表示。

2.纬度误差的大小及变化规律

液体连通器罗经、电控罗经的纬度误差的大小分别为：

$$\alpha_{r\varphi} = -\frac{M_{\mathrm{D}}}{M}\tan\varphi \qquad \alpha_{r\varphi} = -\frac{K_Z}{K_y}\tan\varphi \tag{3-3-19}$$

式中：M_{D}、M、K_Z、K_y 为罗经结构参数。

当罗经结构参数不变时，纬度误差的大小只随纬度变化。船舶在北半球航行，$\alpha_{r\varphi}$ 为负值，即为东误差；船舶在南半球航行，$\alpha_{r\varphi}$ 为正值，即为西误差。

3.纬度误差的消除方法

陀螺罗经的纬度误差较大，产生这一误差的罗经均需采取消差措施。按照消除纬度误差的原理不同，分为外补偿法和内补偿法。

（1）外补偿法

外补偿法是加上了机械解算装置，通过调整主罗经的基线（罗经刻度盘）或只调整分罗经的基线（罗经刻度盘）来消除纬度误差。消差后，由于罗经刻度指向中已不存在纬度误差，所以观测的罗经航向或方位中纬度误差被消除了，但陀螺罗经主轴的指向并未改变。由于这种方法不但要增加设备，而且使用烦琐，新式陀螺罗经已很少采用这种方法消除纬度误差。

（2）内补偿法

内补偿法又称为力矩补偿法，是现代陀螺罗经普遍采用的一种消除纬度误差的方法。它是利用陀螺仪的进动性，向陀螺球（仪）水平轴或垂直轴施加纬度误差补偿力矩，此补偿力矩的大小、方向及变化规律完全与纬度误差相适应。在纬度误差补偿力矩的作用下，陀螺罗经主轴向子午面进动并稳定在子午面内，纬度误差就被消除了。通常情况下，在中低纬度航行，船位纬度每变化5°重新调整一次。

（二）速度误差

1.速度误差的产生原因

船舶恒速恒向航行，船上的陀螺罗经主轴由静止基座（船速为零）时的稳定指北状态，改变为航速为 v 时的新的稳定指北状态，主轴两种指北状态之间的水平夹角称为陀螺罗经的速度误差，用 α_{rv} 表示。速度误差与罗经型号无关，只要船舶有速度便会产生速度误差。

2.速度误差的大小及变化规律

（1）速度误差的完整公式

$$\alpha_{rv} = \frac{v\cos C}{R_{\mathrm{e}}\omega_{\mathrm{e}}\cos\varphi + v\sin C} \tag{3-3-20}$$

（2）速度误差的简化公式

$$\alpha_{rv}=\frac{v\cos C}{R_e\omega_e\cos\varphi}\text{ rad}=\frac{v\cos C}{5\pi\cos\varphi}\ (^\circ) \tag{3-3-21}$$

船舶在极区（高纬度地区）航行，应采用速度误差的完整公式来计算速度误差；在中低纬度航行，用简化公式计算速度误差已足够准确，满足航海上的精度要求。

当航向 C 为000°或180°（南北航向）时，速度误差最大。当航向为090°或270°（东西航向）时，速度误差最小（为零）。当航向 C 在000°～090°和270°～360°时，速度误差的符号为正，即西误差；当航向 C 在090°～180°～270°时，速度误差的符号为负，即东误差。

3.速度误差的消除方法

陀螺罗经的速度误差比较大，使用陀螺罗经应注意消除其速度误差。目前消除速度误差的方法主要有查表法、外补偿法和内补偿法。

（1）查表法

根据速度误差的公式，以不同的船速 v、纬度 φ 和航向 C 预先计算出一系列速度误差并编制成速度误差表配与罗经，供罗经使用人员查用。当使用陀螺罗经观测航向或方位时，以船舶当时的船速 v、纬度 φ 和航向 C 为引数查速度误差表，便可查得速度误差，也可以使用Microsoft Excel表格编制计算程序，使用时只需将船速 v、纬度 φ 和航向 C 输入表格中即可获取速度误差。

（2）外补偿法

在陀螺罗经上安装速度误差校正器，通过校正器调整罗经刻度盘示度，将速度误差从罗经刻度盘指向中消除。

（3）内补偿法

内补偿法又称力矩补偿法，大部分陀螺罗经都采用内补偿法消除速度误差。这种方法与内补偿法消除纬度误差的原理相同。通常情况下，在中低纬度航行，船速每变化5 kn重新调整一次。

（三）冲击误差

1.冲击误差的产生原因

陀螺罗经的冲击误差是船舶机动航行（变速变向）时，船舶的机动惯性力作用于罗经，使罗经主轴在船舶机动过程中和机动终了后的一段时间内偏离其新稳定位置而产生的指向误差，称为冲击误差，用“B”表示。

船舶机动航行时，机动惯性力作用于陀螺罗经的控制设备而产生的冲击误差称为陀螺罗经的第一类冲击误差，用 B_{I} 表示。

船舶机动航行时，机动惯性力作用于陀螺罗经的阻尼设备而产生的冲击误差称为陀螺罗经的第二类冲击误差，用 B_{II} 表示。

2.冲击误差的大小及变化规律

（1）第一类冲击误差 $B_{\rm I}$

$$B_{\rm I}=(a_{rv2}-a_{rv1})(\frac{\cos\varphi}{\cos\varphi_0}-1) \tag{3-3-22}$$

式中：$a_{rv2}-a_{rv1}$ 为船速变化后的速度误差之差；φ 为船舶所在纬度；φ_0 为陀螺罗经的设计纬度。由式（3-3-22）可知：

①当船舶所在纬度低于设计纬度（$\varphi<\varphi_0$）时，$\left(\frac{\cos\varphi}{\cos\varphi_0}-1\right)>0$

若 $(a_{rv2}-a_{rv1})>0$，则 $B_{\rm I}>0$，主轴偏在新稳定位置之西。

若 $(a_{rv2}-a_{rv1})<0$，则 $B_{\rm I}<0$，主轴偏在新稳定位置之东。

②当船舶所在纬度高于设计纬度（$\varphi>\varphi_0$）时，$\left(\frac{\cos\varphi}{\cos\varphi_0}-1\right)<0$

若 $(a_{rv2}-a_{rv1})>0$，则 $B_{\rm I}<0$，主轴偏在新稳定位置之东。

若 $(a_{rv2}-a_{rv1})<0$，则 $B_{\rm I}>0$，主轴偏在新稳定位置之西。

③当船舶所在纬度等于设计纬度（$\varphi=\varphi_0$）时，$B_{\rm I}=0$，不存在第一类冲击误差。

（2）第二类冲击误差 $B_{\rm II}$

①当船舶所在纬度低于设计纬度时，$B_{\rm I}$ 与 $B_{\rm II}$ 符号相反，两类冲击误差互相抵消使得合成冲击误差变小，因此低于设计纬度时不校正第二类冲击误差。

②当船舶所在纬度高于设计纬度时，$B_{\rm I}$ 与 $B_{\rm II}$ 符号相同，两类冲击误差互相叠加，在机动过程中通过关闭阻尼器来消除第二类冲击误差。

陀螺罗经的冲击误差在船舶机动过程中和机动终了后一段时间内存在，机动终了后约1 h阻尼作用自动消失，所以一般商船上的罗经对冲击误差不做消除，在此段时间内使用罗经应注意冲击误差的影响。

（四）摇摆误差

1.摇摆误差的产生原因

船舶在海上航行受风浪的影响而产生摇摆，摇摆惯性力作用于单转子罗经的控制设备上而产生的指向误差称为陀螺罗经的摇摆误差，用 α_{rr} 表示。

2.摇摆误差的大小及变化规律

经理论分析，摇摆误差的近似计算公式为：

$$\alpha_{rr}=\frac{MD^2\beta_o^2\omega_r^4\sin(2C)}{4Hg^2\omega_{\rm e}\cos\varphi} \tag{3-3-23}$$

摇摆误差与冲击误差虽然都是陀螺罗经受船舶的惯性力作用而产生的指向误差，但是两者是有区别的。首先船舶摇摆一般是周期性的，所以摇摆惯性力的作用也是周期性的；其次船舶的摇摆周期短，一般为15～20 s，而机动时间可长达数分钟；再就是船舶摇摆产生的惯性力要比机动产生的惯性力大得多。单转子摆式罗经的摇摆误差很大，必须彻底消除，否则无法在船上使用。

3.摇摆误差的消除方法

（1）安许茨系列罗经

将罗经灵敏部分制成双转子陀螺球，当船舶摇摆时，摇摆惯性力作用于双转子陀螺球，不会使陀螺球主轴改变原来指向状态，不产生摇摆误差。

（2）斯伯利系列罗经

在液体连通器内充入高黏度液体（硅油），较好地消除了摇摆误差。

（3）阿玛–勃朗系列罗经

把电磁摆密封在盛有高黏度硅油的金属容器内，较好地消除了摇摆误差。

因此，合格的陀螺罗经已经消除了摇摆误差，不再需要驾驶员来消除。

（五）基线误差

安装陀螺罗经时，罗经基线与船首尾线不重合（不平行）时产生的指向误差称为基线误差。主罗经的基线误差影响主罗经航向精度，分罗经的基线误差影响分罗经航向精度，主罗经的基线误差还会传递到分罗经上。因此，校正基线误差时应先校正分罗经的基线误差，再校正主罗经的基线误差。罗经的基线误差超过±0.5°时应校正。

四、陀螺罗经的启动

陀螺罗经主轴在控制力矩和阻尼力矩的作用下，由指示任意方向到稳定指北所需要的时间称为陀螺罗经的启动时间。在启动时间内，陀螺罗经主轴的运动称为阻尼运动，阻尼运动的轨迹是一种逆时针收敛螺旋线（如图3-3-8所示）。

（一）阻尼曲线

启动罗经时，由于船舶航向固定不动，航向记录器记录的轨迹就是罗经主轴的阻尼运动轨迹，称为陀螺罗经的阻尼曲线，如图3-3-11所示。根据阻尼曲线可以求得阻尼周期和阻尼因数等参数，用来检测罗经的阻尼效果。

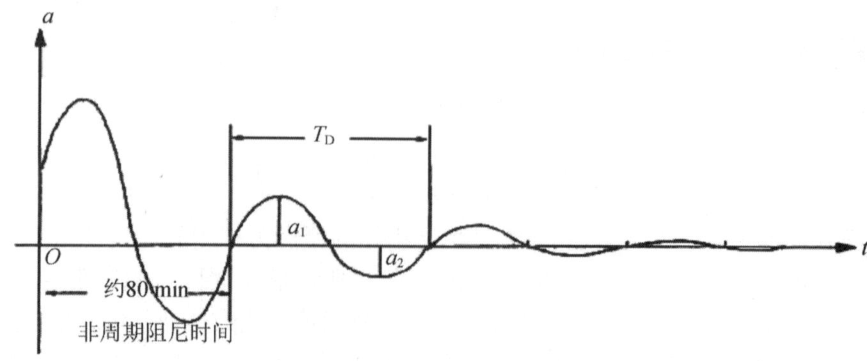

图3-3-11　阻尼曲线

（二）阻尼周期 T_D

陀螺罗经主轴做阻尼运动一周所需要的时间称为陀螺罗经的阻尼周期 T_D。以具有阻尼重物的液体连通器罗经为例，其阻尼周期 T_D 为：

$$T_D = \frac{4\pi H}{\sqrt{4HM\omega_e \cos\varphi - M_D^2}} \tag{3-3-24}$$

由式（3-3-24）可知：阻尼周期 T_D 大于其等幅摆动周期 T_o；阻尼周期的大小与罗经结构参数和纬度有关，主要随纬度变化。阻尼周期的大小是决定陀螺罗经启动时间的因素之一。

（三）阻尼因数 f

阻尼因数 f 表示主轴在方位角上减幅摆动过程的快慢程度。陀螺罗经主轴做阻尼运动时，主轴偏离子午面以东（或以西）的方位角 α 的最大值与相继偏离子午面以西（或以东）的方位角 α 的最大值之比，称为陀螺罗经的阻尼因数 f。

$$f = \frac{\alpha_1}{\alpha_2} = \frac{\alpha_2}{\alpha_3} = \cdots = \frac{\alpha_n}{\alpha_{n+1}} \tag{3-3-25}$$

陀螺罗经阻尼因数 f 的大小由罗经结构参数决定，当罗经的结构参数一定时，其阻尼因数为定值。各种陀螺罗经的阻尼因数 f 可能不同，一般为2.5～4。

（四）启动时间

航海上，陀螺罗经从开始启动到指向误差小于±1°所需的时间称为陀螺罗经的启动时间。启动时间与阻尼周期、阻尼因数及启动罗经时主轴的初始方位角有关。

五、安许茨20型陀螺罗经

安许茨20型（STD-20）陀螺罗经是RAYTHEON ANSCHÜTZ公司生产的安许茨系列新型的数字陀螺罗经。

（一）安许茨20型陀螺罗经的整机组成

安许茨20型陀螺罗经由以下各部分组成，如图3-3-12所示。

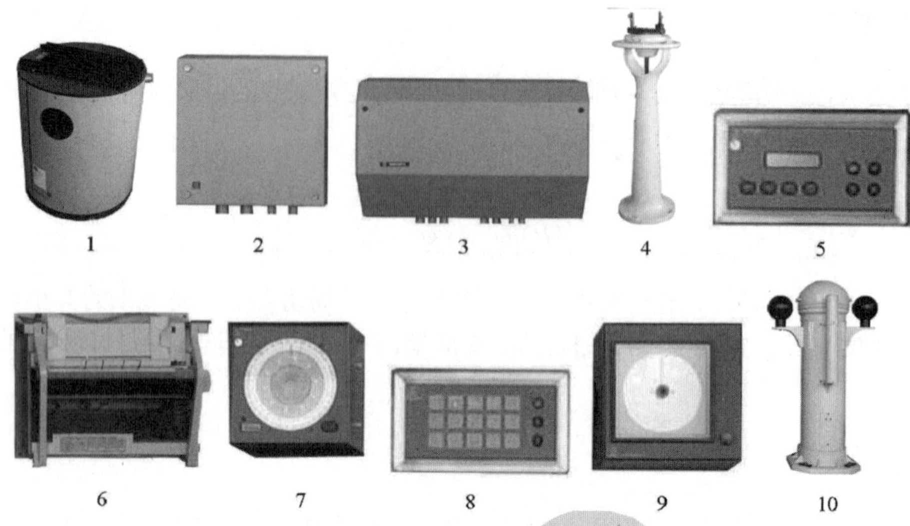

图3-3-12　安许茨20型陀螺罗经

1—主罗经；2—电源箱；3—控制箱；4—方位分罗经；5—操纵箱；6—打印机；7—航向分罗经；8—报警箱；9–转向速率表；10—标准磁罗经

（二）安许茨20型陀螺罗经的主罗经

安许茨20型陀螺罗经的主罗经由灵敏部分、随动部分和固定部分组成。

1.灵敏部分

安许茨20型陀螺罗经主罗经的灵敏部分是一个小型陀螺球。球内有两个结构完全相同的陀螺电机（电动陀螺仪），陀螺转子的正常转速为12 000 r/min，具有自动找北、稳定指北的能力。

2.随动部分

主罗经的随动部分主要由随动球、减振的波纹管摆式连接器、方位齿轮、步进方位电机和汇电环等组件组成。随动部分由主罗经箱上部支承板支承，在随动系统的自动控制下，使随动部分跟踪并始终保持与陀螺球相对位置一致；通过输出随动信号，将陀螺球航向传递到主罗经显示器和各分罗经（复示器），同时也消除了由于船舶转向支承液体对陀螺球产生的摩擦力矩，提高了船舶转向时陀螺罗经的指向精度。

3.固定部分

主罗经的固定部分主要由罗经箱、支承板及安装在支承板上的电路板等部件、支承液体等组成。固定部分的主要作用是支承、保护灵敏部分和随动部分；向各部分提供电源；检测、放大、处理各种信号；显示主罗经航向、各种检测参数和警报内容；等等。

(三)安许茨20型陀螺罗经的电路系统

安许茨20型陀螺罗经的电路系统分为电源系统、随动系统、传向系统、温度控制系统、信号检测系统和报警系统。

(四)安许茨20型陀螺罗经的主要特点

(1)安许茨20型陀螺罗经的灵敏部分为双转子陀螺球,动量矩指北。

(2)陀螺球由混合液体和离心泵支承组成,具有绕垂直轴和水平轴旋转的良好自由度,陀螺球正常高度为1.5 mm±0.5 mm。

(3)陀螺球重心下移产生控制力矩,液体阻尼器产生水平轴阻尼力矩。

(4)信号电桥检测陀螺球航向产生随动信号,经数码转换器转换为数字航向信号,将陀螺球航向传递到主罗经显示器上和各分罗经(复示器),以数字方式和刻度盘方式复示陀螺球航向,提高了主罗经和各分罗经航向的可靠性与精度。

(5)CPU使分罗经航向始终与主罗经航向保持同步,确保分罗经指向正确,并改变了普通罗经必须人为匹配分罗经航向的麻烦。

(6)由CPU检测和控制主罗经工作状态参数,克服了机械器件和电气器件容易损坏,需要经常检查、调整和维护保养的缺点。

(7)实现了主罗经体积小型化,主罗经重量只有14.8 kg,支承液体只需约1 100 mL。

(8)罗经支承液体分为支承液体和纯蒸馏水两种液体,分装两处。支承液体液面自动监控,当罗经工作一段时间后,支承液体中的蒸馏水若有蒸发使蒸馏水位降低时,纯蒸馏水便会自动补进支承液体中,使支承液体始终保持正常数量,延长了支承液体的使用寿命。

(9)可以自动或人工从显示的航向数据中消除罗经的速度误差,改变了以往安许茨型号罗经采用查表计算法消除罗经速度误差的做法,提高了罗经的指向精度。

(10)当陀螺罗经的主罗经发生故障不能正常指向时,可以使各分罗经(复示器)复示标准磁罗经的航向,提高了船舶航行自动化的可靠性。

(11)可以通过输入已知的磁差和自差,提高分罗经(复示器)复示标准磁罗经航向的精度。

(五)安许茨20型陀螺罗经的使用

1.启动罗经的步骤

(1)启动罗经前应对整套设备进行认真检查,以保证启动后罗经能够正常工作。

(2)接通罗经的“船电开关”(“power supply”指示“on”位置),将船电接通至电源箱,电源箱和控制箱向整套罗经提供工作电源,罗经自动完成全部启动过程。启动过程中应注意观察主罗经显示器显示的数字信号的含义,以判断罗经的各种工作状态。

启动过程中的信号如下:接通船电后,加热器开始加热,此时主罗经显示器上应显示支承液体的温度(如h 25.5);数字前的符号h表示支承液体处于加热过程。当支承液体温度达到45 ℃时,随动系统被自动接通,此时主罗经显示器上显示船舶航向(如185.5),但数字后跟一个亮点，亮点表示罗经还没有稳定指北；约3 h后，显示器上显示的航向数字后的亮点消失，表示罗经（陀螺球）已基本稳定指北（如180.0），误差小于±2°；约5 h后，罗经（陀螺球）已完全稳定指北，主罗经显示器上显示的航向达到技术指标精度。

2.使用罗经的注意事项

（1）在罗经使用过程中，要经常注意主罗经显示器上显示航向的小亮点是否闪烁，若闪烁表示罗经工作不正常，应按说明书的要求进行检查。

（2）支承液体一般每3年更换一次，更换支承液体时应先将新液体温度提高到22 ℃以上再加入，避免罗经工作时支承液体温度升高后溢出，影响罗经正常工作。

（3）在向主罗经随动球内加入液体时应先将纯蒸馏水加入带有红色标志的孔中，然后再加入支承液体，以免支承液体沾染了纯蒸馏水。

（4）检查维护汇电环时，由于汇电环是封闭的，所以要小心打开。拧开和旋紧螺丝时，一只手一定要按在板的中央，而不可按在板的一边，以免汇电环受压变形。

六、斯伯利37型陀螺罗经

斯伯利37型（SPERRY MK37）陀螺罗经是美国SPERRY公司生产的斯伯利系列罗经之一，是斯伯利系列罗经的典型型号。

（一）斯伯利37型陀螺罗经的整机组成

斯伯利37型陀螺罗经由以下各部分组成，如图3-3-13所示。

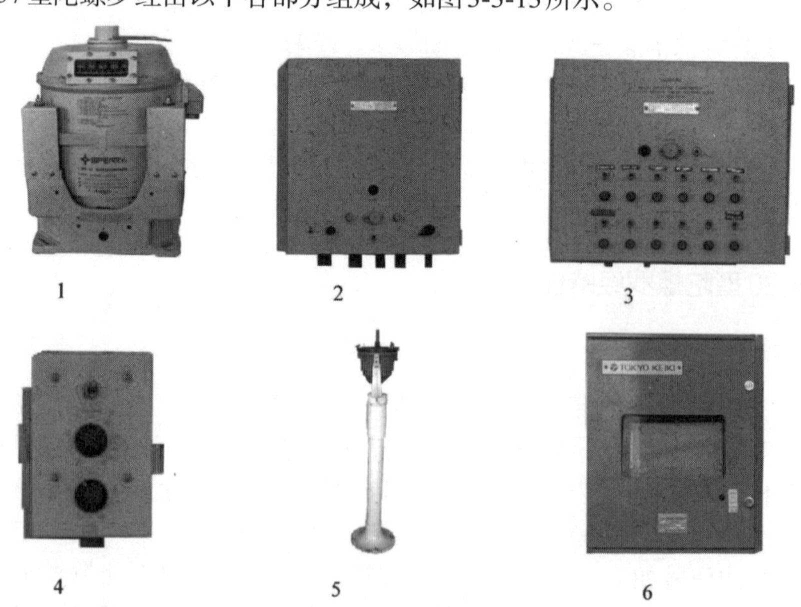

图3-3-13 斯伯利37型陀螺罗经

1—主罗经；2—控制箱；3—航向发送箱；4—速、纬误差校正器箱；5—方位分罗经；6—航向记录器

(二)斯伯利37型陀螺罗经的主罗经

斯伯利37型陀螺罗经的主罗经由灵敏部分、随动部分和固定部分组成。

1.灵敏部分

斯伯利37型罗经的灵敏部分包括单转子陀螺球和垂直环。陀螺球内密封有陀螺电机，转速为12 000 r/min，具有自动找北、稳定指北的能力。

2.随动部分

斯伯利37型罗经的随动部分主要由叉形随动环、主罗经刻度盘、方位电机、方位齿轮、汇电环等组成。叉形随动环下部的水平轴与灵敏部分的垂直环连接，上端轴与支承板上的轴承连接，使叉形随动环被吊挂在支承板上，被方位电机通过方位齿轮驱动，可绕垂直轴自由旋转，跟踪并始终与陀螺球相对位置保持一致。方位电机驱动叉形随动环的同时，还通过方位齿轮驱动主罗经刻度盘，使主罗经刻度盘的指向与陀螺球指向精确相等(误差小于0.1°)。汇电环联通固定部分与灵敏部分的陀螺电机电路和随动变压器电路。

3.固定部分

固定部分除了罗经箱体以外，主要有支承板、支承液体、光电发送器、余弦解算器、照明灯等。罗经箱体相当于贮液缸，整个主罗经除了罗经箱体外，全部置于罗经箱体内的硅油中。为防止硅油溢出，罗经箱体完全密封，只在船首线位置装有一个有机玻璃窗口，用于读取主罗经航向。支承板上除了吊挂叉形随动环外，还装有主罗经刻度盘、方位电机、方位齿轮、光电发送器、余弦解算器等。光电发送器向各分罗经发送主罗经航向信号，将主罗经航向传到各分罗经。

(三)斯伯利37型陀螺罗经的电路系统

斯伯利37型罗陀螺经的电路系统分为：电源系统、随动系统、传向系统和速纬误差校正系统。

(四)斯伯利37型陀螺罗经的主要特点

斯伯利37型罗经的灵敏部分由单转子陀螺球、垂直环及其组件组成；陀螺球动量矩矢量指南；灵敏部分由液体支承（硅油），轴承限定陀螺球位置；控制设备为液体连通器，内充高黏度的硅油，产生重力控制力矩；采用重物阻尼器（30 g），在陀螺球垂直轴产生重力阻尼力矩，罗经指向存在纬度误差；随动变压器（E变压器）产生随动信号；采用直流步进传向，传向精度为1°，光电发送器发送航向信号；主要误差为纬度误差和速度误差，采用内补偿法消除；采用静止逆变器产生115 V/400 Hz的罗经三相交流电源；可以快速启动罗经，约1.5 h稳定指北；罗经工作时支承液体不需保持恒温（环境温度为-5℃～55℃），只起支承作用而不起导电作用。

（五）斯伯利37型陀螺罗经的使用

1.快速启动罗经

（1）接通“船电开关”（“power supply”置于“on”位置），将船电分别接通至电子控制箱和航向发送箱。

（2）检查并核对分罗经航向与主罗经航向相等，若不相等，应调整分罗经航向与主罗经航向一致。接通航向发送器箱上的分罗经“电源开关”和所需要的“分罗经开关”，使分罗经处于可工作状态。

（3）接通电子控制箱上的“电源开关”（“power”置于“on”位置），接通主罗经的三相交流电源和放大器工作电源。

（4）将控制箱上的“工作方式转换开关（mode）”置于“旋转（slew）”位置，主罗经的随动系统工作。

（5）将控制箱上的“旋转开关（slew）”扳向“顺时针（CW）”或“逆时针（CCW）”方向，主罗经刻度盘随之转动，直至主罗经航向近似等于船舶真航向为止，使罗经达到快速启动的目的。

（6）将“工作方式转换开关（mode）”置于“启动（start）”位置，陀螺电机工作，等待约10 min，使陀螺电机达到额定转速。

（7）将“工作方式转换开关（mode）”置于“自动校平（autolevel）”位置，等待约10 s，使陀螺球主轴自动校平，罗经达到快速启动的目的。

（8）将“工作方式转换开关（mode）”置于“运行（run）”位置，约1.5 h可稳定指北。

（9）将速、纬误差校正器箱上的“速度旋钮（speed）”指示“航行速度”，将“纬度转换开关”指示船位纬度名称（N或S），将“纬度旋钮（latitude）”指示与“船位纬度”相应的位置，用内补偿法消除罗经的速度误差和纬度误差。

2.使用注意事项

（1）启动罗经时，当陀螺电机已经工作，可将电子控制器箱上的工作转换开关直接指示“运转/旋转（run/slew mode）”位置，使用旋转开关使主罗经刻度盘航向近似等于真航向后，再将“工作方式转换开关”指示“运转（run mode）”位置即可。

（2）对速、纬误差校正器箱上的速度旋钮和纬度旋钮，要根据航速和航行纬度的变化经常进行调整，一般当航速变化5 kn时重调一次，纬度变化5°时重调一次，并注意北纬、南纬开关的转换。

（3）主罗经带有锁紧手柄的，启动罗经时，当陀螺电机转速达到正常时（约10 min），应使锁紧手柄“解锁（uncage）”。当关闭罗经时，在切断电子控制器箱上的电源开关前应先将锁紧手柄“锁紧（caged）”。

七、阿玛-勃朗10型陀螺罗经

阿玛-勃朗10型（ARMA-BROWN MK10）陀螺罗经是美国ARMA公司和英国BROWN公司联合研制生产的电磁控制式系列陀螺罗经之一，是阿玛-勃朗系列的典型型号罗经。

（一）阿玛-勃朗10型陀螺罗经整机组成

阿玛-勃朗10型陀螺罗经由以下各部分组成，如图3-3-14所示。

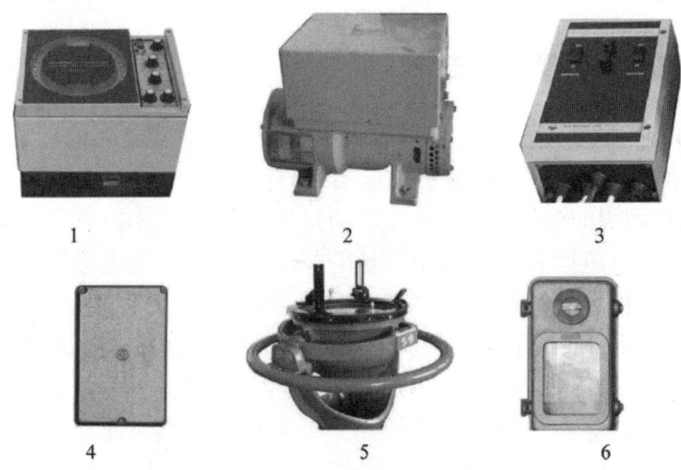

图3-3-14 阿玛-勃朗10型陀螺罗经

1—主罗经；2—变流机；3—开关接线箱；4—分配箱；5—分罗经；6—航向记录器

（二）阿玛-勃朗10型陀螺罗经的主罗经

阿玛-勃朗10型陀螺罗经的主罗经由灵敏部分、随动部分和固定部分组成。

1.灵敏部分

主罗经灵敏部分由单转子陀螺球、浮动平衡环和扭丝组成。陀螺球为哑铃状密封金属球体，球内装有陀螺电机，陀螺转速为12 000 r/min，具有自动找北、稳定指北的能力。

2.随动部分

主罗经的随动部分由贮液缸、倾斜平衡环、倾斜随动电机、方位平衡环、方位随动电机、刻度盘、汇电环等组成。贮液缸的主要作用有三：一是起支承液体容器的作用，通过支承液体支承灵敏部分；二是跟踪并保持与陀螺球相对位置一致，将陀螺球航向传到刻度盘，便于读取航向，使位于贮液缸西侧的电磁摆，间接检测陀螺球主轴的高度角并产生摆信号，启动罗经时使陀螺球主轴近似指示真北和水平，达到快速启动罗经的目的；三是相对陀螺球在倾斜上和方位上产生角位移，使水平扭丝和垂直扭丝受扭，对陀螺球施加水平力矩和垂直力矩。

3.固定部分

固定部分包括罗经箱体、操作面板、航向步进发送器、余弦解算器及电子器件等。罗经箱体由底座、中部箱体和顶盖组成，其中中部箱体和顶盖在修理时可以拆装。

（三）阿玛-勃朗10型陀螺罗经的电路系统

阿玛-勃朗10型陀螺罗经的电路系统包括电源系统、随动系统、传向系统、速纬误差校正系统和附属电路。

（四）阿玛-勃朗10型陀螺罗经的主要特点

阿玛-勃朗10型陀螺罗经的主要特点有：主罗经的灵敏部分由单转子陀螺球、浮动平衡环和扭丝组成，动量矩指北（在恒速恒向航行条件下，其指向误差小于±0.75°）；灵敏部分由液体（氟油）支承，扭丝确保陀螺球在贮液缸内的正常工作位置；电磁摆和水平力矩器产生电磁控制力矩；电磁摆和垂直力矩器在陀螺球垂直轴产生电磁阻尼力矩，存在纬度误差；电磁铁和陀螺球位置敏感线圈（“8”字形线圈）产生方位随动信号和倾斜随动信号，分别控制方位随动系统和倾斜随动系统工作；采用直流步进传向原理传向，传向精度为1°；船舶正常航行时，罗经的主要指向误差为纬度误差和速度误差，均采用内补偿法消除；主罗经的随动球与贮液缸合二为一，一般称为贮液缸；可以快速启动罗经，当调整主罗经贮液缸上的水准仪气泡位于正中间位置、陀螺球指北端指北误差小于10°时，一般约40 min即可稳定指北；由于阿玛-勃朗10型罗经是一种电控罗经，其适用纬度一般为80°N ~ 80°S。

（五）阿玛-勃朗10型陀螺罗经的使用

1.快速启动罗经

（1）接通“船电开关”（power supply置于on位置），将船电接通至开关接线箱。

（2）接通开关接线箱上的“变流机开关”（generator置于on位置），变流机工作，向主罗经提供26 V/400 Hz三相交流电源。

（3）校对所有分罗经航向与主罗经航向一致后，接通开关接线箱上的“分罗经开关”（repeater置于on位置），使分罗经处于可工作状态。

（4）接通主罗经面板上的“电源开关”（power置于on位置），陀螺电机工作。等待约10 min，陀螺电机达到额定转速。

（5）用手按着“方位按钮”（azimuth），并转动“旋转速率旋钮”（slew rate），主罗经刻度盘开始转动，使主罗经航向近似等于真航向。

（6）用手按着“倾斜按钮”（tilt），并转动“旋转速率旋钮”（slew rate），使贮液缸上的水准仪气泡位于正中间位置。

（7）转动“速度旋钮”，使其指示“航行速度”，用内补偿法消除罗经的速度误差。

（8）转动“纬度旋钮”，使其指示“船位纬度”，用内补偿法消除罗经的纬度误差。

（9）需要时调节主罗经“照明旋钮”，使主罗经航向照明合适，便于观测主罗经航向。

2.使用注意事项

（1）启动罗经时尽量采用快速启动方式，以延长扭丝的使用寿命。

（2）罗经经过修理后启动时，应在接通主罗经电源的瞬间，看到贮液缸指北端向西“突跳”，说明陀螺电机转向正确；否则陀螺电机转向错误，罗经不能正常工作。

（3）启动罗经时，当使用旋转速率旋钮改变主罗经航向或改变贮液缸水平状态时，在松开方位按钮或倾斜按钮前应将旋转速率旋钮先旋回到中间的“0”（zero）位置后，再松开按钮。

（4）启动罗经时，若按下方位按钮，顺时针转动旋转速率旋钮则航向增加，逆时针转动旋转速率旋钮则航向减小；若按下倾斜按钮，顺时针转动旋转速率旋钮则贮液缸北端下倾，逆时针转动旋转速率旋钮则贮液缸北端上升。

（5）启动罗经调整贮液缸水平时，应慢慢转动旋转速率旋钮，使贮液缸慢慢变化，切不可快速，以防贮液缸倾倒。

（6）航行中尽量避免罗经断电，若不得不断电时，应尽量保持航向，以免扭丝过度受扭而损坏。

第四节 光纤罗经

采用光纤陀螺指北原理的罗经称为光纤罗经。光纤罗经具有较高的可靠性，在日常使用中不需要维修和保养，是船用陀螺罗经技术发展的一大进步。

一、指向原理

光纤陀螺是基于沙格奈克效应的新型光学陀螺，其工作原理类似于环形激光陀螺。沙格奈克效应是一种与媒质无关的纯空间延时，从同一光源发出的光分成两束相同特征的光在同一闭合光路中以相反的方向传播，最后汇聚到原来的分束点，但如果闭合光路所在平面随着地球的自转，相对于惯性空间存在转动动作，则正反两束光所传播的光程将不同，于是产生光程差，这就是沙格奈克相移。

光纤罗经是基于旋转速率指向的，光纤罗经启动时间短，动态精度高且不产生速度误差，进一步提高了船舶航行的安全性，尤其是高速船舶在高纬度海区频繁机动航行时，其指向精度高于一般陀螺罗经的指向精度。

二、光纤罗经的组成

光纤罗经一般由灵敏部分、信号处理器和航向显示部分组成，如图3-4-1所示。

（a）灵敏部分

（b）信号处理器箱

（c）航向分罗经

图3-4-1　光纤罗经

1.灵敏部分

灵敏部分又称为传感器，是光纤罗经的主要组成部分，它主要由光纤线圈及光电电路组成。按其功能可分为三部分，即电源及导航信号处理、平面电子感应仪及三轴光纤陀螺仪。其中，三轴光纤陀螺仪由 X 、Y 、Z 轴三个独立的陀螺仪组成。

2.信号处理器

信号处理器根据来自三个光纤陀螺仪的信号和来自平面电子感应仪的信号，经过卡尔曼滤波，就能计算出地球自转的角度，从而得到地球真北方向（子午面）和本船航向，并将本船航向信号转换为数字航向信号和刻度盘航向信号，送给各分罗经（航向复示器）。由于采用链联式技术设计，光纤陀螺罗经的 X-Y 主平面由电子感应仪产生，光纤陀螺罗经可直接固定安装在船体上，从而取消了传统陀螺罗经中复杂的平衡环系统。

3.航向显示部分

航向显示部分包括自动舵、雷达、航向分罗经、方位分罗经等，将信号处理器的船舶航向信号以数字方式或刻度盘方式显示（指示），便于观测本船航向和观测物标方位。

第四章

综合航行系统及应用

本章学习目标

使用从导航设备和系统获得的信息有助于指挥决策，以保持航行安全

1.导航系统的工作原理、局限与误差：包括陀螺罗经或首向发送装置（THD）、速度与航程测量设备（SDME）、电子定位系统（EPFS）、雷达、自动识别系统（AIS）、航向及速度控制系统等（大副）

2.盲引航技术：包括盲引航手段、盲引航计划、盲引航执行、团队分工与责任（大副）

3.目标信息的获取与分析：包括雷达标绘方法及误差、雷达目标自动跟踪（ARPA/TT）精度及影响因素、AIS目标数据特性及影响因素等（大副）

4.各种导航信息的综合应用，保持航行安全：包括导航信息的交叉验证、内在关系与最优应用、有助于避碰指挥决策信息评估、多种水域的导航与控制方法（大副）

5.航行信息获取与应用（船长）

①掌握各种导航设备的特性和局限性

②掌握各类导航设备误差的分析和处理

③掌握各类导航设备信息的最佳运用方法

第一节 综合航行系统与航行信息

船舶航行系统和设备应满足SOLAS公约第Ⅴ章第19条的相关要求，和/或满足IMO MSC. 252（83）决议案［综合航行系统（INS）性能标准，简称INS标准］的要求。从技术进步的角度出发，考虑新技术的继承性、覆盖性和先进性，为了全面理解航行系统和设

备，本章基于满足标准所有标配和选配要求配置完整的INS探讨航行系统及其信息与应用。

针对本章教学内容，作为有价值的参考资料，IMO示范课程1.32具有重要的教学指导意义。

一、综合航行系统基本原理

综合航行系统（Integrated Navigation System，INS）由多种保障船舶航行安全的设备和子系统构成的功能模块和任务站组成，提供本船运动信息，安全水深信息，其他水面航行器、障碍物/危险物、导航目标和海岸线相对于本船的信息，水文地理信息，以及监控和管理这些信息安全运行的报警信息，由适任的驾驶人员/团队计划、监测、手动或自动引导和控制船舶航行，能够在所有航行情景下方便、持续和高效利用驾驶台资源，最大限度地避免地理环境、船舶交通、气象海况和人为因素等风险，提供综合和增强的功能，为实现船舶安全、经济和高效航行提供"增值价值"。

（一）综合航行系统配置

1. 系统硬件配置

在INS中，各种独立的航行设备或系统，如首向发送装置（THD）、电子定位系统（EPFS）、速度和航程测量设备（SDME）、自动识别系统（AIS）、雷达、电子海图显示与信息系统（ECDIS）、风向风速仪、轮机舵机控制设备等，可以通过有目的的相互组合，构成不同的子系统，实现不同功能，完成不同的航行任务。在特定的子系统中，为支持其功能所集成的航行设备或系统称为传感器；在不同的子系统中，航行设备或系统之间可以互为传感器。

具备相关任务模块，且满足MSC. 252（83）决议的INS可以作为SOLAS公约第V章第19条所要求的"其他手段"，取代相关航行设备的配备，如雷达、ECDIS、首向控制系统、航迹控制系统、AIS、回声测深仪、EPFS和SDME等。

2. 系统功能与配置

按照MSC. 252（83）决议案规定，INS采用面向任务的功能模块化配置，可完成航线设计、航线监控、避碰、航行控制数据、航行状态和数据显示以及报警管理等航行功能或航行任务，且应至少完成避碰和航线监控功能。此外，还可以集成其他航行安全系统，实现更多功能，完成相应任务。如果采用了不包括避碰和航线监控任务的小规模的综合，则称为部分综合。

因此，从不同角度看，INS系统的功能、配置、使用、操作和显示取决于以下因素：

（1）所集成航行任务的种类和数量，如航线设计、航线监控、避碰等；

（2）船舶控制状态，如在不同水域使用手动或自动航行控制；

（3）船舶操纵状态，如计划中的例行航行或特殊/机动操纵状态；

（4）应用场景，如航行中、锚泊或系泊。

航行任务通常分配给一组指定的多功能“任务站”，由适任的驾驶人员在任务站上操作，获得最佳航行信息，支持驾驶团队和引航人员完成相应的航行任务。通常，INS有足够的任务站同时工作，完成航线监控、避碰和航行控制数据，如ECDIS、雷达和航行控制数据任务站；而对于航线设计、航行状态和数据显示和报警管理功能，通常可在一个任务站上实现多任务管理。INS标准要求，在任何时候应只有一个明确标示的任务站控制自动航行功能，接受控制命令；控制权可以由其他任务站接管，且所设置的控制值和限制条件应保持不变。为了保证航行安全，无论INS的航行模式或故障状态如何，自动航行功能都可以通过简单的操作实现受控或终止。为了支持所有航行情景下的团队工作和操作员角色意识，INS通常实现了各任务站的任务分配与选择具有足够的灵活性，如可实现不同雷达传感器在不同的雷达终端上切换，同一个终端切换航线监控、避碰及航行状态和数据显示等不同的任务，雷达与ECDIS信息叠加等。

综上所述，从实现不同航行功能的硬件配置上看，INS由子系统及其传感器组成；从完成不同航行任务的软件配置上看，INS由任务站及其数据源组成。按照INS标准，位置、首向、速度、雷达和海图数据等传感器/数据源都配置了硬备份，为系统正常工作提供必要（唯一性）和充分（冗余性）的信息/数据，系统综合处理这些信息/数据，输出经系统验证并满足操作者要求的、最佳的基本航行信息。部分功能失效不会影响其他功能的工作，对于失效的功能均有应急部署。

（二）综合航行系统信息处理基础

1. 综合航行系统基本信息

INS基本信息包括本船动态信息，其他水面航行器、障碍物/危险物、导航目标和海岸线相对于本船的信息，水文地理信息。具体如下：

（1）本船动态信息是船舶航行的基本信息，包括时间、船位、首向、对水速度（STW）、航迹向/对地航向（COG）、航迹速/对地速度（SOG）、水深（如果有）等信息。当前，时间和船位信息传感器主要为全球卫星导航系统（GNSS），该系统也是主要的电子定位系统（EPFS）；首向信息来自船舶指向系统；STW来自对水模式的SDME；COG和SOG来自对地模式的SDME，如多普勒/声相关或GNSS计程仪；水深信息来自回声测深仪。

（2）其他水面航行器、障碍物/危险物、导航目标和海岸线等信息主要来自雷达/AIS。

（3）水文地理信息主要来自基于电子航海图（ENC）数据库的电子海图显示与信息系统（ECDIS）。

INS依据性能标准要求，遵循一定的算法，按照驾驶人员的设定和要求，综合处理以上传感器信息，为驾驶团队提供最佳航行信息，或对非同寻常的航行状态或设备故障给出报警信息，支持航行决策。

2. 统一公共基准系统

统一公共基准系统（CCRS）是指用于获取、处理、储存、监视和分发数据和信息的INS子系统或功能，为INS的子系统和相关功能以及所连接的其他设备（如果有）提供统一和强制的参考信息/数据。例如，INS的所有任务都使用相同的电子海图数据和其他航行数据库，如航线、海图、潮汐信息；以及相同的传感器/数据源信息，如船舶的位置、时间、首向、速度等。CCRS是保障INS正常运行的基础。

3. 统一公共基准点

统一公共基准点（CCRP）是指本船上的一个位置，所有基于本船的水平测量，如目标距离、方位、相对航向、相对航速、最近会遇点（CPA）或至最近会遇点的时间（TCPA），均参照此位置。CCRP典型建议位置为驾驶台的指挥位置，通常在系统安装时设定。虽然标准未建议，但在被明确标示和能够显著区分的情况下，有的设备上可以设置多个CCRP，在航行中由驾驶人员根据航行任务的需要酌情选择，如开阔水域避碰时CCRP选择在船头，右舷靠泊时选择在船舶右舷翼，而通常情景下则选择在驾驶团队指挥者惯常值守位置等。CCRP是保障INS精确观测目标的基础。当选择不同的CCRP时，下列测量或计算的基准点会发生变化：本船位置、EBL、VRM、光标、固定距离标识、目标距离和方位、CPA/TCPA、平行指示线（PI）、COG、SOG、STW。

4. 信息/数据验证

所有应用于INS的信息/数据必须满足有效性（Validity）、可信性（Plausibility）、完善性（Integrity）和延时性（Latency）监测要求，并标明监测结果。INS信息/数据的验证机制是保障系统信息安全的基础。

有效性是指数据与逻辑和规范的符合度。所有收到、使用和分发的数据都需要进行有效性检测，对未通过检测的数据应发出警告或警示，且不能用于依赖于这些数据的功能。有效性检查包括对相关的空数据字段、状态或模式字段的评估，例如“有效”或“无效”状态、“模拟”、“手动输入”或“待机”模式、“航迹推算”或“无定位”数据质量等。

可信性是数据品质的可信度，即数据格式及其赋值应在相应类型数据的正常范围之内。例如，首向值不在0°~360°，或速度（STW或SOG）大大超过最大适用于本船的数值范围，都不符合可信性监测要求，会视数据在系统中的使用情况给出警告或警示。INS不会在任何导航计算中使用不可信的数据。

完善性是一种数据/信息的核实机制。系统通过比较至少两个独立的传感器和/或数据源（如果有的话）数据，以及时、完整和明确的方式向驾驶团队提供符合规定精度和满足要求的信息，并对不符合完善性要求的数据/信息在规定的时间内发出报警，提醒驾驶人员谨慎使用或不能使用。如可比较来自多普勒计程仪和GNSS计程仪的数据监测SOG信息的完善性；而对于船位信息完善性监测则可能会提供更复杂的算法，包括比较来自GPS和北斗系统或来自两个GPS设备的数据，合并接收机自主完善性监测（RAIM）的信息。

延时是指数据产生和结果之间的时间间隔，包括数据接收、处理、传输和时间显示。

延时性是指数据的延时应符合航行任务的延时要求。设备制造商通常在操作说明书中对数据在不同任务和功能情况下的延时做出基本说明和约定。在不同的任务站上有关数据平滑的处理设置都会影响数据延时，平滑时间延长，数据的有效延时增加，数据均值精度提高，但数据延时性变差；反之，缩短平滑时间，则数据的实时性提高，但均值精度降低。航海人员需要从信息安全出发，视航行情景进行合理设置。

二、综合航行系统功能及其提供的关键信息

INS必须具备航线设计、航线监控、避碰、航行控制数据、航行状态和数据显示以及报警管理等6个系统功能，不同的功能为不同的航行任务提供船舶安全航行信息。“关键信息”是安全航行功能不可或缺的信息。航线监控、避碰、航行控制数据和报警管理是关键信息来源。航线设计及航行状态和数据显示是航行规划或支持功能，其信息属于“附加航行信息”。

（一）航线设计

航线设计是INS基本支持功能，也是INS“附加导航功能”，提供“附加导航信息”。航线设计任务站默认功能配置包括：满足IMO ECDIS性能标准〔Res. MSC.232（82）〕要求，具备适当比例尺、准确和最新的海图；所航行水域永久/临时的航行通告和无线电航行警告；如果航行系统具备相应的功能，还能够提供潮流和潮汐、气候、水文和海洋学数据以及其他适当的气象资料。航线设计提供以下基本功能：

（1）管理航线设计（储存和装载、导入、导出、归档、保护）；

（2）根据驾驶员设定的最小富余水深，查验航线风险；

（3）根据旋回半径、旋回速率（ROT）、施舵点及转向点、速度、时间、ETA，查验操纵风险；

（4）根据气象资料草拟和完善航线设计。

（二）航线监控

航线监控提供持续监控本船位置与计划航线和水域关系等功能，实现相应的航行任务。按照IMO INS标准、ECDIS性能标准〔Res. MSC.232（82）〕和IEC 61174（ECDIS标准）要求，航线监控任务站的默认设置如表4-1-1所示，并提供以下关键信息：

（1）所监控航线和船位在海图上以图形方式显示；

（2）当显示非官方SENC数据时发出警告；

（3）至少显示270 mm × 270 mm海图，包括安全边界；

（4）当海图显示的比例大于ENC数据库中所包含的范围时的标示；

（5）可有比所显示ENC更大比例的ENC时的标示；

（6）当海图未显示出标准显示的所有类别时的标示；

（7）真北指向；

（8）显示了ENC数据库之外海图资料的标示；

（9）在RCDS（光栅海图）模式下工作时的标示；

（10）矢量模式、矢量时间和矢量稳定方式；

（11）量程。

表4-1-1 航线监控任务站默认设置

功能	默认设置
显示类别	标准显示
选定海域	本船周围适当偏置
量程	3 NM
显示方式	TM，N-up
手动更新	如适用
操作者标注	如适用
位置传感器	GNSS（INS提供的系统位置）
过去航迹	开
选定航线	上次选定，包括航线参数
前瞻时间	6 min

通常，航线监控任务站能够提供以下功能：

（1）显示地理经纬度、航向、STW、COG、SOG、富余水深、ROT；

（2）测量富余水深并启动富余水深警报；

（3）AtoN AIS报告；

（4）作为可选功能，雷达视频与海图叠加，标示导航物标，限制区和危险物，方便位置监控和物标识别；

（5）如果INS集成了航迹控制系统，则航线监控任务站还可以显示与航线相关的数据和船舶操纵参数，监控船舶沿计划航线航行。

根据配置不同，航线监控任务站还能够在海图显示器上显示其他与航线有关的信息，如：

（1）被跟踪的雷达目标和AIS目标；

（2）AIS二进制和/或安全相关消息；

（3）启动和监测人员落水和搜救操纵；

（4）NAVTEX；

（5）潮汐海流数据；

（6）气象资料；

（7）冰况资料。

此外，满足最新标准的INS还具备搜救模式和人员落水模式。在搜救模式下，航线监控任务站能够显示搜索基点和初始最或然搜索区域，搜救团队可以选择起始搜索点和适当的搜索模式，如扩展方形搜索模式、扇形搜索模式或平行路径搜索模式等，并定义搜索路径间距。在有人员落水紧急情况发生时，在航线监控任务站上能够便捷地记录人员落水的位置，进入人员落水模式，设备能够计算海域流向和流速的影响，提供紧急操纵程序。

（三）避碰

避碰是探测和标绘其他船舶和动物标以避免碰撞的航行任务。按照IMO INS标准、雷达性能标准〔Res. MSC.192（79）〕和IEC 62388（雷达标准）的要求，避碰任务站的默认设置如表4-1-2所示，并提供以下关键信息：

（1）增益或信号阈值；

（2）增益和所有抗海杂波控制的状况；

（3）抗雨杂波控制状况；

（4）雷达视频（回波）和跟踪目标及AIS目标；

（5）量程；

（6）运动和指向模式；

（7）矢量模式、矢量时间和稳定方式；

表4-1-2 避碰任务站默认设置

功能	默认设置
波段	3 cm，如果可选
增益及抗杂波	自动优化
调谐	自动优化
量程	6 n mile
固定距离标识	关
活动距离标识	启动1个VRM
电子方位线	启动1个EBL
平行指示线	关或上次设定（如果有）
显示方式	TM，N-up
偏心	适当前瞻
目标尾迹	开
过去位置	关
雷达目标跟踪	连续
矢量方式	相对
矢量时间	6 min
自动雷达目标捕获	关
图形AIS报告目标显示	开
雷达跟踪目标与AIS报告目标关联	开
工作报警（除碰撞警报）	关
碰撞警报	开（MINCPA 2 NM；MINTCPA 12 min）
绘图、导航线和航线显示	上次设定
海图显示	关

（8）显示非ENC海图资料的标示；

（9）雷达系统状态为主设备或隶属设备状态；

（10）首向、STW、COG/SOG、位置、雷达视频和AIS传感器/数据源输入故障的标示。

（四）航行控制数据

航行控制数据的功能是在航行控制数据任务站上为手动和自动控制船舶运动提供信息。按照INS标准，航行控制数据分为用于手动和自动控制船舶基本运动的数据，以及报告和处理外部安全相关信息的数据，例如AIS安全相关和二进制信息、NAVTEX等，其中手动和自动控制船舶基本运动的数据为关键信息。

手动控制船舶基本运动的数据至少包括：富余水深及其分布概况、STW、SOG、COG、船位、首向、ROT（测量的或由首向变化计算的）、舵角、主机推进数据、流向流速、风向风速（若有，应可由操作员选择真和/或相对）、激活的操舵或速度控制模式、到施舵点或下一个转向点的时间和距离、安全相关信息（如：AIS安全相关和二进制信息，NAVTEX信息）。

自动控制船舶基本运动的数据至少包括：以上手动控制需要的所有数据，以及到下一个航段设定的和实际测量的半径或ROT。

航行控制数据通常以数字形式显示，并可酌情以模拟的要素有逻辑地排列在象征船舶的轮廓及周围，并能够根据需要显示各数据的变化趋势，有些设备还可以显示航行控制数据的设置值。

（五）航行状态和数据显示

航行状态和数据显示是INS的辅助支持功能，为驾驶团队提供航行安全必要的可视化信息。按照INS标准要求，航行状态和数据显示必须提供的信息包括：

（1）INS所有安装的、备用和在用的系统、子系统和传感器的配置；

（2）系统和/或子系统的工作模式处于航行模式或非航行模式的指示，如航行、模拟、维护和训练等模式；

（3）系统和/或子系统工作状态的指示，如开启/备机/关闭状态、可用性状态、性能状态、完善性状态等；

（4）系统传感器和数据源信息及其所提供的数据和状态，如接通/断开状态，以及完善性、有效性、可信性指示等；

（5）实测的本船运动数据及其“设定值”，包括首向、航向/速度、旋回速率、旋回半径等；

（6）AIS船舶的静态、动态和航次相关信息；

（7）接收的与安全相关的消息，如AIS安全相关短消息和二进制消息，NAVTEX信息等。

此外，INS还可以按需提供潮流资料、气象信息、冰况信息，航行控制和航线监控任务的附加数据和AIS航标数据。

根据需要，不同厂家INS通常还可以提供状态和数据的管理功能，包括以上状态和数据的参数设置，编辑本船AIS静态信息、航次相关信息和传感器配置等信息。

（六）报警管理

报警管理由中央报警管理功能负责，监视INS或安装却未归属INS的设备和系统，如首向、航迹控制、EPFS、SDME、目标跟踪雷达、ECDIS、AIS、测深设备、GMDSS设备、用于预警的相关机械装置等，提供可闻和可视的报警信息，至少显示20个最近发生的、特别是处于活动状态的事件和/或故障。报警信息用于协调管理INS及其相关的独立航行/功能模块和传感器/数据源模块中的报警监测、处理、分发和报告，通过有效但不对驾驶团队构成干扰和负担的信息，提醒团队人员迅速识别和充分了解影响航行安全的任何异常情况、信息及其来源和原因，支持驾驶团队及时、连续和有效地处理信息和做出必要的决策和/或行动。所有可闻报警都可暂时静默。针对下述报警的不同类别和级别，除A类报警之外，中央报警管理人机交互界面（HMI）能够取代独立设备的可闻报警通知，且可通过单一操作确认警报和警告。对于具体的设备，驾驶团队通常可以在航行和操纵工作站的中央报警管理HMI上或具体的任务站上对报警信息进行控制和管理。例如，危险目标报警的确认需要在提供避碰功能的工作站上执行，而对EPFS的报警确认则通常在中央报警管理任务站上即可完成。考虑到船舶驾驶台布局的特点，报警信息还可以在多个地点显示。如果可以在INS的任何一个任务站上实现报警的静默和确认，则这种操作应在系统内具备一致性效果。

1.报警分级与分类

（1）报警分级

在INS中，报警管理将报警分为警报、警告和警示三个优先级别，只有在能够进行适合局面评估和决策支持的HMI（任务站）上，才能确认警报和警告。

警报是对需要驾驶团队立即注意并采取措施的状况的报警，以避免危险情景，是报警的最高级别。如关键设备故障报警、碰撞危险报警、搁浅报警、偏航报警等影响航行安全的报警都视为警报，有的警报来自未被确认但需要升级的警告。

警告是出于预警的需要，对可能继续变化的状况的报警，虽然并不具有紧迫危险性，但如果不采取行动，则可能会发生紧迫危险。

警示是对不构成警报或警告的状况的报警，通常是针对非同寻常的情景或信息，提醒驾驶团队重点关注。警示是报警的最低级别。

（2）报警分类

在INS中，报警管理将报警分为A和B两个类别。

A类报警指在直接指定功能的任务站上发生的，需要图形信息界面实现的报警，如完成避碰功能的雷达任务站发生的碰撞危险报警，或完成航线监控功能的ECDIS任务站发生的搁浅危险报警。A类报警能够作为评估报警相关状况的决策支持，其可闻报警通常发生

在生成报警功能的任务站或显示器上。

B类报警为除了在中央警报管理HMI上显示的信息外，无须为决策支持提供其他信息（如图形界面）的报警。所有不属于A类的报警均为B类报警。B类报警通常可以通过字母数字信息确定。在中央警报管理HMI上可以访问按照发生时间顺序排列的B类报警历史清单，包括报警内容，发生、确认和纠正的日期和时间。清单内容可以搜索，至少保存24 h。

表4-1-3和表4-1-4分别给出了INS性能标准中规定的报警分级与分类和各独立设备性能标准中报警对应于INS的分级与分类。

表4-1-3　INS性能标准中规定的报警分级与分类

数据源	原因	警报	警告	警示	A类	B类
INS	系统功能缺失	×				×
	无法进行完善性检测		×			×
	未通过有效性检测的信息被用于功能		×			×
	未通过有效性检测的信息未用于功能			×		×
	输入了不同的阈值			×		×
	系统通信缺失		×			×

表4-1-4　各独立设备性能标准中规定的报警对应于INS的分级与分类

数据源	原因	警报	警告	警示	A类	B类
首向控制系统	动力故障或不足	×				×
	首向偏离报警		×		×	
	首向监控(偏离第二艏向源)		×			×
航迹控制系统	早期转向指示(转向点航迹控制)		×		×	
	实际转向指示		×		×	
	施舵线(未确认的实际转向指示) ①报警;②备份导航设备报警	×			×	
	动力故障或不足		×			×
	位置监控		×		×	
	首向监控		×		×	
	传感器故障(首向、位置、速度) ①报警;②备份导航设备报警	×				×
	偏航报警	×			×	
	航向偏差(首向偏离航迹向)		×		×	
	低速报警		×			×
ECDIS	定位系统故障		×			×
	穿越安全等深线	×			×	

续表

数据源	原因	警报	警告	警示	A类	B类
ECDIS	偏离计划航线——偏航报警	×			×	
	穿越特殊区域边界		×*	×*	×	
	接近关键点		×		×	
	不同大地基准		×			×
	系统故障		×			×
	(备份设备系统故障)		×			×
雷达/AIS	目标容量		×		×	
	CPA/TCPA报警	×			×	
	捕获/激活区域		×		×	
	丢失目标报警		×		×	
	在用信号或传感器故障		×			×
GNSS	HDOP超限			×		×
	无位置计算					×
	位置丢失		×			×
	差分信号丢失		×			×
	差分修正未应用		×			×
	差分完善性状态		×			×
回声测深仪	富余水深报警	×			×	
	电力故障或不足		×			×
罗经	系统故障		×			×
驾驶台值班报警	故障		×			×
	电源故障		×			×

×*：由操作者选择。如果指定为警示，则为B类报警。

2.报警通知

报警信息通常在中央报警管理HMI和/或具体的任务站上发出通知，为使驾驶团队及时、高效地分辨和处理报警信息，针对不同级别的报警，采用了不同的通知方式。

（1）警报通知

警报通知分为未确认警报和已确认警报两种状态。当警报首次发生时，作为未确认警报，启动可闻信号并伴有可视警报通知，提供足够详细的信息帮助驾驶团队识别和确定警报状况，还可以伴有语音提示。未被确认的可视警报通知通常以醒目的红色闪烁标识指示，独特的警报通知避免了与警告或警示混淆。可闻警报通知可以暂时静音，但如果警报未在30 s内被确认，则会重启。可闻信号和未确认警报的可视信号会一直延续到警报被确认为止；对于被确认的警报，可视通知会一直延续到警报状态解除。

（2）警告通知

与警报通知类似，警告通知也分为未确认警告和已确认警告两种状态。当警告首次发生时，作为未确认警告，启动可闻信号并伴有可视警告通知，提供足够详细的信息帮助驾驶团队识别和确定警告状况，还可以伴有语音提示。未被确认的可视警告通知通常以黄色闪烁标识指示，独特的警告通知避免了与警报或警示混淆。未确认警告的可视信号会一直延续到警告被确认为止；对于被确认的警告，可视信息会一直延续到警告状态解除。

（3）警示通知

警示通知通常以可视信息标注，让驾驶团队能够识别和确定警示状况，但不需要确认。警示通知在状况纠正后自动解除。

3.报警升级

如果船舶配备了驾驶台航行值班报警系统（BNWAS），则应与INS中央报警功能连接。驾驶人员可以在INS上设定时间（如30 s），在该时间后，未被确认的报警除了在INS保持可闻和可视之外，还会转移到BNWAS。在默认情况下，未确认的警告还会按照独立设备的具体要求或在60 s之后，变更为警报优先权，操作人员也可以根据设备说明书修改这个时间。

第二节 综合航行系统应用与局限性

随着信息航海技术的发展，航海仪器在航行安全的保障中已经担负着无可替代的作用。依靠仪器引航（Blind Pilotage）作为管理级船员的适任条件在STCW公约中给出了明确的要求。概括地说，管理级船员应全面掌握综合航行系统基本原理，熟练运用航行系统功能，准确获取航行信息，深刻理解航行系统及其信息的局限性，综合利用驾驶台资源，优化航线设计，监控航线设计执行，谨慎实施避碰行动和航行控制，确保航行安全。

一、综合航行系统应用

自从有航海活动以来，多元信息的综合运用就是保障航行安全的必然策略。随着航运经济的快速发展，现代信息航行系统已经成为航海人员保障航行安全无可取代的助航系统，INS在优化航线设计、监控航线实施、规避交通风险、降低航海人员工作负担、减少人为失误、保护海洋环境等方面广泛应用于航行实践。

（一）航线设计

航线设计是指船舶从出发地航行到目的地所拟定的有关航行的具体对策与措施。驾驶团队指挥者应运用一切有效资源和手段，全面综合考虑涉及航行安全的各种因素，尤其是利用INS航线设计任务站信息化平台的优势，核查和优化航线设计。具体包括以下方面：

（1）充分考虑ECDIS航线设计工作站提供的丰富的导航信息，参考适当比例尺，准确和最新的海图，所航行水域永久/临时的航行通告和无线电航行警告，可得到的潮流和潮汐、气候、水文和海洋学数据，适当的气象资料，以及通过导入以往航线计划（如果有），深入核查草拟的航线，并在航线设计工作站上结合所设定的最小富余水深、旋回半径、旋回速率（ROT）、施舵点及转向点、计划航速等参数查验航线风险和操纵风险，尤其应针对穿越非官方海图、安全等深线、禁航区、浅水区、临近危险物等报警提出航线修改建议或添加航线备注，完善航线设计。仅就此内容，作为有价值的参考资料，IMO示范课程1.27具有重要的教学指导意义。

（2）重点关注雷达在船舶定位、导航、避险等方面的应用的可行性，并注意雷达的局限性，以在不同的航行水域，特别是沿岸、限制水域、气象条件恶劣、冰区、能见度受限、分道通航制、船舶交管服务水域等，在航线设计中考虑最佳的航行和监控手段，修订航线设计，最大限度地保障航行安全。仅就此内容，作为有价值的参考资料，IMO示范课程1.08具有重要的教学指导意义。

（3）适度参考信息技术环境下实时AtoN、AIS二进制和/或安全相关消息以及NAVTEX信息的可用性，在沿岸、限制水域、分道通航制、船舶交管服务水域等，在航线设计中考虑最佳的航行和监控手段的运用，修订航线设计，最大限度地保障航行安全。仅就此内容，作为有价值的参考资料，IMO示范课程1.34有一定的教学指导意义。

（二）航线监控

航线监控任务站提供的航线监控与记录功能是实施航线设计的关键助航设备。驾驶团队指挥者应运用一切有效资源和手段，利用INS航线监控、航行数据控制、航行状态和数据显示及报警管理功能，综合利用INS提供的航行信息，并充分考虑其局限性，谨慎制定航行决策和实施航行控制，最大限度地避免地理环境、船舶交通、气象海况和人为因素等风险，保障航行安全。在全面运用驾驶台资源实施航线监控时，针对本章教学目标，应注意以下方面：

（1）监督驾驶团队根据航行情景妥善、合理设置本船参数，如安全水深、安全等深线、安全距离、安全高度和安全警戒矢量等；设置报警参数，如偏航警、碰撞警、速度警、水深警、到达警、接近警、传感器/数据源误差阈值等。这些参数的设置需要综合考虑水域环境、气象海况、交通流状况（交通流方向及密度）、本船及周围船舶的状况（尺度、吃水、装载、航速、操纵）等多种因素。例如，在开阔水域航行时，通常可以采用INS系统默认的开阔水域设置，而在近岸复杂水域航行时，以上各项参数则应酌情做出合理的个性化设置方案，避免简单采用系统提供的“沿岸航行”的默认设置，因为此项默认设置很难在系统程序中精确考虑复杂多变的水文地理、气象海况和交通环境等因素。

（2）监督驾驶团队随时掌控传感器提供的本船时间、船位、首向、对水速度（STW）、航迹向/对地航向（COG）、航迹速/对地速度（SOG）、水深等动态信息（航行基本信息），掌控来自航线监控任务站、航行控制任务站、航行状态和数据显示任务站、报警管理任务站等航行关键信息，根据这些信息，结合驾驶台资源及时做出最佳航行决策。如在沿岸航行时，通过雷达观测信息与ECDIS对比，或采用雷达图像与ECDIS信息叠加实现航行监控，能够更全面地把握交通情景，有效增强航行安全。

（3）研判航行情景，包括航行水域水文地理环境、船舶交通状态、INS数据完善性监测状态，谨慎采取航行措施。如在实施自动航行控制中，面对不同的船舶操纵状态及时切换任务站功能控制船舶；在完成复杂的航行任务时，协调驾驶团队在相邻或方便的显示终端合理分配任务站功能，综合利用GNSS、雷达、ECDIS导航，优势互补，形成良好的团队协作组合；在发现任何不适合自动航行控制的因素时，果断终止自动航行，采用手动航行控制等。

（4）根据航行情景，合理处理报警信息。满足最新INS标准或BNWAS的报警系统，在合理设置报警参数时，系统通过情景评估所需信息最优策略，遵循最小化高优先级报警数量的原则，对报警信息进行优化处理，在报警管理任务站分级、分类给出报警信息，有助于驾驶团队迅速锁定信息来源和原因，识别异常情况，充分注意航行安全，并尽可能提供必要的决策信息。而对于未能够纳入INS综合管理，仅仅满足独立性能标准的航行设备所给出的报警，可能不同程度地会出现冗余信息，对驾驶团队造成负担，但在这种情况下，关闭报警通知的做法并不可取。

（三）避碰

经修订的《1972年国际海上避碰规则》作为指导船舶避碰的行动指南，明确将雷达协助避碰的规定纳入其中。雷达系统既是航行定位、导航的重要仪器之一，又是保持正规瞭望、避免船舶碰撞的一种有效手段，雷达任务站是避碰无可替代的信息终端。驾驶团队指挥者应合理分配驾驶台资源，深刻理解雷达系统与正规瞭望、安全航速、碰撞危险、设备的局限性与有效避碰行动的关系，综合分析包括雷达信息在内的多元信息，正确决策，采取积极的、及早的和大幅度的避碰行动，是避免紧迫局面的关键。具体而言，在避碰决策和避碰行动中，驾驶团队应秉持良好船艺，基于避碰工作站，综合运用雷达目标跟踪、AIS报告目标、雷达跟踪目标与AIS报告目标关联、人工雷达标绘或与其相当的系统观测等方法获取可靠的避碰信息，根据当时的环境和情况，有效地利用驾驶台资源，正确识别船舶会遇局面，判断碰撞危险，制定避碰决策，采取相应的避碰行动，并注意核查避碰行动的有效性，确定恢复原航向/航速的时机。

1. 根据雷达信息和其他相关信息识别会遇局面

运用雷达可以对会遇局面做出早期预判，是进一步做出正确避碰决策，指挥驾驶台团队采取措施防止船舶碰撞事故发生的关键。根据雷达信息识别船舶会遇局面的各种方法，包括但不限于：

（1）通过雷达目标跟踪获取目标船的距离、方位、航向和航速；

（2）通过AIS报告目标获取目标船类型、船位、首向、COG、SOG、航行状态、目的港等；

（3）通过雷达跟踪目标与AIS报告目标关联，获取优化处理后的目标船最佳避碰信息；

（4）通过系统连续的雷达观测获得目标船的距离和方位，然后通过标绘求取目标船航向和航速。

在这些方法中，目标跟踪是雷达自主检测目标，并通过对目标的自动跟踪采集目标数据，能够在较短的时间内，处理多个目标，目标数据的可靠性较高，是获取避碰信息的主要方法；AIS是依赖GNSS和他船基本航行信息的航行数据交互系统，能够获取包括船舶识别信息在内的较为全面的目标船静态和动态数据；雷达跟踪目标与AIS报告目标关联在满足关联准则的情况下，减少屏幕冗余信息，避碰信息最佳，优势明显；人工标绘可信性较高，但作图时间长，处理目标的数量少，数据精度较低，是航行值班高级船员的基本技能。

驾驶团队应考虑雷达的误差、局限性和当时的环境和情况，选取适当的方法，根据雷达获取的船舶距离、方位、航向、航速，按照避碰规则对会遇局面做出早期预判。值得注意的是，船舶会遇是一个动态的演化过程，须采取一切有效手段，不间断地瞭望，与目标船适时和充分地进行信息交流，如驾驶台团队成员间的沟通和合作等，特别应鉴别和综合处理这些信息，连续正确识别会遇局面。

2. 鉴别和评估雷达信息，判断碰撞危险

判断碰撞危险是做出避碰决策的前提，而雷达是判断船舶碰撞危险的有效手段。在正确识别船舶会遇局面的基础上，重点跟踪那些有潜在危险的目标，全面掌握以下知识：

（1）综合考虑本船操纵特性、水域航行环境、气象海况和驾驶团队能力，设置CPA_{LIM}/$TCPA_{LIM}$安全阈值；根据雷达目标跟踪、AIS报告目标、雷达跟踪目标与AIS报告目标关联、人工雷达标绘或与其相当的系统观测，获取目标船CPA/TCPA，并与所设置的安全阈值比对判断碰撞危险。

（2）深刻认识雷达的误差和局限性，避免使用不充分的雷达信息，鉴别和评估所获取目标船的信息，并认识到驾驶台团队成员对安全余量可能存在不同的理解。

3. 船舶在互见中和能见度不良时的避碰决策及行动

依照《1972年国际海上避碰规则》第二章“驾驶和航行规则”中第十一条至第十九条的规定，运用雷达系统信息，指挥驾驶团队针对各种会遇局面做出正确的避碰决策，采取有效的避碰行动。特别应注意：

（1）会遇局面不同，避碰决策不同，避碰行动亦有差异。应在正确识别船舶会遇局面和准确判断碰撞危险的基础上，考虑雷达系统误差和局限性，按照避碰规则关于各种会遇局面的避碰行动要求，做出正确决策，并指挥驾驶团队采取相应行动，避免紧迫局面的形成。

（2）会遇情况复杂时，可能需要采取一系列的避碰行动。在这种情况下尤其应综合分析雷达及相关避碰信息，深入考察这些信息的精度及局限性。例如多目标会遇时，目标船CPA/TCPA不同，目标船的碰撞危险和紧迫程度存在差异。在做出避碰决策时，应确定避碰的优先顺序，选择避碰重点船舶，分析雷达系统误差和局限性的影响，对复杂会遇局面可能存在的变化做出充分的估计，并能果断地采取正确的行动。

（3）能见度不良时，雷达系统信息是制定避碰决策的主要依据。一般来说，能见度不良时的CPA_{LIM}比能见度良好时设置大一些，且采取避免碰撞的行动较能见度良好时需要时机更早、幅度更大。若采取转向行动，不仅要考虑避碰规则的要求，而且应充分运用雷达避碰转向示意图。尤其应具备这样的能力：在恶劣气象条件和复杂交通环境相交织的不利局面下，综合考虑雷达信息误差和雷达系统的局限性，合理和高效管理驾驶台资源，果断并正确地做出避碰决策和采取避碰行动。

无论船舶在互见中或是能见度不良时，航海人员应具备正确运用雷达信息，做出正确避碰决策及采取有效避碰行动的能力。要牢记，在避碰过程中通过视觉瞭望获得的是最基本和最重要的信息，作为避碰辅助设备，雷达提供的信息具有视觉瞭望不可替代的优势。然而在能见度不良时，不充分和不确切的瞭望信息不能全面支持避碰行动，同时也会影响对雷达信息的正确和准确评价，驾驶团队也有可能对雷达信息做出不恰当的解释。值得注意的是，在复杂和多变的会遇局面中，特别是小幅度不协调的避碰行动，可能会危及航行安全。因此，在任何局面和情况下，加强视觉瞭望，利用雷达设备的优势，尤其驾驶团队进行有效沟通，综合分析视觉信息、雷达信息以及其他有助于避碰的信息，利用一切可利用的驾驶台资源，做出正确的避碰决策，按照避碰规则实施有效的避碰行动，是保证航行安全的关键。

4. 避碰行动有效性核查

船舶为避免碰撞所采取的行动不一定有效，或者达不到预期的安全距离，或者其效果可能被目标船不协调行动削弱甚至抵消。因此，会遇中的每一艘船舶应细心核查避碰行动有效性。雷达是核查避碰行动的最有效手段，为了获取有效的雷达信息，驾驶团队应充分考虑雷达信息的误差，估计误差带来的影响，并充分管理和利用驾驶台资源，准确核查避碰行动的有效性。特别注意：

（1）衡量避碰行动有效性的标准包括按照避碰规则要求采取的避碰行动，应能被对方通过视觉或雷达观测很容易地察觉到，保证船舶在安全距离上，即$CPA > CPA_{LIM}$时驶过，并应深刻理解雷达系统信息的精度对避碰行动有效性的影响。

（2）雷达目标跟踪、AIS报告目标、雷达跟踪目标与AIS报告目标关联、人工雷达标绘或与其相当的系统观测所获得的信息可以用来核查避碰行动有效性，确认避碰双方在安全距离上驶过。

（3）在能见度不良时视觉瞭望受限，应开启多台雷达，充分利用雷达和团队资源，采用不同的雷达信息对比核查避碰行动有效性。

5. **船舶在互见中、能见度不良时恢复原航向/航速的时机**

船舶采取避碰行动后，两船以安全的CPA相互驶过，保持“驶过让清”。雷达信息是确定恢复原航向/航速时机的有效信息。在团队协作实施避碰行动中，指挥者应合理、充分利用包括雷达在内的驾驶台资源，加强团队成员的沟通和协作能力，准确认识和全面评估航行环境和局面，确定恢复原航向/航速的时机，保障航行安全。特别注意：

（1）在恢复原来的航向和/或航速后，两船仍然能保持在安全距离上驶过，并且不会形成新的碰撞危险。在受限水域多船会遇时，会遇局面复杂，可能与多船存在不同的会遇局面，驾驶团队应综合考虑局面的复杂性和多样性，提高情景意识，保持获取雷达信息和评价雷达信息的可靠性。

（2）人工雷达标绘和试操船功能所获得的雷达信息可以确定恢复原航向/航速的时机。人工雷达标绘作图时间长，处理目标的数量少，误差和局限性相对较大。基于目标跟踪，试操船操作时间短，误差和局限性相对较小，但应考虑各个厂家雷达产品试操船的性能和精度可能有差别，应充分运用其他各种方法，并审慎考虑其局限性，综合确定有效的恢复时机。

二、综合航行系统误差与局限性

以INS为代表的信息化航行设备在很大程度上提高了航行信息的精度和可靠性，从理论上解决了依靠仪器引航的基本问题，在航海实践中大幅度改善了仪器引航的安全性，全时、全天候增强了航行系统的可用性。尽管如此，受到信息技术在民用航海领域应用的限制，从航行安全角度严格审视，目前最先进的航行系统仍然存在很大的局限性，包括误差、信息源、信息处理机制和人机交互等多个方面。

（一）综合航行系统传感器/数据源误差

1.GNSS误差

卫星导航系统定位设备是航行系统的关键传感器之一，误差主要包括伪测距误差、几何误差以及相关导航政策带来的误差。

伪测距误差是指用户设备测量伪距产生的误差，如通常认为在标准状态下，民用GPS设备水平等效伪测距误差为8.6 m，北斗接收机为2.5 m。几何误差是指卫星的空间分布对定位（或授时）产生的误差，通常用精度因子（*DOP*）表示。水平伪测距误差乘以水平精度因子（*HDOP*）即为用户最终的二维位置误差。

关于伪测距误差和几何误差的详细讨论，以及导航政策误差，前文已经讨论，这里不再赘述。

GNSS数据是PNT（Position，Navigation and Timing）基本数据。IMO性能标准要求GPS接收机在静态和动态水平定位精度优于100 m（当前，无SA，优于25 m）情况下，

HDOP≤4或*PDOP*≤6；在没有正确星历数据、有正确星历数据和意外掉电少于60 s时分别应在30 min、5 min和2 min内（当前芯片技术分别在12 min、1 min和1 min内）获得满足精度要求的位置，而在电源不中断但信号中断24 h以上时，应在5 min内重获满足精度要求的位置。位置数据更新至少每2 s输出一次，当DOP超标或位置更新超过2 s时，设备应在5 s内给出报警信息，并在恢复正常工作前持续显示最后已知位置及其定位时间。对于差分设备，静态和动态位置误差应小于10 m。

按照国际标准，GNSS设备都设有接收机自主完善性监测（RAIM）单元，利用系统提供的冗余资源监测定位精度，根据用户INS设置要求，对不满足要求的数据，给出报警（警报、警告或警示）。

2.THD误差

船舶首向发送设备是航行系统的关键传感器之一，误差通常与船舶所处的地理纬度、船舶运动速度、船舶机动状态等因素有关。IMO THD性能标准要求，首向发送设备应能够在南、北纬70°范围以内正常工作。言外之意，当船舶在更高纬度航行时（如纬度80°以上），航向误差通常会增加。具体地，THD误差包括：静态误差，如基线和纬度误差；动态误差，如速度和冲击误差；随动误差，即真航向与输出航向之差；以及传送分辨率误差，如步进罗经编码及传输方法引起的误差（目前较少使用）。IMO性能标准要求THD设备应满足：静态误差小于±1°，动态误差小于±1.5°，随动误差小于±0.5°，传送和分辨率误差小于±0.2°。目前，船上广泛安装的数字指向设备误差通常在0.5°左右。

3. SDME误差

按照SOLAS公约的要求，速度与航程测量设备应为本船提供对水速度/航程和对地速度/航程，两者缺一不可。前者通常由水层跟踪计程仪提供；后者由海底跟踪计程仪或GNSS计程仪提供。目前，SDME设备有传统的水下设备（如多普勒计程仪或声相关计程仪）和新型水上GNSS计程仪两种类型。从技术的发展看，GNSS计程仪提供的对地速度/航程数据，基于高精度PNT信息系统，尤其是差分GNSS系统，通常认为精度高于，至少略高于传统的计程仪。值得注意的是，水层跟踪计程仪提供的对水速度/航程，由于不同船舶或同一船舶不同吃水的原因，尤其在复杂水流的水域，其速度/航程数据精度会受到影响。因为在避碰时，按照避碰规则必须采用对水速度判断会遇局面，所以驾驶团队的指挥者对此应有清醒的认知。

根据IMO SDME性能标准，数字式计程仪误差为船速的2%及0.2 kn之大者，模拟式计程仪误差为船速2.5%及0.25 kn之大者，航程误差为每小时累计航程的2%及0.2 n mile之大者。因此，对于通常在经济航速区间航行的船舶，速度/航程误差的影响并不突出，而对于在某些特殊操纵环境下低速航行的船舶，就应特别关注计程仪误差，尤其是水下设备的误差影响。

4. 测深仪误差

水深数据也是船舶航行基本信息之一。但与其他数据不同的是，仅仅在富余水深受限

的情况下，驾驶团队才会特别注意测深仪误差的影响。根据IMO回声测深仪性能标准，测深设备测量范围为2~200 m，分为深水量程（200 m）和浅水量程（20 m）。深水量程时的误差为±5 m，浅水量程时的误差为±0.5 m。因此当富余水深仅仅在2 m左右时，严格地说，测深仪数据已经不具备实际参考价值。考虑到沙石底质与淤泥底质的区别，目前最新的测深设备给出的置信参考水深通常局限在2 m左右。

5. AIS可信性

作为信息航海时代的里程碑，AIS对信息航海发展的推动作用具有史无前例的意义。随着信息航海深入发展，AIS的局限性问题也日益突出。严格地说，作为“自动识别系统”，AIS是有效的。但是考虑到AIS系统参数，如VHF频段（窄带）、9.6 kbit/s传输速率（低速）、TDMA传输协议（低版本）、定制化的信息格式（低效率）等因素，这些表征着AIS技术“DNA”的参数决定了其注定不会是信息航海的最佳系统平台和载体。就像我们经常在航行中看到的，AIS报告目标的信息常常令人感到困惑，其本质原因是AIS提供的信息的可信性无法满足高精度信息航海的需求。

目前国际上正在试图解决AIS存在的问题，致力于VDES-AIS升级系统的研发。但总的来看，VDES也仅仅是个“升级系统”，无法解决革命性的“换代”问题。

6. 雷达传感器误差

雷达传感器是航行系统的重要传感器之一。从本质上看，其误差的影响因素为脉冲体制和信号处理机制，表现为测距误差和测方位误差。

脉冲体制的导航雷达在民用航海中的应用已经超过70年。在这期间雷达技术体制不断发展和创新，但限于成本和经济的考虑以及船舶导航精度要求较低的原因，新体制的技术，如低功率宽脉冲调频技术、相控阵天线技术等并未在导航雷达上得到有效发展和广泛应用。而高功率脉冲雷达固有的盲区、回波畸变、磁控管功率和频率输出抖动、脉冲幅度调制回波信息处理精度、隙缝波导天线方向性精度、机械扫描天线误差等诸多问题限于技术体制的原因，也无法得到根本解决，因而仅仅依靠数字化信息处理终端改善导航雷达精度的努力已经基本达到极限，无法突破瓶颈。从更深层次上分析，基于一个世纪之前模拟信号体制的传感器技术在本质上就不可能满足信息化时代数据精度的要求。

按照IMO雷达设备性能标准，雷达的测距精度为量程的1%或30 m，取其大者，测方位精度为1°。具体而言，对于实际船舶配备的雷达，使用1.5 n mile以下量程，测距误差大约为30 m，随着量程的增大，误差会成倍数增加；方位误差则相反，远距离弱小目标的方位精度较高，近距离强回波则需要大幅度降低增益才能获得较高的精度。驾驶团队应充分认识雷达传感器误差对船舶定位及导航精度和避碰安全的影响。

（二）综合航行系统局限性

根据INS标准，综合航行系统的目的是采用信息化技术，集成多元航行信息，综合运用航线设计、航线监控、动目标避碰、报警管理、航行数据和状态控制等多种航行功能，为操作人员提供综合和增强的功能用以避免地理、交通和环境风险，从而加强航行安全。

从目前的技术成熟度来看，限于传感器/信息源不足和误差影响以及信息处理系统的处理能力，INS还无法获得与航行安全相关的大数据，不能可靠地支持系统独立获得令人满意的“情景意识”，当然也不支持驾驶团队仅仅通过航行系统/设备提供的信息完美地做出航行决策和控制船舶航行安全。因此，航行系统还将在相当长的时间内担负着航行“助手”的功能，即STCW公约中“依靠仪器引航（Blind Pilotage）”之含义。随着技术进步，如果基于大数据的冗余系统提供的多元、高完善性的航行信息能够有效应用于海事安全，独立依靠此系统的“盲引航”才能实现。

1.传感器/数据源局限性

传感器/数据源的误差在很大程度上决定了INS的局限性，尤其在航行精度要求高、机动性强、富余水深受限、航速较低等航行环境中，越是需要INS协助航行时，驾驶团队越是要警惕INS传感器/数据源提供极限数据精度的限制，避免盲目使用和疏于核查INS提供的信息而导致的不利安全情景的发生。

2.ECDIS局限性

ECDIS是旨在保障航行安全的复杂的信息技术设备。其正常运行涉及多方面因素，包括IHO数据源、船载工业计算机系统硬件和软件、传感器数据及其精度，还涉及操作者关于系统知识的完整性及操作技能。ECDIS局限性包括：

（1）软件维护问题

ECDIS的组成包括硬件、软件和数据源。其应用软件的运行必须满足性能标准，显示ENC所有数据。若ECDIS版本未及时更新，则系统可能不满足SOLAS公约Ⅴ/19 2.1.4规定，不符合IHO《ENC产品规范》最新版本或表示库，无法正确加载和显示最新绘制的航道特征；或即使航道特征已经包含于ENC，也可能无法启动应有的报警和指示。为此，IMO建议访问www.iho.int，了解版本清单，船长需要遵照ISM规则采取合适的措施。

（2）运行异常问题

随着ECDIS在船上强制配备，IMO收到了一定数量的ECDIS运行异常报告，在相当广泛的层面上表现出该系统会出现意外和费解的非预定行为，常常以满足早前性能标准［IMO A. 817（19）］的ECDIS为主，发生的实例包括但不限于：①无法正确显示导航特性，如IMO最新确认的特别敏感海域和群岛水道等航行区域，具有复杂特性的导航灯、水下特征和孤立危险物；②在航线设计任务站无法通过“航线检查”检测到物标；③无法发出正确的报警；④不能正确管理多个报警信息。这些运行异常情况影响了设备正常使用和驾驶团队的航行决策，在不同程度上妨碍了航行安全，甚至导致严重后果。如果ECDIS作为本船海图的唯一来源，则驾驶团队及其指挥者对此应有完备的知识储备和充分的应变能力。

根据目前和可预见未来的信息技术发展水平，IMO认识到ECDIS各种运行异常现象暂时无法从根本上消除。针对这些问题，IMO发布了一系列补充性通函，并经过梳理整合为《ECDIS良好实践指南》（MSC.1/CIRC.1503），要求船长和驾驶团队遵守指南要求，深

入掌握ECDIS的运行原理，促进该系统在航行中安全有效使用。同时鼓励使用者分类收集运行异常现象，属于数据源的问题，应反映给IHO；属于计算机系统硬件或软件的问题，应反映给ECDIS制造商；属于传感器的问题，应反映到船舶所有人；属于驾驶员操作层面的问题，应通过船舶所有人反映给海事主管机构。

3. 雷达系统局限性

雷达系统由传感器和信息处理系统组成，担负INS避碰任务站功能，同时也是瞭望、定位和导航的重要设备，在INS中兼备无可替代的多功能角色。雷达系统标配的传感器至少有雷达、THD、SDME、GNSS和AIS等5个，还可以有ECDIS和其他传感器。雷达对目标的探测还与电磁波传播环境及目标的反射能力有关。作为复杂的信息处理设备，雷达性能的发挥在很大程度上还取决于操作者的知识和技能。因此探讨雷达系统的局限性离不开其系统构成、工作环境和人的因素。

（1）雷达瞭望

按照避碰规则，雷达是瞭望的关键设备。雷达通过电磁波的发射与接收探测目标，由于雷达系统特性、电磁波传播特性、目标电磁波反射特性的影响，使得雷达“看”到的目标产生很大的“失真变形”，与航海者视觉瞭望有着本质的区别，也与海图不同。由于探测环境的不同，雷达目标回波“失真”主要表现为两种相反的现象，即回波扩展和回波收缩。回波扩展主要是指雷达探测脉冲宽度引起的回波后沿径向扩展失真和水平波束（波瓣）宽度引起的回波横向扩展失真，总体造成回波向后和向左右扩展，看起来比目标的实际尺度有所增加，这也是引起目标分辨力降低的主要原因。发生这种现象的目标通常是近距离、孤立、尺度较小的目标，如船舶、孤立岛礁等。回波收缩主要是由于目标遮挡和/或目标边缘回波微弱等原因引起的目标后沿和左右边缘回波丢失失真，总体上造成回波收缩，看起来比目标的实际尺度有所减小。发生这种现象的目标通常是远距离、延展、尺度较大的目标，如大面积的陆地、海面雷达探测地平以远的岛屿等。

目标变形失真对于陆地、岛屿和岸线而言，造成回波辨识困难，是雷达探测的局限性，但对于海上小目标而言，如船舶、导航浮筒等，也正是因为回波看起来比实际目标尺度大，才方便发现和观测。需要注意的是，冰山回波的面积通常小于实际尺度，尤其是冰山水下体积巨大，而雷达又探测不到，对航行安全的影响不容忽视。

此外，驾驶团队的指挥者应有清醒的认知，瞭望是定位、导航和避碰的基础，运用过硬的雷达操作技术，在海浪、雨雪和同频干扰等杂波环境下，最大限度地克服目前技术体制下雷达固有的局限性对瞭望的影响，最大限度地发挥驾驶团队的协作优势，才能有效地保障航行安全。

（2）雷达定位

导航雷达在商船上的应用已有70余年的历史，体制未曾改变。从本质上看，雷达传感器是模拟设备时代的技术，理念和理论上都已经落后于信息时代的发展，只是限于经济成本和固化的观念，目前在技术和实践上还没有新的突破。从船舶定位角度看，GNSS位置数据是界面友好的信息，可以方便地自动应用于综合航行系统，但雷达定位目前只能依靠手动操作，无法以数据方式直接向INS提供位置信息。

从雷达定位的过程看，辨识可靠目标、选择定位目标、确定定位方法、精确测量目标、在纸质海图上画出雷达船位线、确定最或然船位，整个过程耗时间费精力，且无法在航行信息平台上与其他信息化定位手段实现数据融合，具有很大的局限性。还应该注意的是，相比X波段雷达传感器，S波段雷达的定位精度略低，有更大的局限性。

与GNSS定位比较，雷达定位的精度虽然不高，然而作为主动定位的手段，雷达定位的可信性较高，在条件允许的情况下，作为良好船艺，驾驶团队应充分利用雷达定位保障航行安全。

（3）雷达导航

现代雷达提供了较为丰富的导航工具，包括平行指示线导航、绘图导航、航路点导航和电子海图叠加导航。其中后两种导航方法可以作为方便的信息化手段，与航线监控任务站协同，在沿岸/航道航行时，实现导航信息的完善性验证，完成航线监控功能。

与航线监控任务站相比，雷达导航存在以下局限性：

①受到自身性能、电磁波传播路径和目标反射雷达波能力等因素的影响，影像失真和探测误差容易造成回波识别困难或错误，影响导航精度，甚至有时无法实现雷达导航。

②雷达导航精度依赖传感器的精度，雷达性能的发挥还依赖驾驶员的操作技术，对雷达图像的解释与导航技术的发挥也依赖驾驶团队的经验。在紧张的航行值班工作中，如果雷达操作者忽略了任何一个环节，都可能造成导航失误，导致严重后果。

③雷达仅能探测水面以上目标，在富余水深有限水域航行时，应仔细研究海域的水文地理信息，克服雷达导航局限性，发挥雷达的导航优势。

④使用航路点导航或电子海图叠加导航时，应特别注意GNSS定位的完善性指示信息，尤其是采用自动航行功能时。

（4）雷达避碰

雷达是避碰唯一有效的设备，是INS的避碰任务站。尽管在70余年的航海实践中，雷达避碰从技术到应用有了长足的进步，但相比其他快速发展的信息化技术设备，采用磁控管作为发射器件的高功率脉冲体制雷达，发射信息源（探测脉冲）的精度有限，回波处理技术对雷达避碰信息化提升的能力有限，表现为雷达目标跟踪的可靠性不高、被跟踪目标受到较多条件约束、信息处理延时、信息精度有限，避碰信息难以高精度地融入数字化的INS系统。即使AIS作为辅助的避碰传感器，对提升雷达避碰的信息化程度做出了有益的努力，但限于前文探讨的AIS的技术现状，也只是突破了目标识别的瓶颈和有限度地实现了雷达跟踪目标与AIS报告目标的关联，而无法从根本上提升避碰设备的性能。

此外，由于目前实施的海上避碰规则建立的基础是视觉瞭望和以人为主，因此，避碰的过程需要人的介入，避碰决策和避碰行动因人而异，避碰效果及其评估依赖驾驶团队的船艺水平。在可预见的将来，船舶避碰信息化、自动化和智能化的发展在技术和规则的多个领域和侧面仍然会受到较大的制约。

4.人机交互局限性

信息化航行设备人机交互的局限性是航行安全不可忽视的问题。以上讨论的航行系统的各种局限性，都或多或少地与人为因素有关。设计优良的人机交互界面，可以有效地向

驾驶团队全面、直接地传递航行信息，提高设备的信息应用价值。另外，接受过良好培训，适任且经验丰富的驾驶团队的良好船艺，是保障航行安全的根本。因此，对于航行安全，设备的品质和人员的素质，两者缺一不可，相得益彰。

为了规范众多航行设备的性能、功能、生产、验收、安装和检验，IMO和有关国际组织颁布了一系列的公约、标准、通函等文件，健全管理法规，包括SOLAS公约、各种设备的IMO性能标准、IEC的性能和测试标准、安装指南、使用指南和检验指南等。尽管如此，不得不承认，目前人类只进入了信息时代的初期，还远未达到智能航海时代，人机交互技术还在不断发展和完善之中。设备/系统是否获取到足够的数据，并通过妥善、高效的综合处理机制转换为人类易于理解的信息，乃至于提供最佳决策和可直接实施的行动仍然是非常前沿的课题。

在这种技术条件下，为了使航海人员深刻领悟通过字母数字信息和图形图像界面解释的机器语言，就必须对设备和系统的使用者进行完善的专业培训，以达到适任的标准。而且适任仅仅是最低要求，要达到确保安全地使用航行系统，还需要长期的航行实践磨练和积累经验。此外，保障航行安全需要通过团队的高效协同机制实现，因此，驾驶团队的指挥者的知识、能力和智慧才是确保航行安全的关键。

第五章

ECDIS及航行安全

本章学习目标

1.掌握有关ECDIS的SOLAS配载要求、IMO/IHO性能标准、STCW培训要求（船长/大副）
2.掌握ECDIS系统构成（硬件与软件）与配置要求（船长/大副）
3.掌握电子海图数据管理及软件的购置、许可方式及流程（船长/大副）
4.掌握自动（手动）更新信息的流程与方法（船长/大副）
5.掌握系统状态指示、指示器与报警（船长/大副）
6.掌握ECDIS航线设计的驾驶台工作程序、计划航线创建、维护与审核（船长/大副）
7.掌握航行监控功能查验与应急处理（船长/大副）
8.掌握ECDIS中相关导航系统数据显示与处理（船长/大副）
9.掌握运行记录文件创建与维护（大副）
10.掌握ECDIS日志、航迹历史功能，检查系统功能、警报设定和用户反应（船长/大副）
11.掌握ECDIS回放功能,可进行航行审查、航线设计和系统功能的审查（船长/大副）
12.掌握系统测试方法与备用配置（大副）
13.掌握ECDIS使用风险和应对措施（船长/大副）

第一节 ECDIS相关标准与规定

一、SOLAS公约关于海图配备的要求

SOLAS公约第Ⅴ章关于海图的配备要求主要有以下几个方面：

第2条 定义

海图和航海图书资料是由政府、政府认可的海道测量部门或相关政府机构出版或授权出版的用于满足航海需要的专用图或书及编辑这种图或书所用的数据库。

第18条 航行系统和设备以及航行数据记录仪的认可、检验和性能标准

1 需要满足本章第19条和第20条要求的系统和设备应为主管机关认可的类型。

2 在2002年7月1日或以后安装，用于执行第19条和第20条的功能要求的系统和设备，包括相关的备用配置（如适用），其所达到的相应性能标准应不低于本组织通过的性能标准（参见本组织以所示决议通过的相关建议案）。

3 当在2002年7月1日以前建造的船舶上替换或添加系统和设备时，这些系统和设备应在合理和可行的范围内符合本条2的要求。

4 在本组织通过相关的性能标准之前安装的系统和设备，主管机关在充分考虑了本组织通过的建议衡准后，可以对其免除完全符合这种标准的要求。但是，对于被视为满足19.2.1.4之海图配备要求的电子海图显示与信息系统（ECDIS），该系统所达到的相关性能标准应不低于本组织所通过且在其安装之日有效的性能标准，或者，对于在1999年1月1日以前安装的系统，应不低于本组织在1995年11月23日通过的性能标准——《关于电子海图显示与信息系统（ECDIS）性能标准的建议案》〔A.817（19）决议〕。

第19条 船载导航系统和设备的配备要求

2.1.4 所有船舶，不论其尺度大小，均应配备：海图和航海出版物，用于计划和显示船舶预定航次的航线以及标绘和监视整个航程的船位；电子海图显示与信息系统（ECDIS）可视为满足本节的海图配备要求。

2.1.5 如果使用电子设备完成或部分完成航次所需的上述2.1.4中的功能要求，必须有满足功能要求的备用配置〔一套合适的纸海图可作为ECDIS的备用配置；可接受ECDIS的其他备用配置见经修正的A.817（19）决议的附件六〕。

第27条 海图和航海图书资料

海图和航海图书资料，如航路指南、灯标表、航海通告、潮汐表，以及预定航程所需的所有其他航海出版物均应充足并保持更新。

二、IMO/IHO性能标准

（一）IMO关于ECDIS的性能标准（Performance Standard for ECDIS）

1995年11月，IMO第19届大会正式审议通过了A.817（19）号决议“IMO ECDIS性能标准”（Performance Standard for Electronic Chart and Display System），此后海安会在1996年11月通过MSC.64（67）决议增加了性能标准附件六“ECDIS备用配置要求”，在1998年通过MSC.86（70）决议增加了性能标准附件七“RCDS操作模式”。在2006年12月通过了MSC.232（82）决议，该决议对性能标准进行了较全面的修订，使之成为现行的“IMO ECDIS性能标准”。

IMO ECDIS性能标准给出了ECDIS相关定义、海图信息的提供、更新与显示、比例尺、其他航行信息的显示、显示模式和邻近区域的生成、颜色和符号、显示要求、航线设计、航行监控和航行记录、计算和精度、性能试验、故障报警和警示、备用配置、与其他设备连接、电源等内容。该标准有7个附件：

附件一给出了制定标准时所参照的其他标准（Reference Documents）。

主要为IMO、IHO、IEC等国际组织的相关标准和出版物，具体包括S-52及其附件、S-57、IEC 61174“电子海图显示与信息系统（ECDIS）测试方法和要求的测试结果”、IEC 60945“组成GMDSS的船载无线电设备和船用导航设备的一般要求”等。

附件二给出了ECDIS在进行航线设计和航行监控期间可用的海图信息分类（SENC Information Available for Display During Route Planning and Route Monitoring）。

标准将可用的海图信息分为基础显示、标准显示、其他信息三类。

附件三给出了ECDIS中所使用的航行要素和参数的术语及其缩写（Navigational Elements and Parameters）。

附件四给出了ECDIS在进行航线设计和航行监控期间应自动检测到的特殊地理区域（Areas for Which Special Conditions Exist）。

附件五给出了ECDIS的报警及警示的形式和内容（Alarms and Indicators）。

附件六给出了对ECDIS备用配置的要求（Back-up Requirements）。

附件七给出了光栅海图显示系统操作模式（RCDS Mode of Operation）。

MSC.232（82）建议各国政府确保：

（1）在2009年1月1日或以后安装的ECDIS设备，符合不低于本决议附件所规定的性能标准；和

（2）在1996年1月1日或以后但于2009年1月1日以前安装的ECDIS设备，符合不低于经MSC.64（67）决议和MSC.86（70）决议修正的A.817（19）决议附件所规定的性能标准。

（二）IHO关于ECDIS的标准

IHO关于ECDIS的标准主要涉及电子海图数据及显示，主要有：

1.IHO S-52：电子海图的内容和ECDIS显示标准

S-52标准规范了ECDIS显示ENC信息时的方式，包括颜色、符号样式、线型等一系列问题，从而保证了不同厂商生产的ECDIS显示海图信息的方式、基本海图功能都是一致的，以利于船员识图和使用。

该标准有三个附件和一个附录。

附件A：IHO ECDIS表示库（IHO ECDIS Presentation Library），给出了各种符号的表示规范。

附件B：彩色监视器初始校准步骤（Procedure for Initial Calibration of Colour Displays），介绍了初次使用时，对显示器进行颜色显示校准的程序。校准包含两部分内

容：量测CRT颜色特性和CIE颜色坐标与输入CRT的RGB值之间进行转换的数据处理过程。

附件C：监视器在使用过程中的维护方法（Procedure for Maintaining the Calibration of Displays），讨论了影响颜色精度和显示器寿命的因素以及船上显示器测试和校准的方法。

附录1：电子海图更新指南（Guidance on Updating the Electronic Navigational Chart），给出了ENC改正的模型和具体的改正指南。

2.IHO S-57：关于数字化海道测量数据的传输标准

IHO S-57标准为数字化海道测量数据的传输标准（IHO Transfer Standard for Digital Hydrographic Data）。

该标准描述了用于各国航道部门之间的数字化海道测量数据的交换以及向航海人员、ECDIS的生产商发布这类数据的标准。S-57标准规范物标名称及其属性定义，规定了ENC的数据内容、数据格式等细节问题，从而保证了ENC在ECDIS系统中能够正确读取和转换。该标准是具有法律效力的矢量形式电子海图（IMO的ECDIS性能标准定义为电子航海图，Electronic Navigational Chart，ENC）的数据交换和传输标准。

该标准内容主要包括三部分以及两个附件：

第一部分：一般性介绍（General Introduction），标准概述及参照标准表和术语定义表。

第二部分：理论数据模型（Theoretical Data Model），构成了本标准的基础。

第三部分：数据结构（电子航海图的数据格式）（Data Structure），定义了实现数据模型所用的数据结构或格式，以及将数据编码成相应格式的基本规则。

附件A：IHO物标目录（物标分类和编码系统）（IHO Object Catalogue），提供了IHO认可的用来描述真实世界实体的数据交换集的正式数据模式。

附件B：产品规范（电子航海图产品规范、IHO物标目录数据字典产品规范）（Product Specifications），是IHO认可的产品规范说明，可用于特定应用的一组附属规则。

3.IHO S-100：通用海道测绘数据模型

IHO S-57几乎是专门用于ECDIS的ENC编码，没有被地理信息系统（GIS）广泛接受，在于其内置的数据模型限制了更广泛的转换机制的性能，维护机制不灵活，标准长时间不能更新；其结构不支持未来发展的需要（如栅格测深、时变信息等）。为解决这些局限，进一步扩充IHO S-57的适用范围，IHO经过多年研讨，开发了IHO S-57新的版本IHO S-57 4.0。后来，把IHO S-57 4.0命名为IHO S-100（IHO Universal Hydrographic Data Model，IHO通用海道测绘数据模型）。

S-100在数据的管理、处理、传输中遵照了ISO TC/211 19100地理信息系统标准，保证了S-100及其扩展的开发与地理信息工业的发展保持一致。S-100的可扩展性使得海道测量机构的一些信息可以在S-100框架下通过在S-100注册系统中包含新的实体或扩展已有实体来完成建模，实现对多种多源海道测量数据、产品及用户的支持。S-100作为适时且具灵活性的标准必将使海道测量数据成为海上地理信息系统技术的主流，最终取代S-57标准。

S-100主要由11部分组成：

第一部分：概念模式语言。本部分定义了概念模式语言（UML，Unified Modeling Language），并规定将统一建模语言静态结构图与IHO使用的基本数据类型相结合，作为信息规范的概念模式语言。本部分对应ISO 19103。

第二部分：地理空间信息注册表管理。本部分介绍了符合地理信息项目注册程序要求的注册系统，同时说明了要素概念字典注册表。本部分对应ISO 19135和ISO 19136。

第三部分：通用要素模型和应用模式规则。本部分介绍了一个应用模式的规则和通用要素模型，同时也给出了信息类型的概念。本部分与ISO 19109对应。

第四部分：元数据。本部分给出了元数据类、元素和条件以及质量元数据的组合规则。本部分与ISO 19115、ISO 19113、ISO 19114和ISO 19138对应。

第五部分：要素目录。本部分定义了要素类型的编目方法，同时规定了怎样将不同类型的要素组织成一个要素目录，以及怎样将要素目录呈现给地理空间数据集的用户。本部分与ISO 19110对应。

第六部分：坐标参照系。本部分定义了坐标参照系的概念模式。本部分与ISO 19111对应。

第七部分：空间模式。本部分给出了描述和操作要素空间特征需要的信息，与S-57的向量模型不同，空间模式的几何模型是通过UML建立的。本部分与ISO 19107对应。

第八部分：影像和栅格数据。本部分给出了与海道测量相关的影像和栅格数据模型。本部分与ISO 19123、ISO 19129对应。

第九部分：编码格式。本部分介绍了编码格式示例，并且给出了ISO/IEC 8211编码模式。本部分与ISO/IEC 8211:1994对应。

第十部分：产品规范。本部分阐释了数据产品规范，表达了一个特定数据产品需要的全部元素，依据ISO 19131相关机构可以制定符合自身需求的产品规范。

第十一部分：数据维护。本部分论述了维护和发布S-100各个部分的维护程序。

4.IHO S-63：数据保护方案

该标准主要用于规范电子航海图数据的分发与服务，包括防盗版、防伪造、选择性存取、数据制作者一致性和原始设备制造商（OEM）一致性等条款，是安全结构与操作规程的推荐性标准，使用对象为数据发行机构（如国家海道测量部门）、ECDIS/ECS设备制造厂商和最终用户。

5.IHO其他标准

除上述标准外，IHO还制定通过了其他与电子海图数据或应用系统有关的标准。

S-58《ENC有效性检验推荐标准》（Recommended ENC Validation Checks）：ENC生产中质量控制的参考标准，现行版为2011年2月4.2.0版。

S-60《WGS-84坐标变换用户手册》（User's Handbook on Datum Transformations Involving WGS-84）：介绍了各坐标系转换到WGS-84坐标系的修正值和公式，现行版为2003年7月第3版，2008年8月进行了修正。

S-61《光栅航海图产品规范》（Product Specifications for Raster Navigational Charts）：是

RNC 制作的主要标准，现行版为1999年1月第1版。

S-62《ENC生产商代码》（ENC Producer Codes）：给出了全球官方的ENC生产商，现行版为2009年12月第2.5版。

S-64《IHO ECDIS测试数据集》（IHO Test Data Sets ECDIS）：用于ECDIS测试，现行版为2008年12月第1.1版。

S-65《ENC生产指导》（ENC Production Guidance）：用于ENC生产，现行版为2009年10月第1.2版。

S-66《电子海图及配备要求》（Facts about Electronic Charts and Carriage Requirements）：介绍了关于电子海图的基本知识和配备要求，现行版为2010年1月第1.0.0版。

（三）IEC 61174：ECDIS硬件设备性能和测试标准

国际电工委员会发布的IEC 61174《海上导航和无线电通信设备及系统——电子海图显示与信息系统（ECDIS）操作和性能要求、测试方法和要求的测试结果》，描述了ECDIS的性能测试方法和要求的测试结果。任何厂家生产的ECDIS系统必须按该标准经严格测试并达到标准要求的结果，才能被官方认可投入市场。换句话说，通过该标准的测试是ECDIS合法地成为船用设备的基础。通过了按照该标准测试的ECDIS便得到了型式认证，可以合法地成为船用设备。

三、电子海图替代纸质海图

1. SOLAS公约关于海图配备的相关要求

SOLAS公约关于海图的配备要求在该公约第V章，主要有以下几个方面：

第2条对海图进行了定义：海图和图书是由政府、政府认可的海道测量部门或相关政府机构出版或授权出版的用于满足航海需要的专用图或书及编辑这种图或书所用数据库。

“第18条　航行系统和设备以及航行数据记录仪的认可、检验和性能标准。

（1）需要满足本章第19条和20条要求的系统和设备应为主管机关认可的类型。

（2）在2002年7月1日或以后安装，用于执行第19条和20条的功能要求的系统和设备，包括相关的备用配置（如适用），其所达到的相应性能标准应不低于本组织通过的性能标准（参见本组织以所示决议通过的相关建议案）。

（3）当在2002年7月1日以前建造的船舶上替换或添加系统和设备时，这些系统和设备应在合理和可行的范围内符合本条（2）的要求。

（4）在本组织通过相关的性能标准之前安装的系统和设备，主管机关在充分考虑了本组织通过的建议衡准后，可以对其免除完全符合这种标准的要求。但是，对于视为满足19.2.1.4条之海图配备要求的电子海图显示与信息系统（ECDIS），该系统所达到的相关性能标准应不低于本组织所通过且在其安装之日有效的性能标准；或者，对于在1999年1月1日以前安装的系统，应不低于本组织在1995年11月23日通过的性能标准，即《关于电子海图显示与信息系统（ECDIS）性能标准的建议案》〔A.817（19）决议〕。”

“第19条　船载航行系统和设备的配备要求

2.1.4　所有船舶，不论其尺度大小，均应配备：海图和航海出版物，用于计划和显示船舶预定航次的航线以及标绘和监视整个航程的船位；电子海图显示与信息系统（ECDIS）可视为满足本节的海图配备要求；

2.1.5　如果使用电子设备完成或部分完成航次所需的上述2.1.4中的功能要求，必须有满足功能要求的备用配置〔合适的对开纸质航海图可作为ECDIS的备用配置；可接受ECDIS的其他备用配置见经修正的A.817（19）决议的附录6〕。”

“第27条　海图和航海出版物

海图和航海出版物，如航路指南、灯标表、航海通告、潮汐表，以及预定航程所需的所有其他航海出版物均应充足并保持更新。”

2. 电子海图系统替代纸质海图

通过前述各部分的讨论，可以明确总结出以下有关电子海图系统的结论：

（1）电子海图在矢量电子海图和光栅电子海图两大类的基础上，根据国际标准可以细分为电子航海图、非标准矢量电子海图和光栅航海图，只有电子航海图具有替代纸质海图的条件。

（2）系统电子航海图和系统光栅航海图在格式上没有标准要求，都是电子海图系统设备制造商将电子航海图和光栅航海图转换为自己系统所要求的格式而形成的电子海图数据库。

（3）一般意义的电子海图系统可以分为电子海图显示与信息系统（ECDIS）、光栅海图显示系统（RCDS）和标准所明确定义的电子海图系统（ECS），只有ECDIS具有替代纸质海图的条件。

（4）ECDIS如果使用光栅航海图即变为RCDS模式，ECDIS如果使用ENC以外的矢量电子海图即变为电子海图系统（ECS），这两种情况均不能替代纸质海图。

（5）ECDIS必须经按照IEC 61174标准进行的检验，取得类型认证后才是真正合格可以安装上船的ECDIS系统。

结合SOLAS公约的相关规定和上面总结出的结论，可以明确电子海图显示与信息系统替代纸质海图的结论为：

通过类型认证的ECDIS使用

最新的官方ENC（官方海道测量部门提供的符合IHO S-57标准，具体内容、显示方式、颜色和符号的使用等要符合IHO S-52规范）并配备适当的备用配置，可以取代纸质海图。

第二节 系统组成与功能

ECDIS是集软件、硬件、海图信息数据库、更新信息数据库为一体的综合设备，由硬件和软件两大部分构成。其基本结构如图5-2-1所示。

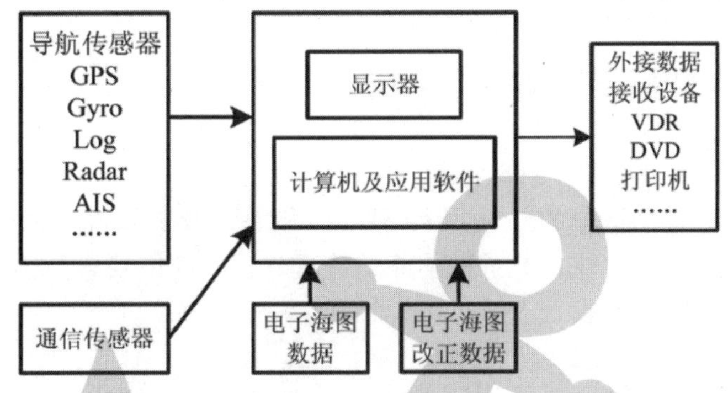

图5-2-1 电子海图显示与信息系统组成

一、系统硬件组成

ECDIS实质上是一个具有高性能的内、外部接口符合S-52标准要求的船用计算机系统。系统的中心是高速中央处理器和大容量的内部和外部存储器。外部存储器存储容量应保证能够容纳整个ENC、ENC更新数据和SENC。

中央处理器、内存和显存容量应保证显示一幅电子海图所需时间不超过5 s。随着计算机硬件技术的迅速发展，以及对SENC的合理设计，在实际使用中，目前各厂商都能实现在1 s内完成一幅电子海图的显示。

图形显示器用于显示海图，可以配置1个也可以配置多个，其尺寸、颜色和分辨率应符合IHO S-52的最低要求。有效画面最小尺寸应为350 mm × 270 mm，用于航行监视的海图显示区最小有效尺寸应为270 mm×270 mm，不少于64种颜色，像素尺寸小于0.312 mm。

文本显示区或显示器用于显示航行警告、航路指南、航标表等航海咨询信息，可以与图形显示在同一个显示器上，也可以单独设立文本显示器。

内部接口应包括图形卡、声卡、硬盘和光盘控制卡等。以光盘或软盘为载体的ENC及其改正数据，以及用于测试ECDIS性能的测试数据集可通过内部接口直接录入硬盘，船舶驾驶员在电子海图上所进行的一些手工标绘、注记，以及电子海图的手动改正数据的输入等可通过键盘和鼠标实现。同扬声器相连接的声卡，用以实现语音报警。

外部接口一般是含有CPU的智能接口，保证从外部传感器（包括GPS、罗经、雷达、AIS、计程仪、测深仪、风速风向仪等设备）接收信息，并按照一定的调度策略向主机发送信息。

利用打印机可实现电子海图和航行状态的硬拷贝，以便事后分析。VDR按国际海事组织的要求记录航行数据。

通过船用通信设备不仅自动接收ENC的改正数据，实现电子海图的自动更新，还可接收其他诸如气象预报数据等。

二、系统软件组成

ECDIS软件包括以下基本功能模块：

1.海图信息处理

由ENC向SENC转换的软件、电子海图自动和手动改正软件、海图符号库的管理软件、航海咨询信息的管理软件、电子海图库的管理软件、海图要素分类及编码系统的管理软件、用户数据的管理软件等。

2.电子海图显示系统

电子海图合成软件（给定显示区域、比例尺和投影方式，搜索合适的海图数据，并进行投影和裁剪计算，生成图形文件）、电子海图显示软件（根据图形文件调用符号库，在屏幕上绘制海图）、电子海图上要素的搜索软件、航海咨询信息的显示软件。

3.航线设计

在电子海图上手工绘制和修改计划航线、计划航线有效性检验、经验（推荐）航线库的管理、航行计划列表的生成（每段航线的距离、航速、航向、航行时间等）。

4.传感器接口

与外部设备（如GPS、雷达、AIS、罗经、计程仪、测深仪、风速风向仪、卫星船站、自动舵等）的接口软件，以及从这些传感器所读取的信息的调度和综合处理软件。

5.航行监控

计算船舶偏离计划航线的距离、检测航行前方的危险物和浅水域、危险报警和警示等。

6.航行记录

用于记录船舶航行过程中所使用的海图的详细信息以及航行要素。

7.航海问题的求解

船位推算、恒向线和大圆航法计算、距离和方位计算、陆标定位计算、大地问题正反解计算、不同大地坐标系之间的换算、船舶避碰要素（CPA、TCPA）计算等。

三、电子海图显示与信息系统功能

1.海图显示

依据S-52标准显示海图内容；在给定的投影方式下合成和显示海图；以“正北向上”或其他方向显示海图；以“相对运动”或其他运动方式显示海图；改变电子海图的比例尺(缩放显示及漫游)；分层显示海图信息（隐去本船在特定航行条件下不需要的信息）。

2.航线设计

在电子海图上手工绘制和修改计划航线、计划航线有效性检查、经验（推荐）航线库的管理、航行计划列表的生成（每段航线的距离、航速、航向、航行时间等）。

3.海图改正

能够接受由官方ENC制作部门提供的正式改正数据以及由航海人员从纸质航海通告或无线电航行警告中提取的改正数据，实现ENC的自动和手动改正。

4.定位及导航

能够同计程仪、陀螺罗经、GPS、测深仪、气象仪等设备连接，接收来自这些传感器的信息，并进行综合处理，求得最佳船位；能够进行各种陆标定位计算。

5.航海信息咨询

获取电子海图上要素的详细描述信息以及整个航线上的航行条件信息，如潮汐、海流、气象等。

6.雷达和AIS信息处理

将雷达图像、雷达跟踪目标信息、AIS信息叠加显示在电子海图上，提供本船、本船周围的静态目标、本船周围的动态目标三者之间的位置关系。船员可据此判断避碰态势，做出避碰决策；同时，还能够在电子海图上检测该避碰决策可行与否。

7.航行监控

在船舶航行过程中，ECDIS能够自动计算船舶偏离计划航线的距离，必要时给出报警和警示，实现航迹保持；能够自动检测航行前方的暗礁、禁航区、浅滩等，实现避礁、防搁浅。

8.航行记录

用于记录船舶航行过程中所使用的海图的详细信息以及航行要素，实现类似“黑匣子”的功能。

9.航海问题的求解

船位推算、恒向线和大圆航线计算、距离和方位计算、陆标定位计算、大地问题正反解计算、不同大地坐标系之间的换算、船舶避碰要素（CPA、TCPA）计算等。

第三节 ● 电子海图数据可信赖程度和数据更新

一、数据可信程度

前面提到，ENC是指在内容、结构和格式上均已标准化，专为ECDIS使用而由政府授权的海道测量机构发行的数据库。ENC包含安全航行需要的全部海图信息，也可以包含纸质海图上没有的而对安全航行必要的补充信息（例如航路指南）。那么，这些数据是如何取得的，数据的可信度如何？下面从数据测量、数据来源、数据基准、官方海图等方面加以描述。

从最初的测量数据到在ECDIS中显示出的电子海图数据，每个物标的数据都经过一系列的复杂的处理过程，而其中任何一过程都可能影响到ENC数据的精度。

（一）测量精度

由于测量时间和技术等众多因素的影响和制约，许多区域的测量并未按照现代标准进行，导致海图物标的位置精度可能低于卫星定位系统的精度。

对于传统的纸质海图，同一张海图的测量数据可能来源于精度相差很大的各种不同信息。为帮助航海人员识别和判断海图信息的精度，纸质海图提供了资料采用略图，列明该海图所覆盖不同区域的数据来源及测量时间。同样，ENC数据的精度亦有差异，为此ENC生产机构根据位置精度、深度精度和海底覆盖面将ENC划分成不同测量质量的区域。每一区域作为一个元物标——数据质量（M-QUAL），并赋予6个置信度区（CATZOC）属性值，即A1、A2、B、C、D、U。

在其他信息显示模式下，ECDIS会在每个区域显示相应的置信度区符号，具体符号和含义如表5-3-1所示。

表5-3-1 置信度区符号及含义

属性值	符号	位置精度	深度精度	海底覆盖面
A1	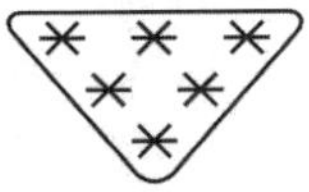	±5 m	0.5 m+1%水深，例如水深30 m的测深精度为0.8 m	全部区域测量过，所有显著海底地形探测过并深度测量过
A2	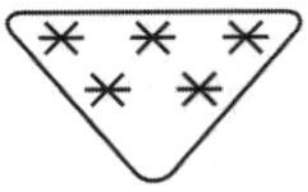	±20 m	1.0 m+2%水深，例如水深30 m的测深精度为1.6 m	全部区域测量过，所有显著海底地形探测过并深度测量过
B	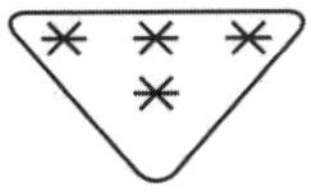	±50 m	1.0 m+2%水深，例如水深30 m的测深精度为1.6 m	未达到全部区域测量，预期没有未标绘的水面航行危险物标，但有可能存在
C		±500 m	2.0 m+5%水深，例如水深30 m的测深精度为3.5 m	未达到全部区域测量，预期深度会出现异常
D	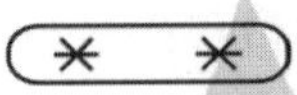	比置信度区C更差	比置信度区C更差	未达到全部区域测量，预期深度会出现较大异常
U	 U	未评定的		

由表5-3-1可见，5星和6星符号为采用现代设备和技术进行的高精度测量；4星符号表示中等精度测量，位置精度不是很高，海底覆盖面也不能得到完全保证；3星和2星符号则表明低精度测量，可能有一些重要物标被遗漏。

在决定某一区域的数据质量时，ENC生产机构通常依据三项标准中的最低值决定，也就是说，有些区域的质量等级被低估了。

可见，ECDIS通过显示置信度区符号对显示海图信息的质量做出了一定的描述，但这并没有完全涵盖纸质海图中资料采用略图的所有内容。

因此，S-57标准还规定了其他一些属性供ENC生产机构应用以进一步补充数据质量，主要如表5-3-2所示。

表5-3-2 其他与海图数据质量有关的属性及释义

S-57属性代码	属性描述
DRVAL1（规定区域内的最小深度值）	经过扫海测量后，某区域不浅于某一特定水深，但该深度下的海底情况并不清楚
POSACC（位置精度）	一个位置精确度的最佳评估。尽管置信度区也能反映出某区域的位置精度，但同时受到深度精度和海底覆盖面的限制，特别是三个标准相差较大时。ENC利用该属性可以更加准确地描述某一区域的位置精度

续表

S-57属性代码	属性描述
SOUACC（测深精度）	尽管置信度区也能反映出某区域的深度精度，但同时受到位置精度和海底覆盖面的限制，特别是三个标准相差较大时。ENC利用该属性可以更加准确地描述某一区域的深度精度。该属性也可应用于某一水深点或水深区
SURSTA（测量开始日期）、SUREND（测量结束日期）	定义显示的原始测量信息获取时间，特别是对于底质不稳定、经常变化的水域
TECSOU（水深测量技术）	定义用于获取海图信息的设备与技术，如测深锤、扫海拖索、回声测深仪、侧向扫描声呐等，可以是一种或多种设备与技术的组合。该属性也可用于水深点

航海人员可以利用光标查询功能，通过查看数据质量物标获取上述额外信息。

（二）测量可靠性

除了上述的数据质量特征物标外，ENC还可利用元物标测量可靠性（M_SREL）表明某一区域原始测量信息的可靠性。

对于测量可靠性，ENC生产机构可能通过相关属性对其描述，除了上面介绍的测量开始日期（SURSTA）、测量结束日期（SUREND）、水深测量技术（TECSOU）外，还可采用如表5-3-3所示的属性。

表5-3-3　测量可靠性的属性代码及释义

S-57属性代码	属性描述
QUAPOS（位置性质）	描述该区域内物标可能的位置精度，如经测量的、未经测量的、疑位、不可靠、确切已知的、报告为测量的等
QUASOU（水深测量特性）	描述该区域内物标可能的深度精度，如不可靠水深、已知最浅深度水深、维护水深等
SCVAL1（比例值1） SCVAL2（比例值2）	在源图资料中使用的测量比例尺中的最大比例尺（比例值1）和最小比例尺（比例值2）
SDISMX（最大测深间距） SDISMN（最小测深间距）	主要测深线之间的最大和最小间距，以给出在两测深线间存在未知物标的可能性
SURATH（负责测量的主管机构）	定义负责进行测量的机构
SURTYP（测量类型）	定义测量的方式，如控制测量、航行测量、遥测等

（三）不可靠水深

在ECDIS中，除可利用上述特征物标的属性及属性值来从整体上体现测量精度与可靠性外，还可通过符号样式或属性定义反映出某一具体的数据的可信程度。

对来源于小比例尺海图的水深数据，纸质海图采用直体形式表示。此外，纸质海图还采用疑存（ED）、疑深（SD）等图式来表示数据信息的不可靠性。在ECDIS中，不可靠的水深使用灰色圆圈圈注。

在纸质海图中，未精测的水深上方标有一短线以示区别。在ENC中，水深以特征物标水深（SOUNDG）表示，并可在编辑阶段由ENC生产机构对相关属性赋予属性值以体现可信程度，例如测深质量属性（QUASOU）可能设为“不可靠水深”，位置精度属性（QUAPOS）设为“概位”，状态属性（STATUS）设为“疑存”等。

（四）数据来源

海道测量部门是海图数据的来源基础，是海图产品的制作单位。这些部门承担其管辖水域的海道测量，包括水深、水下危险物、水域可航性、限制航行水域界限等。他们以这些测量结果为基础，结合其他相关交通管理部门，如海事局、港务局、VTS站、引航站、海岸电台等的规定，出版发行海图或辅助出版物，即我们熟知的海图和航海图书资料，并根据变化，发行航海通告保持更新。

电子海图，不是所有的海道测量部门都可以制作生产，而是必须由各个国家指定的权威海道测量机构来完成，即官方电子海图。S-57对电子海图数据的生产、改正更新、发行做出了规定。表5-3-4给出了部分IHO成员国的ENC生产机构代码，完整的、具体的ENC生产机构信息可参阅IHO S-62。

表5-3-4　部分ENC生产机构信息

所属国家	国家代码	生产机构名称	生产机构代码
澳大利亚	AU	澳大利亚海道测量局	AU
加拿大	CA	加拿大海道测量局	CA
		加拿大军事部门(Canadian Forces)	C4
中国	CN	海事局	CN
		海军航海保证部	C1
		香港	C2
		澳门	C3
英国	GB	英国海道测量局	GB
日本	JP	海洋情报部(JHOD)	JP

（五）数据基准

1. 大地基准面

对于大地水准面，所有的ENC均采用WGS-84大地坐标系。为了使不同来源的位置信息汇合到一个数据库（地区性的），只能采用一个水平基准面。各国海道测量机构应在生产ENC数据时将当地基准面转换到WGS-84。

ENC生产机构还可采用其他方法来提示航海人员较大的大地坐标系误差的存在，例如，英国海道测量局对其生产的ENC采用下列方式：

（1）文字注记：在数据可信度较低的区域给出显著的文字注记以示提醒。

这种文字注记隶属于其他信息，所以只有在选择显示该类信息的情况下才可供航海人员使用。一般情况下，当重要水域的海图信息在原始比例尺情况下偏离其真实位置超过3 mm时，ENC提供此类文字附注。

（2）警告注记：在数据可信度较低的区域，英国海道测量局可通过生产者的警告注记符号链接相应的海图注意事项，并通过信息（INFORM）属性提供具体的信息，例如位置与WGS-84坐标系误差在±××m之内。航海人员可通过光标查询功能读取具体的警告信息内容。

（3）数据精度（M_ACCY）物标：在一ENC单元内，源数据与WGS-84坐标系间的偏移量可能有所变化，一般采用平均偏移量。剩余误差通过元物标数据精度（M_ACCY）定义，其大小通过位置精度（POSACC）属性定义。该特征物标一般也与警告注记符号一起使用，以引起航海人员的注意。

（4）README文件：在英国海道测量局提供的所有ENC数据交换集、AVCS和英版ECDIS服务指南中均包含一名为“README”的自述文件，给出了关于位置不准确性的一般信息。

2. 高程基准面与深度基准面

不同于大地水准面，ENC生产机构可以采用的高程基准面和深度基准面有很多，ECDIS不必因高程基准面或深度基准面的变化提供报警或指示。因此，航海人员在使用过程中应经常利用光标查询功能来确定和核查当前海图数据所基于的高程基准面和深度基准面，特别是在穿越ENC单元、需要候潮或通过架空障碍物的时候。

即便同一ENC单元内的数据也可能基于不同的高程基准面和深度基准面。这种情况下，ENC生产机构可通过高程基准面（VERDAT）属性定义所采用的基准面，并通过特征物标“高程基准面数据”（M_VDAT）和“深度基准面数据”（M_SDAT）分别定义高程基准面和深度基准面所适用的区域范围。

有些情况下，不同物标（如灯塔、桥梁等）的高程、净空高度等是基于不同的基准面的，该物标对应的基准面也可通过高程基准面（VERDAT）属性定义。

如可能，航海人员可通过查询某一物标高程精度（VERACC）属性来进一步确定关于高程、净空高度等的精度，通过水深精度（SOUACC）属性确定水深精度。

（六）官方与非官方海图

1. 官方海图

官方数据须同时满足两个条件：其一，数据必须由国家政府机构授权，通常为国家的

海道测量机构；其二，数据应符合IHO的相关标准。海图数据只能由创建、收集、准备相关信息的国家机构授权，即国家海道服务机构。需要注意的是，这并不意味着官方数据必须由国家海道测量机构生产，而可能协议转让给商业公司制作并作为官方数据使用。

官方电子海图数据除要满足电子航海图的属性外，还应满足标准文件中对于官方的责任要求。

（1）法律责任

①任一成员国均负有为其管辖的国际共用水域准备和提供数字数据的责任，并承担后续的数据更新职责。

②权威发行机构负责建立ENC更新信息的分发网络。

③任何ENC更新信息均应使其他权威发行机构能够立即索取得到其拷贝。

④应该尽早实现全球范围的定期ENC更新信息广播，例如，可在INMARSAT-C EGC SafetyNET网络上实现。

⑤成员国必须承担法律责任。

（2）数据最新

①某一ENC的权威发行机构对该份ENC的正式更新负有责任。

②应建立不论从技术上还是从经济上都有效的更新解决方案。

③负责发行的海道测量机构有责任及时向航海人员提供ENC更新数据。

④地区性或者更大区域的ENC数据包的更新信息应该在世界各地均能得到。

⑤发行更新信息的时间间隔。根据惯例（参看IHO/IMO世界航海警告服务、指导文件、IHO出版物S-53），从某个无线电航海警告的首次广播时刻到相应的航海通告发布时刻之间的时间间隔不得超过42天。参与准备和分发ENC更新信息的所有部门均应满足这个要求。如果能够利用现有的数字化技术和电信技术，应该有可能大大缩短这一时间间隔。

⑥所提供的更新信息必须能够让权威发行机构清晰地辨认出该条信息中所反映的变化。

⑦所提供的更新信息必须能够应用于为满足各种比例尺和各种航海用途的需要而编制的ENCD。

（3）数据保障

①提供原始数据的任一成员国应保证数据的可靠性。

②权威发行机构应建立适当的质量管理机制，以保证ENC更新信息的生产、管理和分发。

③为保证ENC服务的质量，应启用公认的质量管理标准（例如ISO 9000）。

④应该服从所有有关的IHO和IMO标准和衡量尺度的制约。

2. 非官方海图

了解了官方海图的内容和特点，就不难理解非官方海图。尽管非官方海图在表现形式上与官方海图可能没有明显区别，但是，非官方海图在法律性和可靠性方面，都没有获得认可。因此，其所担负的法律责任，其数据的准确、最新、完整、更新服务等方面，都没有保证，应尽量避免使用。

二、数据更新与航海人员标绘数据

IMO ECDIS性能标准要求ECDIS所使用的海图信息应为政府或政府授权的海道测量机构或其他相关政府机构发布并经官方更新而改正至最新的版本，且符合IHO标准。这就是说，与纸质海图一样，电子海图同样存在更新问题。通过更新来确保SENC的内容是足够的和最新的，从而达到SOLAS公约第Ⅴ章第27条的规定。

（一）更新流程

电子海图更新的流程，可从图5-3-1直观得到。

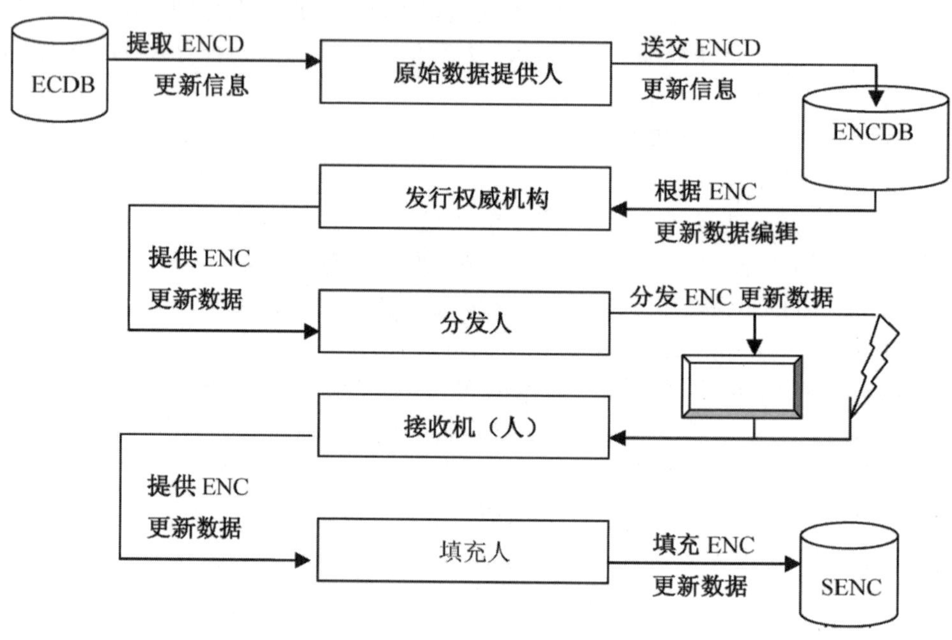

图5-3-1　ECDIS数据更新流程图

（二）更新方式

S-52专门在附录1电子航海图更新指南中详细规定了电子海图的更新方式和手段，具体可分为以下方式：

（1）自动更新：ECDIS通过已经建立的通信链路，或者通过载有更新数据的实体介质，实现更新数据的获取、验证、接收、存储，自动完成电子海图的数据更新，并将更新数据融合到SENC中。更新的数据在显示方面与ENC数据没有区别。自动更新按目前的技术状况可进一步分为：

①全自动更新：不必任何人工介入即可使更新信息从分发人处直接传入ECDIS，例如通过合适的远程通信网络完成传送。在确认或接收过程完毕后，ECDIS即可自动处理更新信息，并传送给SENC。由于不需人员的介入便可自动处理更新信息，更新十分方便、及

时。不过鉴于船舶网络的现状，该更新方式还未能在航海实践中普及。

②半自动更新：需要人员介入才能在传输介质和ECDIS之间建立通道（例如，插入更新盘，或者建立电话通信线路），在确认或接收过程完毕后，ECDIS即可自动处理更新信息并传送给SENC。尽管需要人员的介入，但操作过程非常简单。一般情况下，航海人员依据说明书的指导便可轻松、快速地完成。

（2）手动改正：由航海人员手工将信息键入ECDIS。为使ECDIS能够接收手动更新数据，更新信息必须以某种合理的结构输入，其结构至少应与有关的ECDIS标准相符，并能够区别显示。

自动更新特别是半自动更新的周期比较长，另外许多ENC供应商不负责临时性通告和预告的改正，因此，为了保证海图信息能够及时、准确地反映实际的航海环境，航海人员可通过手动改正作为自动更新的有效补充。

手动改正信息应该仅仅被看作临时性手段，这种信息应该尽早被权威发行机构颁布的ENC更新信息所取代。

电子海图手动改正主要特点如下：

①改正与记录

（a）改正：能够以方便的途径和方式添加、删除或移动点、线、区域类物标和文字信息。可以通过鼠标在屏幕上选取空间位置或通过表格输入坐标值的方式确定物标空间位置，再通过符号或属性的选择确定修改的方式，以达到改正的效果。

（b）改正记录：保证所键入的全部与新情况和更新信息来源有关的更新文本信息均由系统加以记录，以便根据需要予以显示。

（c）报警与指示：如同处理综合ENC更新信息时一样，ECDIS应该能够检测手动改正信息有关的报警信号和指示信号。

②显示与查询

手动改正的信息应作为SENC信息并采用同样的符号进行显示，并在原有物标位置处叠加特殊标记符号（海图原始数据不允许修改），以示与原始ENC数据的区别。叠加的标记符号（颜色均为橙色）特点为：斜杠“/”为删除，底端带小圆圈的竖杠“〖XCP56.TIF, JZ〗”为添加的点物标，小圆圈“○”为添加的线或区域物标的边界，物标的修改则为添加和删除标记符号的组合。具体显示方式如下：

（a）添加物标

点物标：在对应位置上添加物标，再叠加显示“⫰”符号，如图5-3-2所示。

线物标：在添加的线上，均匀分布叠加显示“○”符号，如图5-3-3所示。

图5-3-2 手动添加点物标实例

图5-3-3 手动添加线物标实例

区域物标：在添加区域的边界线上，均匀分布显示“○”符号，在中心符号上再叠加显示“⫰”符号。

（b）删除物标

点物标：在原物标符号上叠加显示“/”符号，如图5-3-4所示。

线物标：在原来的线上均匀分布叠加显示“/”符号，如图5-3-5所示。

图5-3-4　手动删除点物标实例

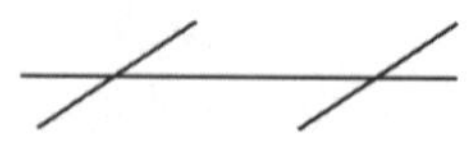

图5-3-5　手动删除线物标实例

区域物标：在区域的边界线上，均匀分布叠加显示“/”符号，在中心符号上叠加显示“/”符号。

（c）移动物标

原来的物标按删除物标处理。

移动到新位置的物标按添加物标处理。

（d）修改物标

如果修改仅仅是附加（例如一个已有的浮标附加一个雷康，没有其他改变），则按添加处理，即在原物标符号上叠加显示“⫰”符号。

如果修改仅仅是部分删除（例如一个已有的浮标去掉一个雾号），或者同时添加和删除部分内容，则要引起一个改变和一个删除，应同时进行添加与删除处理，标记如下：

点物标：在原物标符号上叠加显示“⫰”“/”。

线物标：在原线边界上叠加显示“○”“/”。

区域物标：在原区域边界上叠加显示“○”“/”，中心符号叠加显示“⫰”“/”。

（三）更新要求

电子海图的更新处理，主要由ECDIS完成，要点如下：

(1) 数据完善性：只有官方发布的ENC更新信息，例如，那些由负责船用ENC的权威发行机构颁布的、以数字化格式提供的更新信息才能够被接收进SENC。ECDIS应查验ENC更新信息权威发行机构的身份识别以与相应ENC识别特征相符，应能够处理ENC更新数据且不能降低ENC的信息内容或者ENC更新数据的质量。例如，必须考虑到数据的属性、逻辑关系、几何形状以及拓扑特性等全部信息。

（2）更新验证：ECDIS应该提供一种方法，让使用者能够查看当前的更新数据内容或在海图上的显示，以确保更新数据已被正确地接收进SENC。

（3）更新显示：更新信息应该能够从显示器上清楚地被辨认，自动更新的数据应与原始ENC数据没有任何区别，而手动改正数据应能区别显示。

需要说明的是，4.0版表示库新定义了如下的符号，可以在需要时突出显示经自动更新修正的SENC内容，如图5-3-6所示。

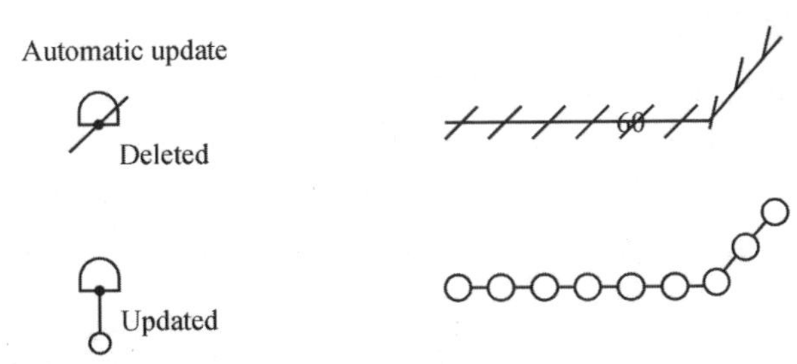

图5-3-6 识别自动更新内容的符号

（4）分别存储：ECDIS应该将全部更新信息与ENC分别存储，即不应改变ENC。

（5）复读显示：ECDIS应该能够根据需要用高亮度显示的方式复阅查看原先存储的更新信息。

（6）记录文件：ECDIS应该通过一个记录文件随时记录所收到的更新信息，这个记录文件应该包括每一条被接收的或者被拒收的更新数据的下述信息：

①接收／拒收日期和时间；

②类似S-57产品规范中所描述的完整且毫无歧义的标识特征；

③更新过程中遇到的任何异常现象；

④更新类型：手动/自动。

(7）数据错序：当某一个ENC更新数据的顺序（如当前更新的版本与SENC中现有的更新记录版本非顺序邻接）出现错误时，ECDIS应该能够向用户报警，终止更新作业，并将SENC恢复到开始更新之前的文件状态。顺序查验主要执行下述序列编号查验，以保证按照正确的顺序积累更新信息：

①ENC更新信息的文件扩展名；

②ENC更新信息的编号；

③ENC更新信息中个体记录的更新序列编号。

(8）更新信息的修改：航海人员对于更新信息的拒收或者修改要利用手动改正的方法实现。有疑义的更新信息应该在记录文件中被标注为异常信息。

(9）一致性查验：应该将过去未能成功接收的ENC更新信息全部通知使用人。

(10）总结报告：每一份由权威发行机构发布的官方更新文件在接收完毕之后均应提交总结报告，其中至少应包括下述内容：

①权威发行机构的身份识别；

②更新文件的更新编号；

③有关地理单元的单元识别特征；

④所涉地理单元的版本编号和日期；

⑤有关地理单元中的更新信息数量。

（四）ENC更新状态报告

为了进一步便于航海人员、主管机关核查ECDIS的数据状态，IHO S-63（1.2.0版）新增了ENC更新状态报告功能。

ENC更新状态报告包括航线ENC报告和全部ENC报告。

航线ENC报告：给出某一特定航线或部分航段涉及的ENC单元数据的状态报告。这里是由以航线本身为轴、用户定义的安全距离为界限确定的范围决定有关的ENC单元清单。

全部ENC报告：给出系统内所有已载入SENC的ENC单元的状态报告。

需要注意的是：

①ENC更新状态报告给出的结果是基于系统上次安装数据的日期（该日期包含在SERIAL.ENC文件中）的，而不是基于当前查询日期的。系统中某ENC单元可能已经由于出版新版而作废了，而更新状态报告依然将其作为“改正至最新”来统计处理。

②ENC更新状态报告只能给出符合新版IHO S-63标准的ENC数据的状态，对于其他来源或不符合新版IHO S-63标准的ENC数据仅显示“未知”。

ENC更新状态报告的格式和内容是标准化的，并能适应显示器显示和打印。总体来讲，ENC更新状态报告的内容可以分为两部分，如图5-3-7所示，其中：

ENC Update Status Report.

Vessel Name:	HMS Goteborg
Identifier:	IMO 4653321
ENC Update Reference Date:	16 May 2013:WK24/2013
Date of Report:	1 Jun 2013
Content:	Filtered for Route Plan“Goteborg-Kiel”
Start WP:	Goteborg [57.782324N,11.966667E]
End WP:	Kiel [54.333742N,10.159607E]

Chart Status Summary:

Chart Status:	Count
Total:	50
Up to Date	38/50
Not Up to Date	10/50
Withdrawn	2/50
Unknown	0/50

Data Server: GB						
Cell Name	Edition	Update	Issue Date	Expiry Date	Status	Action
DE316001	5	1	13032013		Not Up to Date	To be installed
...						
DE416030	3	0	01012013		Not Up to Date	To be installed
DK2SKARK	6	7	25102012		Not Up to Date	To be installed
...						
DK2STOBL	9	6	06082011		Not Up to Date	To be ordered
DK4ABFNF	4	9	21012011		Withdrawn	To be removed
DK4KATGS	1	11	17062012		Up to Date	Renew
SE2BHSOW	8	5	19112012		Up to Date	No action
...						

图5-3-7 ENC更新状态报告（航线ENC报告）示例

（1）标题

概括给出船舶基本资料、ENC选取范围［所有ENC/某条（段）航线涉及的ENC］的有关信息、参考日期、数据状态统计等信息。具体信息及含义如下：

①Vessel Name：船名，即在ECDIS内设置的船名。

②Identifier：船舶的唯一识别号，MMSI或IMO编号。

③ENC Update Reference Date：更新状态参考日期，即所有ENC的状态均是基于该日期而言的。格式为“DDMMMYYYY”和周数。

④Date of Report：ENC更新状态报告生成日期。

⑤Content：ENC更新状态报告类型，即航线ENC报告/全部ENC报告。若是航线ENC报告，给出所选（部分）航线的起始点和到达点。

⑥Start WP：仅适用于航线ENC报告，给出起始点名称（如存在）及其经纬度坐标。坐标格式无明确要求。

⑦End WP：仅适用于航线ENC报告，给出到达点名称（如存在）及其经纬度坐标。坐标格式无明确要求。

⑧Total：本次ENC更新状态报告涉及的ENC单元数量。

⑨Up to Date：状态为“更新至最新”的ENC单元数量。“更新至最新”表明该SENC已被改正至最新和/或是最新版。该状态是基于参考日期而言的，且参考日期与更新状态报告日期间隔不超过4周，否则不论该单元的实际状态如何，均显示为“Not Up to Date”。

⑩Not Up to Date：状态为“未更新到最新”的ENC单元数量。“未更新到最新”是基于参考日期而言的，即SENC未被改正至最新和/或不是最新版，或者参考日期与更新状态报告日期间隔超过4周。

⑪Withdrawn：状态为“废除”的ENC单元数量。“废除”表明该ENC单元已被数据服务商废除或取消，但仍存在SENC中。

⑫Unknown：由于任何原因导致状态无法确定的ENC单元数量。

（2）表格

详细列出所选范围内每一ENC单元的状态信息。

①Data Server：数据服务商名称。每个数据服务商单独一个表格。

②Cell Name：ENC单元名称。

③Edition：版本号。

④Update：更新号。

⑤Issue Date：该单元最后一次更新操作的日期。

⑥Status：状态。有四种情况，分别是“更新至最新”（Up to Date）、“未更新到最新”（Not Up to Date）、废除（Withdrawn）、未知（Unknown），具体含义参见前面标题部分相关说明。

表格中除上述6项内容外，还有2项可选内容：

①Expiry Date：ENC许可过期日期。

②Action：基于ENC状态给出的建议操作。如果ENC许可在30天内失效，则建议续订（Renew）；针对航线ENC报告，如果某一ENC与航线有交集，但系统内未装载该ENC单

元，则建议订购（To Be Ordered）；如果ENC许可有效期限超过30天，则建议为“无建议操作”（No Action）；若状态为废除，则建议移除相应ENC单元数据（To Be Removed）；针对航线ENC报告，如果某ENC单元与航线有交集，该单元允许安装，但ENC单元本身并未安装，则建议安装该ENC单元（To Be Installed）。

（五）临时性通告和预告的处理

通常，电子海图的更新数据集包括了与纸质海图有关的所有永久性航海通告的内容。对于临时性通告和预告，不同ENC生产机构采用的处理方式相差较大，例如：

有些海道测量机构所提供的更新数据既包含永久性航海通告，也包含了临时性通告和预告（如果可能的话，这取决于其信息的具体程度）。这些更新数据均被写入ENC数据内的相关物标及其属性。如果某项改正性质为临时性通告或预告，则海道测量机构将在其开始生效时提供其更新内容，在失效时再将其移除。

有些海道测量机构也发布标准的ENC更新文件，通过时变属性来控制某项临时性通告或预告是否显示，例如开始日期（DATSTA）和终止日期（DATEND）属性、定期开始日期（PRESTA）和定期终止日期（PREEND）属性等。但在有些旧型号的ECDIS产品中无法识别上述时变属性，导致相应更新内容无法正常显示。为了便于对临时性通告或预告管理，有些ECDIS在手动更新时，允许航海人员输入具体的开始生效的时间及终止时间等属性信息，这样ECDIS便可根据系统时间确定是否显示这些更新内容。

如果临时性通告或预告的内容非常概略，难以直接采用某一图式表示，

有些海道测量机构则插入一覆盖相应ENC单元的警告注记符号，并与一包含该临时性通告或预告内容的文本文件链接以供查看具体信息。

然而，有些ENC生产机构并不提供任何临时性通告和预告的更新信息。因此，航海人员必须依据相应的航海通告内容进行手动更新，或者利用英国海道测量局提供的AIO（Admiralty Information Overlay）服务。

对于英国海道测量局生产的ENC，其更新文件中包含了临时性通告和预告的内容。如可能，则直接更新相应的物标及其属性。如果内容比较概略，则采用插入警告注记的方式。所有根据临时性通告和预告更新的物标，其资料来源属性（SORIND）被赋予-GB.GB.NMrpt.nnnn(T) or (P)/yy格式的值以供识别。

在航海实践中，可参阅RENC与UKHO提供的各国家和地区ENC生产机构是否提供临时性通告或预告的信息改正服务的汇总表，以帮助确定船上ENC数据的更新情况。

（六）航海人员标绘数据

航海人员可以在海图上标绘有助于航行安全的注记信息，并将其划归到显示分类的其他信息中进行显示控制。航海人员标绘的数据一般明显区别于海图数据，通常用橙色显示。航海人员添加的注记信息，通常分为如下形式：

1. **文本**

航海人员可以在海图界面上添加文字信息，以辅助观察和引起注意。

2. **符号**

航海人员可以在海图界面上添加各种符号，并可附带文字信息供查询提示。

3. **图形**

航海人员可以在海图界面上添加线边界、封闭区域（可填充图案）。

航海人员标绘数据通常为文字和简单的点、线、区域等符号，其操作方法与手动改正的添加物标类似。一般可通过鼠标在屏幕上直接点击或输入经纬度坐标来确定空间位置，也可以利用鼠标直接拖动实现位置移动，并可以随时删除。

第四节 ● 航线与航行监控

一、安全参数设置

ECDIS依据安全参数可以检验航线的有效性、监控船舶航行安全，并据此给出相应的报警或警示。安全参数主要包括：

（1）安全等深线（Safety Contour）：用于确定浅水区和孤立危险物，判断船舶是否搁浅和触礁，默认值30 m；

（2）安全水深（Safety Depth）：系统对小于或等于安全水深值的水深点进行高亮显示，以便识别，默认值30 m；

（3）警戒区域（扇形或长方形）：用于设定警戒范围，当危险物标进入该范围时触发系统报警；

（4）关键点和预警时间：通过设定关键点和预警时间，提醒船舶即将到达关键点；

（5）偏航报警距离：设定船位偏离计划航线的最大距离，定义船舶的可航带宽，航行中船位超出该范围时则触发偏航报警。

除了上述性能标准所规定的参数外，下列参数也是目前有些ECDIS或ECS产品所提供的：

（1）安全高度：通过设定安全高度，确定船舶能否安全通过架空障碍物（如桥梁、架空电缆等）；

（2）定时：设定具体的时刻或者时间间隔以达到类似闹钟的提醒功能；

（3）锚位监控：在锚泊时，根据船舶尺度、松出锚链长度等因素设定船舶偏荡的最大范围，据此判定是否存在走锚的可能；

（4）碰撞报警：通过设定CPA与TCPA，判定本船与其他目标（如雷达跟踪目标、AIS目标）是否存在碰撞危险。

二、报警与警示

报警是指利用音响方法或视听手段告知一个需要注意的事项的一种警报或警报系统。警示则是指给出系统或设备有关状况的信息的一种可视性指示。

为了保证船员及时、有效地发现系统给出的报警或警示，ECDIS一般采用下列形式：

（1）声响：通过哔哔声或其他声响给出报警。该方式显然不具备实质性的内容，它只是一种表达有报警发生的辅助提示方法。例如，值班人员可能会在短暂的时间内，将视线离开ECDIS显示屏，如果这个时候有危险发生并启用了声响报警信号，则值班人员就可以被告知有情况发生，进而去观察ECDIS显示或采用其他有效方式核实可能出现的情况。

（2）特殊颜色的文字或背景：利用文字详细说明报警或警示的具体信息，帮助船员准确感知航行态势。为了方便船员及时发现报警或警示信息，ECDIS可能采用比较明显的颜色显示信息内容，或者同时用特殊的背景加以强调，甚至闪烁显示字体或背景进一步提高识别度。

ECDIS产生报警或警示后，有些能够在报警条件变为不满足时自动消除，有些则会一直在界面上显示（这种情形会造成显示混乱或影响视觉效果），需要船员确认（表示该报警已经被知晓）并处理（危险已被消除）才能取消提示或显示。

（一）海图报警

ECDIS关于海图的报警，是由S-52标准规定的自动求算报警功能，是对航行安全的一种保护性指示或提示。ECDIS一般会在明显的位置以文本形式显示当前显示海图数据类型（ENC、VEC或RNC），以黄色背景表示有报警。

1.超比例尺显示

当前海图显示的比例尺大于或小于海图的原始比例尺时，图形中显示的空间尺度在海图原始空间尺度基础上进行了一定程度的放大或缩小，可能造成船员在视觉上的空间判断失误。

2.非官方海图

当前显示的海图数据为非官方来源。若将仅有限的非官方数据添加到官方数据中一起混合显示以增加海图信息，则非官方数据应按照S-52相关标准特别显示。若同一水域既有官方数据又有非官方数据，而用户可能选择了显示非官方数据，或者海图显示区内两水域分别使用官方数据和非官方数据，则ECDIS应提示显示内容为非官方数据，并建议参阅RNC或纸质海图，同时在海图显示区内标明非官方数据的范围。若海图显示区内所有数据均为非官方来源，则仅需给出提示即可。

3.无矢量海图

当前显示的区域中仅存在光栅电子海图。由于光栅电子海图不具备运算能力，此时，虽然能够进行视觉的海图监视，但ECDIS无法实现一切依赖于海图数据的航行监控。

4.无海图数据

当前显示范围内有些区域无海图数据。在没有海图数据的区域，ECDIS将无法实现一切依赖于海图数据的航行监控。

5.安全等深线警示

当采用了默认的安全等深线，或者当前SENC中不存在设定的安全等深线时，系统将以下一个较深的等深线作为安全等深线，此时，ECDIS会给出警示。

（二）设备报警

通常情况下，ECDIS会在显著的位置给出其连接的主定位设备信息（如GPS、DR等），在报警或警示情况下为黄色，当出现报警文本时，会弹出以下信息内容：

（1）连接故障：设置了连接，但未检测到连接的设备；

（2）运行故障：连接的设备无信号或其他故障；

（3）数据错误：传递的数据无法正确解析。

（三）航行报警

ECDIS性能标准强制要求的航行报警和警示，包括：

1.偏航报警

当本船船位偏离计划航线的距离大于预设的距离限定值时激发的报警。一般情况下，偏航报警是自动进行的，但有些ECDIS开发商会提供开关功能来决定是否报警。

2.搁浅报警

保持当前的航速和航向，船舶经设定的时间后将穿越安全等深线进入浅水区，ECDIS将给出报警。如果计划航线穿越了安全等深线，航线安全检查时，将给出提示。

3.特殊区域报警或警示

对特殊区域或危险区域，应该提供在船舶即将进入该类区域前进行报警的功能。该功能的实现，需要预先设置提前报警的时间（如6 min），则ECDIS将根据本船的航速和航向，判断是否存在进入某特殊区域的趋势。

特殊区域包括：分道通航区、沿岸通航带、限制区、警戒区、近海生产区域、避航区、用户定义的避航区、军事演习区、水上飞机降落区、潜艇航道、锚地、渔场/水产养殖场、PSSA（特殊敏感海域）等。

4.临近危险物报警

对小于或等于设定的安全等深线值的孤立危险物，如沉船、障碍物、礁石等，ECDIS根据本船的航速和航向、安全距离，判断与本船周围危险物的距离是否小于安全距离，本船的航行趋势是否接近该危险物。若存在碰撞趋势，给出警示信息。

5.关键点报警

设置到达下一关键点（如转向点等）的提前报警时间，到了预定时间，ECDIS给予报警，提醒船员及时采取相应措施。

除了上述性能标准要求的报警或警示外，有些ECDIS或ECS产品在下列情形也会给出相应的报警或警示：

（1）海图漫游报警：在航行监控时，当使用了海图漫游模式或其他操作导致本船船位不在海图显示区内时，ECDIS会给出船位丢失的报警提示。通过确认该报警信息或恢复至航行监控模式，即可将本船符号快速恢复显示到电子海图显示区。

（2）偏向报警：当船舶航行的方向与当前航段计划航向之间的夹角超过了设定的偏向报警角度时激发该报警。需要注意的是，偏向不等于偏航，如船舶正在恢复到计划航线上，它只是提示当前的航向与计划航向不同，存在偏航的可能。

（3）航行超时：制订航次计划时，可人工输入或根据相关航次计划参数自动计算出各转向点的ETA。开航后，如果船舶抵达转向点的实际时间与预计时间相差较大，超过设定的时间间隔则激发该报警。

（4）定时提醒：ECDIS可提供两种定时提醒功能，一是一次性定时报警，即设置一个时刻，当时钟到达该报警时刻时即启动报警提醒。二是周期性报时提醒，即设置报时开始时刻和周期间隔，则当时钟到达设置的开始时刻时，即给出报警提醒，并此后每过一个周期，就报警提醒一次。利用该功能可以实现换班提醒（有些ECDIS具有值班管理功能，因此就会有单独的换班提醒功能操作）等。

（5）CPA/TCPA报警：在设置了最近会遇距离CPA和最近会遇时间TCPA临界值后，ECDIS将根据本船与其他各目标船的航行状态，逐个计算与本船的会遇局面。如果达到会遇紧迫局面时，即CPA和TCPA同时进入设定的临界值范围内时，就会给出预警信息。

（6）距离/方位报警：航行中，有时需要监控本船与某地理位置点的距离/方位。在ECDIS上，选择要监测的某地理位置点，设置提前报警提示的距离/方位限定值，启动距离/方位报警功能，ECDIS就会实时进行计算并在本船与该地理位置之间的距离/方位满足预设值时，自动给出报警。

（7）走锚报警：通过确定锚位和走锚监视半径，形成一监视圈，当本船漂移出监视圈时，ECDIS给出走锚报警信息，警告本船可能已经走锚。

（8）驶过航线报警：当船舶驶过航线最后一个转向点，系统给出报警。

三、航线设计

（一）航线监控参数

设计航线前，应先设置航线监控相关的参数，包括安全等深线、安全水深、偏航报警范围（XTE、Offtrack）、旋回半径或旋回速率、最大航速、设计航速等。偏航报警范围决定所设计的航线的宽度；旋回半径或旋回速率决定转向点处转向弧线的曲率，采用航迹舵时，船舶将沿该弧线转向；最大航速用于超速报警；设计航速或者巡航速度用于航行计划生成。偏航报警范围、旋回半径或旋回速率、最大航速、设计航速可以在航线通用参数中设置，航线设计时默认引用，在航线编辑时可以分段修改。

（二）航线编辑

航线编辑可以采用图形编辑或表格编辑两种方式。图形编辑是利用鼠标快捷地在海图界面上编辑航线；表格编辑是以表格形式编辑航线。两种方式能同时在显示屏上显示，且能互动，当用鼠标在海图界面上点选转向点时，表格也相应地滚动到该转向点所在的行；反之亦然。

（1）添加转向点：可逐个添加转向点，也可在当前的转向点前或转向点后插入转向点；

（2）修改转向点：可以在航线表中重新输入某一转向点经纬度或以图形编辑方式通过鼠标或滚球移动所选转向点；

（3）删除转向点：删除设计错误或不需要的转向点；

（4）修改航线参数：考虑到各航段航行条件和安全要求的差异，对各航段的偏航报警范围、旋回半径或旋回速率、最大航速、设计航速和航线种类（大圆或恒向线）等进行必要的调整。

（三）航线安全检测

ECDIS 提供了航线安全检测功能，可以在航线编辑完成后进行，或者在航线编辑的同时进行。

检测内容主要包括：

（1）是否穿越非官方海图；

（2）是否穿越安全等深线；

（3）是否穿越特殊区域；

（4）是否临近孤立危险物。

（四）航行计划编制

航线编辑完成后，设定第1个转向点的预计开航时间（ETD）、各转向点的停留时间（必要时）、各航段的航速（必要时）后，ECDIS即可自动生成各转向点的预计抵达时间（ETA）。

四、航行监控

航行监控，主要是针对本船的位置和航行趋势与航行依据的航线、海图物标、其他目标等的相互关系进行实时动态显示与监控报警。

（一）选择监控航线

在ECDIS中，设计的航线和监控的航线在概念上是不同的。前者的含义是传统的航线设计阶段，在海图上进行航线绘制、计算和计划确认，后者则是根据当前的航行，在已经设计好的航线上进行航行状态的比对、航行情况的标记。因此，在航线设计完毕后，通常要将其退出显示状态，避免海图界面上的不必要信息的充斥。开航前，选择本航次的计划航线作为当前要监控的航线。

（二）选择备用航线

ECDIS可选择一条备用航线供航行过程的观察补充和紧急情况下的航行监控调整使用。

（三）监控航线的显示

为了与海图其他信息以及备用航线明显区分，监控航线通常被特殊显示：

（1）颜色：一般以红色为基本色调。

（2）线型：通常用比设计航线粗一倍的点画线。可以在航线左右两侧，用特定颜色或填充样式标绘出以偏航距离为宽度的偏航带。

（3）转向点：从第一点（一般记为0或1）开始递增顺序标号，一般采用加粗的红色单圆圈表示，其中下一个转向点采用加粗的红色双圆圈表示。

（四）航线信息显示

为了直观地显示监控航线和方便查看航线信息，ECDIS提供了在监控航线的转向点及航段上控制显示航线计划和航行辅助控制相关参数的功能，主要包括：

（1）转向点编号/名称：显示每个转向点的编号或名称。

（2）转舵线（弧）：根据需要显示各转向点处的施舵点及根据旋回半径所绘出的旋回路径。

（3）剩余航程：各转向点距离最后一个转向点的累计航程。

（4）航段属性：各航段的航程、计划航向、计划航速等。

（5）标有日期和时间的预计抵达位置。

五、导航系统数据显示

ECDIS将来自传感器的信息与电子海图信息融合在一起，通过显示控制，实时给出本船的航行状态信息，使得船员可以快速地观察、判断船舶是否偏离计划航线以及是否存在航行危险。ECDIS显示的航行状态信息来自ECDIS主定位设备，所有的航行运算也基于该主定位设备，而辅定位设备只显示轨迹以提供主辅两者的比较。

航行状态信息可以从海图界面上直接看到符号表达，也可以从附加的窗口中显示出具体的量值，主要包括：

（1）本船船位：以本船符号或经纬度坐标显示。本船符号包括基本符号和比例船型两种。

基本符号是以本船船位为中心的黑色双圆圈，并带有船舶横向线来表示船舶的型体横向。在当前海图显示比例尺下换算所得的本船显示长度小于6 mm时，使用基本符号显示本船。

比例船型是按显示比例尺对船长和船宽进行屏幕尺度换算，以简单的5点模型构筑成一个对称的船型。显示的基点是根据本船的定位设备位置设置，换算得到本船的船中点作为船型的图形中点，需要在ECDIS中设置定位设备天线在船上的准确位置。

（2）定位时间：当前时间（可能存在刷新周期的误差）。

（3）航迹：可在海图界面上显示带有时间标志的本船主航迹和辅航迹。

（4）航迹向：在船舶符号处以矢量线形式或在特定位置以具体的数值形式表示。

（5）船首向：以所连接的罗经北为基准，在船舶符号处以矢量线形式或在特定位置以具体数值形式表示。

（6）航速：在船舶符号处以矢量长度或在特定位置以具体的速度量值显示，可以控制显示对地航速或对水航速。

六、航行记录

1.记录存储

（1）航行记录文件

在航行记录文件中，ECDIS以不超过1 min（可以设定小于1 min）的时间间隔自动记录至少12 h的航行数据。

①本船航迹：时间、船位、船首向和航速；

②使用过的官方数据：ENC信息源、版本、日期、单元和更新历史。

在下列情况下自动在航行记录中保存一条新记录：

①必要事件：主要包括系统开启、关闭、过转向点等；

②船员设置参数：主要包括调用或取消监控航线、启动或停止报警功能等；

③设备：连接设备、断开设备；

④系统报警：产生任何报警时；

⑤变换海图显示：主要包括分类控制、筛选物标、变更比例尺、自动换图、手动换图等；

⑥强制保存：船员在需要时可手动强制添加一条航行记录。

航行记录文件通常默认以日期命名保存，便于识别和选取。船员可以查询但不能修改已有的航行记录。有些ECDIS或ECS产品允许船员在记录中以备注形式添加文字描述信息。

（2） 航迹记录文件

在航迹记录文件中，ECDIS能够以不超过4 h的间隔记录至少3个月的全部航迹。其目的是能够粗略地推断出船舶的航行路线。带有时间标记的航迹可以显示在海图上。

2.记录查询

记录通常按时间先后顺序排序。查询时，船员可根据记录存储时保存的记录列表，选择某时间（记录名称）的记录文件，对记录信息进行浏览查看。有些系统会提供在默认情况下只显示系统自动存储的必要信息记录，而对其他记录信息则可根据记录的事件性质，提供筛选性查询。

有些系统能够打印所查询显示的航行记录。

3.航迹回放

选择某时间段的航行记录或轨迹记录，利用航迹回放功能可以在电子海图界面上观看历史轨迹和当时的航行环境（包括使用的海图）。

ECDIS通常以表格形式列出每个记录（轨迹）点的数据信息，同时在电子海图上显示出记录点的符号图形信息。表格的记录行和图形中的记录点之间可以互动查询，即在表格上选中某个记录点（行），图形上也跳至该点的对应显示状态。

航迹回放包括航行再现和轨迹再现两种方式。

（1）航行再现是指12 h内的航行记录条件下的航行状态再现。由于以足够的频率记录了本船的航行状态、海图的使用情况等信息，因此，可以比较真实地反映过去一段时间的航行过程。

（2）轨迹再现是指对较长时段的航次轨迹的记录再现。由于其记录间隔较长，因此它只能反映出以往某航次的概要航行经历。

第五节 系统测试与备用配置

一、系统故障测试

为确保ECDIS能够正常运行，要定期执行设备的性能检测，以保证各项指标正常。

（一）外部设备检测

定期对外部设备进行性能检测，及时掌握设备的运行状况以及可能存在的误差，保证传递的数据达到要求。

（二）ECDIS自检

定期自动或手动对ECDIS进行主要功能在船测试，包括传感器输入数据的完整性测试、航行监控功能的实现等。ECDIS自检应依据使用手册的操作指导进行。

（三）IHO测试数据集检验

为帮助船员判定所用ECDIS能否正确显示相关物标的符号，能否显示IMO最新采用的物标，IHO开发了一套测试数据集。

按照说明进行相应设置后，如果ECDIS不能正确显示数据集内包含的物标，应与ECDIS生产商联系以确定原因并及时解决。

二、备用配置

ECDIS性能标准要求，船舶应提供适当的、独立于ECDIS的备用配置。一旦ECDIS出现故障，备用配置能够安全接替ECDIS功能执行剩余航程的安全航行，避免因ECDIS故障导致危险局面的发生。

对备用配置的功能要求与ECDIS基本相同。如果采用电子设备，海图信息显示只要求能够显示不少于相当于ECDIS中的标准显示信息。海图显示的有效尺寸不小于250 mm×250 mm或直径250 mm。

开航前，要进行备用系统与ECDIS的同步操作，包括监控航线、参数设置等。

怎样才能具备ECDIS的“足够有效”的备用配置由船旗国主管机关来决定。备用配置的选择方案主要有以下几种：

（1）另外一部使用独立电源和独立GPS位置传感器的ECDIS；

（2）满足整个航次所需的改正到最新的最新版纸质海图；

（3）另外一部使用RCDS模式的ECDIS；

（4）一部基于雷达的、符合IMO“海图–雷达”性能标准的“海图–雷达”系统。

三、系统替代纸质海图检验

如果ECDIS满足以下条件，可认为其符合SOLAS公约第Ⅴ章海图配备方面相关要求，即可取代传统纸质海图。

（1）符合IEC 61174标准，并通过有关机构的型式认证；

（2）使用改正至最新的官方ENC（官方水道测量部门提供的符合IHO S-57标准，具体内容、显示方式以及颜色和符号的使用等符合IHO S-52规范）；

（3）配备适当的备用装置。

第六节 使用ECDIS的风险与应对措施

一、使用ECDIS的风险

（一）不恰当的系统设置

1.安全等深线设置不恰当

安全等深线是划分安全水域和危险水域的分界线和通用孤立危险物的定义依据，决定着ECDIS是否报警船舶即将搁浅和临近危险物。安全等深线设置不恰当是安装ECDIS后仍然发生搁浅事故案例中的一个重要因素。

安全等深线值设置过大或使用默认的安全等深线（30 m），使得浅水区显示过大，船舶经常穿越安全等深线导致系统产生大量的“搁浅”报警，此时，船员不得不根据水深点判断水深是否足够，但水深点在浅水区的填充色下又不明显，特别是夜航背景模式时；反之，安全等深线值设置过小，则缩小了该有的浅水区显示区域，使得该报警的时候系统没给出报警。因此，安全等深线值设置过大或过小，都有导致船舶搁浅和触礁的风险。

船员应根据本船吃水和富余水深要求，考虑纵横倾增加吃水、船体下沉量、潮汐资

料、海图水深的精度、波高、公司或者其他机构及规章的要求等因素再设定合理的安全等深线值。但由于海图数据中等深线是离散的，比如2 m、5 m、10 m、20 m……，如果船员设定的安全等深线值为12 m，则系统自动地选择离设定值最近的较深的等深线即20 m作为实际的安全等深线进行海图显示和监控。

2.警戒矢量设置不当

偏航报警范围设置过小，就会经常发生报警（可能是不必要的）；反之，如果过大，就会在应该报警的时候无法给出报警。

防搁浅报警的时间设置过短，就会形成虽产生了报警，但由于没有给后续的操船留有充分的时间，进入浅水区的危险就有可能无法避免；如果过长，则容易频繁报警。

3.海图分类显示选择不合适

海图信息显示过少，得不到保证航行安全的必要信息；海图信息显示过多，则导致海图界面不清晰，信息过载，淹没重要信息。例如，在基础显示模式下，只显示直接危及本船安全的物标，其他与航行安全相关的物标（如助航标志、禁航区和限制区域等）不被显示。

4.海图显示比例尺过大或过小

海图上物标之间的空间位置关系在编辑比例尺（原始比例尺）下是最可靠的。如果在编辑比例尺上放大或缩小海图，称为超比例尺显示。相对于编辑比例尺，超比例尺显示时海图上物标之间的空间位置关系存在视觉差异，如果使用者忽视了这种视觉差异，就会做出错误的判断。超大显示比例尺使得显示范围过大，瞭望不充分，导致前方没有危险的假象；超小显示比例尺则使得过多的物标隐藏，缺少必要的海图信息。

5.显示方式不合适

ECDIS有多种显示亮度或显示方式供驾驶员选择。白天模式与夜间模式,其底色和显示信息的色彩差别非常大，选择不当可能导致识读错误或困难。使用漫游方式时，本船位置可能不在显示界面中，显示界面显示的并不是船舶周围的情况，不能作为船舶是否存在航行危险的依据。使用船首向向上或航向向上时，电子海图的显示与纸质海图的显示有着明显的区别，对于习惯使用传统纸质海图的驾驶人员来讲，很容易出现混淆。

在电子海图上叠加雷达影像、雷达跟踪目标和AIS目标可能带来显示信息过载，减慢系统的运算速度。如果叠加的雷达图像质量比较差，如存在雨雪干扰等，一些小的物标就有可能被忽略。仅叠加雷达跟踪目标时也有可能造成信息解读的失误，如雷达跟踪目标丢失或者没能及时捕捉物标，利用电子海图显示避让有可能因为不能及时发现和跟踪物标而造成碰撞危险。

（二）船位误差

船位误差属于时变数据产生的误差，主要是由于定位系统定位不准确及定位系统与EC-

DIS时间不完全同步，导致显示的位置和计算的结果与实际情况不符。

1.本船定位设备位置误差

定位设备提供的船位是天线所在位置坐标，ECDIS以船舶的对称中心点为基准，而定位设备天线位置一般都不在船舶中心上。ECDIS中可设置定位设备天线与中线的相对位置，以计算船舶中心点的位置。但相对位置设置通常以米级为单位，存在一定的误差。

2.目标船位误差

与本船位置类似，目标的船位本身也存在一定的定位误差。

3.数据延时

ECDIS中本船船位数据一般来自GPS传感器，目标船位数据主要来自雷达和AIS传感器。GPS定位一般1 s产生3个位置数据。雷达一般3 s为一个扫描周期，即每隔3 s才显示雷达的图像和所跟踪的目标。ECDIS中显示的AIS目标存在不同程度的数据延时。ECDIS本身也是每隔1~3 s刷新一次海图数据和其他航海信息。因此，ECDIS并非实时显示海图数据和目标的位置，存在一定的延时。

4.坐标系误差

如果定位系统坐标系与海图数据的坐标系不一致，则将导致ECDIS上显示的船位出现误差。

（三）海图数据误差

海图数据误差是海图数据在形成过程中产生的误差以及不同数据来源所依据的基准不同引起的误差。海图数据的质量主要依赖于数据测量的精确性、数据制作的精确性、数据是否覆盖所有水域范围、数据是否完整以及是否及时更新等。目前电子海图数据主要来源于纸质海图。

（1）纸质海图的水道测深数据及其标示的位置可能存在误差；

（2）从纸质海图到电子海图的转换过程中数据扫描可能有遗漏，如在海图之间出现缝隙或丢失数据，也有可能出现一些不必要的、冗余的、无关的信息。

（四）硬件故障

电子海图系统在商船上使用时，硬件设备必须适应海上特殊的物理、气候和电磁等环境的要求，然而，即使最佳设计和安装的电子海图系统仍旧存在着比纸质海图多的问题，即使船舶上很平常的现象，如短时间停电，也会导致系统障碍，甚至瘫痪。

1.性能下降

使用时间过长、部件老化等都可能引起设备的使用性能下降而无法达到其设计使用的

标准。如定位设备的精度可能由使用初期的10 m以内降低到20 m以内，测深仪的误差可能由原来的厘米级下降到分米级，从而使得ECDIS获得的数据从来源就存在不稳定性和不准确性。

2.连接故障

ECDIS与外部设备的连接主要是有线方式，采用无线方式较少。如果连接出现故障，外部设备就无法为ECDIS提供数据，ECDIS就无法提供相应的信息。

（五）软件缺陷

支持电子海图系统运行的软件中可能包含各种各样的不足和错误。这些未知的或没有发现的错误,可能导致严重的后果。

IMO的调查显示，由于ECDIS软件问题，有些ECDIS不能正确显示某些海图内容和属性组合，且在少数情况下可能无法显示重要的导航信息。有的只能在较大比例尺的ENC上进行航线检查，因此无法启动警报器。有些可能无法对显示的所有陆地发出警报，即使该陆地被浅水等深线环绕，或可能由于其他细节如海岸线略图标记的干扰，很难识别较小的岛屿。

TRANSAS公司称，其生产的ECDIS对小部分的纸海图上标为“已报”的浅水水深点，在默认或标准显示模式下不可见，在航线检查或监视模式时不会启动自动搁浅警报。

JRC公司在2010年5月发布通告称，其生产的ECDIS在使用ENC或C-MAP 2.0海图数据时，部分水下障碍物仅在所有其他显示模式下显示，而在标准模式下不显示。

二、风险应对措施

（一）使用改正到最新的ENC

应使用权威机构发行的ENC海图数据。如果使用了其他数据，要甄别其来源是否可靠和坐标系是否统一。商业公司制作和推广的电子海图，其海图数据多依赖于水道测量机构或授权，权威性和时效性较之于官方机构逊色。区分电子海图数据是否为官方ENC，在购买数字产品时，注意检查发行机构是否为官方或由官方授权；在显示电子海图时，按ECDIS性能标准规定，如果不是官方的ENC，则在显示器上会出现特定的警示信息。

如果ECDIS处于RCDS操作模式，即采用RNC，应明确其在航线检查、航行监控等功能应用方面的局限性，应与适当比例尺的纸质海图结合使用。如果采用其他非官方数据，船员应明确其局限性和可能存在的风险，应以全套的纸质海图作为主要导航方式。

官方ENC也需要定期更新，可以通过航海通告手动改正,也可以通过改正光盘或登录国际互联网改正。

应特别注意临时性通告和预告的改正。因为有些ENC提供商并不提供临时性通告和预告的改正服务，需要船员通过手动改正的方式及时添加、撤销。

此外，船员也可参阅系统的更新记录或者航海通告等检查ECDIS的更新情况。

（二）正确设置ECDIS

（1）应熟悉ECDIS的不同显示方式及特点，在不同水域、不同时间或使用不同的监控功能时选用合适的显示方式。

（2）注意报警参数的正确输入和报警功能的合理使用。船员在对相关参数进行设置时，应综合考虑航行环境、水文环境、本船状态和性能、船员技术水平和心理素质、其他特殊要求等多方面的信息，设定合理的参数，以有效运用ECDIS的报警与警示功能。应尽量避免由于参数设置不当而引起的不当报警，甚至误报警。

（3）在使用过程中，船员应经常检验参数的设置是否合理，特别在相关条件发生变化时，应及时调整参数的设置。例如，新的航次开始，船舶吃水发生变化，则安全等深线、安全水深的设置需要做出相应的修改；本船航速发生变化，则转向点提醒时间、穿越安全等深线的预警时间等参数也应做出调整。航线偏航报警设置或防搁浅设置一般适用于港外航行，在进、出港口时，航道的宽度有限，与定位精度、偏航报警阈值等不相称，所以要充分利用港口设置的各种导航标志。

（三）正确解读显示信息

ECDIS提供的信息种类繁多，使用者应熟悉各种信息的产生原理、运行机制、表现形式等，才能获取正确的信息，做出正确的判断和决策，以引导船舶安全航行。

（1）要清晰、无歧义地理解和判断显示信息的内容。例如，航行矢量线的稳定模式是对水还是对地；本船船首线和船首向数值来源于其连接的罗经信号，存在罗经差。

（2）要尽可能利用系统功能，获得显示信息的对比判断信息。例如，利用辅助定位源与主定位系统进行船位和航迹比对和监测，确定定位系统是否可靠。

（3）核查各种类似信息是否基于同一基准。例如，GPS的坐标系与海图坐标系是否一致。

（4）正确解读报警与警示信息。一般情况下，报警与警示给出的均是与航行安全或设备运行密切相关的信息，因此，船员应认真辨别报警与警示的真伪，采取行之有效的措施。例如，在分道通航区和警戒区中正常航行或设计航线时，系统会给出报警或警示，以提醒船员注意。

（5）应意识到有些信息可能没有显示，但可能对航行安全有一定影响。例如，在基础显示模式下，很多海图信息被屏蔽（不显示），但航行监控和航线安全检查时，ECDIS是依据SENC内可用的最大比例尺数据判断的，而非显示的电子海图数据。

（四）定期保养系统设备

ECDIS工作时间长，从开航前开机拟制订航行计划，到抵达目的港关机，往往要持续几天甚至几十天的时间。船舶可能跨越的空间大，从低温地区到高温地区，从干燥地区到潮湿地区，设备硬件要经受各种不同环境的考验。

（1）驾驶台要保持合适的温度，要注意防尘、防潮。配备双套电子海图系统的船舶，要定期转换使用，让每台设备都得到休整。长时间不使用电子海图系统时，要定期通电除潮。

（2）定期对外部设备进行性能检测，及时掌握设备的运行情况以及可能存在的误差，保证传递的数据达到要求。

（3）定期自动或手动对ECDIS进行主要功能在船测试，包括传感器输入数据的完整性测试、航线监控功能的实现等。

（4）正确使用备用配置。ECDIS需要备用配置，在紧急情况下可以取代主系统执行各种功能直到抵达下一港口。如果在雾中航行或进出狭水道时，出现电子海图系统等故障，应该降低船速，按照传统的航行方式航行。

（五）正确维护系统软件

系统软件出现故障可能降低系统性能，甚至导致系统崩溃。

（1）要注意预防计算机病毒。坚持专机专用，不能将设备挪作他用，不轻易使用其他设备（如U盘、移动硬盘）进行数据传输，否则容易影响设备的性能或感染计算机病毒。使用经过系统供应商认可的正版杀毒软件定期杀毒。

（2）应注意生产商发布的信息，及时对软件进行更新升级。一方面，相关国际组织和机构在不断地修订ECDIS相关标准，修订现有要求或增加新的要求；另一方面，各ECDIS产品在使用过程中可能发现一些存在的缺陷或不足。因此，ECDIS生产商会不断地对系统软件进行维护，以完善其功能。

（3）不得随意删除与航行安全有关的数据。删除数据或文件都可能给系统带来危险，ECDIS会显示所有与航行安全有关的数据。

（六）合理配置传感器

（1）注意ECDIS与船舶其他传感器之间的匹配。尽量安装同一生产商的产品，以利于各系统之间的兼容；互不兼容的设备之间要通过信号转换装置来连通。

（2）要正确设置传感器。输入准确、可靠的导航参数，如航向、航路点的经纬度、陀螺罗经差、磁罗经自差、磁差、风流压差、各种仪器启动时的初始数据等。

（3）要熟悉和掌握ECDIS中各种传感器的原理、特性和功能，使各种传感器工作在最佳状态。

（4）要充分认识到各种传感器的局限性，掌握各种传感器的切换方法，充分发挥设备或仪器的功能优势。

附录Ⅰ

B102

2018
航海天文历（节选）
NAUTICAL ALMANAC

中国人民解放军海军海道测量局
CHINA NAVY HYDROGRAPHIC OFFICE
2017

天 体 位 置， 2018 年

HOURLY ASTRONOMICAL ELEMENTS OF SUN, MOON AND PLANETS, 2018

3月17、18、19日　积日 76、77、78　　Mar. 17、18、19　Date of Year 76、77、78

日期	世界时 UT	春分点 Aries 格林时角 G.H.A.		月亮 Moon 格林时角 G.H.A.		Δ̄	赤纬 Dec.		Δ
	h	°	′	°	′	′	°	′	′
3月17日 农历二月初一 星期六	00	174	31.2	182	41.8	*12.9*	S06	47.3	*-10.5*
	01	189	33.6	197	13.7	*13.0*	06	36.8	*10.5*
	02	204	36.1	211	45.7	*13.0*	06	26.3	*10.5*
	03	219	38.6	226	17.7	*12.9*	06	15.8	*10.6*
	04	234	41.0	240	49.6	*13.0*	06	05.2	*10.6*
	05	249	43.5	255	21.6	*12.9*	05	54.6	*10.6*
	06	264	46.0	269	53.5	*13.0*	S05	44.0	*-10.7*
	07	279	48.4	284	25.5	*12.9*	05	33.3	*10.7*
	08	294	50.9	298	57.4	*13.0*	05	22.6	*10.8*
	09	309	53.4	313	29.4	*12.9*	05	11.8	*10.8*
	10	324	55.8	328	01.3	*12.9*	05	01.0	*10.8*
	11	339	58.3	342	33.2	*12.9*	04	50.2	*10.8*
	12	355	00.7	357	05.1	*12.9*	S04	39.4	*-10.9*
	13	010	03.2	011	37.0	*12.9*	04	28.5	*10.9*
	14	025	05.7	026	08.9	*12.9*	04	17.6	*11.0*
	15	040	08.1	040	40.8	*12.8*	04	06.6	*10.9*
	16	055	10.6	055	12.6	*12.9*	03	55.7	*11.0*
	17	070	13.1	069	44.5	*12.8*	03	44.7	*11.0*
	18	085	15.5	084	16.3	*12.9*	S03	33.7	*-11.1*
	19	100	18.0	098	48.2	*12.8*	03	22.6	*11.1*
	20	115	20.5	113	20.0	*12.8*	03	11.5	*11.1*
	21	130	22.9	127	51.8	*12.8*	03	00.4	*11.1*
	22	145	25.4	142	23.6	*12.8*	02	49.3	*11.1*
	23	160	27.8	156	55.4	*12.8*	02	38.2	*11.2*
3月18日 农历二月初二 星期日	00	175	30.3	171	27.2	*12.7*	S02	27.0	*-11.2*
	01	190	32.8	185	58.9	*12.8*	02	15.8	*11.2*
	02	205	35.2	200	30.7	*12.7*	02	04.6	*11.2*
	03	220	37.7	215	02.4	*12.7*	01	53.4	*11.2*
	04	235	40.2	229	34.1	*12.7*	01	42.2	*11.3*
	05	250	42.6	244	05.8	*12.7*	01	30.9	*11.3*
	06	265	45.1	258	37.5	*12.6*	S01	19.6	*-11.3*
	07	280	47.6	273	09.1	*12.6*	01	08.3	*11.3*
	08	295	50.0	287	40.7	*12.7*	00	57.0	*11.3*
	09	310	52.5	302	12.4	*12.6*	00	45.7	*11.3*
	10	325	55.0	316	44.0	*12.5*	00	34.4	*11.4*
	11	340	57.4	331	15.5	*12.6*	00	23.0	*11.3*
	12	355	59.9	345	47.1	*12.5*	S00	11.7	*-11.4*
	13	011	02.3	000	18.6	*12.5*	S00	00.3	*-11.3*
	14	026	04.8	014	50.1	*12.5*	N00	11.0	*+11.4*
	15	041	07.3	029	21.6	*12.5*	00	22.4	*11.4*
	16	056	09.7	043	53.1	*12.4*	00	33.8	*11.4*
	17	071	12.2	058	24.5	*12.4*	00	45.2	*11.4*
	18	086	14.7	072	55.9	*12.4*	N00	56.6	*+11.4*
	19	101	17.1	087	27.3	*12.4*	01	08.0	*11.4*
	20	116	19.6	101	58.7	*12.3*	01	19.4	*11.4*
	21	131	22.1	116	30.0	*12.3*	01	30.8	*11.4*
	22	146	24.5	131	01.3	*12.3*	01	42.2	*11.4*
	23	161	27.0	145	32.6	*12.2*	01	53.6	*11.4*
3月19日 农历二月初三 星期一	00	176	29.4	160	03.8	*12.3*	N02	05.0	*+11.4*
	01	191	31.9	174	35.1	*12.1*	02	16.4	*11.4*
	02	206	34.4	189	06.2	*12.2*	02	27.8	*11.4*
	03	221	36.8	203	37.4	*12.1*	02	39.2	*11.4*
	04	236	39.3	218	08.5	*12.1*	02	50.6	*11.4*
	05	251	41.8	232	39.6	*12.1*	03	02.0	*11.3*
	06	266	44.2	247	10.7	*12.0*	N03	13.3	*+11.4*
	07	281	46.7	261	41.7	*12.1*	03	24.7	*11.4*
	08	296	49.2	276	12.8	*11.9*	03	36.1	*11.3*
	09	311	51.6	290	43.7	*12.0*	03	47.4	*11.4*
	10	326	54.1	305	14.7	*11.9*	03	58.8	*11.3*
	11	341	56.6	319	45.6	*11.8*	04	10.1	*11.3*
	12	356	59.0	334	16.4	*11.9*	N04	21.4	*+11.3*
	13	012	01.5	348	47.3	*11.7*	04	32.7	*11.3*
	14	027	03.9	003	18.0	*11.8*	04	44.0	*11.2*
	15	042	06.4	017	48.8	*11.7*	04	55.2	*11.3*
	16	057	08.9	032	19.5	*11.7*	05	06.5	*11.2*
	17	072	11.3	046	50.2	*11.6*	05	17.7	*11.2*
	18	087	13.8	061	20.8	*11.6*	N05	28.9	*+11.2*
	19	102	16.3	075	51.4	*11.6*	05	40.1	*11.2*
	20	117	18.7	090	22.0	*11.5*	05	51.3	*11.1*
	21	132	21.2	104	52.5	*11.5*	06	02.4	*11.1*
	22	147	23.7	119	23.0	*11.4*	06	13.5	*11.1*
	23	162	26.1	133	53.4	*11.4*	06	24.6	*11.1*

纬度 Lat.	晨光始 Twilight 航海 Naut.	晨光始 Twilight 民用 Civil	日出 Sunrise 17日	日出 Sunrise 18日	日出 Sunrise 19日	月出 Moonrise 16日	月出 Moonrise 17日	月出 Moonrise 18日	月出 Moonrise 19日
°	h m	h m	h m	h m	h m	h m	h m	h m	h m
N70	03 52	05 08	06 14	06 09	06 04	07 10	07 06	07 01	06 57
68	04 05	05 13	06 13	06 09	06 05	06 58	06 59	07 00	07 01
66	04 15	05 18	06 12	06 09	06 05	06 48	06 54	06 59	07 04
64	04 24	05 21	06 12	06 08	06 05	06 40	06 49	06 58	07 06
62	04 31	05 24	06 11	06 08	06 05	06 33	06 45	06 57	07 09
60	04 37	05 27	06 11	06 08	06 05	06 26	06 42	06 56	07 11
N58	04 43	05 29	06 11	06 08	06 05	06 21	06 39	06 56	07 12
56	04 47	05 31	06 10	06 08	06 05	06 16	06 36	06 55	07 14
54	04 51	05 33	06 10	06 08	06 05	06 12	06 33	06 54	07 15
52	04 54	05 34	06 10	06 08	06 05	06 07	06 31	06 54	07 17
50	04 58	05 35	06 10	06 08	06 05	06 04	06 29	06 53	07 18
45	05 04	05 38	06 09	06 07	06 05	05 56	06 25	06 52	07 21
N40	05 09	05 40	06 09	06 07	06 05	05 49	06 21	06 52	07 23
35	05 12	05 42	06 08	06 07	06 05	05 43	06 17	06 51	07 25
30	05 15	05 43	06 08	06 06	06 05	05 38	06 15	06 50	07 27
20	05 19	05 44	06 07	06 06	06 05	05 30	06 10	06 49	07 30
N10	05 20	05 45	06 06	06 05	06 05	05 22	06 05	06 48	07 32
0	05 20	05 44	06 05	06 05	06 05	05 15	06 01	06 48	07 35
S10	05 19	05 43	06 04	06 04	06 04	05 07	05 57	06 47	07 37
20	05 15	05 41	06 03	06 03	06 03	04 59	05 52	06 46	07 40
30	05 10	05 38	06 01	06 02	06 03	04 51	05 47	06 45	07 43
35	05 06	05 36	06 01	06 01	06 02	04 45	05 44	06 44	07 45
40	05 02	05 33	06 00	06 01	06 02	04 40	05 41	06 43	07 47
45	04 56	05 30	05 58	06 00	06 01	04 33	05 37	06 43	07 50
S50	04 48	05 26	05 57	05 58	06 00	04 24	05 32	06 42	07 53
52	04 44	05 24	05 56	05 58	06 00	04 21	05 30	06 41	07 54
54	04 39	05 22	05 55	05 57	05 59	04 16	05 28	06 41	07 56
S56	04 35	05 19	05 54	05 56	05 59	04 12	05 25	06 40	07 57

纬度 Lat.	日没 Sunset 17日	日没 Sunset 18日	日没 Sunset 19日	昏影终 Twilight 民用	昏影终 Twilight 航海	月没 Moonset 16日	月没 Moonset 17日	月没 Moonset 18日	月没 Moonset 19日
°	h m	h m	h m	h m	h m	h m	h m	h m	h m
N70	18 05	18 09	18 13	19 11	20 28	16 00	17 41	19 23	21 07
68	18 06	18 09	18 13	19 05	20 14	16 10	17 45	19 21	21 00
66	18 06	18 09	18 13	19 01	20 03	16 19	17 49	19 20	20 54
64	18 06	18 09	18 12	18 57	19 54	16 26	17 52	19 19	20 49
62	18 07	18 09	18 12	18 54	19 47	16 32	17 55	19 19	20 44
60	18 07	18 09	18 12	18 51	19 41	16 38	17 57	19 18	20 41
N58	18 07	18 09	18 12	18 49	19 35	16 42	17 59	19 17	20 37
56	18 07	18 09	18 11	18 47	19 31	16 47	18 01	19 17	20 34
54	18 08	18 09	18 11	18 45	19 27	16 50	18 02	19 16	20 32
52	18 08	18 10	18 11	18 43	19 23	16 54	18 04	19 16	20 29
50	18 08	18 10	18 11	18 42	19 20	16 57	18 05	19 15	20 27
45	18 08	18 10	18 11	18 39	19 13	17 03	18 08	19 15	20 22
N40	18 09	18 10	18 11	18 37	19 08	17 09	18 11	19 14	20 18
35	18 09	18 10	18 11	18 35	19 05	17 14	18 13	19 13	20 15
30	18 09	18 10	18 11	18 34	19 02	17 18	18 15	19 13	20 12
20	18 10	18 10	18 11	18 32	18 58	17 25	18 18	19 12	20 07
N10	18 11	18 11	18 11	18 32	18 56	17 31	18 21	19 11	20 02
0	18 12	18 11	18 11	18 32	18 56	17 37	18 23	19 10	19 58
S10	18 13	18 12	18 11	18 33	18 57	17 43	18 26	19 09	19 54
20	18 14	18 13	18 12	18 35	19 00	17 49	18 28	19 08	19 49
30	18 15	18 14	18 12	18 37	19 05	17 56	18 31	19 07	19 44
35	18 16	18 14	18 13	18 39	19 09	17 59	18 33	19 07	19 41
40	18 16	18 15	18 13	18 42	19 14	18 04	18 35	19 06	19 38
45	18 18	18 16	18 14	18 45	19 19	18 09	18 37	19 05	19 34
S50	18 19	18 17	18 15	18 49	19 27	18 15	18 40	19 04	19 29
52	18 20	18 17	18 15	18 51	19 31	18 18	18 41	19 04	19 27
54	18 20	18 18	18 15	18 53	19 35	18 21	18 42	19 03	19 25
S56	18 21	18 18	18 16	18 56	19 40	18 24	18 44	19 03	19 22

	太阳 Sun	金星 Venus	火星 Mars	木星 Jupiter	土星 Saturn
中天 Mer.Pass.	h m 12 08	h m 13 10	h m 06 18	h m 03 41	h m 06 53
视差 Parallax	0′.15	0′.1	0′.1	0′.0	0′.0
赤经 R.A.		012° 58′.1	270° 11′.5	231° 01′.8	279° 02′.7

日期 Date	时差(视时减平时) Eqn. of time		月亮 Moon 上中天 UMP	月亮 Moon 下中天 LMP	半径 Radius		视差 Parallax	
	m	s	h m	h m	0h	12h	0h	12h
17	−08	29	12 12	— —	15.3	15.4	56.1	56.4
18	−08	12	12 59	00 35	15.4	15.5	56.7	56.9
19	−07	55	13 46	01 22	15.6	15.6	57.2	57.4

天 体 位 置, 2018年

HOURLY ASTRONOMICAL ELEMENTS OF SUN, MOON AND PLANETS, 2018

8月11、12、13日　积日223、224、225　Aug. 11, 12, 13　Date of Year 223, 224, 225

日期	世界时 UT	太阳 Sun 15′.8 格林时角 G.H.A.	太阳 赤纬 Dec.	金星 Venus 格林时角 G.H.A.	金星 赤纬 Dec.	火星 Mars 格林时角 G.H.A.	火星 赤纬 Dec.	木星 Jupiter 格林时角 G.H.A.	木星 赤纬 Dec.	土星 Saturn 格林时角 G.H.A.	土星 赤纬 Dec.	世界时 UT
	h	° ′	° ′	° ′	° ′	° ′	° ′	° ′	° ′	° ′	° ′	h
8月11日 农历七月初一 星期六	00	178 40.7	N15 20.6	136 00.8	S02 23.9	015 14.7	S26 25.3	096 48.8	S15 22.8	046 03.5	S22 37.9	00
	01	193 40.8	15 19.8	151 01.1	02 25.2	030 17.7	26 25.4	111 51.1	15 22.9	061 06.1	22 37.9	01
	02	208 40.9	15 19.1	166 01.3	02 26.4	045 20.7	26 25.5	126 53.3	15 22.9	076 08.7	22 37.9	02
	03	223 41.0	15 18.3	181 01.6	02 27.6	060 23.8	26 25.5	141 55.6	15 23.0	091 11.3	22 37.9	03
	04	238 41.1	15 17.6	196 01.9	02 28.8	075 26.8	26 25.6	156 57.8	15 23.1	106 13.8	22 38.0	04
	05	253 41.2	15 16.9	211 02.1	02 30.0	090 29.8	26 25.7	172 00.0	15 23.2	121 16.4	22 38.0	05
	06	268 41.3	N15 16.1	226 02.4	S02 31.3	105 32.9	S26 25.7	187 02.3	S15 23.2	136 19.0	S22 38.0	06
	07	283 41.4	15 15.4	241 02.7	02 32.5	120 35.9	26 25.8	202 04.5	15 23.3	151 21.5	22 38.0	07
	08	298 41.5	15 14.6	256 02.9	02 33.7	135 38.9	26 25.9	217 06.8	15 23.4	166 24.1	22 38.0	08
	09	313 41.6	15 13.9	271 03.2	02 34.9	150 41.9	26 25.9	232 09.0	15 23.5	181 26.7	22 38.0	09
	10	328 41.7	15 13.1	286 03.5	02 36.1	165 45.0	26 26.0	247 11.3	15 23.5	196 29.3	22 38.0	10
	11	343 41.8	15 12.4	301 03.7	02 37.3	180 48.0	26 26.1	262 13.5	15 23.6	211 31.8	22 38.0	11
	12	358 41.9	N15 11.7	316 04.0	S02 38.6	195 51.0	S26 26.1	277 15.8	S15 23.7	226 34.4	S22 38.0	12
	13	013 42.0	15 10.9	331 04.3	02 39.8	210 54.0	26 26.2	292 18.0	15 23.8	241 37.0	22 38.0	13
	14	028 42.1	15 10.2	346 04.6	02 41.0	225 57.0	26 26.3	307 20.2	15 23.8	256 39.5	22 38.0	14
	15	043 42.2	15 09.4	001 04.8	02 42.2	241 00.1	26 26.3	322 22.5	15 23.9	271 42.1	22 38.0	15
	16	058 42.3	15 08.7	016 05.1	02 43.4	256 03.1	26 26.4	337 24.7	15 24.0	286 44.7	22 38.1	16
	17	073 42.4	15 07.9	031 05.4	02 44.7	271 06.1	26 26.4	352 27.0	15 24.1	301 47.3	22 38.1	17
	18	088 42.5	N15 07.2	046 05.6	S02 45.9	286 09.1	S26 26.5	007 29.2	S15 24.1	316 49.8	S22 38.1	18
	19	103 42.6	15 06.4	061 05.9	02 47.1	301 12.1	26 26.6	022 31.5	15 24.2	331 52.4	22 38.1	19
	20	118 42.7	15 05.7	076 06.2	02 48.3	316 15.2	26 26.6	037 33.7	15 24.3	346 55.0	22 38.1	20
	21	133 42.8	15 05.0	091 06.5	02 49.5	331 18.2	26 26.7	052 35.9	15 24.4	001 57.5	22 38.1	21
	22	148 42.9	15 04.2	106 06.7	02 50.7	346 21.2	26 26.7	067 38.2	15 24.5	017 00.1	22 38.1	22
	23	163 43.0	15 03.5	121 07.0	02 52.0	001 24.2	26 26.8	082 40.4	15 24.5	032 02.7	22 38.1	23
		$\underline{\Delta}$ 1.1	Δ −0.7	$\underline{\Delta}$ 1.3	Δ +1.2	$\underline{\Delta}$ 4.0	Δ +0.1	$\underline{\Delta}$ 3.2	Δ +0.1	$\underline{\Delta}$ 3.6	Δ 0.0	
8月12日 农历七月初二 星期日	00	178 43.1	N15 02.7	136 07.3	S02 53.2	016 27.2	S26 26.8	097 42.7	S15 24.6	047 05.3	S22 38.1	00
	01	193 43.2	15 02.0	151 07.6	02 54.4	031 30.2	26 26.9	112 44.9	15 24.7	062 07.8	22 38.1	01
	02	208 43.3	15 01.2	166 07.8	02 55.6	046 33.2	26 27.0	127 47.1	15 24.8	077 10.4	22 38.1	02
	03	223 43.4	15 00.5	181 08.1	02 56.8	061 36.2	26 27.0	142 49.4	15 24.8	092 13.0	22 38.1	03
	04	238 43.5	14 59.7	196 08.4	02 58.0	076 39.2	26 27.1	157 51.6	15 24.9	107 15.5	22 38.1	04
	05	253 43.6	14 59.0	211 08.7	02 59.3	091 42.2	26 27.1	172 53.9	15 25.0	122 18.1	22 38.2	05
	06	268 43.7	N14 58.2	226 09.0	S03 00.5	106 45.2	S26 27.2	187 56.1	S15 25.1	137 20.7	S22 38.2	06
	07	283 43.8	14 57.5	241 09.2	03 01.7	121 48.2	26 27.2	202 58.3	15 25.1	152 23.2	22 38.2	07
	08	298 43.9	14 56.7	256 09.5	03 02.9	136 51.2	26 27.3	218 00.6	15 25.2	167 25.8	22 38.2	08
	09	313 44.0	14 56.0	271 09.8	03 04.1	151 54.2	26 27.3	233 02.8	15 25.3	182 28.4	22 38.2	09
	10	328 44.1	14 55.2	286 10.1	03 05.3	166 57.2	26 27.4	248 05.1	15 25.4	197 30.9	22 38.2	10
	11	343 44.2	14 54.4	301 10.4	03 06.6	182 00.2	26 27.4	263 07.3	15 25.4	212 33.5	22 38.2	11
	12	358 44.3	N14 53.7	316 10.7	S03 07.8	197 03.2	S26 27.5	278 09.5	S15 25.5	227 36.1	S22 38.2	12
	13	013 44.4	14 52.9	331 10.9	03 09.0	212 06.2	26 27.5	293 11.8	15 25.6	242 38.6	22 38.2	13
	14	028 44.5	14 52.2	346 11.2	03 10.2	227 09.2	26 27.6	308 14.0	15 25.7	257 41.2	22 38.2	14
	15	043 44.7	14 51.4	001 11.5	03 11.4	242 12.2	26 27.6	323 16.2	15 25.8	272 43.8	22 38.2	15
	16	058 44.8	14 50.7	016 11.8	03 12.6	257 15.2	26 27.7	338 18.5	15 25.8	287 46.3	22 38.2	16
	17	073 44.9	14 49.9	031 12.1	03 13.8	272 18.2	26 27.7	353 20.7	15 25.9	302 48.9	22 38.3	17
	18	088 45.0	N14 49.2	046 12.4	S03 15.1	287 21.2	S26 27.8	008 22.9	S15 26.0	317 51.5	S22 38.3	18
	19	103 45.1	14 48.4	061 12.7	03 16.3	302 24.2	26 27.8	023 25.2	15 26.1	332 54.1	22 38.3	19
	20	118 45.2	14 47.7	076 12.9	03 17.5	317 27.2	26 27.9	038 27.4	15 26.1	347 56.6	22 38.3	20
	21	133 45.3	14 46.9	091 13.2	03 18.7	332 30.2	26 27.9	053 29.7	15 26.2	002 59.2	22 38.3	21
	22	148 45.4	14 46.1	106 13.5	03 19.9	347 33.1	26 28.0	068 31.9	15 26.3	018 01.8	22 38.3	22
	23	163 45.5	14 45.4	121 13.8	03 21.1	002 36.1	26 28.0	083 34.1	15 26.4	033 04.3	22 38.3	23
		$\underline{\Delta}$ 1.1	Δ −0.8	$\underline{\Delta}$ 1.3	Δ +1.2	$\underline{\Delta}$ 4.0	Δ +0.1	$\underline{\Delta}$ 3.2	Δ +0.1	$\underline{\Delta}$ 3.6	Δ 0.0	
8月13日 农历七月初三 星期一	00	178 45.6	N14 44.6	136 14.1	S03 22.3	017 39.1	S26 28.1	098 36.4	S15 26.5	048 06.9	S22 38.3	00
	01	193 45.7	14 43.9	151 14.4	03 23.5	032 42.1	26 28.1	113 38.6	15 26.5	063 09.4	22 38.3	01
	02	208 45.8	14 43.1	166 14.7	03 24.8	047 45.1	26 28.1	128 40.8	15 26.6	078 12.0	22 38.3	02
	03	223 46.0	14 42.3	181 15.0	03 26.0	062 48.1	26 28.2	143 43.1	15 26.7	093 14.6	22 38.3	03
	04	238 46.1	14 41.6	196 15.3	03 27.2	077 51.0	26 28.2	158 45.3	15 26.8	108 17.1	22 38.3	04
	05	253 46.2	14 40.8	211 15.6	03 28.4	092 54.0	26 28.3	173 47.5	15 26.8	123 19.7	22 38.3	05
	06	268 46.3	N14 40.1	226 15.8	S03 29.6	107 57.0	S26 28.3	188 49.8	S15 26.9	138 22.3	S22 38.4	06
	07	283 46.4	14 39.3	241 16.1	03 30.8	123 00.0	26 28.3	203 52.0	15 27.0	153 24.8	22 38.4	07
	08	298 46.5	14 38.5	256 16.4	03 32.0	138 02.9	26 28.4	218 54.2	15 27.1	168 27.4	22 38.4	08
	09	313 46.6	14 37.8	271 16.7	03 33.2	153 05.9	26 28.4	233 56.5	15 27.2	183 30.0	22 38.4	09
	10	328 46.7	14 37.0	286 17.0	03 34.5	168 08.9	26 28.5	248 58.7	15 27.2	198 32.5	22 38.4	10
	11	343 46.8	14 36.2	301 17.3	03 35.7	183 11.9	26 28.5	264 00.9	15 27.3	213 35.1	22 38.4	11
	12	358 46.9	N14 35.5	316 17.6	S03 36.9	198 14.8	S26 28.5	279 03.1	S15 27.4	228 37.7	S22 38.4	12
	13	013 47.1	14 34.7	331 17.9	03 38.1	213 17.8	26 28.6	294 05.4	15 27.5	243 40.2	22 38.4	13
	14	028 47.2	14 34.0	346 18.2	03 39.3	228 20.8	26 28.6	309 07.6	15 27.5	258 42.8	22 38.4	14
	15	043 47.3	14 33.2	001 18.5	03 40.5	243 23.7	26 28.6	324 09.8	15 27.6	273 45.4	22 38.4	15
	16	058 47.4	14 32.4	016 18.8	03 41.7	258 26.7	26 28.7	339 12.1	15 27.7	288 47.9	22 38.4	16
	17	073 47.5	14 31.7	031 19.1	03 42.9	273 29.7	26 28.7	354 14.3	15 27.8	303 50.5	22 38.4	17
	18	088 47.6	N14 30.9	046 19.4	S03 44.1	288 32.6	S26 28.8	009 16.5	S15 27.9	318 53.0	S22 38.5	18
	19	103 47.7	14 30.1	061 19.7	03 45.4	303 35.6	26 28.8	024 18.8	15 27.9	333 55.6	22 38.5	19
	20	118 47.9	14 29.4	076 20.0	03 46.6	318 38.6	26 28.8	039 21.0	15 28.0	348 58.2	22 38.5	20
	21	133 48.0	14 28.6	091 20.3	03 47.8	333 41.5	26 28.9	054 23.2	15 28.1	004 00.7	22 38.5	21
	22	148 48.1	14 27.8	106 20.6	03 49.0	348 44.5	26 28.9	069 25.4	15 28.2	019 03.3	22 38.5	22
	23	163 48.2	14 27.1	121 20.9	03 50.2	003 47.4	26 28.9	084 27.7	15 28.3	034 05.9	22 38.5	23
		$\underline{\Delta}$ 1.1	Δ −0.8	$\underline{\Delta}$ 1.3	Δ +1.2	$\underline{\Delta}$ 4.0	Δ 0.0	$\underline{\Delta}$ 3.2	Δ +0.1	$\underline{\Delta}$ 3.6	Δ 0.0	

天 体 位 置， 2018 年

HOURLY ASTRONOMICAL ELEMENTS OF SUN, MOON AND PLANETS, 2018

8月11、12、13日　积日 223、224、225　　Aug. 11, 12, 13　Date of Year 223, 224, 225

日期	世界时 UT	春分点 Aries 格林时角 G.H.A.	月亮 Moon 格林时角 G.H.A.	△	月亮 Moon 赤纬 Dec.	△
	h	° ′	° ′	′	° ′	′
8月11日 农历七月初一 星期六	00	319 24.6	184 21.1	04.4	N17 39.0	-07.3
	01	334 27.0	198 44.5	04.4	17 31.7	07.5
	02	349 29.5	213 07.9	04.5	17 24.2	07.7
	03	004 32.0	227 31.4	04.5	17 16.5	07.7
	04	019 34.4	241 54.9	04.7	17 08.8	07.9
	05	034 36.9	256 18.6	04.6	17 00.9	08.0
	06	049 39.4	270 42.2	04.8	N16 52.9	-08.1
	07	064 4[illegible].8	285 06.0	04.8	16 44.8	08.2
	08	079 44.3	299 29.8	04.9	16 36.6	08.4
	09	094 46.8	313 53.7	04.9	16 28.2	08.5
	10	109 49.2	328 17.6	05.0	16 19.7	08.5
	11	124 51.7	342 41.6	05.1	16 11.2	08.7
	12	139 54.2	357 05.7	05.1	N16 02.5	-08.8
	13	154 56.6	011 29.8	05.2	15 53.7	09.0
	14	169 59.1	025 54.0	05.3	15 44.7	09.0
	15	185 01.5	040 18.3	05.4	15 35.7	09.1
	16	200 04.0	054 42.7	05.4	15 26.6	09.2
	17	215 06.5	069 07.1	05.5	15 17.4	09.4
	18	230 08.9	083 31.6	05.6	N15 08.0	-09.4
	19	245 11.4	097 56.2	05.6	14 58.6	09.6
	20	260 13.9	112 20.8	05.7	14 49.0	09.6
	21	275 16.3	126 45.5	05.8	14 39.4	09.7
	22	290 18.8	141 10.3	05.9	14 29.7	09.8
	23	305 21.3	155 35.2	05.9	14 19.9	10.0
8月12日 农历七月初二 星期日	00	320 23.7	170 00.1	06.1	N14 09.9	-10.0
	01	335 26.2	184 25.2	06.1	13 59.9	10.1
	02	350 28.6	198 50.3	06.1	13 49.8	10.2
	03	005 31.1	213 15.4	06.3	13 39.6	10.2
	04	020 33.6	227 40.7	06.3	13 29.4	10.4
	05	035 36.0	242 06.0	06.4	13 19.0	10.4
	06	050 38.5	256 31.4	06.5	N13 08.6	-10.6
	07	065 41.0	270 56.9	06.5	12 58.0	10.6
	08	080 43.4	285 22.4	06.7	12 47.4	10.7
	09	095 45.9	299 48.1	06.7	12 36.7	10.7
	10	110 48.4	314 13.8	06.8	12 26.0	10.8
	11	125 50.8	328 39.6	06.9	12 15.2	10.9
	12	140 53.3	343 05.5	06.9	N12 04.3	-11.0
	13	155 55.8	357 31.4	07.0	11 53.3	11.1
	14	170 58.2	011 57.4	07.1	11 42.2	11.1
	15	186 00.7	026 23.5	07.2	11 31.1	11.2
	16	201 03.1	040 49.7	07.3	11 19.9	11.2
	17	216 05.6	055 16.0	07.3	11 08.7	11.3
	18	231 08.1	069 42.3	07.4	N10 57.4	-11.4
	19	246 10.5	084 08.7	07.5	10 46.0	11.4
	20	261 13.0	098 35.2	07.6	10 34.6	11.5
	21	276 15.5	113 01.8	07.6	10 23.1	11.5
	22	291 17.9	127 28.4	07.8	10 11.6	11.6
	23	306 20.4	141 55.2	07.8	10 00.0	11.7
8月13日 农历七月初三 星期一	00	321 22.9	156 22.0	07.8	N09 48.3	-11.7
	01	336 25.3	170 48.8	08.0	09 36.6	11.7
	02	351 27.8	185 15.8	08.0	09 24.9	11.8
	03	006 30.2	199 42.8	08.1	09 13.1	11.9
	04	021 32.7	214 09.9	08.2	09 01.2	11.9
	05	036 35.2	228 37.1	08.2	08 49.3	11.9
	06	051 37.6	243 04.3	08.4	N08 37.4	-11.9
	07	066 40.1	257 31.7	08.3	08 25.5	12.1
	08	081 42.6	271 59.0	08.5	08 13.4	12.0
	09	096 45.0	286 26.5	08.6	08 01.4	12.1
	10	111 47.5	300 54.1	08.6	07 49.3	12.1
	11	126 50.0	315 21.7	08.7	07 37.2	12.2
	12	141 52.4	329 49.4	08.7	N07 25.0	-12.1
	13	156 54.9	344 17.1	08.8	07 12.9	12.2
	14	171 57.4	358 44.9	08.9	07 00.7	12.3
	15	186 59.8	013 12.8	09.0	06 48.4	12.3
	16	202 02.3	027 40.8	09.0	06 36.1	12.2
	17	217 04.7	042 08.8	09.1	06 23.9	12.4
	18	232 07.2	056 36.9	09.2	N06 11.5	-12.3
	19	247 09.7	071 05.1	09.2	05 59.2	12.4
	20	262 12.1	085 33.3	09.3	05 46.8	12.3
	21	277 14.6	100 01.6	09.4	05 34.5	12.4
	22	292 17.1	114 30.0	09.5	05 22.1	12.4
	23	307 19.5	128 58.5	09.4	05 09.7	12.5

纬度 Lat.	晨光始 Twilight 航海 Naut.	晨光始 Twilight 民用 Civil	日出 Sunrise 11日	日出 Sunrise 12日	日出 Sunrise 13日	月出 Moonrise 10日	月出 Moonrise 11日	月出 Moonrise 12日	月出 Moonrise 13日
°	h m	h m	h m	h m	h m	h m	h m	h m	h m
N70	▓	▓	02 34	02 40	02 45	— —	01 53	04 08	06 12
68	▓	01 15	03 02	03 06	03 11	00 35	02 29	04 28	06 23
66	▓	02 04	03 23	03 26	03 30	01 13	02 55	04 44	06 32
64	▓	02 34	03 39	03 42	03 45	01 39	03 14	04 57	06 39
62	01 07	02 56	03 53	03 55	03 58	02 00	03 30	05 08	06 46
60	01 51	03 14	04 04	04 07	04 09	02 17	03 44	05 17	06 51
N58	02 18	03 28	04 14	04 16	04 18	02 31	03 55	05 25	06 56
56	02 39	03 40	04 23	04 25	04 27	02 43	04 05	05 33	07 00
54	02 56	03 51	04 30	04 32	04 34	02 53	04 14	05 39	07 04
52	03 10	04 00	04 37	04 39	04 41	03 03	04 22	05 45	07 08
50	03 22	04 08	04 44	04 45	04 46	03 11	04 29	05 50	07 11
45	03 45	04 26	04 57	04 58	04 59	03 29	04 44	06 01	07 18
N40	04 04	04 39	05 08	05 09	05 10	03 44	04 56	06 10	07 23
35	04 18	04 51	05 17	05 18	05 18	03 56	05 06	06 18	07 28
30	04 30	05 00	05 25	05 26	05 26	04 07	05 16	06 25	07 32
20	04 49	05 16	05 39	05 39	05 39	04 25	05 31	06 37	07 40
N10	05 03	05 29	05 51	05 51	05 51	04 41	05 45	06 47	07 46
0	05 15	05 40	06 02	06 02	06 01	04 56	05 58	06 57	07 52
S10	05 26	05 51	06 13	06 12	06 12	05 11	06 11	07 06	07 58
20	05 35	06 01	06 24	06 24	06 23	05 27	06 24	07 17	08 05
30	05 43	06 12	06 37	06 37	06 36	05 46	06 40	07 28	08 12
35	05 48	06 18	06 45	06 44	06 43	05 56	06 49	07 35	08 17
40	05 52	06 24	06 54	06 52	06 51	06 08	06 59	07 43	08 21
45	05 57	06 31	07 03	07 02	07 01	06 23	07 11	07 52	08 27
S50	06 01	06 40	07 15	07 14	07 12	06 40	07 26	08 02	08 33
52	06 03	06 43	07 21	07 19	07 17	06 49	07 32	08 07	08 36
54	06 06	06 47	07 27	07 25	07 23	06 58	07 40	08 13	08 40
S56	06 08	06 52	07 34	07 32	07 29	07 08	07 48	08 19	08 43

纬度 Lat.	日没 Sunset 11日	日没 Sunset 12日	日没 Sunset 13日	昏影终 Twilight 民用	昏影终 Twilight 航海	月没 Moonset 10日	月没 Moonset 11日	月没 Moonset 12日	月没 Moonset 13日
°	h m	h m	h m	h m	h m	h m	h m	h m	h m
N70	21 32	21 26	21 20	▓	▓	21 43	21 34	21 26	21 20
68	21 05	21 01	20 56	22 46	▓	21 06	21 12	21 14	21 14
66	20 45	20 41	20 37	22 01	▓	20 40	20 55	21 03	21 09
64	20 29	20 26	20 22	21 33	▓	20 19	20 40	20 54	21 05
62	20 16	20 13	20 10	21 11	22 55	20 03	20 29	20 47	21 01
60	20 04	20 02	19 59	20 54	22 15	19 49	20 18	20 40	20 57
N58	19 55	19 52	19 50	20 40	21 48	19 37	20 09	20 34	20 55
56	19 46	19 44	19 42	20 28	21 28	19 26	20 02	20 29	20 52
54	19 39	19 37	19 34	20 18	21 12	19 17	19 55	20 24	20 49
52	19 32	19 30	19 28	20 09	20 59	19 09	19 48	20 20	20 47
50	19 26	19 24	19 22	20 00	20 47	19 02	19 42	20 16	20 45
45	19 13	19 11	19 10	19 44	20 23	18 46	19 30	20 08	20 41
N40	19 02	19 01	19 00	19 30	20 06	18 33	19 20	20 01	20 37
35	18 53	18 52	18 51	19 19	19 51	18 21	19 11	19 55	20 34
30	18 45	18 44	18 43	19 09	19 40	18 12	19 03	19 49	20 31
20	18 31	18 31	18 30	18 54	19 21	17 55	18 49	19 40	20 26
N10	18 20	18 19	18 19	18 41	19 06	17 40	18 37	19 31	20 22
0	18 09	18 08	18 08	18 30	18 55	17 26	18 26	19 24	20 18
S10	17 58	17 58	17 58	18 19	18 44	17 12	18 15	19 16	20 13
20	17 46	17 47	17 47	18 09	18 35	16 57	18 03	19 07	20 09
30	17 33	17 34	17 34	17 59	18 27	16 39	17 49	18 57	20 04
35	17 26	17 27	17 27	17 53	18 23	16 29	17 40	18 52	20 01
40	17 17	17 18	17 19	17 46	18 18	16 17	17 31	18 45	19 57
45	17 07	17 09	17 10	17 39	18 14	16 03	17 20	18 37	19 53
S50	16 56	16 57	16 58	17 31	18 09	15 47	17 07	18 28	19 48
52	16 50	16 52	16 53	17 27	18 07	15 39	17 00	18 24	19 46
54	16 44	16 46	16 47	17 23	18 05	15 30	16 53	18 19	19 44
S56	16 37	16 39	16 41	17 19	18 03	15 20	16 46	18 14	19 41

	太阳 Sun	金星 Venus	火星 Mars	木星 Jupiter	土星 Saturn
中天 Mer.Pass.	h m 12 05	h m 14 55	h m 22 50	h m 17 27	h m 20 48
视差 Parallax	0′.14	0′.2	0′.4	0′.0	0′.0
赤经 R.A.		184° 16′.4	303° 56′.5	222° 41′.1	273° 18′.5

日期 Date	时差(视时减平时) Eqn. of time m	时差 s	月亮 Moon 上中天 UMP	月亮 Moon 下中天 LMP	半径 Radius 0h	半径 Radius 12h	视差 Parallax 0h	视差 Parallax 12h
	m	s	h m	h m				
11	-05	17	12 12	— —	16.7	16.7	61.2	61.1
12	-05	08	13 10	00 42	16.6	16.5	61.0	60.8
13	-04	57	14 05	01 38	16.5	16.4	60.5	60.1

天 体 位 置， 2018 年

HOURLY ASTRONOMICAL ELEMENTS OF SUN, MOON AND PLANETS, 2018

10 月 22、23、24 日　积日 295、296、297　Oct. 22、23、24　Date of Year 295、296、297

日期	世界时 UT	太阳 Sun 16'.1 格林时角 G.H.A.	太阳 赤纬 Dec.	金星 Venus 格林时角 G.H.A.	金星 赤纬 Dec.	火星 Mars 格林时角 G.H.A.	火星 赤纬 Dec.	木星 Jupiter 格林时角 G.H.A.	木星 赤纬 Dec.	土星 Saturn 格林时角 G.H.A.	土星 赤纬 Dec.	世界时 UT
	h	° ′	° ′	° ′	° ′	° ′	° ′	° ′	° ′	° ′	° ′	h
10月22日 农历九月十四 星期一	00	183 51.7	S10 57.1	179 16.7	S20 00.1	071 21.2	S18 46.2	156 16.4	S18 36.9	115 50.4	S22 46.3	00
	01	198 51.8	10 58.0	194 20.5	19 59.4	086 22.4	18 45.7	171 18.3	18 37.0	130 52.7	22 46.3	01
	02	213 51.9	10 58.9	209 24.2	19 58.6	101 23.6	18 45.2	186 20.2	18 37.1	145 55.0	22 46.3	02
	03	228 52.0	10 59.8	224 28.0	19 57.8	116 24.8	18 44.6	201 22.1	18 37.2	160 57.2	22 46.3	03
	04	243 52.1	11 00.6	239 31.8	19 57.1	131 26.0	18 44.1	216 24.1	18 37.4	175 59.5	22 46.3	04
	05	258 52.2	11 01.5	254 35.5	19 56.3	146 27.1	18 43.6	231 26.0	18 37.5	191 01.8	22 46.3	05
	06	273 52.3	S11 02.4	269 39.3	S19 55.5	161 28.3	S18 43.1	246 27.9	S18 37.6	206 04.1	S22 46.3	06
	07	288 52.4	11 03.3	284 43.1	19 54.8	176 29.5	18 42.6	261 29.9	18 37.7	221 06.3	22 46.3	07
	08	303 52.5	11 04.2	299 46.8	19 54.0	191 30.7	18 42.1	276 31.8	18 37.9	236 08.6	22 46.3	08
	09	318 52.6	11 05.1	314 50.6	19 53.2	206 31.9	18 41.6	291 33.7	18 38.0	251 10.9	22 46.3	09
	10	333 52.7	11 05.9	329 54.4	19 52.4	221 33.0	18 41.1	306 35.7	18 38.1	266 13.2	22 46.3	10
	11	348 52.8	11 06.8	344 58.1	19 51.7	236 34.2	18 40.5	321 37.6	18 38.2	281 15.4	22 46.3	11
	12	003 52.9	S11 07.7	000 01.9	S19 50.9	251 35.4	S18 40.0	336 39.5	S18 38.4	296 17.7	S22 46.3	12
	13	018 53.0	11 08.6	015 05.7	19 50.1	266 36.6	18 39.5	351 41.4	18 38.5	311 20.0	22 46.3	13
	14	033 53.1	11 09.5	030 09.5	19 49.3	281 37.7	18 39.0	006 43.4	18 38.6	326 22.3	22 46.3	14
	15	048 53.2	11 10.3	045 13.2	19 48.5	296 38.9	18 38.5	021 45.3	18 38.8	341 24.5	22 46.3	15
	16	063 53.3	11 11.2	060 17.0	19 47.7	311 40.1	18 38.0	036 47.2	18 38.9	356 26.8	22 46.3	16
	17	078 53.4	11 12.1	075 20.8	19 46.9	326 41.3	18 37.5	051 49.2	18 39.0	011 29.1	22 46.3	17
	18	093 53.5	S11 13.0	090 24.6	S19 46.1	341 42.4	S18 36.9	066 51.1	S18 39.1	026 31.3	S22 46.3	18
	19	108 53.5	11 13.9	105 28.4	19 45.4	356 43.6	18 36.4	081 53.0	18 39.3	041 33.6	22 46.3	19
	20	123 53.6	11 14.7	120 32.1	19 44.6	011 44.8	18 35.9	096 54.9	18 39.4	056 35.9	22 46.3	20
	21	138 53.7	11 15.6	135 35.9	19 43.8	026 46.0	18 35.4	111 56.9	18 39.5	071 38.2	22 46.3	21
	22	153 53.8	11 16.5	150 39.7	19 42.9	041 47.1	18 34.9	126 58.8	18 39.6	086 40.4	22 46.3	22
	23	168 53.9	11 17.4	165 43.5	19 42.1	056 48.3	18 34.4	142 00.7	18 39.8	101 42.7	22 46.3	23
		Δ̄ 1.1	Δ +0.9	Δ̄ 4.8	Δ −0.8	Δ̄ 2.2	Δ −0.5	Δ̄ 2.9	Δ +0.1	Δ̄ 3.3	Δ 0.0	
10月23日 农历九月十五 星期二	00	183 54.0	S11 18.3	180 47.3	S19 41.3	071 49.5	S18 33.9	157 02.7	S18 39.9	116 45.0	S22 46.3	00
	01	198 54.1	11 19.1	195 51.1	19 40.5	086 50.6	18 33.3	172 04.6	18 40.0	131 47.3	22 46.3	01
	02	213 54.2	11 20.0	210 54.9	19 39.7	101 51.8	18 32.8	187 06.5	18 40.1	146 49.5	22 46.3	02
	03	228 54.3	11 20.9	225 58.7	19 38.9	116 53.0	18 32.3	202 08.4	18 40.3	161 51.8	22 46.3	03
	04	243 54.4	11 21.8	241 02.4	19 38.1	131 54.2	18 31.8	217 10.4	18 40.4	176 54.1	22 46.3	04
	05	258 54.5	11 22.6	256 06.2	19 37.3	146 55.3	18 31.3	232 12.3	18 40.5	191 56.3	22 46.3	05
	06	273 54.5	S11 23.5	271 10.0	S19 36.5	161 56.5	S18 30.8	247 14.2	S18 40.6	206 58.6	S22 46.3	06
	07	288 54.6	11 24.4	286 13.8	19 35.6	176 57.7	18 30.2	262 16.2	18 40.8	222 00.9	22 46.3	07
	08	303 54.7	11 25.3	301 17.6	19 34.8	191 58.8	18 29.7	277 18.1	18 40.9	237 03.2	22 46.3	08
	09	318 54.8	11 26.1	316 21.4	19 34.0	207 00.0	18 29.2	292 20.0	18 41.0	252 05.4	22 46.3	09
	10	333 54.9	11 27.0	331 25.2	19 33.2	222 01.2	18 28.7	307 21.9	18 41.1	267 07.7	22 46.3	10
	11	348 55.0	11 27.9	346 29.0	19 32.3	237 02.3	18 28.2	322 23.9	18 41.3	282 10.0	22 46.3	11
	12	003 55.1	S11 28.8	001 32.8	S19 31.5	252 03.5	S18 27.6	337 25.8	S18 41.4	297 12.2	S22 46.3	12
	13	018 55.2	11 29.6	016 36.6	19 30.7	267 04.7	18 27.1	352 27.7	18 41.5	312 14.5	22 46.3	13
	14	033 55.2	11 30.5	031 40.4	19 29.8	282 05.8	18 26.6	007 29.6	18 41.7	327 16.8	22 46.3	14
	15	048 55.3	11 31.4	046 44.2	19 29.0	297 07.0	18 26.1	022 31.6	18 41.8	342 19.1	22 46.3	15
	16	063 55.4	11 32.3	061 48.0	19 28.2	312 08.2	18 25.6	037 33.5	18 41.9	357 21.3	22 46.3	16
	17	078 55.5	11 33.1	076 51.8	19 27.3	327 09.3	18 25.0	052 35.4	18 42.0	012 23.6	22 46.3	17
	18	093 55.6	S11 34.0	091 55.6	S19 26.5	342 10.5	S18 24.5	067 37.3	S18 42.2	027 25.9	S22 46.3	18
	19	108 55.7	11 34.9	106 59.4	19 25.6	357 11.7	18 24.0	082 39.3	18 42.3	042 28.1	22 46.3	19
	20	123 55.8	11 35.8	122 03.2	19 24.8	012 12.8	18 23.5	097 41.2	18 42.4	057 30.4	22 46.3	20
	21	138 55.8	11 36.6	137 07.0	19 23.9	027 14.0	18 23.0	112 43.1	18 42.5	072 32.7	22 46.3	21
	22	153 55.9	11 37.5	152 10.8	19 23.1	042 15.2	18 22.4	127 45.1	18 42.7	087 34.9	22 46.3	22
	23	168 56.0	11 38.4	167 14.6	19 22.2	057 16.3	18 21.9	142 47.0	18 42.8	102 37.2	22 46.3	23
		Δ̄ 1.1	Δ +0.9	Δ̄ 4.8	Δ −0.8	Δ̄ 2.2	Δ −0.5	Δ̄ 2.9	Δ +0.1	Δ̄ 3.3	Δ 0.0	
10月24日 农历九月十六 星期三	00	183 56.1	S11 39.2	182 18.4	S19 21.4	072 17.5	S18 21.4	157 48.9	S18 42.9	117 39.5	S22 46.3	00
	01	198 56.2	11 40.1	197 22.2	19 20.5	087 18.7	18 20.9	172 50.8	18 43.0	132 41.8	22 46.3	01
	02	213 56.3	11 41.0	212 26.0	19 19.7	102 19.8	18 20.4	187 52.8	18 43.2	147 44.0	22 46.3	02
	03	228 56.3	11 41.8	227 29.8	19 18.8	117 21.0	18 19.8	202 54.7	18 43.3	162 46.3	22 46.3	03
	04	243 56.4	11 42.7	242 33.6	19 18.0	132 22.1	18 19.3	217 56.6	18 43.4	177 48.6	22 46.3	04
	05	258 56.5	11 43.6	257 37.4	19 17.1	147 23.3	18 18.8	232 58.5	18 43.5	192 50.8	22 46.3	05
	06	273 56.6	S11 44.5	272 41.2	S19 16.2	162 24.5	S18 18.3	248 00.5	S18 43.7	207 53.1	S22 46.3	06
	07	288 56.7	11 45.3	287 45.0	19 15.4	177 25.6	18 17.7	263 02.4	18 43.8	222 55.4	22 46.2	07
	08	303 56.8	11 46.2	302 48.8	19 14.5	192 26.8	18 17.2	278 04.3	18 43.9	237 57.6	22 46.2	08
	09	318 56.8	11 47.1	317 52.6	19 13.6	207 27.9	18 16.7	293 06.2	18 44.0	252 59.9	22 46.2	09
	10	333 56.9	11 47.9	332 56.4	19 12.8	222 29.1	18 16.2	308 08.2	18 44.2	268 02.2	22 46.2	10
	11	348 57.0	11 48.8	348 00.3	19 11.9	237 30.3	18 15.7	323 10.1	18 44.3	283 04.4	22 46.2	11
	12	003 57.1	S11 49.7	003 04.1	S19 11.0	252 31.4	S18 15.1	338 12.0	S18 44.4	298 06.7	S22 46.2	12
	13	018 57.2	11 50.5	018 07.9	19 10.1	267 32.6	18 14.6	353 13.9	18 44.5	313 09.0	22 46.2	13
	14	033 57.2	11 51.4	033 11.7	19 09.3	282 33.7	18 14.1	008 15.9	18 44.7	328 11.2	22 46.2	14
	15	048 57.3	11 52.3	048 15.5	19 08.4	297 34.9	18 13.6	023 17.8	18 44.8	343 13.5	22 46.2	15
	16	063 57.4	11 53.1	063 19.3	19 07.5	312 36.0	18 13.0	038 19.7	18 44.9	358 15.8	22 46.2	16
	17	078 57.5	11 54.0	078 23.1	19 06.6	327 37.2	18 12.5	053 21.6	18 45.1	013 18.0	22 46.2	17
	18	093 57.6	S11 54.9	093 26.9	S19 05.7	342 38.4	S18 12.0	068 23.6	S18 45.2	028 20.3	S22 46.2	18
	19	108 57.6	11 55.7	108 30.7	19 04.9	357 39.5	18 11.5	083 25.5	18 45.3	043 22.6	22 46.2	19
	20	123 57.7	11 56.6	123 34.5	19 04.0	012 40.7	18 10.9	098 27.4	18 45.4	058 24.8	22 46.2	20
	21	138 57.8	11 57.5	138 38.3	19 03.1	027 41.8	18 10.4	113 29.3	18 45.6	073 27.1	22 46.2	21
	22	153 57.9	11 58.3	153 42.2	19 02.2	042 43.0	18 09.9	128 31.2	18 45.7	088 29.4	22 46.2	22
	23	168 57.9	11 59.2	168 46.0	19 01.3	057 44.1	18 09.3	143 33.2	18 45.8	103 31.6	22 46.2	23
		Δ̄ 1.1	Δ +0.9	Δ̄ 4.8	Δ −0.9	Δ̄ 2.2	Δ −0.5	Δ̄ 2.9	Δ +0.1	Δ̄ 3.3	Δ 0.0	

北极星方位角，2018年
AZIMUTH OF POLARIS, 2018

春分点地方时角 L.H.A. γ	纬度 Latitude													春分点地方时角 L.H.A. γ
	0°	5°	10°	15°	20°	25°	30°	35°	40°	45°	50°	55°	60°	
°	°	°	°	°	°	°	°	°	°	°	°	°	°	°
44	0.0	0.0	0.0	0.0	0.0	0.0	0.0	0.0	0.0	0.0	0.0	0.0	0.0	44
49	0.1	0.1	0.1	0.1	0.1	0.1	0.1	0.1	0.1	0.1	0.1	0.1	0.1	39
54	0.1	0.1	0.1	0.1	0.1	0.1	0.1	0.1	0.2	0.2	0.2	0.2	0.2	34
59	0.2	0.2	0.2	0.2	0.2	0.2	0.2	0.2	0.2	0.2	0.3	0.3	0.3	29
64	0.2	0.2	0.2	0.2	0.2	0.2	0.3	0.3	0.3	0.3	0.4	0.4	0.5	24
69	0.3	0.3	0.3	0.3	0.3	0.3	0.3	0.3	0.4	0.4	0.4	0.5	0.6	19
74	0.3	0.3	0.3	0.3	0.4	0.4	0.4	0.4	0.4	0.5	0.5	0.6	0.7	14
79	0.4	0.4	0.4	0.4	0.4	0.4	0.4	0.5	0.5	0.5	0.6	0.7	0.8	9
84	0.4	0.4	0.4	0.4	0.5	0.5	0.5	0.5	0.6	0.6	0.7	0.7	0.9	4
89	0.5	0.5	0.5	0.5	0.5	0.5	0.5	0.6	0.6	0.7	0.7	0.8	0.9	359
94	0.5	0.5	0.5	0.5	0.5	0.6	0.6	0.6	0.7	0.7	0.8	0.9	1.0	354
99	0.5	0.5	0.5	0.6	0.6	0.6	0.6	0.7	0.7	0.8	0.8	0.9	1.1	349
104	0.6	0.6	0.6	0.6	0.6	0.6	0.7	0.7	0.7	0.8	0.9	1.0	1.2	344
109	0.6	0.6	0.6	0.6	0.6	0.7	0.7	0.7	0.8	0.8	0.9	1.0	1.2	339
114	0.6	0.6	0.6	0.6	0.7	0.7	0.7	0.8	0.8	0.9	1.0	1.1	1.2	334
119	0.6	0.6	0.6	0.7	0.7	0.7	0.7	0.8	0.8	0.9	1.0	1.1	1.3	329
124	0.6	0.7	0.7	0.7	0.7	0.7	0.7	0.8	0.8	0.9	1.0	1.1	1.3	324
129	0.7	0.7	0.7	0.7	0.7	0.7	0.8	0.8	0.9	0.9	1.0	1.1	1.3	319
134	0.7	0.7	0.7	0.7	0.7	0.7	0.8	0.8	0.9	0.9	1.0	1.1	1.3	314
139	0.7	0.7	0.7	0.7	0.7	0.7	0.8	0.8	0.9	0.9	1.0	1.1	1.3	309
144	0.6	0.7	0.7	0.7	0.7	0.7	0.7	0.8	0.8	0.9	1.0	1.1	1.3	304
149	0.6	0.6	0.6	0.7	0.7	0.7	0.7	0.8	0.8	0.9	1.0	1.1	1.3	299
154	0.6	0.6	0.6	0.6	0.7	0.7	0.7	0.8	0.8	0.9	1.0	1.1	1.2	294
159	0.6	0.6	0.6	0.6	0.6	0.7	0.7	0.7	0.8	0.8	0.9	1.0	1.2	289
164	0.6	0.6	0.6	0.6	0.6	0.6	0.7	0.7	0.7	0.8	0.9	1.0	1.1	284
169	0.5	0.5	0.5	0.6	0.6	0.6	0.6	0.7	0.7	0.8	0.8	0.9	1.1	279
174	0.5	0.5	0.5	0.5	0.5	0.6	0.6	0.6	0.7	0.7	0.8	0.9	1.0	274
179	0.5	0.5	0.5	0.5	0.5	0.5	0.5	0.6	0.6	0.7	0.7	0.8	0.9	269
184	0.4	0.4	0.4	0.4	0.4	0.5	0.5	0.5	0.5	0.6	0.7	0.7	0.8	264
189	0.4	0.4	0.4	0.4	0.4	0.4	0.4	0.5	0.5	0.5	0.6	0.6	0.7	259
194	0.3	0.3	0.3	0.3	0.3	0.4	0.4	0.4	0.4	0.5	0.5	0.6	0.6	254
199	0.3	0.3	0.3	0.3	0.3	0.3	0.3	0.3	0.4	0.4	0.4	0.5	0.5	249
204	0.2	0.2	0.2	0.2	0.2	0.2	0.3	0.3	0.3	0.3	0.3	0.4	0.4	244
209	0.2	0.2	0.2	0.2	0.2	0.2	0.2	0.2	0.2	0.2	0.3	0.3	0.3	239
214	0.1	0.1	0.1	0.1	0.1	0.1	0.1	0.1	0.1	0.2	0.2	0.2	0.2	234
219	0.1	0.1	0.1	0.1	0.1	0.1	0.1	0.1	0.1	0.1	0.1	0.1	0.1	229
224	0.0	0.0	0.0	0.0	0.0	0.0	0.0	0.0	0.0	0.0	0.0	0.0	0.0	224

用左侧春分点地方时角时，方位角是北偏西。

用右侧春分点地方时角时，方位角是北偏东。

The azimuth is north by west when the left L.H.A. γ is used.

The azimuth is north by east when the right L.H.A. γ is used.

附录Ⅱ

B103

航海天文历

NAUTICAL ALMANAC

附　表（节选）

ANNEXED TABLES

中国人民解放军海军司令部航海保证部

THE NAVIGATION GUARANTEE DEPARTMENT OF

THE CHINESE NAVY HEADQUARTERS

2007 年

表1. 时角、赤纬内插表

TABLE 1. INCREMENTS AND CORRECTIONS

0^m

0^m	时角基本变量 Basic Variation in H. A. 太阳行星 Sun Planets	春分点 Aries	月亮 Moon	△或△ v or d	订正值 corr^n	△或△ v or d	订正值 corr^n	△或△ v or d	订正值 corr^n
s	° ′	° ′	° ′	′	′	′	′	′	′
0	0 00.0	0 00.0	0 00.0	0.0	0.0	6.0	0.1	12.0	0.1
1	0 00.2	0 00.3	0 00.2	0.1	0.0	6.1	0.1	12.1	0.1
2	0 00.5	0 00.5	0 00.5	0.2	0.0	6.2	0.1	12.2	0.1
3	0 00.7	0 00.8	0 00.7	0.3	0.0	6.3	0.1	12.3	0.1
4	0 01.0	0 01.0	0 01.0	0.4	0.0	6.4	0.1	12.4	0.1
5	0 01.2	0 01.3	0 01.2	0.5	0.0	6.5	0.1	12.5	0.1
6	0 01.5	0 01.5	0 01.4	0.6	0.0	6.6	0.1	12.6	0.1
7	0 01.7	0 01.8	0 01.7	0.7	0.0	6.7	0.1	12.7	0.1
8	0 02.0	0 02.0	0 01.9	0.8	0.0	6.8	0.1	12.8	0.1
9	0 02.2	0 02.3	0 02.1	0.9	0.0	6.9	0.1	12.9	0.1
10	0 02.5	0 02.5	0 02.4	1.0	0.0	7.0	0.1	13.0	0.1
11	0 02.7	0 02.8	0 02.6	1.1	0.0	7.1	0.1	13.1	0.1
12	0 03.0	0 03.0	0 02.9	1.2	0.0	7.2	0.1	13.2	0.1
13	0 03.2	0 03.3	0 03.1	1.3	0.0	7.3	0.1	13.3	0.1
14	0 03.5	0 03.5	0 03.3	1.4	0.0	7.4	0.1	13.4	0.1
15	0 03.7	0 03.8	0 03.6	1.5	0.0	7.5	0.1	13.5	0.1
16	0 04.0	0 04.0	0 03.8	1.6	0.0	7.6	0.1	13.6	0.1
17	0 04.2	0 04.3	0 04.1	1.7	0.0	7.7	0.1	13.7	0.1
18	0 04.5	0 04.5	0 04.3	1.8	0.0	7.8	0.1	13.8	0.1
19	0 04.7	0 04.8	0 04.5	1.9	0.0	7.9	0.1	13.9	0.1
20	0 05.0	0 05.0	0 04.8	2.0	0.0	8.0	0.1	14.0	0.1
21	0 05.2	0 05.3	0 05.0	2.1	0.0	8.1	0.1	14.1	0.1
22	0 05.5	0 05.5	0 05.2	2.2	0.0	8.2	0.1	14.2	0.1
23	0 05.7	0 05.8	0 05.5	2.3	0.0	8.3	0.1	14.3	0.1
24	0 06.0	0 06.0	0 05.7	2.4	0.0	8.4	0.1	14.4	0.1
25	0 06.2	0 06.3	0 06.0	2.5	0.0	8.5	0.1	14.5	0.1
26	0 06.5	0 06.5	0 06.2	2.6	0.0	8.6	0.1	14.6	0.1
27	0 06.7	0 06.8	0 06.4	2.7	0.0	8.7	0.1	14.7	0.1
28	0 07.0	0 07.0	0 06.7	2.8	0.0	8.8	0.1	14.8	0.1
29	0 07.2	0 07.3	0 06.9	2.9	0.0	8.9	0.1	14.9	0.1
30	0 07.5	0 07.5	0 07.2	3.0	0.0	9.0	0.1	15.0	0.1
31	0 07.7	0 07.8	0 07.4	3.1	0.0	9.1	0.1	15.1	0.1
32	0 08.0	0 08.0	0 07.6	3.2	0.0	9.2	0.1	15.2	0.1
33	0 08.2	0 08.3	0 07.9	3.3	0.0	9.3	0.1	15.3	0.1
34	0 08.5	0 08.5	0 08.1	3.4	0.0	9.4	0.1	15.4	0.1
35	0 08.7	0 08.8	0 08.4	3.5	0.0	9.5	0.1	15.5	0.1
36	0 09.0	0 09.0	0 08.6	3.6	0.0	9.6	0.1	15.6	0.1
37	0 09.2	0 09.3	0 08.8	3.7	0.0	9.7	0.1	15.7	0.1
38	0 09.5	0 09.5	0 09.1	3.8	0.0	9.8	0.1	15.8	0.1
39	0 09.7	0 09.8	0 09.3	3.9	0.0	9.9	0.1	15.9	0.1
40	0 10.0	0 10.0	0 09.5	4.0	0.0	10.0	0.1	16.0	0.1
41	0 10.2	0 10.3	0 09.8	4.1	0.0	10.1	0.1	16.1	0.1
42	0 10.5	0 10.5	0 10.0	4.2	0.0	10.2	0.1	16.2	0.1
43	0 10.7	0 10.8	0 10.3	4.3	0.0	10.3	0.1	16.3	0.1
44	0 11.0	0 11.0	0 10.5	4.4	0.0	10.4	0.1	16.4	0.1
45	0 11.2	0 11.3	0 10.7	4.5	0.0	10.5	0.1	16.5	0.1
46	0 11.5	0 11.5	0 11.0	4.6	0.0	10.6	0.1	16.6	0.1
47	0 11.7	0 11.8	0 11.2	4.7	0.0	10.7	0.1	16.7	0.1
48	0 12.0	0 12.0	0 11.5	4.8	0.0	10.8	0.1	16.8	0.1
49	0 12.2	0 12.3	0 11.7	4.9	0.0	10.9	0.1	16.9	0.1
50	0 12.5	0 12.5	0 11.9	5.0	0.0	11.0	0.1	17.0	0.1
51	0 12.7	0 12.8	0 12.2	5.1	0.0	11.1	0.1	17.1	0.1
52	0 13.0	0 13.0	0 12.4	5.2	0.0	11.2	0.1	17.2	0.1
53	0 13.2	0 13.3	0 12.6	5.3	0.0	11.3	0.1	17.3	0.1
54	0 13.5	0 13.5	0 12.9	5.4	0.0	11.4	0.1	17.4	0.1
55	0 13.7	0 13.8	0 13.1	5.5	0.0	11.5	0.1	17.5	0.1
56	0 14.0	0 14.0	0 13.4	5.6	0.0	11.6	0.1	17.6	0.1
57	0 14.2	0 14.3	0 13.6	5.7	0.0	11.7	0.1	17.7	0.1
58	0 14.5	0 14.5	0 13.8	5.8	0.0	11.8	0.1	17.8	0.1
59	0 14.7	0 14.8	0 14.1	5.9	0.0	11.9	0.1	17.9	0.1
60	0 15.0	0 15.0	0 14.3	6.0	0.1	12.0	0.1	18.0	0.2

1^m

1^m	时角基本变量 Basic Variation in H. A. 太阳行星 Sun Planets	春分点 Aries	月亮 Moon	△或△ v or d	订正值 corr^n	△或△ v or d	订正值 corr^n	△或△ v or d	订正值 corr^n
s	° ′	° ′	° ′	′	′	′	′	′	′
0	0 15.0	0 15.0	0 14.3	0.0	0.0	6.0	0.2	12.0	0.3
1	0 15.2	0 15.3	0 14.6	0.1	0.0	6.1	0.2	12.1	0.3
2	0 15.5	0 15.5	0 14.8	0.2	0.0	6.2	0.2	12.2	0.3
3	0 15.7	0 15.8	0 15.0	0.3	0.0	6.3	0.2	12.3	0.3
4	0 16.0	0 16.0	0 15.3	0.4	0.0	6.4	0.2	12.4	0.3
5	0 16.2	0 16.3	0 15.5	0.5	0.0	6.5	0.2	12.5	0.3
6	0 16.5	0 16.5	0 15.7	0.6	0.0	6.6	0.2	12.6	0.3
7	0 16.7	0 16.8	0 16.0	0.7	0.0	6.7	0.2	12.7	0.3
8	0 17.0	0 17.0	0 16.2	0.8	0.0	6.8	0.2	12.8	0.3
9	0 17.2	0 17.3	0 16.5	0.9	0.0	6.9	0.2	12.9	0.3
10	0 17.5	0 17.5	0 16.7	1.0	0.0	7.0	0.2	13.0	0.3
11	0 17.7	0 17.8	0 16.9	1.1	0.0	7.1	0.2	13.1	0.3
12	0 18.0	0 18.0	0 17.2	1.2	0.0	7.2	0.2	13.2	0.3
13	0 18.2	0 18.3	0 17.4	1.3	0.0	7.3	0.2	13.3	0.3
14	0 18.5	0 18.6	0 17.7	1.4	0.0	7.4	0.2	13.4	0.3
15	0 18.7	0 18.8	0 17.9	1.5	0.0	7.5	0.2	13.5	0.3
16	0 19.0	0 19.1	0 18.1	1.6	0.0	7.6	0.2	13.6	0.3
17	0 19.2	0 19.3	0 18.4	1.7	0.0	7.7	0.2	13.7	0.3
18	0 19.5	0 19.6	0 18.6	1.8	0.0	7.8	0.2	13.8	0.3
19	0 19.7	0 19.8	0 18.9	1.9	0.0	7.9	0.2	13.9	0.3
20	0 20.0	0 20.1	0 19.1	2.0	0.1	8.0	0.2	14.0	0.4
21	0 20.2	0 20.3	0 19.3	2.1	0.1	8.1	0.2	14.1	0.4
22	0 20.5	0 20.6	0 19.6	2.2	0.1	8.2	0.2	14.2	0.4
23	0 20.7	0 20.8	0 19.8	2.3	0.1	8.3	0.2	14.3	0.4
24	0 21.0	0 21.1	0 20.0	2.4	0.1	8.4	0.2	14.4	0.4
25	0 21.2	0 21.3	0 20.3	2.5	0.1	8.5	0.2	14.5	0.4
26	0 21.5	0 21.6	0 20.5	2.6	0.1	8.6	0.2	14.6	0.4
27	0 21.7	0 21.8	0 20.8	2.7	0.1	8.7	0.2	14.7	0.4
28	0 22.0	0 22.1	0 21.0	2.8	0.1	8.8	0.2	14.8	0.4
29	0 22.2	0 22.3	0 21.2	2.9	0.1	8.9	0.2	14.9	0.4
30	0 22.5	0 22.6	0 21.5	3.0	0.1	9.0	0.2	15.0	0.4
31	0 22.7	0 22.8	0 21.7	3.1	0.1	9.1	0.2	15.1	0.4
32	0 23.0	0 23.1	0 22.0	3.2	0.1	9.2	0.2	15.2	0.4
33	0 23.2	0 23.3	0 22.2	3.3	0.1	9.3	0.2	15.3	0.4
34	0 23.5	0 23.6	0 22.4	3.4	0.1	9.4	0.2	15.4	0.4
35	0 23.7	0 23.8	0 22.7	3.5	0.1	9.5	0.2	15.5	0.4
36	0 24.0	0 24.1	0 22.9	3.6	0.1	9.6	0.2	15.6	0.4
37	0 24.2	0 24.3	0 23.1	3.7	0.1	9.7	0.2	15.7	0.4
38	0 24.5	0 24.6	0 23.4	3.8	0.1	9.8	0.2	15.8	0.4
39	0 24.7	0 24.8	0 23.6	3.9	0.1	9.9	0.2	15.9	0.4
40	0 25.0	0 25.1	0 23.9	4.0	0.1	10.0	0.3	16.0	0.4
41	0 25.2	0 25.3	0 24.1	4.1	0.1	10.1	0.3	16.1	0.4
42	0 25.5	0 25.6	0 24.3	4.2	0.1	10.2	0.3	16.2	0.4
43	0 25.7	0 25.8	0 24.6	4.3	0.1	10.3	0.3	16.3	0.4
44	0 26.0	0 26.1	0 24.8	4.4	0.1	10.4	0.3	16.4	0.4
45	0 26.2	0 26.3	0 25.1	4.5	0.1	10.5	0.3	16.5	0.4
46	0 26.5	0 26.6	0 25.3	4.6	0.1	10.6	0.3	16.6	0.4
47	0 26.7	0 26.8	0 25.5	4.7	0.1	10.7	0.3	16.7	0.4
48	0 27.0	0 27.1	0 25.8	4.8	0.1	10.8	0.3	16.8	0.4
49	0 27.2	0 27.3	0 26.0	4.9	0.1	10.9	0.3	16.9	0.4
50	0 27.5	0 27.6	0 26.2	5.0	0.1	11.0	0.3	17.0	0.4
51	0 27.7	0 27.8	0 26.5	5.1	0.1	11.1	0.3	17.1	0.4
52	0 28.0	0 28.1	0 26.7	5.2	0.1	11.2	0.3	17.2	0.4
53	0 28.2	0 28.3	0 27.0	5.3	0.1	11.3	0.3	17.3	0.4
54	0 28.5	0 28.6	0 27.2	5.4	0.1	11.4	0.3	17.4	0.4
55	0 28.7	0 28.8	0 27.4	5.5	0.1	11.5	0.3	17.5	0.4
56	0 29.0	0 29.1	0 27.7	5.6	0.1	11.6	0.3	17.6	0.4
57	0 29.2	0 29.3	0 27.9	5.7	0.1	11.7	0.3	17.7	0.4
58	0 29.5	0 29.6	0 28.2	5.8	0.1	11.8	0.3	17.8	0.4
59	0 29.7	0 29.8	0 28.4	5.9	0.1	11.9	0.3	17.9	0.4
60	0 30.0	0 30.1	0 28.6	6.0	0.2	12.0	0.3	18.0	0.5

表1. 时角、赤纬内插表
TABLE 1. INCREMENTS AND CORRECTIONS

14^m

14^m	时角基本变量 Basic Variation in H.A. 太阳行星 Sun Planets	春分点 Aries	月亮 Moon	△或△ v or d	订正值 corrⁿ	△或△ v or d	订正值 corrⁿ	△或△ v or d	订正值 corrⁿ
s	° ′	° ′	° ′	′	′	′	′	′	′
0	3 29.8	3 30.6	3 20.4	0.0	0.0	6.0	1.5	12.0	2.9
1	3 30.0	3 30.8	3 20.7	0.1	0.0	6.1	1.5	12.1	2.9
2	3 30.3	3 31.1	3 20.9	0.2	0.0	6.2	1.5	12.2	2.9
3	3 30.5	3 31.3	3 21.1	0.3	0.1	6.3	1.5	12.3	3.0
4	3 30.8	3 31.6	3 21.4	0.4	0.1	6.4	1.5	12.4	3.0
5	3 31.0	3 31.8	3 21.6	0.5	0.1	6.5	1.6	12.5	3.0
6	3 31.3	3 32.1	3 21.9	0.6	0.1	6.6	1.6	12.6	3.0
7	3 31.5	3 32.3	3 22.1	0.7	0.2	6.7	1.6	12.7	3.1
8	3 31.8	3 32.6	3 22.3	0.8	0.2	6.8	1.6	12.8	3.1
9	3 32.0	3 32.8	3 22.6	0.9	0.2	6.9	1.7	12.9	3.1
10	3 32.3	3 33.1	3 22.8	1.0	0.2	7.0	1.7	13.0	3.1
11	3 32.5	3 33.3	3 23.1	1.1	0.3	7.1	1.7	13.1	3.2
12	3 32.8	3 33.6	3 23.3	1.2	0.3	7.2	1.7	13.2	3.2
13	3 33.0	3 33.8	3 23.5	1.3	0.3	7.3	1.8	13.3	3.2
14	3 33.3	3 34.1	3 23.8	1.4	0.3	7.4	1.8	13.4	3.2
15	3 33.5	3 34.3	3 24.0	1.5	0.4	7.5	1.8	13.5	3.3
16	3 33.8	3 34.6	3 24.3	1.6	0.4	7.6	1.8	13.6	3.3
17	3 34.0	3 34.8	3 24.5	1.7	0.4	7.7	1.9	13.7	3.3
18	3 34.3	3 35.1	3 24.7	1.8	0.4	7.8	1.9	13.8	3.3
19	3 34.5	3 35.3	3 25.0	1.9	0.5	7.9	1.9	13.9	3.4
20	3 34.8	3 35.6	3 25.2	2.0	0.5	8.0	1.9	14.0	3.4
21	3 35.0	3 35.8	3 25.4	2.1	0.5	8.1	2.0	14.1	3.4
22	3 35.3	3 36.1	3 25.7	2.2	0.5	8.2	2.0	14.2	3.4
23	3 35.5	3 36.3	3 25.9	2.3	0.6	8.3	2.0	14.3	3.5
24	3 35.8	3 36.6	3 26.2	2.4	0.6	8.4	2.0	14.4	3.5
25	3 36.0	3 36.8	3 26.4	2.5	0.6	8.5	2.1	14.5	3.5
26	3 36.3	3 37.1	3 26.6	2.6	0.6	8.6	2.1	14.6	3.5
27	3 36.5	3 37.3	3 26.9	2.7	0.7	8.7	2.1	14.7	3.6
28	3 36.8	3 37.6	3 27.1	2.8	0.7	8.8	2.1	14.8	3.6
29	3 37.0	3 37.8	3 27.4	2.9	0.7	8.9	2.2	14.9	3.6
30	3 37.3	3 38.1	3 27.6	3.0	0.7	9.0	2.2	15.0	3.6
31	3 37.5	3 38.3	3 27.8	3.1	0.7	9.1	2.2	15.1	3.6
32	3 37.8	3 38.6	3 28.1	3.2	0.8	9.2	2.2	15.2	3.7
33	3 38.0	3 38.8	3 28.3	3.3	0.8	9.3	2.2	15.3	3.7
34	3 38.3	3 39.1	3 28.5	3.4	0.8	9.4	2.3	15.4	3.7
35	3 38.5	3 39.3	3 28.8	3.5	0.8	9.5	2.3	15.5	3.7
36	3 38.8	3 39.6	3 29.0	3.6	0.9	9.6	2.3	15.6	3.8
37	3 39.0	3 39.8	3 29.3	3.7	0.9	9.7	2.3	15.7	3.8
38	3 39.3	3 40.1	3 29.5	3.8	0.9	9.8	2.4	15.8	3.8
39	3 39.5	3 40.4	3 29.7	3.9	0.9	9.9	2.4	15.9	3.8
40	3 39.8	3 40.6	3 30.0	4.0	1.0	10.0	2.4	16.0	3.9
41	3 40.0	3 40.9	3 30.2	4.1	1.0	10.1	2.4	16.1	3.9
42	3 40.3	3 41.1	3 30.5	4.2	1.0	10.2	2.5	16.2	3.9
43	3 40.5	3 41.4	3 30.7	4.3	1.0	10.3	2.5	16.3	3.9
44	3 40.8	3 41.6	3 30.9	4.4	1.1	10.4	2.5	16.4	4.0
45	3 41.0	3 41.9	3 31.2	4.5	1.1	10.5	2.5	16.5	4.0
46	3 41.3	3 42.1	3 31.4	4.6	1.1	10.6	2.6	16.6	4.0
47	3 41.5	3 42.4	3 31.6	4.7	1.1	10.7	2.6	16.7	4.0
48	3 41.8	3 42.6	3 31.9	4.8	1.2	10.8	2.6	16.8	4.1
49	3 42.0	3 42.9	3 32.1	4.9	1.2	10.9	2.6	16.9	4.1
50	3 42.3	3 43.1	3 32.4	5.0	1.2	11.0	2.7	17.0	4.1
51	3 42.5	3 43.4	3 32.6	5.1	1.2	11.1	2.7	17.1	4.1
52	3 42.8	3 43.6	3 32.8	5.2	1.3	11.2	2.7	17.2	4.2
53	3 43.0	3 43.9	3 33.1	5.3	1.3	11.3	2.7	17.3	4.2
54	3 43.3	3 44.1	3 33.3	5.4	1.3	11.4	2.8	17.4	4.2
55	3 43.5	3 44.4	3 33.6	5.5	1.3	11.5	2.8	17.5	4.2
56	3 43.8	3 44.6	3 33.8	5.6	1.4	11.6	2.8	17.6	4.3
57	3 44.0	3 44.9	3 34.0	5.7	1.4	11.7	2.8	17.7	4.3
58	3 44.3	3 45.1	3 34.3	5.8	1.4	11.8	2.9	17.8	4.3
59	3 44.5	3 45.4	3 34.5	5.9	1.4	11.9	2.9	17.9	4.3
60	3 44.8	3 45.6	3 34.8	6.0	1.5	12.0	2.9	18.0	4.4

15^m

15^m	时角基本变量 Basic Variation in H.A. 太阳行星 Sun Planets	春分点 Aries	月亮 Moon	△或△ v or d	订正值 corrⁿ	△或△ v or d	订正值 corrⁿ	△或△ v or d	订正值 corrⁿ
s	° ′	° ′	° ′	′	′	′	′	′	′
0	3 44.8	3 45.6	3 34.8	0.0	0.0	6.0	1.6	12.0	3.1
1	3 45.0	3 45.9	3 35.0	0.1	0.0	6.1	1.6	12.1	3.1
2	3 45.2	3 46.1	3 35.2	0.2	0.1	6.2	1.6	12.2	3.2
3	3 45.5	3 46.4	3 35.5	0.3	0.1	6.3	1.6	12.3	3.2
4	3 45.7	3 46.6	3 35.7	0.4	0.1	6.4	1.7	12.4	3.2
5	3 46.0	3 46.9	3 35.9	0.5	0.1	6.5	1.7	12.5	3.2
6	3 46.2	3 47.1	3 36.2	0.6	0.2	6.6	1.7	12.6	3.3
7	3 46.5	3 47.4	3 36.4	0.7	0.2	6.7	1.7	12.7	3.3
8	3 46.7	3 47.6	3 36.7	0.8	0.2	6.8	1.8	12.8	3.3
9	3 47.0	3 47.9	3 36.9	0.9	0.2	6.9	1.8	12.9	3.3
10	3 47.2	3 48.1	3 37.1	1.0	0.3	7.0	1.8	13.0	3.4
11	3 47.5	3 48.4	3 37.4	1.1	0.3	7.1	1.8	13.1	3.4
12	3 47.7	3 48.6	3 37.6	1.2	0.3	7.2	1.9	13.2	3.4
13	3 48.0	3 48.9	3 37.9	1.3	0.3	7.3	1.9	13.3	3.4
14	3 48.2	3 49.1	3 38.1	1.4	0.4	7.4	1.9	13.4	3.5
15	3 48.5	3 49.4	3 38.3	1.5	0.4	7.5	1.9	13.5	3.5
16	3 48.7	3 49.6	3 38.6	1.6	0.4	7.6	2.0	13.6	3.5
17	3 49.0	3 49.9	3 38.8	1.7	0.4	7.7	2.0	13.7	3.5
18	3 49.2	3 50.1	3 39.0	1.8	0.5	7.8	2.0	13.8	3.6
19	3 49.5	3 50.4	3 39.3	1.9	0.5	7.9	2.0	13.9	3.6
20	3 49.7	3 50.6	3 39.5	2.0	0.5	8.0	2.1	14.0	3.6
21	3 50.0	3 50.9	3 39.8	2.1	0.5	8.1	2.1	14.1	3.6
22	3 50.2	3 51.1	3 40.0	2.2	0.6	8.2	2.1	14.2	3.7
23	3 50.5	3 51.4	3 40.2	2.3	0.6	8.3	2.1	14.3	3.7
24	3 50.7	3 51.6	3 40.5	2.4	0.6	8.4	2.2	14.4	3.7
25	3 51.0	3 51.9	3 40.7	2.5	0.6	8.5	2.2	14.5	3.7
26	3 51.2	3 52.1	3 41.0	2.6	0.7	8.6	2.2	14.6	3.8
27	3 51.5	3 52.4	3 41.2	2.7	0.7	8.7	2.2	14.7	3.8
28	3 51.7	3 52.6	3 41.4	2.8	0.7	8.8	2.3	14.8	3.8
29	3 52.0	3 52.9	3 41.7	2.9	0.7	8.9	2.3	14.9	3.8
30	3 52.2	3 53.1	3 41.9	3.0	0.8	9.0	2.3	15.0	3.9
31	3 52.5	3 53.4	3 42.1	3.1	0.8	9.1	2.4	15.1	3.9
32	3 52.7	3 53.6	3 42.4	3.2	0.8	9.2	2.4	15.2	3.9
33	3 53.0	3 53.9	3 42.6	3.3	0.9	9.3	2.4	15.3	4.0
34	3 53.2	3 54.1	3 42.9	3.4	0.9	9.4	2.4	15.4	4.0
35	3 53.5	3 54.4	3 43.1	3.5	0.9	9.5	2.5	15.5	4.0
36	3 53.7	3 54.6	3 43.3	3.6	0.9	9.6	2.5	15.6	4.0
37	3 54.0	3 54.9	3 43.6	3.7	1.0	9.7	2.5	15.7	4.1
38	3 54.2	3 55.1	3 43.8	3.8	1.0	9.8	2.5	15.8	4.1
39	3 54.5	3 55.4	3 44.1	3.9	1.0	9.9	2.6	15.9	4.1
40	3 54.7	3 55.6	3 44.3	4.0	1.0	10.0	2.6	16.0	4.1
41	3 55.0	3 55.9	3 44.5	4.1	1.1	10.1	2.6	16.1	4.2
42	3 55.2	3 56.1	3 44.8	4.2	1.1	10.2	2.6	16.2	4.2
43	3 55.5	3 56.4	3 45.0	4.3	1.1	10.3	2.7	16.3	4.2
44	3 55.7	3 56.6	3 45.2	4.4	1.1	10.4	2.7	16.4	4.2
45	3 56.0	3 56.9	3 45.5	4.5	1.2	10.5	2.7	16.5	4.3
46	3 56.2	3 57.1	3 45.7	4.6	1.2	10.6	2.7	16.6	4.3
47	3 56.5	3 57.4	3 46.0	4.7	1.2	10.7	2.8	16.7	4.3
48	3 56.7	3 57.6	3 46.2	4.8	1.2	10.8	2.8	16.8	4.3
49	3 57.0	3 57.9	3 46.4	4.9	1.3	10.9	2.8	16.9	4.4
50	3 57.2	3 58.2	3 46.7	5.0	1.3	11.0	2.8	17.0	4.4
51	3 57.5	3 58.4	3 46.9	5.1	1.3	11.1	2.9	17.1	4.4
52	3 57.7	3 58.7	3 47.2	5.2	1.3	11.2	2.9	17.2	4.4
53	3 58.0	3 58.9	3 47.4	5.3	1.4	11.3	2.9	17.3	4.5
54	3 58.2	3 59.2	3 47.6	5.4	1.4	11.4	2.9	17.4	4.5
55	3 58.5	3 59.4	3 47.9	5.5	1.4	11.5	3.0	17.5	4.5
56	3 58.7	3 59.7	3 48.1	5.6	1.4	11.6	3.0	17.6	4.5
57	3 59.0	3 59.9	3 48.4	5.7	1.5	11.7	3.0	17.7	4.6
58	3 59.2	4 00.2	3 48.6	5.8	1.5	11.8	3.0	17.8	4.6
59	3 59.5	4 00.4	3 48.8	5.9	1.5	11.9	3.1	17.9	4.6
60	3 59.7	4 00.7	3 49.1	6.0	1.6	12.0	3.1	18.0	4.7

表1. 时角、赤纬内插表
TABLE 1. INCREMENTS AND CORRECTIONS

52ᵐ

52ᵐ	时角基本变量 Basic Variation in H.A. 太阳行星 Sun Planets	春分点 Aries	月亮 Moon	△或△ v or d	订正值 corrⁿ	△或△ v or d	订正值 corrⁿ	△或△ v or d	订正值 corrⁿ
s	° ′	° ′	° ′	′	′	′	′	′	′
0	12 59.1	13 02.1	12 24.5	0.0	0.0	6.0	5.3	12.0	10.5
1	12 59.4	13 02.4	12 24.7	0.1	0.1	6.1	5.3	12.1	10.6
2	12 59.6	13 02.6	12 24.9	0.2	0.2	6.2	5.4	12.2	10.7
3	12 59.9	13 02.9	12 25.2	0.3	0.3	6.3	5.5	12.3	10.8
4	13 00.1	13 03.1	12 25.4	0.4	0.4	6.4	5.6	12.4	10.8
5	13 00.4	13 03.4	12 25.7	0.5	0.4	6.5	5.7	12.5	10.9
6	13 00.6	13 03.6	12 25.9	0.6	0.5	6.6	5.8	12.6	11.0
7	13 00.9	13 03.9	12 26.1	0.7	0.6	6.7	5.9	12.7	11.1
8	13 01.1	13 04.1	12 26.4	0.8	0.7	6.8	6.0	12.8	11.2
9	13 01.4	13 04.4	12 26.6	0.9	0.8	6.9	6.0	12.9	11.3
10	13 01.6	13 04.6	12 26.9	1.0	0.9	7.0	6.1	13.0	11.4
11	13 01.9	13 04.9	12 27.1	1.1	1.0	7.1	6.2	13.1	11.5
12	13 02.1	13 05.1	12 27.3	1.2	1.1	7.2	6.3	13.2	11.6
13	13 02.4	13 05.4	12 27.6	1.3	1.1	7.3	6.4	13.3	11.6
14	13 02.6	13 05.6	12 27.8	1.4	1.2	7.4	6.5	13.4	11.7
15	13 02.9	13 05.9	12 28.0	1.5	1.3	7.5	6.6	13.5	11.8
16	13 03.1	13 06.1	12 28.3	1.6	1.4	7.6	6.7	13.6	11.9
17	13 03.4	13 06.4	12 28.5	1.7	1.5	7.7	6.7	13.7	12.0
18	13 03.6	13 06.6	12 28.8	1.8	1.6	7.8	6.8	13.8	12.1
19	13 03.9	13 06.9	12 29.0	1.9	1.7	7.9	6.9	13.9	12.2
20	13 04.1	13 07.1	12 29.2	2.0	1.8	8.0	7.0	14.0	12.3
21	13 04.4	13 07.4	12 29.5	2.1	1.8	8.1	7.1	14.1	12.3
22	13 04.6	13 07.7	12 29.7	2.2	1.9	8.2	7.2	14.2	12.4
23	13 04.9	13 07.9	12 30.0	2.3	2.0	8.3	7.3	14.3	12.5
24	13 05.1	13 08.2	12 30.2	2.4	2.1	8.4	7.4	14.4	12.6
25	13 05.4	13 08.4	12 30.4	2.5	2.2	8.5	7.4	14.5	12.7
26	13 05.6	13 08.7	12 30.7	2.6	2.3	8.6	7.5	14.6	12.8
27	13 05.9	13 08.9	12 30.9	2.7	2.4	8.7	7.6	14.7	12.9
28	13 06.1	13 09.2	12 31.1	2.8	2.5	8.8	7.7	14.8	13.0
29	13 06.4	13 09.4	12 31.4	2.9	2.5	8.9	7.8	14.9	13.0
30	13 06.6	13 09.7	12 31.6	3.0	2.6	9.0	7.9	15.0	13.1
31	13 06.9	13 09.9	12 31.9	3.1	2.7	9.1	8.0	15.1	13.2
32	13 07.1	13 10.2	12 32.1	3.2	2.8	9.2	8.1	15.2	13.3
33	13 07.4	13 10.4	12 32.3	3.3	2.9	9.3	8.1	15.3	13.4
34	13 07.6	13 10.7	12 32.6	3.4	3.0	9.4	8.2	15.4	13.5
35	13 07.9	13 10.9	12 32.8	3.5	3.1	9.5	8.3	15.5	13.6
36	13 08.1	13 11.2	12 33.1	3.6	3.1	9.6	8.4	15.6	13.7
37	13 08.4	13 11.4	12 33.3	3.7	3.2	9.7	8.5	15.7	13.7
38	13 08.6	13 11.7	12 33.5	3.8	3.3	9.8	8.6	15.8	13.8
39	13 08.9	13 11.9	12 33.8	3.9	3.4	9.9	8.7	15.9	13.9
40	13 09.1	13 12.2	12 34.0	4.0	3.5	10.0	8.8	16.0	14.0
41	13 09.4	13 12.4	12 34.2	4.1	3.6	10.1	8.8	16.1	14.1
42	13 09.6	13 12.7	12 34.5	4.2	3.7	10.2	8.9	16.2	14.2
43	13 09.9	13 12.9	12 34.7	4.3	3.8	10.3	9.0	16.3	14.3
44	13 10.1	13 13.2	12 35.0	4.4	3.9	10.4	9.1	16.4	14.4
45	13 10.4	13 13.4	12 35.2	4.5	3.9	10.5	9.2	16.5	14.4
46	13 10.6	13 13.7	12 35.4	4.6	4.0	10.6	9.3	16.6	14.5
47	13 10.9	13 13.9	12 35.7	4.7	4.1	10.7	9.4	16.7	14.6
48	13 11.1	13 14.2	12 35.9	4.8	4.2	10.8	9.5	16.8	14.7
49	13 11.4	13 14.4	12 36.2	4.9	4.3	10.9	9.5	16.9	14.8
50	13 11.6	13 14.7	12 36.4	5.0	4.4	11.0	9.6	17.0	14.9
51	13 11.9	13 14.9	12 36.6	5.1	4.5	11.1	9.7	17.1	15.0
52	13 12.1	13 15.2	12 36.9	5.2	4.5	11.2	9.8	17.2	15.1
53	13 12.4	13 15.4	12 37.1	5.3	4.6	11.3	9.9	17.3	15.1
54	13 12.6	13 15.7	12 37.4	5.4	4.7	11.4	10.0	17.4	15.2
55	13 12.9	13 15.9	12 37.6	5.5	4.8	11.5	10.1	17.5	15.3
56	13 13.1	13 16.2	12 37.8	5.6	4.9	11.6	10.2	17.6	15.4
57	13 13.4	13 16.4	12 38.1	5.7	5.0	11.7	10.2	17.7	15.5
58	13 13.6	13 16.7	12 38.3	5.8	5.1	11.8	10.3	17.8	15.6
59	13 13.9	13 16.9	12 38.5	5.9	5.2	11.9	10.4	17.9	15.7
60	13 14.1	13 17.2	12 38.8	6.0	5.3	12.0	10.5	18.0	15.8

53ᵐ

53ᵐ	时角基本变量 Basic Variation in H.A. 太阳行星 Sun Planets	春分点 Aries	月亮 Moon	△或△ v or d	订正值 corrⁿ	△或△ v or d	订正值 corrⁿ	△或△ v or d	订正值 corrⁿ
s	° ′	° ′	° ′	′	′	′	′	′	′
0	13 14.1	13 17.2	12 38.8	0.0	0.0	6.0	5.4	12.0	10.7
1	13 14.4	13 17.4	12 39.0	0.1	0.1	6.1	5.4	12.1	10.8
2	13 14.6	13 17.7	12 39.3	0.2	0.2	6.2	5.5	12.2	10.9
3	13 14.9	13 17.9	12 39.5	0.3	0.3	6.3	5.6	12.3	11.0
4	13 15.1	13 18.2	12 39.7	0.4	0.4	6.4	5.7	12.4	11.1
5	13 15.4	13 18.4	12 40.0	0.5	0.4	6.5	5.8	12.5	11.1
6	13 15.6	13 18.7	12 40.2	0.6	0.5	6.6	5.9	12.6	11.2
7	13 15.9	13 18.9	12 40.5	0.7	0.6	6.7	6.0	12.7	11.3
8	13 16.1	13 19.2	12 40.7	0.8	0.7	6.8	6.1	12.8	11.4
9	13 16.4	13 19.4	12 40.9	0.9	0.8	6.9	6.2	12.9	11.5
10	13 16.6	13 19.7	12 41.2	1.0	0.9	7.0	6.2	13.0	11.6
11	13 16.9	13 19.9	12 41.4	1.1	1.0	7.1	6.3	13.1	11.7
12	13 17.1	13 20.2	12 41.6	1.2	1.1	7.2	6.4	13.2	11.8
13	13 17.4	13 20.4	12 41.9	1.3	1.2	7.3	6.5	13.3	11.9
14	13 17.6	13 20.7	12 42.1	1.4	1.2	7.4	6.6	13.4	11.9
15	13 17.9	13 20.9	12 42.4	1.5	1.3	7.5	6.7	13.5	12.0
16	13 18.1	13 21.2	12 42.6	1.6	1.4	7.6	6.8	13.6	12.1
17	13 18.4	13 21.4	12 42.8	1.7	1.5	7.7	6.9	13.7	12.2
18	13 18.6	13 21.7	12 43.1	1.8	1.6	7.8	7.0	13.8	12.3
19	13 18.9	13 21.9	12 43.3	1.9	1.7	7.9	7.0	13.9	12.4
20	13 19.1	13 22.2	12 43.6	2.0	1.8	8.0	7.1	14.0	12.5
21	13 19.4	13 22.4	12 43.8	2.1	1.9	8.1	7.2	14.1	12.6
22	13 19.6	13 22.7	12 44.0	2.2	2.0	8.2	7.3	14.2	12.7
23	13 19.9	13 22.9	12 44.3	2.3	2.1	8.3	7.4	14.3	12.8
24	13 20.1	13 23.2	12 44.5	2.4	2.1	8.4	7.5	14.4	12.8
25	13 20.4	13 23.4	12 44.7	2.5	2.2	8.5	7.6	14.5	12.9
26	13 20.6	13 23.7	12 45.0	2.6	2.3	8.6	7.7	14.6	13.0
27	13 20.9	13 23.9	12 45.2	2.7	2.4	8.7	7.8	14.7	13.1
28	13 21.1	13 24.2	12 45.5	2.8	2.5	8.8	7.8	14.8	13.2
29	13 21.4	13 24.4	12 45.7	2.9	2.6	8.9	7.9	14.9	13.3
30	13 21.6	13 24.7	12 45.9	3.0	2.7	9.0	8.0	15.0	13.4
31	13 21.9	13 24.9	12 46.2	3.1	2.8	9.1	8.1	15.1	13.5
32	13 22.1	13 25.2	12 46.4	3.2	2.9	9.2	8.2	15.2	13.6
33	13 22.4	13 25.4	12 46.7	3.3	2.9	9.3	8.3	15.3	13.6
34	13 22.6	13 25.7	12 46.9	3.4	3.0	9.4	8.4	15.4	13.7
35	13 22.9	13 26.0	12 47.1	3.5	3.1	9.5	8.5	15.5	13.8
36	13 23.1	13 26.2	12 47.4	3.6	3.2	9.6	8.6	15.6	13.9
37	13 23.4	13 26.5	12 47.6	3.7	3.3	9.7	8.6	15.7	14.0
38	13 23.6	13 26.7	12 47.9	3.8	3.4	9.8	8.7	15.8	14.1
39	13 23.9	13 27.0	12 48.1	3.9	3.5	9.9	8.8	15.9	14.2
40	13 24.1	13 27.2	12 48.3	4.0	3.6	10.0	8.9	16.0	14.3
41	13 24.4	13 27.5	12 48.6	4.1	3.7	10.1	9.0	16.1	14.4
42	13 24.6	13 27.7	12 48.8	4.2	3.7	10.2	9.1	16.2	14.4
43	13 24.9	13 28.0	12 49.0	4.3	3.8	10.3	9.2	16.3	14.5
44	13 25.1	13 28.2	12 49.3	4.4	3.9	10.4	9.3	16.4	14.6
45	13 25.4	13 28.5	12 49.5	4.5	4.0	10.5	9.4	16.5	14.7
46	13 25.6	13 28.7	12 49.8	4.6	4.1	10.6	9.5	16.6	14.8
47	13 25.9	13 29.0	12 50.0	4.7	4.2	10.7	9.5	16.7	14.9
48	13 26.1	13 29.2	12 50.2	4.8	4.3	10.8	9.6	16.8	15.0
49	13 26.4	13 29.5	12 50.5	4.9	4.4	10.9	9.7	16.9	15.1
50	13 26.6	13 29.7	12 50.7	5.0	4.5	11.0	9.8	17.0	15.2
51	13 26.9	13 30.0	12 51.0	5.1	4.5	11.1	9.9	17.1	15.2
52	13 27.1	13 30.2	12 51.2	5.2	4.6	11.2	10.0	17.2	15.3
53	13 27.4	13 30.5	12 51.4	5.3	4.7	11.3	10.1	17.3	15.4
54	13 27.6	13 30.7	12 51.7	5.4	4.8	11.4	10.2	17.4	15.5
55	13 27.9	13 31.0	12 51.9	5.5	4.9	11.5	10.3	17.5	15.6
56	13 28.1	13 31.2	12 52.1	5.6	5.0	11.6	10.3	17.6	15.7
57	13 28.4	13 31.5	12 52.4	5.7	5.1	11.7	10.4	17.7	15.8
58	13 28.6	13 31.7	12 52.6	5.8	5.2	11.8	10.5	17.8	15.9
59	13 28.9	13 32.0	12 52.9	5.9	5.3	11.9	10.6	17.9	16.0
60	13 29.1	13 32.2	12 53.1	6.0	5.4	12.0	10.7	18.0	16.1

附录Ⅲ

B117

太阳方位表（节选）

SUN'S AZIMUTH TABLE

纬度
LAT 30°—64°

第二册　VOL 2

中国人民解放军海军司令部航海保证部
THE NAVIGATION GUARANTEE DEPARTMENT OF
THE CHINESE NAVY HEADQUARTERS

赤纬与纬度异名

DECLINATION CONTRARY NAME AS LATITUDE

纬度 LAT 34°

上午 a. m.	12°	13°	14°	15°	16°	17°	18°	19°	20°	21°	22°	23°	24°	下午 p. m.
时 分 hr. min.	°	°	°	°	°	°	°	°	°	°	°	°	°	时 分 hr. min.
9 0	129.0	129.7	130.4	131.1	131.8	132.5	133.2	133.9	134.6	135.3	135.9	136.6	137.2	3 0
8 56	128.1	128.9	129.6	130.3	131.0	131.7	132.4	133.1	133.8	134.5	135.2	135.8	136.5	4
52	127.3	128.1	128.8	129.5	130.2	131.0	131.7	132.4	133.0	133.7	134.4	135.1	135.7	8
48	126.5	127.3	128.0	128.7	129.5	130.2	130.9	131.6	132.3	133.0	133.6	134.3	135.0	12
44	125.7	126.5	127.2	128.0	128.7	129.4	130.1	130.8	131.5	132.2	132.9	133.6	134.3	16
40	125.0	125.7	126.5	127.2	127.9	128.7	129.4	130.1	130.8	131.5	132.2	132.9	133.6	20
36	124.2	125.0	125.7	126.4	127.2	127.9	128.6	129.4	130.1	130.8	131.5	132.2	132.8	24
32	123.4	124.2	125.0	125.7	126.4	127.2	127.9	128.6	129.3	130.0	130.8	131.4	132.2	28
28	122.7	123.5	124.2	125.0	125.7	126.4	127.2	127.9	128.6	129.3	130.0	130.8	131.5	32
24	122.0	122.7	123.5	124.2	125.0	125.7	126.5	127.2	127.9	128.6	129.4	130.1	130.8	36
20	121.2	122.0	122.8	123.5	124.3	125.0	125.8	126.5	127.2	128.0	128.7	129.4	130.1	40
16	120.5	121.3	122.1	122.8	123.6	124.3	125.1	125.8	126.5	127.3	128.0	128.7	129.4	44
12	119.8	120.6	121.4	122.1	122.9	123.6	124.4	125.1	125.9	126.6	127.3	128.0	128.8	48
8	119.1	119.9	120.7	121.4	122.2	123.0	123.7	124.4	125.2	125.9	126.7	127.4	128.1	52
4	118.4	119.2	120.0	120.8	121.5	122.3	123.0	123.8	124.5	125.3	126.0	126.7	127.5	3 56
8 0	117.8	118.5	119.3	120.1	120.8	121.6	122.4	123.1	123.9	124.6	125.4	126.1	126.8	4 0
7 56	117.1	117.9	118.6	119.4	120.2	121.0	121.7	122.5	123.2	124.0	124.7	125.5	126.2	4
52	116.4	117.2	118.0	118.8	119.5	120.3	121.1	121.8	122.6	123.3	124.1	124.8	125.6	8
48	115.8	116.6	117.3	118.1	118.9	119.6	120.4	121.2	121.9	122.7	123.4	124.2	125.0	12
44	115.1	115.9	116.7	117.5	118.2	119.0	119.8	120.6	121.3	122.1	122.8	123.6	124.3	16
40	114.5	115.3	116.0	116.8	117.6	118.4	119.2	119.9	120.7	121.5	122.2	123.0	123.7	20
36	113.8	114.6	115.4	116.2	117.0	117.8	118.5	119.3	120.1	120.8	121.6	122.4	123.1	24
32	113.2	114.0	114.8	115.6	116.4	117.1	117.9	118.7	119.5	120.2	121.0	121.8	122.6	28
28	112.6	113.4	114.2	115.0	115.7	116.5	117.3	118.1	118.9	119.6	120.4	121.2	122.0	32
24	112.0	112.8	113.6	114.4	115.1	115.9	116.7	117.5	118.3	119.0	119.8	120.6	121.4	36
20	111.4	112.2	113.0	113.7	114.5	115.3	116.1	116.9	117.7	118.5	119.2	120.0	120.8	40
16	110.8	111.6	112.4	113.1	113.9	114.7	115.5	116.3	117.1	117.9	118.7	119.4	120.2	44
12	110.2	111.0	111.8	112.6	113.3	114.1	114.9	115.7	116.5	117.3	118.1	118.9	119.7	48
8	109.6	110.4	111.2	112.0	112.8	113.6	114.4	115.1	115.9	116.7	117.5	118.3	119.1	52
4	109.0	109.8	110.6	111.4	112.2	113.0	113.8	114.6	115.4	116.2	117.0	117.8		4 56
7 0	108.4	109.2	110.0	110.8	111.6	112.4	113.2	114.0	114.8	115.6	116.4			5 0
6 56	107.8	108.6	109.4	110.2	111.0	111.8	112.6	113.4	114.2	115.0			R 07 05	4
52	107.2	108.0	108.8	109.6	110.4	111.3	112.1	112.9				R 07 02	S 04 55	8
48	106.6	107.5	108.3	109.1	109.9	110.7	111.5				R 06 59	S 04 58	A 118°.7	12
44	106.1	106.9	107.7	108.5	109.3	110.1			R 06 52	R 06 56	S 05 01	A 117°.5		16
40	105.5	106.3	107.1	108.0				R 06 49	S 05 08	S 05 04	A 116°.2			20
36	104.9	105.8	106.6		R 06 40	R 06 43	R 06 46	S 05 11	A 113°.8	A 115°.0				24
32	104.4	105.2		R 06 37	S 05 20	S 05 17	S 05 14	A 112°.5						28
28			R 06 35	S 05 23	A 108°.8	A 110°.0	A 111°.3							32
24	R 06 29	R 06 32	S 05 25	A 107°.6										36
20	S 05 31	S 05 28	A 106°.4											40
16	A 103°.9	A 105°.2												44
12														48
8														52
4														5 56
6 0														6 0
5 56														4
52														8
48														12
44														16
40														20
36														24
32														28
28														32
24														36
20														40
16														44
12														48
8														52
4														6 56
5 0														7 0

在南纬：上午太阳方位是南东，下午太阳方位是南西。
South Latitude: orientation is named South East at morning, South West at afternoon.

赤纬与纬度异名

DECLINATION CONTRARY NAME AS LATITUDE

纬度 LAT 35°

上午 a.m. 时 分 hr. min.	12°	13°	14°	15°	16°	17°	18°	19°	20°	21°	22°	23°	24°	下午 p.m. 时 分 hr. min.
	°	°	°	°	°	°	°	°	°	°	°	°	°	
9 0	129.3	130.1	130.8	131.5	132.2	132.8	133.5	134.2	134.9	135.5	136.2	136.8	137.4	3 0
8 56	128.5	129.2	130.0	130.7	131.4	132.0	132.7	133.4	134.1	134.7	135.4	136.0	136.7	4
52	127.7	128.4	129.2	129.9	130.6	131.3	131.9	132.6	133.3	134.0	134.6	135.3	135.9	8
48	126.9	127.6	128.4	129.1	129.8	130.5	131.2	131.9	132.5	133.2	133.9	134.5	135.2	12
44	126.1	126.8	127.6	128.3	129.0	129.7	130.4	131.1	131.8	132.5	133.1	133.8	134.5	16
40	125.3	126.1	126.8	127.5	128.2	128.9	129.6	130.3	131.0	131.7	132.4	133.1	133.8	20
36	124.5	125.3	126.0	126.8	127.5	128.2	128.9	129.6	130.3	131.0	131.7	132.4	133.0	24
32	123.8	124.5	125.3	126.0	126.7	127.4	128.2	128.9	129.6	130.3	131.0	131.6	132.3	28
28	123.0	123.8	124.5	125.3	126.0	126.7	127.4	128.1	128.8	129.6	130.2	130.9	131.6	32
24	122.3	123.0	123.8	124.5	125.3	126.0	126.7	127.4	128.1	128.8	129.6	130.2	130.9	36
20	121.6	122.3	123.1	123.8	124.5	125.3	126.0	126.7	127.4	128.1	128.8	129.6	130.2	40
16	120.8	121.6	122.3	123.1	123.8	124.6	125.3	126.0	126.7	127.4	128.2	128.9	129.6	44
12	120.1	120.9	121.6	122.4	123.1	123.9	124.6	125.3	126.0	126.8	127.5	128.2	128.9	48
8	119.4	120.2	120.9	121.7	122.4	123.2	123.9	124.6	125.4	126.1	126.8	127.5	128.2	52
4	118.7	119.5	120.2	121.0	121.7	122.5	123.2	124.0	124.7	125.4	126.2	126.9	127.6	3 56
8 0	118.0	118.8	119.6	120.3	121.1	121.8	122.6	123.3	124.0	124.8	125.5	126.2	127.0	4 0
7 56	117.3	118.1	118.9	119.6	120.4	121.1	121.9	122.6	123.4	124.1	124.8	125.6	126.3	4
52	116.7	117.4	118.2	119.0	119.7	120.5	121.2	122.0	122.7	123.5	124.2	124.9	125.7	8
48	116.0	116.8	117.5	118.3	119.1	119.8	120.6	121.3	122.1	122.8	123.6	124.3	125.0	12
44	115.3	116.1	116.9	117.6	118.4	119.2	119.9	120.7	121.4	122.2	122.9	123.7	124.4	16
40	114.7	115.5	116.2	117.0	117.8	118.5	119.3	120.0	120.8	121.6	122.3	123.1	123.8	20
36	114.0	114.8	115.6	116.4	117.1	117.9	118.7	119.4	120.2	120.9	121.7	122.4	123.2	24
32	113.4	114.2	115.0	115.7	116.5	117.3	118.0	118.8	119.6	120.3	121.1	121.8	122.6	28
28	112.8	113.5	114.3	115.1	115.9	116.6	117.4	118.2	119.0	119.7	120.5	121.2	122.0	32
24	112.1	112.9	113.7	114.5	115.2	116.0	116.8	117.6	118.3	119.1	119.9	120.6	121.4	36
20	111.5	112.3	113.1	113.9	114.6	115.4	116.2	117.0	117.7	118.5	119.3	120.1	120.8	40
16	110.9	111.7	112.5	113.2	114.0	114.8	115.6	116.4	117.1	117.9	118.7	119.5	120.2	44
12	110.3	111.1	111.8	112.6	113.4	114.2	115.0	115.8	116.6	117.3	118.1	118.9	119.7	48
8	109.7	110.5	111.2	112.0	112.8	113.6	114.4	115.2	116.0	116.8	117.5	118.3	119.1	52
4	109.1	109.9	110.6	111.4	112.2	113.0	113.8	114.6	115.4	116.2	117.0			4 56
7 0	108.5	109.3	110.0	110.8	111.6	112.4	113.2	114.0	114.8	115.6		R 07 05	R 07 08	5 0
6 56	107.9	108.7	109.5	110.3	111.1	111.8	112.6	113.4	114.2		R 07 01	S 04 55	S 04 52	4
52	107.3	108.1	108.9	109.7	110.5	111.3	112.1	112.9		R 06 58	S 04 59	A 117°.8	A 119°.1	8
48	106.7	107.5	108.3	109.1	109.9	110.7			R 06 55	S 05 02	A 116°.6			12
44	106.1	106.9	107.7	108.5	109.3		R 06 48	R 06 51	S 05 05	A 115°.3				16
40	105.5	106.3	107.1	108.0		R 06 45	S 05 12	S 05 09	A 114°.0					20
36	105.0	105.8	106.6		R 06 42	S 05 15	A 111°.5	A 112°.8						24
32	104.4			R 06 39	S 05 18	A 110°.3								28
28		R 06 33	R 06 36	S 05 21	A 109°.0									32
24	R 06 30	S 05 27	S 05 24	A 107°.8										36
20	S 05 30	A 105°.3	A 106°.6											40
16	A 104°.1													44
12														48
8														52
4														5 56
6 0														6 0
5 56														4
52														8
48														12
44														16
40														20
36														24
32														28
28														32
24														36
20														40
16														44
12														48
8														52
4														6 56
5 0														7 0

在南纬:上午太阳方位是南东,下午太阳方位是南西。
South Latitude: orientation is named South East at morning, South West at afternoon.

赤纬与纬度异名
DECLINATION CONTRARY NAME AS LATITUDE

纬度 LAT 36°

上午 a.m.	12°	13°	14°	15°	16°	17°	18°	19°	20°	21°	22°	23°	24°	下午 p.m.
时 分 hr. min.	°	°	°	°	°	°	°	°	°	°	°	°	°	时 分 hr. min.
9 0	129.7	130.4	131.1	131.8	132.5	133.2	133.8	134.5	135.1	135.8	136.4	137.0	137.6	3 0
8 56	128.9	129.6	130.3	131.0	131.7	132.3	133.0	133.7	134.3	135.0	135.6	136.3	136.9	4
52	128.1	128.8	129.5	130.2	130.9	131.6	132.2	132.9	133.6	134.2	134.8	135.5	136.1	8
48	127.2	128.0	128.7	129.4	130.1	130.8	131.4	132.1	132.8	133.4	134.1	134.8	135.4	12
44	126.4	127.2	127.9	128.6	129.3	130.0	130.7	131.3	132.0	132.7	133.4	134.0	134.7	16
40	125.7	126.4	127.1	127.8	128.5	129.2	129.9	130.6	131.3	131.9	132.6	133.3	133.9	20
36	124.9	125.6	126.3	127.0	127.8	128.4	129.2	129.8	130.5	131.2	131.9	132.5	133.2	24
32	124.1	124.8	125.6	126.3	127.0	127.7	128.4	129.1	129.8	130.5	131.2	131.8	132.5	28
28	123.4	124.1	124.8	125.5	126.2	127.0	127.7	128.4	129.1	129.8	130.4	131.1	131.8	32
24	122.6	123.3	124.1	124.8	125.5	126.2	126.9	127.6	128.3	129.0	129.7	130.4	131.1	36
20	121.9	122.6	123.3	124.1	124.8	125.5	126.2	126.9	127.6	128.3	129.0	129.7	130.4	40
16	121.1	121.9	122.6	123.3	124.1	124.8	125.5	126.2	126.9	127.6	128.3	129.0	129.7	44
12	120.4	121.1	121.9	122.6	123.4	124.1	124.8	125.5	126.2	126.9	127.6	128.4	129.0	48
8	119.7	120.4	121.2	121.9	122.6	123.4	124.1	124.8	125.5	126.2	127.0	127.7	128.4	52
4	119.0	119.7	120.5	121.2	122.0	122.7	123.4	124.1	124.9	125.6	126.3	127.0	127.7	3 56
8 0	118.3	119.0	119.8	120.5	121.3	122.0	122.7	123.5	124.2	124.9	125.6	126.3	127.1	4 0
7 56	117.6	118.3	119.1	119.8	120.6	121.3	122.1	122.8	123.5	124.2	125.0	125.7	126.4	4
52	116.9	117.6	118.4	119.2	119.9	120.6	121.4	122.1	122.9	123.6	124.3	125.0	125.8	8
48	116.2	117.0	117.7	118.5	119.2	120.0	120.7	121.5	122.2	122.9	123.7	124.4	125.1	12
44	115.5	116.3	117.1	117.8	118.6	119.3	120.1	120.8	121.6	122.3	123.0	123.8	124.5	16
40	114.9	115.6	116.4	117.2	117.9	118.7	119.4	120.2	120.9	121.7	122.4	123.1	123.9	20
36	114.2	115.0	115.8	116.5	117.3	118.0	118.8	119.5	120.3	121.0	121.8	122.5	123.3	24
32	113.6	114.3	115.1	115.9	116.6	117.4	118.1	118.9	119.6	120.4	121.2	121.9	122.6	28
28	112.9	113.7	114.5	115.2	116.0	116.8	117.5	118.3	119.0	119.8	120.5	121.3	122.0	32
24	112.3	113.0	113.8	114.6	115.4	116.1	116.9	117.6	118.4	119.2	119.9	120.7	121.4	36
20	111.6	112.4	113.2	114.0	114.7	115.5	116.3	117.0	117.8	118.6	119.3	120.1	120.8	40
16	111.0	111.8	112.6	113.3	114.1	114.9	115.6	116.4	117.2	118.0	118.7	119.5	120.2	44
12	110.4	111.2	112.0	112.7	113.5	114.3	115.0	115.8	116.6	117.4	118.1	118.9	119.7	48
8	109.8	110.6	111.3	112.1	112.9	113.7	114.4	115.2	116.0	116.8	117.5	118.3		52
4	109.2	109.9	110.7	111.5	112.3	113.1	113.8	114.6	115.4	116.2	117.0			4 56
7 0	108.5	109.3	110.1	110.9	111.7	112.5	113.2	114.0	114.8			R 07 07	R 07 11	5 0
6 56	107.9	108.7	109.5	110.3	111.1	111.9	112.6	113.4		R 07 00	R 07 04	S 04 53	S 04 49	4
52	107.3	108.1	108.9	109.7	110.5	111.3	112.1		R 06 57	S 05 00	S 04 56	A 118°.2	A 119°.5	8
48	106.7	107.5	108.3	109.1	109.9	110.7			S 05 03	A 115°.6	A 116°.9			12
44	106.1	106.9	107.7	108.5	109.3			R 06 53	A 114°.3					16
40	105.5	106.3	107.1			R 06 47	R 06 50	S 05 07						20
36	105.0	105.8		R 06 41	R 06 44	S 05 13	S 05 10	A 113°.1						24
32	104.4		R 06 37	S 05 19	S 05 16	A 110°.5	A 111°.8							28
28		R 06 34	S 05 23	A 108°.0	A 109°.3									32
24	R 06 31	S 05 26	A 106°.8											36
20	S 05 29	A 105°.5												40
16	A 104°.3													44
12														48
8														52
4														5 56
6 0														6 0
5 56														4
52														8
48														12
44														16
40														20
36														24
32														28
28														32
24														36
20														40
16														44
12														48
8														52
4														6 56
5 0														7 0

在南纬：上午太阳方位是南东，下午太阳方位是南西。
South Latitude: orientation is named South East at morning, South West at afternoon.

驾驶专业

赤纬与纬度异名

DECLINATION CONTRARY NAME AS LATITUDE

纬度 LAT 37°

上午 a. m.	12°	13°	14°	15°	16°	17°	18°	19°	20°	21°	22°	23°	24°	下午 p. m.
时 分 hr. min.	°	°	°	°	°	°	°	°	°	°	°	°	°	时 分 hr. min.
9 0	130.1	130.8	131.4	132.1	132.8	133.4	134.1	134.7	135.4	136.0	136.6	137.2	137.8	3 0
8 56	129.2	129.9	130.6	131.3	132.0	132.6	133.3	133.9	134.6	135.2	135.8	136.5	137.1	4
52	128.4	129.1	129.8	130.5	131.2	131.8	132.5	133.1	133.8	134.4	135.1	135.7	136.3	8
48	127.6	128.3	129.0	129.7	130.4	131.0	131.7	132.4	133.0	133.7	134.3	134.9	135.6	12
44	126.8	127.5	128.2	128.9	129.6	130.2	130.9	131.6	132.2	132.9	133.6	134.2	134.8	16
40	126.0	126.7	127.4	128.1	128.8	129.5	130.2	130.8	131.5	132.2	132.8	133.4	134.1	20
36	125.2	125.9	126.6	127.3	128.0	128.7	129.4	130.1	130.7	131.4	132.1	132.7	133.4	24
32	124.4	125.2	125.9	126.6	127.3	128.0	128.6	129.3	130.0	130.7	131.3	132.0	132.6	28
28	123.7	124.4	125.1	125.8	126.5	127.2	127.9	128.6	129.3	129.9	130.6	131.3	131.9	32
24	122.9	123.6	124.3	125.0	125.8	126.5	127.2	127.8	128.5	129.2	129.9	130.6	131.2	36
20	122.2	122.9	123.6	124.3	125.0	125.7	126.4	127.1	127.8	128.5	129.2	129.9	130.5	40
16	121.4	122.1	122.9	123.6	124.3	125.0	125.7	126.4	127.1	127.8	128.5	129.2	129.8	44
12	120.7	121.4	122.1	122.9	123.6	124.3	125.0	125.7	126.4	127.1	127.8	128.5	129.2	48
8	120.0	120.7	121.4	122.1	122.9	123.6	124.3	125.0	125.7	126.4	127.1	127.8	128.5	52
4	119.2	120.0	120.7	121.4	122.2	122.9	123.6	124.3	125.0	125.7	126.4	127.1	127.8	3 56
8 0	118.5	119.3	120.0	120.7	121.5	122.2	122.9	123.6	124.3	125.0	125.8	126.5	127.2	4 0
7 56	117.8	118.6	119.3	120.0	120.8	121.5	122.2	122.9	123.7	124.4	125.1	125.8	126.5	4
52	117.1	117.9	118.6	119.4	120.1	120.8	121.5	122.3	123.0	123.7	124.4	125.1	125.8	8
48	116.4	117.2	117.9	118.7	119.4	120.1	120.9	121.6	122.3	123.0	123.8	124.5	125.2	12
44	115.8	116.5	117.2	118.0	118.7	119.5	120.2	120.9	121.7	122.4	123.1	123.8	124.6	16
40	115.1	115.8	116.6	117.3	118.1	118.8	119.6	120.3	121.0	121.8	122.5	123.2	123.9	20
36	114.4	115.2	115.9	116.7	117.4	118.2	118.9	119.6	120.4	121.1	121.8	122.6	123.3	24
32	113.7	114.5	115.2	116.0	116.8	117.5	118.2	119.0	119.7	120.5	121.2	122.0	122.7	28
28	113.1	113.8	114.6	115.4	116.1	116.9	117.6	118.4	119.1	119.8	120.6	121.3	122.1	32
24	112.4	113.2	114.0	114.7	115.5	116.2	117.0	117.7	118.5	119.2	120.0	120.7	121.5	36
20	111.8	112.6	113.3	114.1	114.8	115.6	116.3	117.1	117.8	118.6	119.4	120.1	120.8	40
16	111.1	111.9	112.7	113.4	114.2	115.0	115.7	116.5	117.2	118.0	118.7	119.5	120.2	44
12	110.5	111.3	112.0	112.8	113.6	114.3	115.1	115.8	116.6	117.4	118.1	118.9		48
8	109.9	110.6	111.4	112.2	113.0	113.7	114.5	115.2	116.0	116.8	117.5		R 07 14	52
4	109.2	110.0	110.8	111.6	112.3	113.1	113.9	114.6	115.4	116.2		R 07 10	S 04 46	4 56
7 0	108.6	109.4	110.2	110.9	111.7	112.5	113.3	114.0	114.8		R 07 06	S 04 50	A 119°.9	5 0
6 56	108.0	108.8	109.6	110.3	111.1	111.9	112.6	113.4		R 07 03	S 04 54	A 118°.6		4
52	107.4	108.2	108.9	109.7	110.5	111.3			R 06 59	S 04 57	A 117°.3			8
48	106.8	107.6	108.3	109.1	109.9		R 06 52	R 06 56	S 05 01	A 116°.0				12
44	106.2	107.0	107.7	108.5		R 06 49	S 05 08	S 05 04	A 114°.7					16
40	105.6	106.3	107.1		R 06 45	S 05 11	A 112°.1	A 113°.4						20
36	105.0	105.7		R 06 42	S 05 15	A 110°.8								24
32			R 06 39	S 05 18	A 109°.5									28
28	R 06 33	R 06 36	S 05 21	A 108°.2										32
24	S 05 27	S 05 24	A 107°.0											36
20	A 104°.4	A 105°.7												40
16														44
12														48
8														52
4														5 56
6 0														6 0
5 56														4
52														8
48														12
44														16
40														20
36														24
32														28
28														32
24														36
20														40
16														44
12														48
8														52
4														6 56
5 0														7 0

在南纬:上午太阳方位是南东,下午太阳方位是南西。
South Latitude: orientation is named South East at morning, South West at afternoon.

附表(Appendix)1

太　阳　赤　纬　表 Solar Declination Table

（每日世界时 12h UT）

年度 Year	2014、2018、2022、2026、2030、2034、2038、2042、2046											
日期 Date	1月 Jan	2月 Feb	3月 Mar	4月 Apr	5月 May	6月 Jun	7月 Jul	8月 Aug	9月 Sep	10月 Oct	11月 Nov	12月 Dec
	° ′	° ′	° ′	° ′	° ′	° ′	° ′	° ′	° ′	° ′	° ′	° ′
1	南S 22 58	南S 17 00	南S 7 28	北N 4 40	北N 15 11	北N 22 06	北N 23 05	北N 17 55	北N 8 09	南S 3 19	南S 14 32	南S 21 51
2	22 53	16 43	7 05	5 03	15 29	22 14	23 00	17 40	7 47	3 42	14 51	22 00
3	22 47	16 25	6 42	5 26	15 46	22 21	22 56	17 24	7 25	4 05	15 10	22 08
4	22 41	16 07	6 19	5 49	16 04	22 28	22 50	17 08	7 03	4 28	15 28	22 16
5	22 34	15 49	5 55	6 12	16 21	22 35	22 45	16 52	6 41	4 52	15 46	22 24
6	22 27	15 31	5 32	6 35	16 38	22 41	22 39	16 36	6 19	5 15	16 04	22 31
7	22 19	15 12	5 09	6 57	16 54	22 47	22 32	16 19	5 56	5 38	16 22	22 38
8	22 11	14 53	4 46	7 20	17 11	22 52	22 26	16 02	5 34	6 00	16 40	22 45
9	22 03	14 34	4 22	7 42	17 27	22 57	22 19	15 45	5 11	6 23	16 57	22 51
10	21 54	14 14	3 59	8 04	17 42	23 02	22 11	15 27	4 48	6 46	17 14	22 56
11	21 45	13 55	3 35	8 26	17 58	23 06	22 03	15 10	4 26	7 09	17 30	23 01
12	21 35	13 35	3 11	8 48	18 13	23 10	21 55	14 52	4 03	7 31	17 47	23 06
13	21 25	13 15	2 48	9 10	18 28	23 13	21 46	14 33	3 40	7 54	18 03	23 10
14	21 14	12 54	2 24	9 32	18 42	23 16	21 37	14 15	3 17	8 16	18 18	23 13
15	21 04	12 34	2 00	9 53	18 57	23 19	21 28	13 56	2 54	8 38	18 34	23 17
16	20 52	12 13	1 37	10 14	19 11	23 21	21 18	13 37	2 31	9 00	18 49	23 19
17	20 40	11 52	1 13	10 36	19 24	23 23	21 08	13 18	2 08	9 22	19 03	23 22
18	20 28	11 31	0 49	10 56	19 37	23 24	20 57	12 59	1 44	9 44	19 18	23 23
19	20 16	11 10	0 26	11 17	19 50	23 25	20 47	12 39	1 21	10 06	19 32	23 25
20	20 03	10 48	南S 0 02	11 38	20 03	23 26	20 35	12 20	0 58	10 27	19 45	23 26
21	19 50	10 26	北N 0 22	11 58	20 15	23 26	20 24	12 00	0 34	10 49	19 59	23 26
22	19 36	10 05	0 46	12 18	20 27	23 26	20 12	11 40	北N 0 11	11 10	20 12	23 26
23	19 22	9 43	1 09	12 38	20 38	23 25	20 00	11 19	南S 0 12	11 31	20 24	23 25
24	19 07	9 20	1 33	12 58	20 50	23 24	19 47	10 59	0 36	11 52	20 36	23 24
25	18 53	8 58	1 56	13 18	21 00	23 22	19 34	10 38	0 59	12 12	20 48	23 23
26	18 38	8 36	2 20	13 37	21 11	23 21	19 21	10 17	1 22	12 33	21 00	23 21
27	18 22	8 13	2 43	13 56	21 21	23 18	19 08	9 56	1 46	12 53	21 11	23 18
28	18 06	南S 7 50	3 07	14 15	21 31	23 15	18 54	9 35	2 09	13 13	21 21	23 16
29	17 50		3 30	14 34	21 40	23 12	18 40	9 14	2 32	13 33	21 31	23 12
30	17 34		3 54	北N 14 52	21 49	北N 23 09	18 25	8 52	南S 2 56	13 53	南S 21 41	23 08
31	南S 17 17		北N 4 17		北N 21 58		北N 18 10	北N 8 31		南S 14 12		南S 23 04

附表(Appendix)2

时 差 表 Equation of Time Table

(每日世界时 12h UT)

年度 Year	2014、2018、2022、2026、2030、2034、2038、2042、2046											
日期 Date	1月 Jan	2月 Feb	3月 Mar	4月 Apr	5月 May	6月 Jun	7月 Jul	8月 Aug	9月 Sep	10月 Oct	11月 Nov	12月 Dec
	m s	m s	m s	m s	m s	m s	m s	m s	m s	m s	m s	m s
1	− 3 34	− 13 33	− 12 17	− 3 50	+ 2 54	+ 2 07	− 3 55	− 6 22	+ 0 00	+ 10 22	+ 16 26	+ 10 59
2	4 03	13 40	12 05	3 33	3 01	1 58	4 07	6 18	0 19	10 41	16 27	10 36
3	4 30	13 47	11 53	3 15	3 07	1 48	4 18	6 13	0 39	11 00	16 27	10 13
4	4 58	13 53	11 40	2 58	3 13	1 38	4 29	6 08	0 59	11 18	16 27	9 49
5	5 25	13 58	11 27	2 41	3 18	1 27	4 39	6 02	1 19	11 36	16 25	9 24
6	5 51	14 02	11 13	2 24	3 22	1 16	4 50	5 55	1 39	11 54	16 23	8 59
7	6 17	14 06	10 59	2 07	3 26	1 05	4 59	5 48	2 00	12 12	16 20	8 33
8	6 43	14 08	10 44	1 50	3 29	0 53	5 09	5 40	2 20	12 29	16 16	8 07
9	7 08	14 10	10 30	1 34	3 32	0 42	5 18	5 32	2 41	12 45	16 12	7 41
10	7 32	14 11	10 14	1 18	3 35	0 30	5 26	5 23	3 02	13 02	16 06	7 14
11	7 56	14 11	9 59	1 02	3 36	0 18	5 34	5 13	3 23	13 17	16 00	6 47
12	8 19	14 11	9 43	0 46	3 37	+ 0 05	5 42	5 03	3 45	13 33	15 53	6 19
13	8 42	14 10	9 26	0 31	3 38	− 0 07	5 49	4 52	4 06	13 47	15 45	5 51
14	9 04	14 08	9 10	0 16	3 38	0 20	5 56	4 41	4 28	14 02	15 36	5 22
15	9 25	14 05	8 53	− 0 02	3 38	0 32	6 02	4 29	4 49	14 15	15 26	4 54
16	9 45	14 01	8 36	+ 0 13	3 37	0 45	6 07	4 17	5 11	14 28	15 15	4 25
17	10 05	13 57	8 19	0 27	3 35	0 58	6 12	4 04	5 32	14 41	15 04	3 55
18	10 24	13 52	8 02	0 40	3 33	1 11	6 17	3 51	5 54	14 53	14 52	3 26
19	10 43	13 47	7 44	0 53	3 30	1 24	6 21	3 37	6 15	15 04	14 38	2 56
20	11 01	13 40	7 26	1 06	3 27	1 37	6 24	3 23	6 36	15 14	14 24	2 26
21	11 18	13 33	7 08	1 18	3 23	1 50	6 27	3 08	6 58	15 24	14 09	1 57
22	11 34	13 26	6 50	1 30	3 19	2 03	6 30	2 53	7 19	15 34	13 54	1 27
23	11 49	13 18	6 32	1 42	3 14	2 16	6 32	2 37	7 40	15 42	13 37	0 57
24	12 04	13 09	6 14	1 52	3 08	2 29	6 33	2 21	8 01	15 50	13 20	+ 0 27
25	12 18	13 00	5 56	2 03	3 02	2 42	6 34	2 05	8 22	15 57	13 02	− 0 03
26	12 31	12 50	5 38	2 13	2 56	2 55	6 34	1 48	8 42	16 03	12 43	0 33
27	12 43	12 39	5 20	2 22	2 49	3 07	6 33	1 31	9 03	16 09	12 24	1 02
28	12 55	− 12 29	5 02	2 31	2 42	3 19	6 32	1 13	9 23	16 14	12 04	1 32
29	13 05		4 44	2 39	2 34	3 32	6 31	0 55	9 43	16 18	11 43	2 01
30	13 15		4 26	+ 2 47	2 25	− 3 44	6 28	0 37	+ 10 02	16 21	+ 11 21	2 30
31	− 13 24		− 4 08		+ 2 17		− 6 25	− 0 19		+ 16 24		− 2 59

参考文献

[1] 袁建平.卫星导航原理与应用.北京：中国宇航出版社，2003.

[2] 王惠南.GPS导航原理与应用.北京：科学出版社，2003.

[3] 关政军，刘彤.航海仪器.大连：大连海事大学出版社，2009.

[4] 刘彤. 航海仪器(下册：船舶导航雷达)·2版. 大连：大连海事大学出版社，2016.

[5] 关正军. 航海仪器(上册：船舶导航设备). 大连：大连海事大学出版社，2017.